本书为中国社会科学院基础

研究学者资助项目的最终研究成果

中国社会科学院创新工程学术出版资助项目

经济评价的理论、方法与实证研究

李群　王宾　杨琛　著

中国社会科学出版社

图书在版编目(CIP)数据

经济评价的理论、方法与实证研究／李群，王宾，杨琛著．—北京：中国社会科学出版社，2018.6

ISBN 978-7-5203-2405-2

Ⅰ.①经… Ⅱ.①李…②王… ③杨… Ⅲ.①经济评价—研究
Ⅳ.①F272.5

中国版本图书馆 CIP 数据核字(2018)第 085170 号

出 版 人 赵剑英
责任编辑 冯春凤
责任校对 张爱华
责任印制 张雪娇

出　　版 中国社会科学出版社
社　　址 北京鼓楼西大街甲 158 号
邮　　编 100720
网　　址 http：//www.csspw.cn
发 行 部 010-84083685
门 市 部 010-84029450
经　　销 新华书店及其他书店

印　　刷 北京君升印刷有限公司
装　　订 廊坊市广阳区广增装订厂
版　　次 2018 年 6 月第 1 版
印　　次 2018 年 6 月第 1 次印刷

开　　本 710×1000 1/16
印　　张 22.75
插　　页 2
字　　数 371 千字
定　　价 98.00 元

目　　录

第一章　经济评价的理论

经济评价理论是利用运筹学或数量经济学的定量化方法，对社会经济等各项事业进行有效评价的集合。本章节将综述目前国内外相关经济评价理论，具体阐述各理论的起源及基本内涵、优劣势，并就部分性质、定理进行逐一论证。重点选取了灰色理论、模糊数学理论、扰动属性理论、粗糙集理论、软集合理论和熵优化理论六种典型经济评价理论，为后续经济评价方法和实证章节提供理论支撑。

第一节　灰色理论

人们对于外部世界的认识可以分为边缘及内涵两部分，如果边缘和内涵都明确，则表明人们对该事物的认识为“白”概念，如果其对于边缘和内涵都不明确，则表明人们对该事物一无所知，也就是所谓的“黑”概念，而对于部分信息已知，部分信息不明确的则称为“灰”概念，这就产生了灰色理论。灰色理论由中国学者邓聚龙教授（华中工学院）于20世纪80年代提出，用于处理少数据、贫信息的不确定性问题，研究对象是“部分信息已知、部分信息未知”的“小样本”“贫信息”的不确定性系统。他曾用很形象的实例说明了白色系统、灰色系统和黑色系统相互之间的区别①，他认为类似于“一个工厂是一个系统，工厂的人员、设备、技术条件是已知的，根据这些已知的数据可算出工厂的产量产值”，这样的系统就是白色系统，类似于“银河系中某个星球的重量，体积、距地球多远”等问题属于黑色系统，而灰色系统指的是既有白色又有黑

① 邓聚龙：《灰色系统综述》，《世界科学》1983年第7期。

色的参数系统，如“人体是一个系统，人体的外形参数，如身高、体重、年龄等是已知的，某些内部参数，如体温、血压、脉搏等也是已知的，这些是白色参数，但有更多的参数是不知道的，比如人体究竟有多少穴位，每一个穴位有哪些物理的、化学的、生物的性能，这些穴位与人体的哪些部位有关，它们起什么作用等都是未知的，或是不确知的，是黑色系统”。

灰色理论用以解释“外延明确而内涵不明确”的社会经济现象，如《2014 年政府工作报告》中，指出2014 年中国经济增长7.5%左右。即外延明确，但是具体数值不明确；与几乎同时期引入国内的模糊数学不同的是，模糊数学强调“外延不明确、内涵明确”。人们对事物的认识则是从“黑”至“灰”，最后到“白”的过程，从最初的完全信息不明确，到部分信息明确，再到最后的全部信息明确。这三个过程表现出了不同的特征(见表 1－1)①：

表 1－1　　三种不同概念的特性

场合＼概念	黑	灰	白
信息	未知	不完全	完全
表象	暗	若明若暗	明朗
过程	新	新旧交替	旧
性质	混沌	多种成分	纯
方法	否定	扬弃	肯定
态度	放纵	宽容	严厉
结果	无解	非唯一解	唯一解

一　灰色理论的产生

灰色系统理论，是一种研究少数据、贫信息不确定性问题的新方法。其以“部分信息已知、部分信息未知”的“小样本”“贫信息”不确定性系统为研究对象，主要通过对“部分”已知信息的生成、开发，提取有价值的信息，实现对系统运行行为、演化规律的正确描述和有效监控。

① 参见刘思峰、党耀国、方志耕、谢乃明《灰色系统理论及其应用》，科学出版社 2010 年。

现实世界中，“小样本”“贫信息”不确定性系统的普遍存在决定了灰色系统理论具有十分宽广的应用领域。

1979 年在北京召开的军事系统工程学术会议上，邓聚龙宣读了论文《参数不完全大系统的最小信息镇定》，此文奠定了灰色系统的雏形①；1981 年在中—美控制系统学术会议上，邓聚龙作了《含未知参数系统的控制问题》的学术报告，并首次使用“灰色系统”一词，以此论述了状态通道中含有灰色元的控制问题；1982 年，邓聚龙教授第一篇有关灰色系统的论文“The Control Problem of Grey Systems”发表在 *Systems & Control Letters*（《系统与控制通信》）上，引起国际学术界高度关注，并一度深受好评；同年《灰色控制系统》一文刊于第三期《华中工学院学报》，文中详细阐述了灰色参数、灰色矩阵和灰色系统的基本特征，提出灰色参数通道堵塞定理，这两篇论文成为灰色系统的开篇之作，由此也标志着灰色系统理论的诞生。随后（1982）邓聚龙又最先提出了参数不完全系统的最小信息镇定问题，他将最小信息镇定定义为：通过尽量少的反馈信息使系统稳定的问题，也就是控制手段具有良好经济型的镇定。该论文已经初步具有了灰色理论的理念②；1983 年，《世界科学》第 7 期刊登了其《灰色系统综述》一文，文中对灰色系统定义、作用、发展、研究方向及研究任务等做了较为详细的论述③；1989 年，邓聚龙教授创办 *Journal of Grey System* 期刊，成为灰色系统研究领域的高质量期刊，备受关注，并已成为《英国科学文摘》（SA）、《美国数学评论》（MR）和《科学引文索引》（SCI）等重要国际文摘机构的核心期刊。

邓聚龙教授提出的灰色理论随后得到国内外学者广泛关注，并受到一致好评。美国哈佛大学教授、《系统与控制通信》杂志主编布罗克特（Brockett）给予灰色系统理论高度评价。目前，英国、美国、德国、日本、澳大利亚、加拿大、奥地利、俄罗斯等国家及中国台湾、香港地区以及联合国等国际组织有许多知名学者从事灰色系统的研究工作。国内方面，钱学森教授对灰色系统理论于以高度评价，指出“灰色系统很有意

---

① 参见《中国大百科全书·自动控制与系统工程卷》，187 页“灰色系统理论”词条；《系统科学大辞典》，239 页“灰色系统理论”，72 页“邓聚龙”词条。

② 邓聚龙：《参数不完全系统的最小信息镇定》，《自动化学报》1982 年第 1 期。

③ 邓聚龙：《灰色系统综述》，《世界科学》1983 年第 7 期。

义，今后还会有更大的发展，灰色系统学是一门新学科，是一门大有前途的理论”。

灰色系统的研究不但有理论意义，而且有实际意义。比如，大系统参数多，而能获得的或有可能处理的信息却往往是有限的，因此不得不考虑从灰色参数、甚至灰色区域的角度来研究它。从某种意义上说，只有研究灰色系统，才能逐步加深大系统的研究，才能最后解决大系统的问题。如全国物质调配大系统，涉及的调配区域很广，各地区的生产能力、消费能力、存储能力、流通能力不一定全部确知，然而有必要按部分确知参数（白色参数），制订全面的实时调配方案①。

二 灰色理论的相关理论

所谓“灰”是介于“白”与“黑”之间的概念，也是“数据少”与“信息不确定”两种概念的整合，即“少数据不确定性”。前面已经表述，“白”是指信息确定，人们对事物的边缘和内涵都很明确；“黑”是指信息不确定，人们对事物的边缘和内涵都不明确；而“灰”则是介于两者之间，是指部分信息已知，部分信息未知的状态，人们对事物的边缘明确而对内涵不明确的概念。下面将就灰色理论的一些基本概念进行表述：

1. 灰性的表现②

由“灰概念”可知，灰性的本质在于“少”与“不确定”，这两者之间既有联系又有区别，既相互独立又互为因果关系。灰性可以表述为运行机制灰性、结构灰性、关系灰性、模型灰性和认知灰性五种表现形式，其中：

（1）运行机制灰性是指信息少、难以将事物的运行机制阐述清楚，难以对运行机制有明确的认知，从而导致运行机制的灰性；

（2）结构灰性是指信息少、数据不完整，对事物的结构不可能有全方位的认知，从而导致结构的灰性；

（3）关系灰性是指信息少、数据不多，难以对事物之间建立确定的关系，从而导致关系的灰性；

---

① 邓聚龙：《灰色控制系统》，《华中工学院学报》1982 年第 3 期。

② 邓聚龙：《灰理论基础》，华中科技大学出版社 2002 年版。

（4）模型灰性是指信息少、数据不足，难以建立完备的函数空间，从而导致模型在性质、功效方面的不确定性，即模型灰性；

（5）认知灰性是指信息少，只能获得局部的认知，不确定的认知，默认性的认知，即认知灰性。

2. 灰色系统基本概念

定义 1.1　灰数

作为灰色系统理论的基本元素，灰数构成了整个灰色理论的基础。其定义为[①]：对于某一命题 P，有命题信息域 $P(\theta)$，由于命题信息表现不充分或者人们认知的局限性等原因使得人们只能认知该命题可能取值范围或者若干可能取值的集合（记为集合 D），因此该命题表现为 $P(\theta)$ 意义下的一个不确定数 $\otimes$，d^* 为该命题的真实值。则称：

（1）$\otimes$ 为命题 P 意义下的灰数；

（2）D 为 $\otimes$ 的数值覆盖集合；

（3）$P(\theta)$ 为灰数 $\otimes$ 的信息背景；

（4）d^* 为 $\otimes$ 的真值。

通常将灰数记为：$\forall \quad \otimes \Rightarrow d^* \in D$

由此可见，灰数首先是一个实数，但是并不确切知道该数为何值，其次它关于命题 P 有意义，并不是孤立的。灰数根据不同类别，又可细分为仅有上界的灰数、仅有下界的灰数、区间灰数、连续灰数、离散灰数等。

特别的，当某区间灰数的下、上界均为无穷时，则变为黑数；而当某区间灰数的上下界相等时，则变为白数。

例如，某省在制定本年度经济社会发展规划时，指出“预计本年度经济增长 7%—8% 之间”，此时这就是个灰数概念，而处于 7% 与 8% 之间的任意一个离散的数值均为区间灰数。

对灰数进行定义之后，需要对灰数之间的运算法则进行解释，以便于更好地运用灰色理论解决实际中的社会、经济问题，现以区间灰数为例：

法则 1.1　区间灰数的加法法则：

设 $\otimes_1 \in [a,b](a < b)$，$\otimes_2 \in [c,d](c < d)$，则称 $\otimes_1 + \otimes_2 \in [a +$

① 谢乃明：《灰色系统建模技术研究》，南京航空航天大学博士学位论文，2008 年。

$c, b+d]$ 为 $\otimes_1$ 与 $\otimes_2$ 的和；

例如，若存在 $\otimes_1 \in [1,2]$，$\otimes_2 \in [3,4]$，则 $\otimes_1 + \otimes_2 \in [1+3, 2+4] = [4,6]$。

法则 1.2　区间灰数的减法法则：

设 $\otimes_1 \in [a,b](a<b)$，$\otimes_2 \in [c,d](c<d)$，则称 $\otimes_1 - \otimes_2 = \otimes_1 + (-\otimes_2) \in [a-d, b-c]$ 为 $\otimes_1$ 与 $\otimes_2$ 的差；

例如，若存在 $\otimes_1 \in [1,2]$，$\otimes_2 \in [3,4]$，则 $\otimes_1 - \otimes_2 \in [1-4, 2-3] = [-3,-1]$。

法则 1.3　区间灰数的乘法法则：

设 $\otimes_1 \in [a,b](a<b)$，$\otimes_2 \in [c,d](c<d)$，

则称 $\otimes_1 \cdot \otimes_2 \in [\min\{ac,ad,bc,bd\}, \max\{ac,ad,bc,bd\}]$ 为 $\otimes_1$ 与 $\otimes_2$ 的积；

例如，若存在 $\otimes_1 \in [1,2]$，$\otimes_2 \in [3,4]$，则 $\otimes_1 \cdot \otimes_2 \in [\min\{3,4,6,8\}, \max\{3,4,6,8\}] = [3,8]$。

法则 1.4　区间灰数的除法法则：

设 $\otimes_1 \in [a,b](a<b)$，$\otimes_2 \in [c,d](c<d)$，且 $c \neq 0, d \neq 0, cd > 0$，则称

$$\otimes_1 / \otimes_2 = \otimes_1 \cdot \otimes_2^{-1} \in \left[\min\left\{\frac{a}{c},\frac{a}{d},\frac{b}{c},\frac{b}{d}\right\}, \max\left\{\frac{a}{c},\frac{a}{d},\frac{b}{c},\frac{b}{d}\right\}\right]$$ 为

$\otimes_1$ 与 $\otimes_2$ 的商；

例如，若存在 $\otimes_1 \in [1,2]$，$\otimes_2 \in [3,4]$，则

$$\otimes_1 / \otimes_2 \in \left[\min\left\{\frac{1}{3},\frac{1}{4},\frac{2}{3},\frac{2}{4}\right\}, \max\left\{\frac{1}{3},\frac{1}{4},\frac{2}{3},\frac{2}{4}\right\}\right] = \left[\frac{1}{4},\frac{2}{3}\right]$$。

法则 1.5　区间灰数的数乘法则：

设 $\otimes \in [a,b](a<b)$，k 为正实数，

则称 $k \cdot \otimes \in [ka, kb]$ 为数 k 与灰数 $\otimes$ 的积，也称数乘运算；

例如，若存在 $\otimes \in [1,2]$，$k=2$，则 $2 \cdot \otimes \in [2 \times 1, 2 \times 2] = [2,4]$。

法则 1.6　区间灰数的乘方法则：

设 $\otimes \in [a,b](a<b)$，k 为正实数，则称 $\otimes^k \in [a^k, b^k]$ 为灰数 $\otimes$ 的 k 次方幂，也称乘方运算；

例如，若存在 $\otimes \in [1,2]$，$k=2$，则 $\otimes^2 \in [1^2, 2^2] = [1,4]$。

定义 1.2　灰数的核

设灰数 $\otimes \in [\underline{a}, \bar{a}]$($\underline{a} < \bar{a}$) 为具有价值分布信息的随机灰数，则称 $\hat{\otimes} = E(\otimes)$ 为灰数 $\otimes$ 的核。其中，如果 $\otimes$ 为离散灰数，$a_i \in [\underline{a}, \bar{a}]$($i = 1, 2, \cdots, n$) 为灰数 $\otimes$ 的所有可能取值，则称 $\hat{\otimes} = \frac{1}{n}\sum_{i=1}^{n} a_i$ 为灰数 $\otimes$ 的核；而如果 $\otimes$ 为连续灰数，则称 $\hat{\otimes} = \frac{1}{2}(\underline{a} + \bar{a})$ 为灰数 $\otimes$ 的核。

定义 1.3　灰数白化

对于一般的区间灰数 $\otimes \in [a, b]$，将其白化值 $\tilde{\otimes}$ 取值为 $\tilde{\otimes} = \alpha a + (1 - \alpha) b$，$\alpha \in [0, 1]$，称为等权白化；特殊的，当 $\alpha = \frac{1}{2}$ 取得的白化值称为等权均值白化。

定义 1.4　典型白化权函数[①]

如果某函数的起点、终点确定的左升、右降连续函数称为典型白化权函数，如图 1－1 所示：

$$f_1(x) = \begin{cases} L(x), & x \in [a_1, b_1) \\ 1, & x \in [b_1, b_2] \\ R(x), & x \in [b_2, a_2] \end{cases}$$

称 $L(x)$ 为左增函数，$R(x)$ 为右降函数，$[b_1, b_2)$ 为峰区，a_1 为起点，a_2 为终点，b_1, b_2 为转折点。

在现实应用中，为了便于编程和计算，$L(x)$ 和 $R(x)$ 常被简化为直线（见图 1－2），从而

$$f_2(x) = \begin{cases} L(x) = \dfrac{x - x_1}{x_2 - x_1}, & x \in [x_1, x_2) \\ 1, & x \in [x_2, x_3] \\ R(x) = \dfrac{x_4 - x}{x_4 - x_3}, & x \in (x_3, x_4] \end{cases}$$

① 参见刘思峰、党耀国、方志耕、谢乃明《灰数系统理论及其应用》，科学出版社 2010 年版。

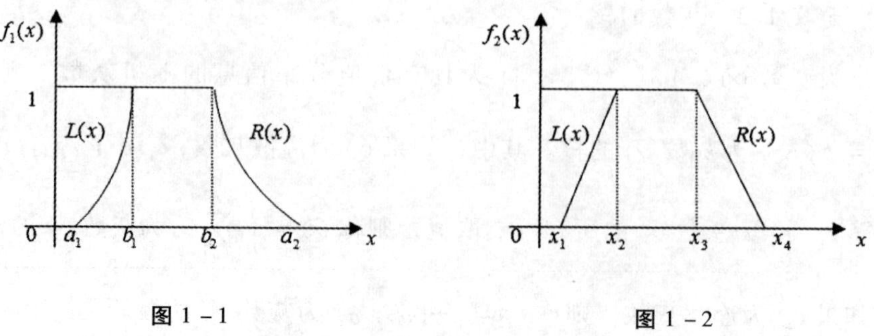

图 1-1　　图 1-2

定义 1.5　灰度

对于定义 1.4 中的白化权函数 $f(a_1,b_1,b_2,a_2)$ 已知的灰数 $\otimes \in [a_1,a_2], a_1 < a_2$，邓聚龙（1985）将其灰度定义为 $g^{\circ}(\otimes) = \frac{2|b_1 - b_2|}{b_1 + b_2} + \max\left\{\frac{|a_1 - b_1|}{b_1}, \frac{|a_2 - b_2|}{b_2}\right\}$，其中，灰度被表述为两部分的和，第一部分代表峰区的大小对灰度的影响，第二部分代表 $L(x)$ 和 $R(x)$ 覆盖面积大小对灰度的影响。由此定义可知，峰区越大，$L(x)$ 和 $R(x)$ 的覆盖面积越大，$g^{\circ}(\otimes)$ 就越大。

定义 1.6　灰色矩阵

在一个矩阵中，如果行或列中存在某些元素为灰的，则以此构成的矩阵成为灰色矩阵。在灰矩阵中，既有已知数（白），又存在灰数。

例如，若存在一个矩阵 A，如

$$A = \begin{bmatrix} 1 & \otimes & \otimes \\ 2 & 3 & 4 \\ \otimes & 5 & 6 \end{bmatrix} \quad \begin{cases} \otimes = [a, b] \\ \otimes = \{a, b, c\cdots\} \\ \otimes = [a, +\infty] \end{cases}$$

其中，含有若干灰数，则称该矩阵为灰色矩阵。

定义 1.7　灰函数

若函数 $y = f(x_1, x_2, \cdots, x_n; a_1, a_2, \cdots, a_m)$ 的参数 $a_1, a_2, \cdots, a_m$ 至少有一个为灰数，则称该函数为灰函数，并记为 $y = f(x_1, x_2, \cdots, x_n; a_1(\otimes), a_2(\otimes), \cdots, a_m(\otimes))$，其中 $a_1(\otimes), a_2(\otimes), \cdots, a_m(\otimes)$ 称为函数的灰参数。

例如，若存在一个函数，$y = \otimes x + c$，则该函数中存在一个灰色系数

$\otimes$，此函数为灰函数。其中 x 的取值可以为连续值 $\otimes \in [1,3]$，也可以为离散值 $\otimes \in \{1,2,3\}$。

定义 1.8　灰方程

若一个方程中既有白色系数又有灰色系数，则称该方程为灰色代数方程。即若 $y = f(x_1, x_2, \cdots, x_n; a_1, a_2, \cdots, a_m)$ 中取 $y = 0$，则称 $f(x_1, x_2, \cdots, x_n; a_1, a_2, \cdots, a_m) = 0$ 为一个灰色代数方程。

例如，若存在一个灰方程 $\otimes x + 2 = 1$，

当灰色参数为离散取值时，灰方程变为 $\otimes x + 2 = 1$，　$\otimes \in \{1,2,3\}$，解为 $x = -1$，$-\frac{1}{2}$ 或 $-\frac{1}{3}$；

当灰色参数为连续取值时，灰方程则可变为无穷个方程，即

$1x + 2 = 1$；

$1.00\cdots01x + 2 = 1$；

$1.00\cdots02x + 2 = 1$；

…

$3x + 2 = 1$

最终得到的解也为无穷多个，即 $x = -1$，$-\frac{1}{1.00\cdots01}$，$-\frac{1}{1.00\cdots02}$，…，$-\frac{1}{3}$。

定义 1.9　灰色模块①

灰色系统建模的基础是灰色模块，而所谓模块，是指经过一定的方式处理后的时间序列。这种处理有两个目的：

（1）为建模提供中间信息；

（2）将原有随机序列的随机性加以弱化。

若存在如图 1-3 的时间序列 $\{X^{(0)}(t_i)\} = \{X^{(0)}(t_1), X^{(0)}(t_2), X^{(0)}(t_3), X^{(0)}(t_4), \cdots\}$ 是随机的过程（且不一定平稳）。若作数据累加，即令 $X^{(1)}(t_i) = \sum_{k=1}^{i} X^{(0)}(t_k)$，便得新的时间序列，见图 1-4：

① 参见邓聚龙《灰色系统（社会·经济）》，国防工业出版社 1985 年版。

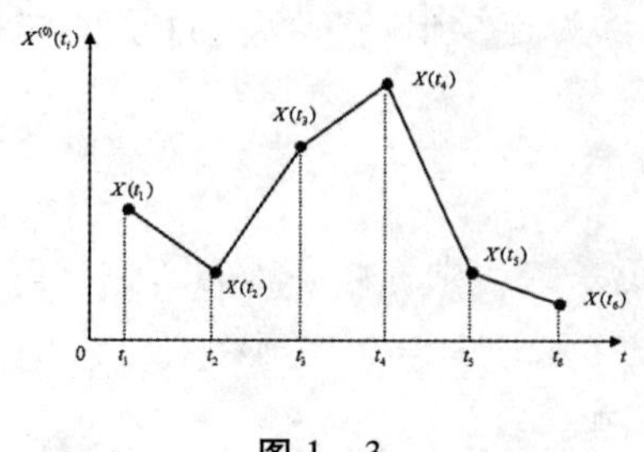

图 1－3

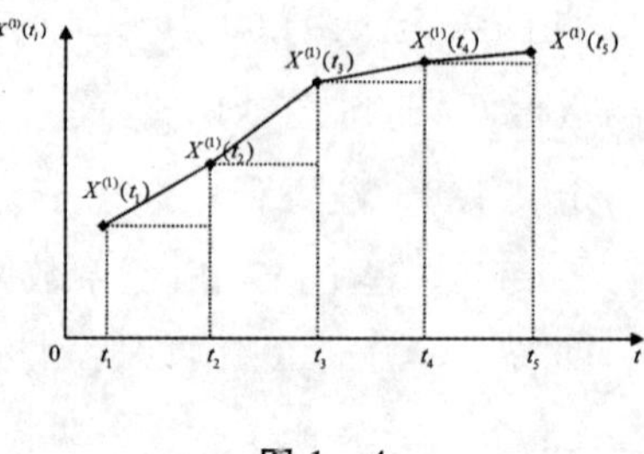

图 1－4

$$\{X^{(1)}(t_i)\}=\{X^{(1)}(t_1),X^{(1)}(t_2),X^{(1)}(t_3),X^{(1)}(t_4),X^{(1)}(t_5)\}$$

$$=\left\{\begin{matrix}X^{(0)}(t_1),\sum_{k=1}^{2}X^{(0)}(t_k),\sum_{k=1}^{3}X^{(0)}(t_k),\\ \sum_{k=1}^{4}X^{(0)}(t_k),\sum_{k=1}^{5}X^{(0)}(t_k)\end{matrix}\right\}$$

显然图 1－3 的曲线有明显的摆动，而图 1－4 则无摆动，或者说，图 1－3有明显的随机性，而图 1－4 则随机性被弱化了。

据此，可作 m 次累加，即有 $X^{(m)}(t_i)=\sum_{k=1}^{i}X^{(m-1)}(t_k)$，不难看出，对于非负数据列，累加次数越多，则随机性弱化越多。当累加次数足够大后，可认为时间序列已由随机变为非随机了。一般非随机的多次累加序列，大多可用指数曲线逼近。

为了建模，常常需要累减，令

$$\alpha^{(0)}(x,i)=X^{(m)}(t_i),\quad m\in\{1,2,\cdots\}$$

$$\alpha^{(1)}(x,i)=\alpha^{(0)}(x,i)-\alpha^{(0)}(x,i-1)=X^{(m-1)}(t_i)$$

相似地有多次差

$$\alpha^{(3)}(x,i)=\alpha^{(2)}(x,i)-\alpha^{(2)}(x,i-1)$$

$$\alpha^{(j)}(x,i)=\alpha^{(j-1)}(x,i)-\alpha^{(j-1)}(x,i-1)$$

为此有相应的累差数据列 $\{\alpha^{(j)}(x,i)\}=\{\alpha^{(j)}(x,1),\alpha^{(j)}(x,2),\cdots,\alpha^{(j)}(x,N)\cdots\}$

当 $t_i-t_{i-1}=\tau=const$ 时，上述数据列为等时距数据列。特别地，对于 $m=1,\tau=1$ 的数据列，

$$\{\alpha^{(1)}(x,i)\}=\{\alpha^{(1)}(x,1),\alpha^{(1)}(x,2),\cdots,\alpha^{(1)}(x,N),\cdots\}$$

$$=\left\{\begin{matrix}X^{(0)}(1)-X^{(0)}(0),X^{(0)}(2)-X^{(0)}(1),\cdots,\\ X^{(0)}(N)-X^{(0)}(N-1),\cdots\end{matrix}\right\}$$

称为二阶增量序列。

三　灰色理论的发展

灰色系统理论自建立至今已有 30 多年，其研究范围也由建立之初的灰控制、灰关联、灰预测发展到灰决策、灰聚类、灰规划、灰博弈、灰色投入产出等研究领域。现已基本建立起集系统分析、评估、建模、预测、决策、控制、优化技术于一体的一门新兴学科的结构体系。其主要内容包括以灰色代数系统、灰色方程、灰色矩阵等为基础的理论体系；以序列算子和灰色序列生成为基础的方法体系；以灰色关联空间和灰色聚类评估为依托的分析、评价模型体系；以 GM（1，1）为核心的预测模型体系；以多目标智能灰靶决策为标志的决策模型体系，以多方法融合创新为特色的灰色组合模型体系以及以灰色规划、灰色投入产出、灰色博弈、灰色控制为主体的优化模型体系，下文将从灰色关联、灰色聚类、灰色预测、灰色决策等方面进行展开。

四　灰色理论的应用

灰色关联分析方法包括灰色关联公理和灰色关联度、广义灰色关联度（灰色绝对关联度、灰色相对关联度、灰色综合关联度）、基于相似性视角的灰色关联度、基于接近性视角的灰色关联度和灰色关联序、优势分析等内容。该分析弥补了采用数理统计方法作系统分析所导致的缺憾，它对样本量的多少和样本有无规律都同样适用，而且计算量小，十分方便，更不会出现量化结果与定性分析结果不符的情况。灰色关联分析的基本思想是根据序列曲线几何形状的相似程度来判断其联系是否紧密。曲线越接近，相应序列之间的关联度就越大，反之就越小。谭学瑞等（1995）较早对灰色关联分析进行了综述分析[①]；吕锋（1997）讨论了灰关联度 r_i 中分辨系数 d 的实质意义，研究了 r_i 与 d 的关系，分析了在不同系统观测信息下，d 的取值对关联度的影响，提出了 d 的取值准则并给出了应用实

① 谭学瑞、邓聚龙：《灰色关联分析：多因素统计分析新方法》，《统计研究》1995 年第 3 期。

例[①]；米传民等（2004）采用灰色关联法分析了江苏省科技投入与经济增长之间的相互关系[②]；党耀国等（2004）在研究了单指标数据序列的无量纲化变换及其性质后，提出了对灰色斜率关联度的改进模型，改进后的关联度能够反映序列的正、负相关关系，并且对原始序列进行无量纲化变换处理时不影响关联系数及关联度的值[③]；罗党等（2005）以灰色决策分析理论为基础，探讨了经典灰色关联决策方法的优势与不足，提出了基于理想方案的最大关联度方法，基于临界方案的最小关联度方法，以及同时考虑理想方案和临界方案的综合关联度方法及其相关概念[④]；齐志强等（2011）利用灰色关联分析方法定量研究了中国制造业各部门与工业经济整体增长的关联度[⑤]。

灰色聚类是根据灰色关联矩阵或灰数的白化权函数将一些观测指标或观测对象划分成若干个可定义类别的方法。一个聚类可以看成是属于同一类的观测对象的集合。在实际问题中，往往是每个观测对象都具有多个特征指标，难以进行准确的分类。按聚类对象划分，灰色聚类可以分为灰色关联聚类和灰色白化权函数聚类。灰色关联聚类主要用于同类因素的归并，以使复杂系统简化。通过灰色关联聚类，可以检查许多因素中是否有若干因素大体上属于同一类，使得能用这些因素的综合平均指标或其中的某一个因素来代表这若干个因素而使信息不受严重损失。这是属于系统变量的删减问题。而灰色白化权函数聚类主要用于检查观测对象是否属于事先设定的不同类别，以便区别对待。目前，对灰色聚类评估的研究包括灰色变权聚类、灰色定权聚类和基于三角白化权函数（中心点三角白化权函数、端点三角白化权函数）等方面的内容。刘思峰等（1998）基于灰色聚类的思想，提出了评价区域主导产业优度的数学模型—定权聚类评估模型，并对河南省武陟县工业主导产业选择进

① 吕锋：《灰色系统关联度之分辨系数的研究》，《系统工程理论与实践》1997年第6期。

② 米传民、刘思峰：《江苏省科技投入与经济增长的灰色关联研究》，《科学学与科学技术管理》2004年第1期。

③ 党耀国、刘思峰、刘斌、米传民：《灰色斜率关联度的改进》，《中国工程科学》2004年第3期。

④ 罗党、刘思峰：《灰色关联决策方法研究》，《中国管理科学》2005年第1期。

⑤ 齐志强、张干、齐建国：《进入WTO前后中国制造业部门结构演变研究——基于制造业部门与工业整体经济增长的灰色关联度分析》，《数量经济技术经济研究》2011年第2期。

行了实证研究[①]；段利忠等（2003）利用灰色聚类分析方法从知识创新能力、技术创新能力、制度创新能力、服务创新能力和宏观发展水平等方面出发，对我国东部具有代表性的 12 个城市创新能力进行了分析[②]；党耀国等（2004）提出了一种先计算各聚类对象的聚类系数，再计算灰色聚类对象的综合聚类系数，根据综合聚类系数对聚类对象进行聚类的方法[③]。

灰色预测基于人们对系统演化不确定性特征的认识，运用序列算子对原始数据进行生成、处理，挖掘系统演化规律，建立灰色系统模型，对系统的未来状态作出科学的定量预测。其通过灰色生成或序列算子的作用弱化随机性，挖掘潜在的规律，经过差分方程与微分方程之间的互换实现了利用离散的数据序列建立连续的动态微分方程的新飞跃，其中，GM（1，1）模型是得到最普遍应用的核心模型，并在此基础上进行了更多拓展。孟宪法（1988）利用灰色理论对企业技术经济指标进行预测[④]；刘思峰等（2000）以模拟、实验为基础，研究了 GM（1，1）模型的适用范围，按照发展系数阈值，明确界定了 GM（1，1）模型的有效区、慎用区、不宜区和禁区[⑤]；罗党等（2003）分析了 GM（1，1）模型产生模拟误差的原因，经大量的数据模拟和 GM（1，1）模型比较，发现背景值的优化使 GM（1，1）模型在短期、中期及长期预测中扩大了适用范围，并且模拟及预测精度显著提高[⑥]；刘斌等（2003）利用“最小二乘法”确定 GM（1，1）白化权函数的时间响应函数中的常数 C，从而构建了 GM（1，1）的时间响应函数的最优模型。经大量的数据模拟和与 GM（1，1）对

① 刘思峰、李炳军、杨岭、朱永达：《区域主导产业评价指标与数学模型》，《中国管理科学》1998 年第 2 期。

② 段利忠、刘思峰：《灰色聚类分析法评价城市创新能力》，《北京工业大学学报》2003 年第 4 期。

③ 党耀国、刘思峰、翟振武、唐学文：《灰色综合聚类评估模型的研究》，《统计与决策》2004 年第 10 期。

④ 孟宪法：《灰色理论预测模型在企业技术经济指标预测中的应用》，《数量经济技术经济研究》1988 年第 7 期。

⑤ 刘思峰、邓聚龙：《GM（1，1）模型的适用范围》，《系统工程理论与实践》2000 年第 5 期。

⑥ 罗党、刘思峰、党耀国：《灰色模型 GM（1，1）优化》，《中国工程科学》2003 年第 8 期。

比，发现优化的 GM（1，1）模型的模拟精度和预测精度均较高[①]；谢乃明等（2005）建立了离散灰色预测模型 DGM（1，1）模型，并对其与原 GM（1，1)模型的关系做了深入研究，找出了原模型预测不稳定的原因，利用麦克劳林公式展开解释，证明了 DGM（1，1）模型的无偏性[②]；姚天祥等（2007）改进了离散灰色预测模型[③]；曾波等（2009）针对传统回归模型需要的数据量大且建模复杂等缺陷，提出了一种基于灰色关联度和 GM（1，1）的灰色组合预测模型，且从灰色关联度的视角寻找数据之间的依赖关系，运用 GM（1，1）模型预测数据关系的未来发展趋势，进而建立了因变量的预测模型[④]；王正新等（2013）针对 GM（1，1）幂模型参数辨识过程中可能出现的病态性问题，基于矩阵求逆的条件数分析了灰色模型病态程度的衡量方法，按照 GM（1，1）幂模型的背景值和幂指数的不同取值，分三种情形讨论数据矩阵求逆条件数的取值范围[⑤]。

灰色决策是在决策模型中含灰元或一般决策模型与灰色模型相结合的情况下进行的决策，重点研究方案选择问题，包括多目标智能灰靶决策、灰色关联决策、灰色聚类决策、灰色局势决策和灰色层次决策等。罗党等（2004）对一般意义上的灰色多目标规划，提出客观确定子目标权重的方法及修正方法，利用子目标的权重引入各个子目标取最优值的白化权函数，构建灰色多目标规划有效解及其 θ 定位规划最优解的算法[⑥]；孙晓东等（2005）引入灰色系统理论对传统理想解法（TOPSIS）进行了拓展，提出了一种基于灰色关联度和理想解法的决策方法[⑦]。

基于灰色理论的内涵及拓展，将其与博弈论相关内容进行融合，开展

---

① 刘斌、刘思峰、党耀国：《GM（1，1）模型时间响应函数的最优化》，《中国管理科学》2003 年第 4 期。

② 谢乃明、刘思峰：《离散 GM（1，1）模型与灰色预测模型建模机理》，《系统工程理论与实践》2005 年第 1 期。

③ 姚天祥、刘思峰：《改进的离散灰色预测模型》，《系统工程》2007 年第 9 期。

④ 曾波、刘思峰、方志耕、谢乃明：《灰色组合预测模型及其应用》，《中国管理科学》2009 年第 5 期。

⑤ 王正新、党耀国、刘思峰：《GM（1，1）幂模型的病态性》，《系统工程理论与实践》2013 年第 7 期。

⑥ 罗党、刘思峰：《灰色多目标规划算法研究》，《系统工程》2004 年第 6 期。

⑦ 孙晓东、焦玥、胡劲松：《基于灰色关联度和理想解法的决策方法研究》，《中国管理科学》2005 年第 4 期。

包括基于纯策略的灰矩阵博弈模型和基于混合策略的灰色矩阵博弈模型等。方志耕等（2008）针对逆推归纳法在多阶段动态博弈中的缺陷设计了“灰数规整”顺推归纳法算法模型，较好地解决了长期动态重复的合作和非合作博弈和纳什均衡的求解等难题①。

五　灰色理论的优劣势

相对于其他数理模型，灰色系统理论不需要大量的样本数量，对少信息的数据可以进行有效的运算，通货将问题具体化，在变化规律不明显的数据中找出规律，并通过规律分析事物的变化和发展，使得计算量明显减小；就数据本身而言，不需要满足其他数据模型对样本规律性分布的要求，从而简化运算。

第二节　模糊数学理论

在现实的社会、经济生活中，模糊概念随处可见，比如“描述一个人的身体高矮、体重胖瘦、容貌美丑、性格好坏”“天气阴晴、气温高低、降雨规模强弱”“社会秩序好坏、人民生活水平高低、产品质量优劣”“经济形势过热、经济下行压力过大、通货膨胀加剧”，等等，都体现了对于某一概念的模糊认知程度，但是这种模糊认知又不能用经典集合来表述，这就造成了在定量分析中的困难，因此，需要利用到“模糊”的概念。

一　模糊数学的产生

经典集合一般具备两条基本属性：元素间彼此相异，且边界明确。即元素 x 与集合 A 之间有且只会存在以下两种可能，元素 x 属于集合 A（$x \in A$）、元素 x 不属于集合 A（$x \notin A$）。也就是说元素要么属于某一集合，要么不属于某一集合。举一个简单的例子，设存在论域 U = ｛某高校教师职称｝，把该校所有教授组成的集合记为 A，则 A = ｛教授｝，那么，由

① 方志耕、刘思峰、施红星、徐正栋：《破解“蜈蚣博弈”悖论：“灰数规整”顺推归纳法研究》，《中国管理科学》2008 年第 1 期。

于该高校中每位教师之间彼此不同，因此，教师要么属于该A集合，要么不属于A集合。但是如果令集合B＝｛科研能力强｝，则就不能成为一个经典集合，因为教师科研能力强弱不能全部按照职称评定，没有明确的界限。

美国加利福尼亚大学控制论专家L. A. Zadeh早在1960年就已经开始专注于“模糊”研究，1965年，其在《信息与控制》（*Information and Control*）期刊中发表了题为《模糊集合》（*Fuzzy Sets*）的论文①，该论文首次提及模糊数学，标志着模糊数学的诞生，而凭借在该领域的权威，扎德也被公认为“模糊数学之父”，其为模糊数学及系统控制理论领域作出了突出贡献。模糊数学的主要贡献在于：就统计数学而言，其将数学的应用范围从必然现象扩大到偶然现象，而模糊数学则把数学的应用范围从精确现象扩大到模糊现象，不仅扩大了研究范围，而且也使得研究内容更贴近现实。

二 模糊数学的相关理论

定义1.10 隶属度

普通集合与模糊集合的区别在于：普通集合利用特征函数来刻画，而模糊集合采用隶属函数来刻画，特征函数的值域为集合$\{0,1\}$，隶属函数的值域为区间$[0,1]$，由此可见，隶属函数是特征函数的推广。隶属函数刻画的是某元素从完全不属于该集合到完全属于该集合的渐变过程，亦即隶属度在论域上的分布。

隶属度是模糊集合论所赖以建立的基石。为证明隶属度的客观存在性，要从模糊统计试验阐述。若存在一个模糊统计试验，其具备以下四个因素：

①论域U；

②U中的一个固定元素u_0；

③U中的一个可运动的普通集合A_*，A_*联系与一个模糊集$\underset{\sim}{A}$（相应的模糊概念为α），A_*的每一次固定化，都是对α所做出的一个确定划分，它表示α的一个近似的外延；

① L. A. Zadeh. Fuzzy Sets, *Information and Control*, 1965, Vol. 8: 338－353.

④条件 S，它联系着对概念 α 所进行的划分过程的全部客观或心理的因素，制约着 A_* 的运动。

那么，模糊性产生的根本原因在于：S 对划分过程没有限制死，A_* 可以变异，它可以覆盖 u_0，也可以不覆盖 u_0。致使 u_0 对 A_* 的隶属关系是不确定的。而统计试验的目的在于用确定性手段研究这种不确定性。

在各次试验中，u_0 是固定的，A_* 是变动的，假设做 n 次试验，计算 u_0 对 $\underset{\sim}{A}$ 的隶属频率：

$$u_0 \text{ 对 } \underset{\sim}{A} \text{ 的隶属频率} \triangleq \frac{u_0 \in A_* \text{ 的次数}}{n}$$

经过多次试验证明，随着 n 的增大，隶属频率也会呈现稳定性，我们称之为隶属频率稳定性。而频率稳定所在的那个数，称为 u_0 对 $\underset{\sim}{A}$ 的隶属度[①]。

定义 1.11 隶属函数

假设论域 U 上存在一个模糊子集 $\underset{\sim}{A}$，也就意味着：对于任意的 $u \in U$，都指定了一个数 $\mu_{\underset{\sim}{A}}(u) \in [0,1]$，称之为 u 对 $\underset{\sim}{A}$ 的隶属程度。而映射：

$$\mu_{\underset{\sim}{A}}: \quad U \to [0,1],$$

$$u \mapsto \mu_{\underset{\sim}{A}}(u)$$

称之为 $\underset{\sim}{A}$ 的隶属函数，模糊子集完全由其隶属函数刻画。而隶属函数的确定方法可以通过模糊统计方法、指派方法、借用已有的“客观”尺度和二元对比排序方法四种形式描述。

在经济学中，模糊概念能够将分割开来的属性相互衔接。例如，人们对经济形势的预判可以分为繁荣、衰退、萧条等属性，有经济学者利用 GNP（国民生产总值）持续下降 6 个月界定为“经济衰退”，那么，如此一来，就会出现较为戏剧性的情境：如果 GNP 由元旦开始持续下降，而今天恰巧为 7 月 1 日，那么，昨天经济形势还挺好，今天反而突然变为衰退。

而事实上“经济衰退”仅仅是一个模糊概念，现在引进模糊集，在

---

① 汪培庄：《模糊集合论及其应用》，上海科学技术出版社 1983 年版。

论域 $U=\{GNP\}$ 上定义一个模糊集 $\underset{\sim}{A}$ =“经济衰退”，若采用上述隶属函数的确定方法中的指派法，用 x 表示 GNP 下降的月数，则容易选择偏大型模糊分布作为 $\underset{\sim}{A}$（经济衰退）的隶属函数，即：

$$\underset{\sim}{A}(x)=1-\exp\left(-\frac{x^2}{3.6^2}\right)\quad(x>0)$$

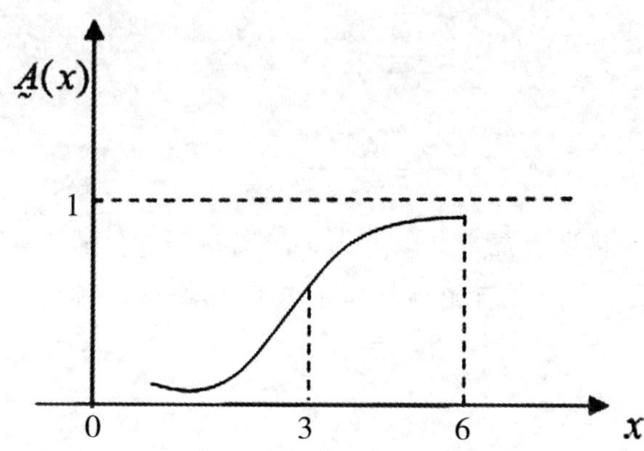

图 1－5　经济形势隶属函数

定义 1.12　模糊子集

模糊子集的直观描述如图 1－6 所示，其中假设存在论域 U，取具有单位长度的线段，把 U 上的模糊集记为 $\underset{\sim}{A}$。若某元素 x（线段）位于 $\underset{\sim}{A}$（圆圈）的内部，则记为 1；若某元素 x（线段）位于 $\underset{\sim}{A}$（圆圈）的外部，则记为 0；若某元素 x（线段）部分存在 $\underset{\sim}{A}$（圆圈）的内部，部分存在 $\underset{\sim}{A}$（圆圈）的外部，则表述隶属的“中介状态”，即所谓的模糊，为了更好地描述这种状态，必须将某元素对集合的绝对隶属关系扩展为各种不同程度的隶属关系，这就需要将经典集 A 的特征函数 $\chi_A(x)$ 的值域 $\{0,1\}$ 推广到闭区间 $[0,1]$ 上，这样一来，经典集的特征函数就扩展为模糊集的隶属函数。

接下来将利用映射概念对上述直观描述进行分析，假设 U 是论域，若存在映射：

$$\mu_{\underset{\sim}{A}}:\quad U\rightarrow[0,1],$$

$$x\mapsto\mu_{\underset{\sim}{A}}(x)\in[0,1]$$

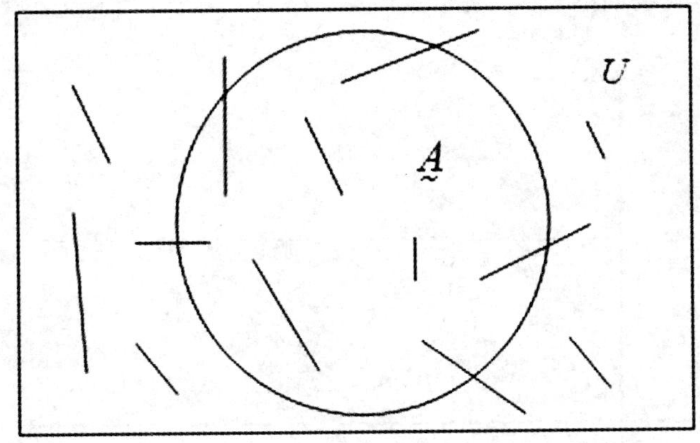

图 1-6　模糊子集的直观描述

确定了一个 U 上的模糊子集 $\underset{\sim}{A}$，映射 $\mu_{\underset{\sim}{A}}$ 称为 $\underset{\sim}{A}$ 的隶属函数，$\mu_{\underset{\sim}{A}}(x)$ 称为 x 对 $\underset{\sim}{A}$ 的隶属程度。由此可见，模糊子集 $\underset{\sim}{A}$ 由隶属函数 $\mu_{\underset{\sim}{A}}$ 唯一确定，而且当 $\mu_{\underset{\sim}{A}}(x)=0.5$ 的点 x 称为 $\underset{\sim}{A}$ 的过渡点，此时该点最具模糊性。相对于经典集合而言，也假设存在论域 U，且满足如下性质的映射：

χ_A：$U \to \{0,1\}$

$$x \mapsto \chi_A(x) = \begin{cases} 1, & x \in A, \\ 0, & x \notin A. \end{cases}$$

则 $\chi_A(x)$ 称为集合 A 的特征函数，表明 x 对 A 的隶属程度，即表明某元素 x 要么属于集合 A，要么某元素 x 不属于集合 A；而模糊数学的基本思想则是元素 x 由完全不属于集合 A，逐渐过渡到元素 x 完全属于集合 A 的这么一个过程。

例如，若以年龄作为论域 U，取 $U=[0,100]$，模糊集合 A 与模糊集合 B 分别表示“年老”和“年轻”两个概念，扎德定义其隶属函数为

$$\mu_A(x) = \begin{cases} 0 & \text{当} \quad 0 \leqslant x \leqslant 50; \\ \dfrac{1}{1+\left(\dfrac{x-50}{5}\right)^{-2}} & \text{当} \quad 50 < x \leqslant 100. \end{cases}$$

$$\mu_B(x) = \begin{cases} 1 & \text{当} \quad 0 \leqslant x \leqslant 25; \\ \dfrac{1}{1+\left(\dfrac{x-25}{5}\right)^{2}} & \text{当} \quad 25 < x \leqslant 100. \end{cases}$$

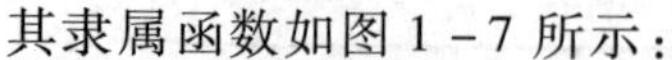
其隶属函数如图 1－7 所示：

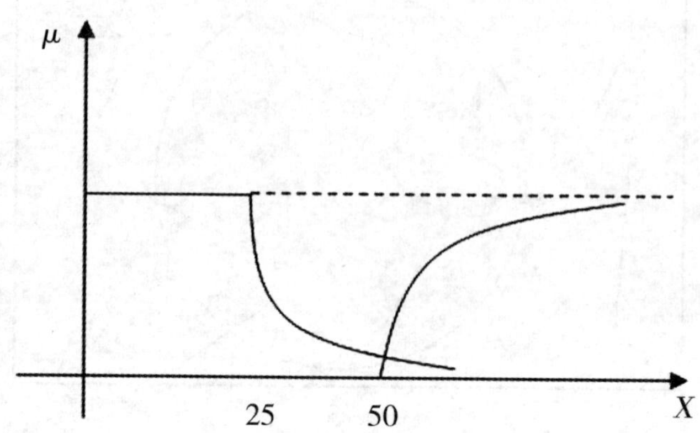

图 1－7　隶属函数

由图 1－7 可知，当某人年龄在 25 岁（不含 25 岁）以下时，100% 的隶属于“年轻”，当年龄超过 25 岁（含 25 岁）时，随着年龄的增加隶属于“年轻”的程度逐渐变小；而当某人年龄在 50 岁（不含 50 岁）以下时，100% 的不隶属于“年老”，当年龄超过 50 岁（含 50 岁）时，随着年龄的增加隶属于“年老”的程度逐渐增加。

如 $\mu_A(60) = 0.8$，表明年龄 60 岁时隶属于“年老”的程度为 80%；而 $\mu_B(35) = 0.2$，表明年龄 35 岁时隶属于“年轻”的程度为 20%。

定义 1.13　模糊集合

由于论域存在有限集与无限集两种表现形式，因此，对于模糊集合的描述，也应区分有限集和无限集两种情形。

首先，若存在论域 $U = \{x_1, x_2, \cdots, x_n\}$ 为有限集，则：

论域 U 上的任意一个模糊集 $\underset{\sim}{A}$，其隶属函数为 $\{\underset{\sim}{A}(x_i)\}(i = 1, 2, \cdots, n)$，存在以下三种表示方法：

①向量表示法：$\underset{\sim}{A} = (\underset{\sim}{A}(x_1), \underset{\sim}{A}(x_2), \cdots, \underset{\sim}{A}(x_n))$

②序偶表示法：$\underset{\sim}{A} = \{(x_1, \underset{\sim}{A}(x_1)), (x_2, \underset{\sim}{A}(x_2)), \cdots, (x_n, \underset{\sim}{A}(x_n))\}$

③扎德表示法：$\underset{\sim}{A} = \frac{\underset{\sim}{A}(x_1)}{x_1} + \frac{\underset{\sim}{A}(x_2)}{x_2} + \cdots + \frac{\underset{\sim}{A}(x_n)}{x_n}$

其中，$\underset{\sim}{A}(x_i)/x_i$ 不表示分数，而“＋”也不表示求和，其只是符号意义，代表点 x_i 对模糊集 $\underset{\sim}{A}$ 的隶属度是 $\underset{\sim}{A}(x_i)$ 。

例如，“ $\underset{\sim}{A}$ = 经济形势向好发展 ” 按照扎德表示法可以表示为：

$\underset{\sim}{A} = \frac{0}{x_1} + \frac{0.2}{x_2} + \frac{0.3}{x_3} + \frac{0.6}{x_4} + \frac{0.9}{x_5} + \frac{1}{x_6}$

或者 $\underset{\sim}{A} = (0,0.2,0.3,0.6,0.9,1)$

其次，若存在论域 U 是无限集时，U 上的模糊集 $\underset{\sim}{A}$ 可以表示为：

$$\underset{\sim}{A} = \int_{x \in U} \frac{\underset{\sim}{A}(x)}{x}$$

这里，$\int$ 不是积分符号，$\underset{\sim}{A}(x)/x$ 也不表示分数。

例如，$\underset{\sim}{A}$(年老)、$\underset{\sim}{B}$(年轻) 可以分别表示为：

$$\underset{\sim}{A} = \int_{0 \leqslant x \leqslant 50} \frac{0}{x} + \int_{50 < x \leqslant 100} \frac{\left[1 + \left(\frac{x-50}{5}\right)^{-2}\right]^{-1}}{x}$$

$$\underset{\sim}{B} = \int_{0 \leqslant x \leqslant 25} \frac{1}{x} + \int_{25 < x \leqslant 100} \frac{\left[1 + \left(\frac{x-25}{5}\right)^{2}\right]^{-1}}{x}$$

同时，我们也给出模糊集合的并、交、余算法，与普通集合的并、交、余运算相类似，若存在论域 U , A、B 是 U 上的两个模糊集合，并且 $A \in P(U)$, $B \in P(U)$ ，其隶属函数分别可以表示为 $\mu_A(x)$ 和 $\mu_B(x)$ ，则

A、B 的并集是 U 的模糊集合，记作 $A \cup B$ ，其隶属函数是 $\mu_{A \cup B}(x) = \mu_A(x) \vee \mu_B(x)$ ；

A、B 的交集是 U 的模糊集合，记作 $A \cap B$ ，其隶属函数是 $\mu_{A \cup B}(x) = \mu_A(x) \wedge \mu_B(x)$ ；

A 的余集是 U 的模糊集合，记作 A^C ，其隶属函数是 $\mu_{A^C}(x) = 1 - \mu_A(x)$ ；

而模糊集合的并和交运算也可以推广到无穷多个模糊集合的模式，记作：

$\bigcup_{i=1}^{n} A_i = A_1 \cup A_2 \cup A_3 \cup \cdots \cup A_n$,

$\bigcap_{i=1}^{n} A_i = A_1 \cap A_2 \cap A_3 \cap \cdots \cap A_n$,

它们的隶属函数可以表示为：

$$\mu \bigcup_{i=1}^{n} A_i(x) = \max\{\mu_{A1}(x),\mu_{A2}(x),\cdots,\mu_{An}(x)\} \overset{\text{记作}}{=} \bigvee_{i=1}^{n} \mu_{Ai}(x),$$

$$\mu \bigcap_{i=1}^{n} A_i(x) = \min\{\mu_{A1}(x),\mu_{A2}(x),\cdots,\mu_{An}(x)\} \overset{\text{记作}}{=} \bigwedge_{i=1}^{n} \mu_{Ai}(x)。$$

例如，假设存在论域 $U = \{x_1,x_2,x_3,x_4\}$，模糊集合 A 和模糊集合 B 分别可以表示为：

$$A = \frac{0.5}{x_1} + \frac{0.2}{x_2} + \frac{0.8}{x_3}, \qquad B = \frac{0.6}{x_1} + \frac{0.1}{x_2} + \frac{1}{x_4}$$

则

$$A \cup B = \frac{0.6}{x_1} + \frac{0.2}{x_2} + \frac{0.8}{x_3} + \frac{1}{x_4}; \quad A \cap B = \frac{0.5}{x_1} + \frac{0.1}{x_2};$$

$$A^C = \frac{0.4}{x_1} + \frac{0.8}{x_2} + \frac{0.2}{x_3}; \qquad B^C = \frac{0.4}{x_1} + \frac{0.9}{x_2}。$$

定义 1.14　模糊矩阵

假设对于一切 $i = 1,2,\cdots,n; j = 1,2,\cdots,m$，有 $0 \leqslant r_{ij} \leqslant 1$，那么，$n$ 行 m 列的矩阵 $R = (r_{ij})_{n\times m}$ 就被称为模糊矩阵。当 r_{ij} 仅取 0 或者 1 时，称 n 行 m 列的矩阵 $R = (r_{ij})_{n\times m}$ 为布尔矩阵。

同样的，假设存在两个模糊矩阵 $R = (r_{ij})_{n\times m}, S = (s_{ij})_{n\times m}$ 是两个 n 行 m 列的模糊矩阵，如果对于一切的 i,j，存在 $r_{ij} = s_{ij}$，那么称 R 与 S 相等，记作 $R = S$；如果对于一切的 i,j，存在 $r_{ij} \leqslant s_{ij}$，那么称 R 包含于 S，记作 $R \subset S$；同时，

R 与 S 的并运算记作 $R \cup S = (r_{ij} \vee s_{ij})_{n\times m}$，即第 i 行 j 列位置上的元素为 $r_{ij} \vee s_{ij}$；

R 与 S 的交运算记作 $R \cap S = (r_{ij} \wedge s_{ij})_{n\times m}$，即第 i 行 j 列位置上的元素为 $r_{ij} \wedge s_{ij}$；

R 的余运算记作 $R^C = (1 - r_{ij})_{n\times m}$，即第 i 行 j 列位置上的元素为 $1 - r_{ij}$。

例如，假设存在模糊矩阵 R 与 S：

$$R = \begin{pmatrix} 0.2 & 0.3 & 0.2 & 0.4 \\ 0.5 & 0.4 & 0.6 & 0.1 \\ 0.3 & 0.7 & 0.3 & 0.8 \\ 0.2 & 0.9 & 0.1 & 0.6 \end{pmatrix}, \qquad S = \begin{pmatrix} 0.1 & 0.1 & 0.2 & 0.5 \\ 0.4 & 0.3 & 0.5 & 0.4 \\ 0.6 & 0.2 & 0.7 & 0.5 \\ 0.7 & 0.2 & 0.2 & 0.4 \end{pmatrix}$$

则

$$R \cup S = \begin{pmatrix} 0.2 & 0.3 & 0.2 & 0.5 \\ 0.5 & 0.4 & 0.6 & 0.4 \\ 0.6 & 0.7 & 0.7 & 0.8 \\ 0.7 & 0.9 & 0.2 & 0.6 \end{pmatrix}, \quad R \cap S = \begin{pmatrix} 0.1 & 0.1 & 0.2 & 0.4 \\ 0.4 & 0.3 & 0.5 & 0.1 \\ 0.3 & 0.2 & 0.3 & 0.5 \\ 0.2 & 0.2 & 0.1 & 0.4 \end{pmatrix},$$

$$R^C = \begin{pmatrix} 0.8 & 0.7 & 0.8 & 0.6 \\ 0.5 & 0.6 & 0.4 & 0.9 \\ 0.7 & 0.3 & 0.7 & 0.2 \\ 0.8 & 0.1 & 0.9 & 0.4 \end{pmatrix}, \quad S^C = \begin{pmatrix} 0.9 & 0.9 & 0.8 & 0.5 \\ 0.6 & 0.7 & 0.5 & 0.6 \\ 0.4 & 0.8 & 0.3 & 0.5 \\ 0.3 & 0.8 & 0.8 & 0.6 \end{pmatrix}.$$

定义 1.15　模糊合成算子

根据模糊综合评价可以得到模糊矩阵 S，其计算公式如下：

$$S = W \circ R = [\mu_1 \quad \mu_2 \quad \mu_3 \quad \mu_4] \circ \begin{bmatrix} r_{11} & r_{12} & \cdots & r_{1n} \\ r_{21} & r_{22} & \cdots & r_{2n} \\ \vdots & \vdots & \vdots & \vdots \\ r_{m1} & r_{m2} & \cdots & r_{mn} \end{bmatrix} = [S_1 \quad S_2 \quad \cdots \quad S_N]$$

其中，W，$W = [\mu_1 \quad \mu_2 \quad \cdots \quad \mu_N]$ 为被评价对象的论域；r_{ij} 表示为二级指标对每个评语集的模糊关系矩阵；“$\circ$”为模糊合成算子，共有四种计算方式，各自特点如表 1－2 所示。

表 1－2　　四种合成算子的各自表述

特点	算子			
	$M(\wedge, \vee)$	$M(\bullet, \vee)$	$M(\wedge, \oplus)$	$M(\bullet, \oplus)$
利用 R 的信息	不充分	不充分	较为充分	充分
体现权数作用	不明显	明显	不明显	明显
综合程度	较弱	较弱	强	强
类型	主因素突出性	主因素突出性	加权平均型	加权平均型

在表 1－2 中，各种算子的计算如下：

$M(\wedge,\vee) = \max\limits_{1\leq j\leq m}\{\min(\mu_j, r_{jk})\}, k = 1,2,\cdots,n;$

$M(\bullet,\vee) = \max\limits_{1\leq j\leq m}\{u_j \cdot r_{jk}\}, k = 1,2,\cdots,n;$

$M(\wedge,\oplus) = \min\{1, \sum_{j=1}^{m}\min(\mu_j, r_{jk})\}, k = 1,2,\cdots,n;$

$M(\bullet,\oplus) = \min\{1, \sum_{j=1}^{m}\mu_j r_{jk}\}, k = 1,2,\cdots,n$

其中，$M(\wedge,\vee)$ 算子具体表述为：

$$s_k = \bigvee_{j=1}^{m}(\mu_j \wedge r_{jk}) = \max_{1\leq j\leq m}\{\min(\mu_j, r_{jk})\},\quad k = 1,2,\cdots,n$$

例如，$(0.2\quad 0.3\quad 0.2)\circ\begin{pmatrix}0.4 & 0.5 & 0.2 & 0\\ 0.3 & 0.3 & 0.4 & 0.2\\ 0.2 & 0.3 & 0.1 & 0.3\end{pmatrix} = (0.3\quad 0.3\quad 0.3\quad 0.2)$

$M(\bullet,\vee)$ 算子具体表述为：

$$s_k = \bigvee_{j=1}^{m}(\mu_j \cdot r_{jk}) = \max_{1\leq j\leq m}\{\mu_j \cdot r_{jk}\},\quad k = 1,2,\cdots,n$$

例如，$(0.2\quad 0.3\quad 0.2)\circ\begin{pmatrix}0.4 & 0.5 & 0.2 & 0\\ 0.3 & 0.3 & 0.4 & 0.2\\ 0.2 & 0.3 & 0.1 & 0.3\end{pmatrix} = (0.09\quad 0.1\quad 0.12\quad 0.06)$

$M(\wedge,\oplus)$ 算子具体表述为：

$$s_k = \min\left\{1, \sum_{j=1}^{m}\min(\mu_j, r_{jk})\right\},\quad k = 1,2,\cdots,n$$

例如，$(0.2\quad 0.3\quad 0.2)\circ\begin{pmatrix}0.4 & 0.5 & 0.2 & 0\\ 0.3 & 0.3 & 0.4 & 0.2\\ 0.2 & 0.3 & 0.1 & 0.3\end{pmatrix} = (0.7\quad 0.7\quad 0.6\quad 0.4)$

$M(\bullet,\oplus)$ 算子具体表述为：

$$s_k = \min\left(1, \sum_{j=1}^{m}\mu_j r_{jk}\right),\quad k = 1,2,\cdots,n$$

例如，$(0.2\quad 0.3\quad 0.2)\circ\begin{pmatrix}0.4 & 0.5 & 0.2 & 0\\ 0.3 & 0.3 & 0.4 & 0.2\\ 0.2 & 0.3 & 0.1 & 0.3\end{pmatrix} = (0.21\quad 0.25\quad 0.18\quad 0.12)$

定义 1.16　模式识别

在实际评价过程中，已知若干个互相之间边界不分明的模糊概念，需要判定某个确定的事物用哪个模糊概念来反映更加合理准确，这就涉及到模糊理论中的模式识别问题。

模糊理论中模式识别的实质在于：已知论域 U 的若干个模糊集合 A_1，$A_2,\cdots,A_n$，对于 U 的某一个特定的元素 x_0，判断 x_0 相对隶属于哪一个模糊集合。其特点在于：n 个模型是模糊的，而待识别对象是明确的。本文给出了两大识别原则：最大隶属原则和阈值原则。

首先，最大隶属原则可以表述为：

假设存在论域 U，$A_1,A_2,\cdots,A_n$ 是 U 的 n 模糊集合，对于 $x_0 \in U$，如果

$$\mu_{A_k}(x_0) = \max\{\mu_{A_1}(x_0),\mu_{A_2}(x_0),\cdots,\mu_{A_n}(x_0)\}$$

则可以认为 x_0 相对隶属于 A_k。

其次，阈值原则可以表述为：

假设存在论域 U，$A_1,A_2,\cdots,A_n$ 是 U 的 n 模糊集合，对于 $x_0 \in U$；给定一个阈值（或称置信水平）$\alpha, 0 < \alpha < 1$，如果对于一切 $1 \leqslant i \leqslant n$ 有 $\mu_{A_i}(x_0) \leqslant \alpha$，则认为 x_0 不属于任何模糊集合，即 x_0 不能识别；

如果存在某些 k，使得 $\mu_{A_i}(x_0) > \alpha$，则令 B 是所有满足 $\mu_{A_i}(x_0) > \alpha$ 的模糊集合 A_k 的交，即：$B = \bigcap\limits_{\mu_{A_k}(x_0) > \alpha} A_k$，则认为 x_0 相对隶属于模糊集合 B。

三 模糊数学的发展

自 1965 年，扎德提出模糊理论以来，模糊数学得到了学术界的广泛关注，学术界并在其理论基础上进行了不断完善。1966 年，马里诺斯（P. N. Marinos）发表关于模糊逻辑的研究报告；1971 年，罗森菲尔德提出模糊代数结构、模糊线性空间、模糊群等概念；1974 年，玛达尼（Mamdani）提出合成模糊逻辑推理法；1974 年，扎德进行了极大—极小模糊推理法的研究。1978 年，国际性学术期刊《Fuzzy Sets and Systems》正式创刊，作为第一本以模糊数学为主题的学术刊物，着重研究模糊基础理论为主，被认为是该领域的权威期刊，该刊刊出的文章得到了学界关注；而在应用方面，《IEEE Transactions on Fuzzy Systems》、《IEEE Transactions on System》及《Man and Cybernetics, Part B》等为主的学术期刊，则主要刊出理论应用文章。高级别期刊的推出，既为模糊数学理论的研究搭建了优势平台，也进一步推广了模糊数学理论的应用研究。

而我国模糊数学的产生可以追溯至20世纪70年代末，法国模糊数学专家考夫曼（A. Kaufman）、山泽（E. SanchZ.）、日本学者营野和美籍华人P. P. Z. 来华讲学，有力地推动了模糊数学在中国的发展。1980年，中国模糊集与系统协会成立；1981年，华中工学院创办《模糊数学》杂志；1987年，中国系统工程学会模糊数学与模糊系统专业委员会会刊—《模糊系统与数学》杂志创刊。国内学者中，北京师范大学汪培庄先生是中国模糊数学与应用的开拓者和播种者，他在概率论与随机过程、模糊集合基础理论、随机集落影理论、模糊逻辑与推理、智能控制、耗散理论、优化理论等多个数学分支中均有建树。提出了模糊落影、因素空间及网状推理等理论，并积极应用于实际问题，汪培庄指出模糊数学不是让数学变成模模糊糊的东西，而是要让数学进入模糊现象这个禁区。但是，也不能把“模糊”两字看成纯粹消极的贬义词。过分的精确反倒模糊，而适当地模糊反而精确；中国工程院院士何新贵提出了一套比较完整的模糊数据库理论与技术，提出了加权模糊逻辑、模糊计算逻辑、模糊区间值逻辑和模糊分布值逻辑等多种非标准模糊逻辑，其在模糊数学领域的研究已经达到了国内外先进水平。

随后，2005年，中国运筹会Fuzzy信息与工程分会正式成立，会议邀请扎德教授出席，由此表明，模糊数学在中国已经具有了显著地位；同年，四川大学刘应明院士获得“Fuzzy Fellow”奖，该奖项是模糊数学领域的最高奖项。为建立标准的学科分类体系，国家质量监督检验检疫总局和中国国家标准化管理委员会于2009年5月6日发布了《中华人民共和国国家标准GB/T 13745－2009》，成为业界公认的标准。而在其中，“模糊数学”被划定在“二级学科分类与代码国家标准”中“110数学”分类下的“110.84模糊数学”，由此可见，模糊数学在中国已经产生了非常重要的影响，并作为一个重要的学科已经在高校及科研院所发挥着巨大作用。而由中国系统工程学会模糊数学与模糊系统专业委员会常务委员会议每两年召开一次，更是有力推动了中国模糊数学的研究与发展，中国也已成为模糊数学研究的国际四大中心（美国、欧洲、日本、中国）之一。

四 模糊数学的应用

对模糊数学理论的研究多集中模糊综合评价、模糊聚类、模糊决策和模糊控制领域。例如，在模糊综合评价中，由于评价本质是人的智能活动，但是人脑的思维过程是非线性的，张晓慧、冯英浚（2005）基于模糊矩阵合成算子的性质提出了非线性的模糊综合评价模型，并应用于水质评价问题，提高了评价了客观性①；程蕾（2002）对企业最有可能采取的几种融资效率进行了模糊综合评价，从资金供给方和需求方不同角度提出提高融资效率的建议②；张丽坤等（2004）以企业组织变革阻力为研究对象，分析了影响组织变革阻力的主要因素，提出了较为合理的组织变革阻力评价指标体系，设计了改造的模糊综合评价模型③；彭国甫（2005）在构建地方政府公共事业管理绩效评价指标体系并确定指标权重的基础上，分析模糊综合评价模型的基本原理、合成运算④；周辉仁等（2008）根据事物的多因素属性，基于模糊数学理论，对问题属性的各因素的权重用熵权法确定，用以解决群决策模糊综合评价问题⑤；柳顺等（2010）提出基于数据包络分析的模糊综合评价方法⑥；沈进昌等（2012）利用正态云模型的逆向云发生器、云计算原理，结合云模型的模糊性、随机性和统计性性质代替模糊隶属函数进行模糊综合评价⑦。

在科学技术、经济管理中常常需要按一定的标准（相似程度或亲疏关系）进行分类。例如，根据生物的某些性状可对生物分类，根据土壤的性质可对土壤分类等、对所研究的事物按照一定标准进行分类的数学方法叫聚类分析，它是多元统计的一种分类方法，由于科学技术、经济管理中的分类界限往往不分明，因此采用模糊聚类方法较符合实际。李

① 张晓慧、冯英浚：《一种非线性模糊综合评价模型》，《系统工程理论与实践》2005 年第 10 期。

② 程蕾：《温州非公有制工业企业融资效率模糊评价》，《中国工业经济》2002 年第 11 期。

③ 张丽坤、王海宽：《企业组织变革阻力评价的模糊综合评判模型》，《数量经济技术经济研究》2004 年第 2 期。

④ 彭国甫：《地方政府公共事业管理绩效模糊综合评价模型及实证分析》，《数量经济技术经济研究》2005 年第 11 期。

⑤ 周辉仁、郑丕谔、张扬、秦万峰：《基于熵权法的群决策模糊综合评价》，《统计与决策》2008 年第 8 期。

⑥ 柳顺、杜树新：《基于数据包络分析的模糊综合评价方法》，《模糊系统与数学》2010 年第 2 期。

⑦ 沈进昌、杜树新、罗季阳、杨倩、陈志锋：《基于云模型的模糊综合评价方法及应用》，《模糊系统与数学》2012 年第 6 期。

希灿等（2002）通过阐述模糊聚类与模糊识别模型的局限性，进一步研究了模糊环境下的目标函数，修改模糊聚类中心的计算公式，提出计算权重的新方法，拓广了模糊聚类与模糊识别理论模型的应用范围①；李俭等（2003）根据反映变压器绝缘状态的模糊和灰色特征，采用模糊聚类方法，对若干典型故障样本聚类成C个灰类，得到C个最有聚类中心，并提出了确定故障诊断各灰类白化权函数的原则和算法②；石琴等（2011）研究了粒子群优化的模糊聚类方法在车辆行驶工况中的应用问题③。

在模糊决策中，模糊决策的目的是把论域中的对象按优劣进行排序，或者按某种方法从论域中选择一个“令人满意”的方案。在实际问题中，可供选择的方案往往有多个，将它们记为一个集合 U，由于决策环境具有模糊性，方案集合 U 中蕴藏的决策目标是很难确切描述的。姚敏等（1999）讨论了模糊决策方法的若干基本问题，包括模糊一致关系、模糊一致矩阵及其应用，广义去模糊机制等问题④；刘华文（2004）针对模糊条件下的多目标决策问题，采用 Vague 集方法进行处理，提出了三种目标选择方法：记分函数法、加权记分函数法和距离法⑤；陈守煜等（2008）建立了可变模糊决策（优选）理论，提出以对立模糊集概念为基础的可变模糊决策模型和方法，并将其成功运用于水库防洪调度问题⑥；房勇等（2009）基于模糊理论研究了带有成比例交易费用的证券投资组合优化问题⑦。

而模糊控制是以模糊集合论、模糊语言变量和模糊逻辑推理为基础的

① 李希灿、解明东、许德生、段建筑：《模糊聚类与模糊识别理论模型研究》，《模糊系统与数学》2002 年第 2 期。

② 李俭、孙才新、陈伟根、周湶、杜林：《灰色聚类与模糊聚类集成诊断变压器内部故障的方法研究》，《中国电机工程学报》2003 年第 2 期。

③ 石琴、王楠楠：《粒子群优化的模糊聚类方法在车辆行驶工况中的应用》，《中国管理科学》2011 年第 2 期。

④ 姚敏、黄燕君：《模糊决策方法研究》，《系统工程理论与实践》1999 年第 11 期。

⑤ 刘华文：《多目标模糊决策的 Vague 集方法》，《系统工程理论与实践》2004 年第 5 期。

⑥ 陈守煜、袁晶瑄：《可变模糊决策理论及其在水库防洪调度决策中应用》，《大连理工大学学报》2008 年第 2 期。

⑦ 房勇、汪寿阳：《基于模糊决策的投资组合优化》，《系统科学与数学》2009 年第 11 期。

一种计算机数字控制技术。主要是模拟人的思维、推理和判断的一种控制方法，它将人的经验、常识等用自然语言的形式表达出来，建立一种适用于计算机处理的输入输出过程模型，是智能控制的一个重要研究领域。从信息技术的观点来看，模糊控制是一种基于规则的专家系统；而从控制系统技术的观点来看，模糊控制是一种普遍的非线性特征域控制器。李洪兴等（2002）采用变论域自适应模糊控制实现一类非线性系统的稳定自适应控制，并对一阶非线性系统进行了仿真实验①；杜爱月（2004）根据交通系统复杂性、随机性和难以用精确的数学模型来描述的特点，采用了模糊控制技术，不需要建立精确的数学模型，对两相位的交叉路口，提出一种基于车辆等待长度的单点信号交叉口交通实时模糊控制方法，设计了模糊控制器②；刘志敏（2009）从汽车理论和模糊控制理论入手，将两者相结合，对模糊控制理论在汽车防抱制动系统（ABS）上的应用进行了研究③。

五　模糊数学与近似性的区别

模糊论方法与普通分析方法相比，能够定量地处理各种模糊因素，使得分析结果更加客观实际、优化；并且由于充分考虑到了事物的中介过渡性质、浮动地选取阈值，从而能够给出一系列不同水平下的分析结果，提供更为广泛的选择余地。19 世纪 50 年代，控制论的创始人维纳曾指出，人脑与计算机相比的主要优越性在于，人脑能够掌握尚未完全明确的含糊概念，这也肯定了模糊概念和模糊思维的重要意义④。

扎德首先认为，传统观点所以把模糊性放在精确方法的框架内处理，一个重要的原因在于人们把模糊性与近似性、随机性和含混性混为一谈。其指出，“有些人把模糊性当作随机性的一种伪装形式，乃是极大的误

① 李洪兴、苗志宏、王加银：《非线性系统的变论域稳定自适应模糊控制》，《中国科学 E 辑》2002 年第 2 期。

② 杜爱月：《基于模糊控制的交通信号控制系统及仿真的研究》，长安大学博士学位论文，2004 年。

③ 刘志敏：《基于模糊控制的汽车 ABS 系统仿真研究》，兰州理工大学硕士学位论文，2009 年。

④ 诺伯特·维纳：《维纳著作》，钟韧译，上海译文出版社 1978 年版。

会，妨碍把模糊性作为现实世界的一个基本的、不同的侧面来处理的理论框架的发展”。随后，扎德提出了隶属度、隶属函数和模糊集合等基本概念，并在此基础上，建立起了一个描述和处理模糊性的概念和技术的框架，逐渐形成了模糊数学理论，使之成为一个独立的研究方向。但是，模糊性有别于近似性，二者之间既有区别，又有联系，并相互渗透。从质和量两个方面来看，模糊性是比随机性更为基本的不确定性。随机性是在事件是否发生的不确定性中表现出来的条件的不确定性，而事件本身的性态和类属是确定的。比如，投掷一枚硬币，出现国徽向上的情况是随机的，但是每次投掷的结果却是确定的，要么为正，要么为反；而模糊性则是事物自身性态和类属的不确定性，未来某天的天气状况是随机变换的，其界限是模糊的。总而言之，随机性是一种外在的不确定性，而模糊性是一种内在的不确定性[①]。

第三节　属性理论

属性数学是从人的形象思维与定性描述开始的，人们对自然现象和社会现象的认识，首先是对客观世界的感性认识，是形象思维，是定性描述。对事物的定性描述，称之为属性。属性一方面简洁刻画了事物的性质，另一方面，属性本身对事物的刻画还过于“笼统”。属性数学首要的基本任务是：研究属性之间的关系，建立运算关系，研究属性的测量，建立属性测度。

一　属性理论的提出

北京大学程乾生教授于20世纪90年代末，提出了属性数学。在属性集合属性测度理论的基础上，程乾生（1997）提出了属性综合评价和决策系统，该系统由3个子系统组成，分别为单指标属性测度分析子系统、多指标综合属性测度分析子系统和识别子系统，并且将该模型应用到很高的精度[②]；随后又提出了属性测度空间和有序分割类的概念，并指出4个

① 苗东升：《模糊学导引》，中国人民大学出版社1987年版。

② 程乾生：《属性集和属性综合评价系统》，《系统工程理论与实践》1997年第9期。

属性识别准则：最小代价准则、最大属性测度准则、置信度准则和评分准则，在此基础上，建立了属性识别模型[①]。

属性理论为研究事物的定性描述提供了可能，也为实证中的定性问题分析提供了新方法，成为评价领域的新工具。该理论认为，属性理论是对事物或自然现象属性的定性描述进行定量化研究的数学理论，而建立在属性理论基础上的属性综合评价系统是在属性集合属性测度理论基础上提出的对实际问题的定性描述进行度量的一种属性识别理论模型［文先明、熊鹰（2008）］。由此可见，属性理论很好地解决了定性问题的定量化处理，为客观、全面评价事物提供了保证。

属性理论自提出以来，受到了学界广泛关注，不同学者在理论及实践层面对属性理论进行了有效扩充，并得到了具有突破性的成果。但是，属性理论始终没有解决的一个问题是，如何在指标权重上更加客观地反映事物本质这个问题，现有模型评价中，多数运用专家打分法或者凭借经验对评价体系的各指标权重进行量化，该方法尽管考虑了专家意见，具有一定的可行性，但未能更加客观地反映现实，为解决这一困难，需要运用定量化的方法对现有数据进行处理，进而结合专家打分法等主观判定方法进行综合评判，才能保证评价体系的公正。

二　扰动属性理论的提出

传统的属性理论认为，属性数学的基础在于属性集和属性测度两个方面，而属性测度又是属性集的定量表述，是一个确定的数值。李群研究员在属性理论的研究与实践应用中，指出利用一个长度变化不大的区间刻画某个元素是否具有某种属性的度量程度要比单纯利用一个数值刻画精确得多。[①]例如，在环境中考虑 X = ｛某地区所有的大气样品｝，X 中元素 x 为某地区、某地点、某高度的大气样品，F = ｛大气污染程度｝，A = ｛清洁｝和 B = ｛严重污染｝都是 F 中的属性集。因为不同时刻采集的大气样品不同，所以，利用区间［0.7，0.72］刻画“$x \in A$”的程度要比单纯利用 0.7 单一数字刻画“$x \in A$”的程度要好。

① 程乾生：《属性识别理论模型及其应用》，《北京大学学报》（自然科学版）1997 年第 1 期。

（一）扰动属性理论基本属性

定义 1.17 扰动属性区间集

假设存在某一研究对象主体为 X，称其为对象空间；X 中元素的某类属性为 F，称为属性空间。那么，对于任意 $x \in X$，$A \in F$ 都指定了一个区间 $[\mu_x(A) - \varepsilon_x(A)$，

$\mu_x(A) + \varepsilon_x(A)]$，其中 $\mu_x(A) \pm \varepsilon_x(A) \in [0,1]$，且是与 $\mu_x(A)$ 比较接近的曲线。则把 A 称为对象空间 X 上具备 F 属性的一个扰动属性区间集。

映射 $F \to [[0,1],[0,1]], x \to [\mu_x(A) - \varepsilon_x(A), \mu_x(A) + \varepsilon_x(A)]$ 成为 A 的扰动属性测度区间函数，简称属性区间数。并记为 $[\mu_x(A)]$，为了方便，令

$$\underline{\mu}_x(A) = \mu_x(A) - \varepsilon_x(A), \bar{\mu}_x(A) = \mu_x(A) + \varepsilon_x(A)$$

由此可知，$[\mu_x(A)] = [\underline{\mu}_x(A), \bar{\mu}_x(A)]$，$(\underline{\mu}_x(A) \leqslant \bar{\mu}_x(A))$，而 $[\mu_x(A)]$ 的数量化表述可以利用均值化完成，即：

$$[\tilde{\mu}_x(A)] = (1-\alpha)\underline{\mu}_x(A) + \alpha\bar{\mu}_x(A) \quad (0 \leqslant \alpha \leqslant 1)$$

定义 1.18 属性测度带

根据定义 1.17 可以很明显看出，A 实际上是属性测度区间函数表述的一条“带状区间”，类似于一条“带子”，那么，我们称其为属性测度带。

定义 1.19 属性测度区间度

某元素 x_0 所对应的属性测度区间度，是指元素 x_0 对应的以下几种属性测度区间的函数值 $[\mu_{x0}(A) - \varepsilon_{x0}(A), \mu_{x0}(A) + \varepsilon_{x0}(A)]$、$[\underline{\mu}_{x0}(A), \bar{\mu}_{x0}(A)]$ 或 $[\mu_{x0}(A)]$。

定义 1.20 上下界属性测度曲线（函数）

在定义 1.17 中，为了方便记录而定义了 $\underline{\mu}_x(A)$、$\bar{\mu}_x(A)$，那么称 $\underline{\mu}_x(A)$ 为 A 的下界属性测度曲线（函数），而称 $\bar{\mu}_x(A)$ 为 A 的上界属性测度曲线（函数）。此外，还可以得知：

第一，当 $\varepsilon_x(A) \equiv 0$ 时，定义 1.17 中的属性测度区间函数就变为属性测度函数。因此，可以说 $\mu_x(A)$ 是 $[\mu_x(A)]$ 的特殊情况，称曲线（函数）$\mu_x(A)$ 为 $[\mu_x(A)]$ 的退化曲线（函数）。

第二，属性测度区间针对属性测度而言，具有一定的先进性。例如，“某阶段经济运行速度高”这个属性集的属性测度函数，与当时的国际、国内形势有关，也与国家宏观政策有关，用一个固定的函数来描述，不如用一个属性测度区间描述更好。

第三，$\mu_x(A)$ 与 $[\mu_x(A)]$ 的区别在于：[0，1] 中用0、1之间的一个数描述某元素具有某个属性集的程度，而定义1.17则取之于0、1之间的一个区间来定义某元素具有某个属性集的程度。

第四，对象空间 X 上可以有多个属性区间集，X 上具有某类属性 F 的属性区间集可记为 $\Im(F)$：$\Im(F)=\{A|A:F\rightarrow[[0,1],[0,1]],x\rightarrow[\underline{\mu}_x,\bar{\mu}_x]\}$，$\forall x\in X,\underline{\mu}_x(A)=\bar{\mu}_x(A)=0$，$A$ 称为属性空集，记为 φ；若 $\forall x\in X$，$\underline{\mu}_x(A)=\bar{\mu}_x(A)=1$，则称 A 为属性全集。

第五，扰动属性集的具体表达式：

设 X 为有限对象空间，$X=\{x_1,x_2,\cdots,x_n\}$，则

$$A=\frac{[\underline{\mu}_{x_1}(A),\bar{\mu}_{x_1}(A)]}{x_1}+\frac{[\underline{\mu}_{x_2}(A),\bar{\mu}_{x_2}(A)]}{x_2}+\cdots+\frac{[\underline{\mu}_{x_n}(A),\bar{\mu}_{x_n}(A)]}{x_n}$$

其中，$\frac{[\underline{\mu}_{x_i}(A),\bar{\mu}_{x_i}(A)]}{x_i}$ 表示对象空间 X 的元素 x_i 与 $[\underline{\mu}_{x_i}(A),\bar{\mu}_{x_i}(A)]$ 的对应关系，“+”表示扰动属性集 A 在 X 上具有某类属性 F 的全体（$i=1,2,\cdots,n$）。

定义1.21　包含关系

假设 $A,B\in\Im(F)$，若 $\forall x\in X,\underline{\mu}_x(B)\leqslant\underline{\mu}_x(A),\bar{\mu}_x(B)\leqslant\bar{\mu}_x(A)$，则 $A\supseteq B$ 或 $B\supseteq A$。

定义1.22　相等关系

假设 $A,B\in\Im(F)$，若 $\forall x\in X,[\mu_x(A)]=[\mu_x(B)]$，则 $A=B$，显然：

$A=B\Leftrightarrow A\supseteq B$ 且 $A\subseteq B$。

定义1.23　并运算

假设 $A,B\in\Im(F)$，若 $\forall x\in X$，

$A\cup B\Leftrightarrow[\mu_x(A\cup B)]=[\underline{\mu}_x(A)+\underline{\mu}_x(B)-\mu_x(A\cap B),\bar{\mu}_x(A)+\bar{\mu}_x(B)-$

$\mu_x(A \cap B)]$。

定义 1.24　交运算

假设 $A,B \in \Im(\mathrm{F})$，若 $\forall x \in X$，

$A \cap B \Leftrightarrow [\mu_x(A \cap B)] = [\underline{\mu}_x(A)\underline{\mu}_x(B|A),\bar{\mu}_x(A)\bar{\mu}_x(B|A)]$。

定义 1.25　补运算

假设 $A,B \in \Im(\mathrm{F})$，若 $\forall x \in X$，

$A^C \Leftrightarrow [\mu_x(A)]^C = [1-\bar{\mu}_x(A),1-\underline{\mu}_x(A)]$。

同时，我们还可以得到以下两个定理：

定理 1.1　$A \subseteq B \Rightarrow B^C \subseteq A^C$

证明：

$$A \subseteq B \Rightarrow \forall\ x \in X,\underline{\mu}_x(A) \leqslant \underline{\mu}_x(B),\bar{\mu}_x(A) \leqslant \bar{\mu}_x(B)$$

$$\Rightarrow \forall\ x \in X,1-\underline{\mu}_x(A) \geqslant 1-\underline{\mu}_x(B),1-\bar{\mu}_x(A) \geqslant 1-\bar{\mu}_x(B)$$

$$\Rightarrow B^C \subseteq A^C$$

定理 1.2　$(A^C)^C = A$

证明：$[(\mu_x(A^C))^C] = [1-\mu_x(A^C)] = [\underline{\mu}_x(A),\bar{\mu}_x(A)] = [\mu_x(A)]$，所以 $(A^C)^C = A$。

（二）属性测度区间空间

定义 1.26　属性可测区间空间

若 $\Im(\mathrm{F})$ 中具有属性 F 的属性区间集对余集和并集运算封闭，则称 $\Im(\mathrm{F})$ 为 F 上的一个 σ 区间代数，称 $(F,\Im(\mathrm{F}))$ 为属性可测区间空间。

定义 1.27　属性测度和属性测度空间

假设 $[F,\Im(\mathrm{F})]$ 上的属性测度区间函数 $[\mu_x]$ 的均值为 $[\tilde{\mu}_x(\cdot)]$，如果满足：

① $[\tilde{\mu}_x(A)] \geqslant 0,\quad \forall A \in \Im(\mathrm{F})$；

② $[\tilde{\mu}_x(F)] = 1$；

③若 $A_i \in \Im(\mathrm{F})$，$\mathrm{A_i} \cap \mathrm{A_j} = \varphi(\mathrm{i} \neq \mathrm{j})$

则称 $[\mu_x]$ 为 $(F,\Im(\mathrm{F}))$ 上的属性测度区间，称 $(F,\Im(\mathrm{F}),[\mu_x])$ 为

属性测度区间空间。

而当 $[\mu_x(A)] = \mu_x(A)$ 时，就得到属性测度和属性测度空间。

（三）属性扰动区间算子 ⊕ 、⊗ 运算

1. 属性扰动区间算子

定义 1.28 ⊕ 、⊗ 运算

假设存在 $[\mu_x(A)], [\mu_x(B)] \in (F, \Im(F), [\mu_x])$，则规定：

$[\mu_x(A)] \oplus [\mu_x(B)] = [\max\{\underline{\mu}_x(A), \underline{\mu}_x(B), \bar{\mu}_x(A), \bar{\mu}_x(B)\}, Max\{\underline{\mu}_x(A), \underline{\mu}_x(B), \bar{\mu}_x(A), \bar{\mu}_x(B)\}]$ 其中 Max 表示 $\{\underline{\mu}_x(A), \underline{\mu}_x(B), \bar{\mu}_x(A), \bar{\mu}_x(B)\}$ 取最大，max 表示去掉最大后取最大。

$[\mu_x(A)] \otimes [\mu_x(B)] = [Min\{\underline{\mu}_x(A), \underline{\mu}_x(B), \bar{\mu}_x(A), \bar{\mu}_x(B)\}, \min\{\underline{\mu}_x(A), \underline{\mu}_x(B), \bar{\mu}_x(A), \bar{\mu}_x(B)\}]$ 其中 Min 表示 $\{\underline{\mu}_x(A), \underline{\mu}_x(B), \bar{\mu}_x(A), \bar{\mu}_x(B)\}$ 取最大，min 表示去掉最小后取最小。例如：

若存在两个属性测度空间为 $[0.25, 0.56], [0.43, 0.68]$，则求其 ⊕ 和 ⊗ 运算。

由定义 1.28，$[a_1, b_1] = [0.25, 0.56]$；$[a_2, b_2] = [0.43, 0.68]$，则

$[a_1, b_1] \oplus [a_2, b_2] = [\max(0.25, 0.56, 0.43, 0.68), Max(0.25, 0.56, 0.43, 0.68)] = [0.56, 0.68]$ $[a_1, b_1] \otimes [a_2, b_2] = [Min(0.25, 0.56, 0.43, 0.68), \min(0.25, 0.56, 0.43, 0.68)] = [0.25, 0.43]$

2. 属性扰动区间算子的直观意义

有上述阐述可知，属性测度区间函数表示某元素属于某个属性区间集的程度，而属性扰动区间算子“⊕”可以视为两个属性测度区间函数经过合成之后向上界扰动的程度，相类似的，属性扰动区间算子“⊗”则可以被视为两个属性测度区间函数经过合成之后向下界扰动的程度。

举一个简单例子而言，若存在论域 X = ｛某地区所有的经济指标｝，F = ｛通货膨胀指数｝，A = ｛温和的通货膨胀｝，B = ｛恶性的通货膨胀｝。则 $[\mu_x(A)] \oplus [\mu_x(B)]$ 表示元素 x 至多具有属性 A 或者属性 B 的属性测度空间，是上限，而 $[\mu_x(A)] \otimes [\mu_x(B)]$ 表示元素 x 至少具有属性 A 或者属性 B 的属性测度空间，为下限。

3. 属性区间识别问题

以上我们相继给出了扰动属性子集的定义、属性测度区间空间以及属性扰动区间算子等概念，接下来将要提出有关属性区间识别的两个问题。

问题1.1 假设存在属性测度区间空间 F，$(A_1,A_2,\cdots,A_k)$ 是空间 F 的一个分割，x 属于 A_i 类的属性测度区间为 $[\mu_x(A_i)],1 \leqslant i \leqslant k$，且满足 $\sum_{i=1}^{k}[\tilde{\mu}_i(A_i)]=1$。那么，可表述为

已知 $[\mu_x(A_i)],1 \leqslant i \leqslant k$，如何判断 x 属于哪一类的 A_i？

问题1.2 假设存在属性测度区间空间 F，$(A_1,A_2,\cdots,A_k)$ 是空间 F 的一个有序分割，x 属于 A_i 类的属性测度区间为 $[\mu_x(A_i)],1 \leqslant i \leqslant k$，且满足 $\sum_{i=1}^{k}[\tilde{\mu}_i(A_i)]=1$。那么，可表述为

已知 $[\mu_x(A_i)],1 \leqslant i \leqslant k$，如何判断 x 属于哪一类的 A_i？

（四）属性空间的分割和有序分割类

已知 $(C_1,C_2,\cdots,C_k)$ 满足以下条件：

$$F=\bigcup_{i=1}^{k} C_i,\quad C_i \cap C_j=\varphi\ (i \neq j)$$

设 F 为 X 上某类属性空间，$C_1,C_2,\cdots,C_k$ 为属性空间的 K 个属性区间集。那么，我们称 $(C_1,C_2,\cdots,C_k)$ 为属性空间 F 的分割。

承上，若 $(C_1,C_2,\cdots,C_k)$ 为 F 的分割，并且 $C_1>C_2>\cdots>C_k$ 或 $C_1<C_2<\cdots<C_k$，则称 $(C_1,C_2,\cdots,C_k)$ 为属性空间 F 的有序分割类。

（五）属性空间识别模型

1. 已知指标分类标准的属性区间模式识别模型

在研究对象空间 X 上取 n 个样本 $x_1,x_2,\cdots,x_n$，对每个样品要测量 m 个指标 $I_1,I_2,\cdots,I_m$，第 i 个样品 x_i 的第 j 个指标 I_j 的测量值为 x_{ij}。因此，第 i 个样品 x_i 可以表示为一个向量 $x_i=(x_{i1},x_{i2},\cdots,x_{im}),1 \leqslant i \leqslant n$。

设 F 为 X 上某类属性区间空间，$(C_1,C_2,\cdots,C_k)$ 为属性测度区间空间 F 的一个有序分割类，且满足 $C_1>C_2>\cdots>C_k$。每个指标的分类标准已知，写成分类标准矩阵的形式为

$C_1 \quad\quad C_2 \quad \cdots \quad C_K$

$$\begin{matrix} I_1 \\ I_2 \\ \vdots \\ I_m \end{matrix}\begin{pmatrix} [a_{11},b_{11}] & [a_{12},b_{12}] & \cdots & [a_{1k},b_{1K}] \\ [a_{21},b_{21}] & [a_{22},b_{22}] & \cdots & [a_{2k},b_{2K}] \\ \vdots & \vdots & \vdots & \vdots \\ [a_{m1},b_{m1}] & [a_{m2},b_{m2}] & \cdots & [a_{mk},b_{mK}] \end{pmatrix}$$

其中，$a_{jk} \leqslant b_{jk}$，且满足

$a_{j1} < a_{j2} < \cdots < a_{jK}, b_{j1} < b_{j2} < \cdots < b_{jK}$ 或者 $a_{j1} > a_{j2} > \cdots > a_{jK}, b_{j1} > b_{j2} > \cdots > b_{jK}$。

问题 1.3 已知 $x_i = (x_{i1}, x_{i2}, \cdots, x_{im}), 1 \leqslant i \leqslant n$ 和分类标准矩阵，那么问题是：如何判断 x_i 属于哪一类 C_k？如何比较 x_i？

解答问题 1.3 的关键在于样品的属性测度，然后按照置信度准则和评分标准进行判断。

2. 样品测度区间的计算

第一步，计算第 i 个样品 x_i 的第 j 个指标 I_j 的测量值为 x_{ij}，其具有属性 C_k 的属性测度区间 $[\mu_{ijk}] = [\underline{\mu}_{ijk}, \bar{\mu}_{ijk}]$，不妨假设 $a_{j1} < a_{j2} < \cdots < a_{jk}, b_{j1} < b_{j2} < \cdots < b_{jk}$：

当 $x_{ij} \leqslant a_{j1}$ 时，取 $\underline{\mu}_{ij1} = 1, \underline{\mu}_{ij2} = \cdots = \underline{\mu}_{ijK} = 0$；

当 $x_{ij} \leqslant b_{j1}$ 时，取 $\bar{\mu}_{ij1} = 1, \bar{\mu}_{ij2} = \cdots = \bar{\mu}_{ijK} = 0$；

当 $x_{ij} \geqslant a_{jK}$ 时，取 $\underline{\mu}_{ijK} = 1, \underline{\mu}_{ij1} = \cdots = \underline{\mu}_{ijK-1} = 0$；

当 $x_{ij} \geqslant b_{jK}$ 时，取 $\bar{\mu}_{ijK} = 1, \bar{\mu}_{ij1} = \cdots = \bar{\mu}_{ijK-1} = 0$；

当 $a_{jl} \leqslant x_{ij} \leqslant a_{jl+1}$ 时，取

$$\underline{\mu}_{ijl} = \frac{|x_{ij} - a_{jl+1}|}{|a_{jl} - a_{jl+1}|},\quad \underline{\mu}_{ijl+1} = \frac{|x_{ij} - a_{jl}|}{|a_{jl} - a_{jl+1}|},\quad \underline{\mu}_{ijk} = 0, k < l \quad or \quad k > l+1;$$

当 $b_{jl} \leqslant x_{ij} \leqslant b_{jl+1}$ 时，取

$$\bar{\mu}_{ijl} = \frac{|x_{ij} - b_{jl+1}|}{|b_{jl} - b_{jl+1}|},\quad \underline{\mu}_{ijl+1} = \frac{|x_{ij} - b_{jl}|}{|b_{jl} - b_{jl+1}|},\quad \underline{\mu}_{ijk} = 0, k < l \quad or \quad k > l+1;$$

如果指标权重为 $(w_1, w_2, \cdots, w_m), w_j \geqslant 0, \sum_{j=1}^{m} w_j = 1$，由指标权重可以得到属性测度区间：$[\mu_{jk}] = [\underline{\mu}_{jk}, \bar{\mu}_{jk}], \underline{\mu}_{jk} = \sum_{j=1}^{m} w_j \underline{\mu}_{ijk}, \bar{\mu}_{jk} = \sum_{j=1}^{m} w_j \bar{\mu}_{ijk}, 1 \leqslant i \leqslant n, 1 \leqslant k \leqslant K$。

根据属性测度区间可以进行识别和比较分析，按照置信度准则，对置

信度 λ ，计算

$$k_i = \min\left\{k: \sum_{i=1}^{k} \tilde{\mu}_{x_i}(C_i) \geqslant \lambda, 1 \leqslant k \leqslant K\right\}$$ ，则认为 x_i 属于 C_{k_i} 类。

根据评分准则，计算 $q_{x_i} = \sum_{i=1}^{K} n_i \tilde{\mu}_{x_i}(C_i)$ ，可根据 q_{x_i} 的大小对 x_i 进行比较和排序。

三　属性理论的发展与应用

属性理论自提出以来，受到学界广泛关注，不同学者在理论及实践层面对其进行了有效扩充，并得到了具有突破性的成果。但是，属性理论始终没有解决的一个问题是，如何在指标权重上更加客观反映事物本质这个问题，现有模型评价中，多数运用专家打分法或者凭借经验对评价体系的各指标权重进行量化，该方法尽管考虑了专家意见，具有一定的可行性，但未能更加客观地反映现实，为解决这一困难，需要运用定量化的方法对现有数据进行处理，张先起等提出了将熵值法与属性识别模型相结合，建立了基于熵权的属性识别模型，使得评价更加客观①；彭春华等（1999）应用属性综合评价方法，提出了确定属性测度的基于左、右方差的指数函数形式②；陈志航等（1999）利用该理论模型，应用到了期货价格趋势预测中③；孙立成等（2006）利用属性理论模型，对人才资本质量进行了综合评价④；韩杰等（2012）基于属性数学理论对供应商的能力进行了综合评价⑤。

---

① 张先起、梁川、刘慧卿：《基于熵权的属性识别模型在地下水水质综合评价中的应用》，《四川大学学报》（工程科学版）2005 年第 3 期。

② 彭春华、程乾生：《基于属性理论的综合预报系统及其应用》，《系统工程理论与实践》1999 年第 5 期。

③ 陈志航、程乾生：《属性识别方法及其在期货价格预测中的应用》，《系统工程理论与实践》1999 年第 6 期。

④ 孙立成、李群：《属性理论模型在人才资本质量综合指标体系评价中的应用》，《数学的实践与认识》2006 年第 9 期。

⑤ 韩杰、张淑华：《基于属性数学的供应商综合评价》，《科学技术与工程》2012 年第 4 期。

四　属性理论的优劣势

传统的模糊集算法中模糊集是一个函数的映射，而属性集是一种抽样集，其相等和包含关系由属性集本身的含意确定，与数值无关，也避免了模糊集中数值代替属性掩盖属性本身的特点，弥补了模糊集最本质的缺陷[①]。

同时，属性理论为研究事物的定性描述提供了可能，也为实证中的定性问题分析提供了新方法，成为评价领域的新工具。该理论认为，属性理论是对事物或自然现象属性的定性描述进行定量化研究的数学理论，而建立在属性理论基础上的属性综合评价系统是在属性集合属性测度理论基础上提出的对实际问题的定性描述进行度量的一种属性识别理论模型[②]。由此可见，属性理论解决了定性问题的定量化处理，为客观、全面评价事物提供了保证。

第四节　粗糙集理论

粗糙集理论（Rough Set Theory）是波兰华沙理工大学计算机系教授Zdzislaw. Pawlak 在 20 世纪 80 年代初提出的一种刻画不完整性和不确定性现象的数学工具。它在分析和处理不精确、不完整、不一致等不完备信息方面具有独特的功能。在决策过程中，总会出现一些令决策者模棱两可的信息，却又不能将其列为噪声来处理，因为它们可能传递着重要的决策信息，基于此，粗糙集理论能从不完备信息中发现隐含知识，揭示潜在规律。其主要思想是在保持分类能力不变的前提下，通过知识约简，导出问题的决策或分类规则，其不要求任何关于被处理数据的先验或额外的知识。粗糙集理论认为，人类对研究对象的认识是基于一个知识系统。如果知识系统完善，则认识更深刻；反之，认识比较粗糙[③]。

---

① 程乾生：《属性集和属性综合评价系统》，《系统工程理论与实践》1997 年第 9 期。

② 文先明、熊鹰：《基于属性理论的城市生态系统健康评价》，《系统工程》2008 年第 11 期。

③ 钟波、肖智：《一种基于粗糙集理论的组合预测方法》，《统计研究》2002 年第 11 期。

一 粗糙集理论的产生

20 世纪 70 年代，波兰华沙理工大学计算机系 Z. Pawlak 教授就已经开始关注信息系统逻辑性特性问题。1982 年，Pawlak 教授发表了论文 Rough Sets，标志着粗集理论的诞生[①]。1991 年，Pawlak 教授出版了专著《粗糙集—关于数据推理的理论》，梳理了粗集理论的相关成果，并做出了较为全面的总结[②]；紧接着 R. Slowinski 主编于 1992 年出版了首部以粗糙集为主体的论文集[③]。随后，粗集理论开始向世界推广，从 1992 年开始，分别在波兰 Kiekrz、加拿大 Banff、美国 San Jose、日本东京、美国 North Carolina 举办连续五届有关粗集理论的国际研讨会，反响强烈，极大推动了粗糙集理论的影响力。1998 年 *Information Sciences* 专门刊发了有关粗糙集的研究专辑。而中国也于 2001 年 5 月在重庆召开了“第一届中国 Rough 集与软计算学术研讨会”，截至 2015 年，已成功举办了十五届该议题的学术会议，使得粗集理论在国内也受到高度关注。

有别于其他不确定性算法，“粗糙”是指数据中决策类不能由条件属性所准确刻画，反映的是条件属性与决策属性对训练样本进行分类时产生的不协调。对于那些矛盾的样本粗糙集理论不缺进行任何预处理而是承认其存在的客观性，这样表示出来的知识就有某种不确定性，这个特点是粗糙集理论区别于其他的智能数据处理方法的基本特征[④]。

二 粗糙集基本理论

粗糙集理论认为将现实或抽象的对象进行分类依靠知识，然而人们对于知识中的元素认知是不同的，它们有的是相似的（similar），有的则是不可分辨的（indiscernible），而粗糙集理论正是基于不可分辨关系进行了

---

① Pawlak Z. Rough Sets, *International Journal of Information and Computer Science* , 1982, 11: 341 - 356.

② Pawlak Z. Rough Sets, *In Theoretical Aspects of Reasoning about Data. Kluwer. Netherlannnds* . 1991.

③ Slowinski R. Intelligent Decision Support - Handbook of Applications and Advances of the Rough Sets Theory, *Boston : Kluwer Academic Publishers* , 1992.

④ 陈德刚：《模糊粗糙集理论与方法》，科学出版社 2013 年版。

探讨。下面将就粗糙集理论的几个重要概念给予注释[①]：

定义 1.29　信息表

在粗糙集理论中，信息表也被称为属性值表或数据表，若存在一个信息表 $S = (U,A,V,f)$ ，其中 $U = \{x_1,x_2,\cdots,x_n\}$ 是一个非空有限对象集合，称为论域；$A = \{a_1,a_2,\cdots,a_m\}$ 表示非空有限的属性集合；$V = \bigcup_{a \in A} V_a$ 是属性 a 的论域；$f:U \times A \to V$ 为信息函数，并且使每个 $a \in A, x \in U$ ，存在 $f(x,a) \in V_a$ 。

定义 1.30　不可分辨关系

在定义 1.29 基础上，假定 $B \subseteq A$ ，则定义 B 在论域 U 上的不可分辨关系 I_B 是：

$$I_B = \{(x,y) \in U \times U : f(x,a) = f(y,a), \forall a \in B\}$$

若 $(x,y) \in I_B$ ，那么 x 和 y 称为 B 的不可分辨关系。作为粗糙集理论的出发点，不可分辨关系满足自反性、对称性和传递性的性质。

定义 1.31　集合近似

假定集合 X 是论域 U 上的非空子集，$B \subseteq A$ 且 B 不是空集，则 X 的 B 上近似和 B 下近似分别表示为：

$$\bar{B}(X) = \{x \in U : I_B(x) \cap X \neq \varnothing\}, \bar{B}(X) = \{x \in U : I_B(x) \subseteq X\}$$

则 X 的 B 边界域可以定义为 $Bn_B(X) = \bar{B}(x) - \bar{B}(x)$ ，其中 $Bn_B(X)$ 是 X 的可疑域，不能肯定其中的元素是否属于 X 。如果 X 的 B 边界域为空集（ $Bn_B(X) = \varnothing$ ），则集合 X 是关于 B 的精确集合；如果 $Bn_B(X) \neq \varnothing$ ，则集合 X 是关于 B 的非精确集合，并且利用 $\bar{B}(X)$ 和 $\bar{B}(X)$ 来近似。

定义 1.32　粗糙隶属函数

若存在 $\mu_X^B(x) = \dfrac{|X \cap I_B(x)|}{|I_B(x)|}$ ，则 $\mu_X^B(x)$ 可以表示具有属性集 B 的知识时 x 属于集合 X 的条件概率，或者称为确定度。与模糊隶属函数不同的是，粗糙集理论的隶属函数可以通过数据计算得到，而不需要主观假设。

定义 1.33　属性的依赖性

属性之间的依赖性是研究数据的一个重要方面，如果存在两个属性集

---

①　安利平：《基于粗集理论的多属性决策分析》，科学出版社 2008 年版。

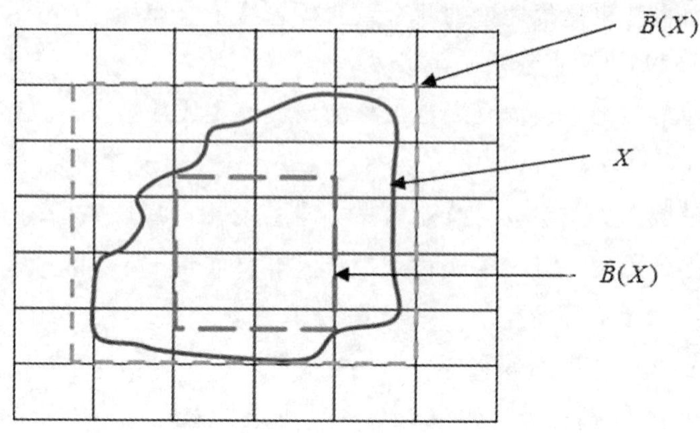

图 1－8　集合的上、下近似概念

D 和属性集 C，那么若属性集 D 的所有属性值唯一地被属性集 C 的所有属性值决定，那么称属性集 D 完全依赖于属性集 C，记为 $C \rightarrow D$ 否则称为部分依赖或不依赖。因此，若 $C,D \subset A,X \in U/D$，那么，可以定义 $POS_C(D) = \bigcup_{X \in C/D} C(x)$，为划分 C/D 关于 C 的正域。

同时，定义 $\gamma(C,D) = \frac{\sum_{X \in C/D} |C(X)|}{|U|}$ 为属性集 C 和属性 D 之间的依赖度。若值等于 1，则表明属性集 D 完全依赖于属性集 C，若值小于 1，则表明属性集 D 部分依赖于属性集 C。

定义 1.34　属性的约简

在属性识别中，信息表中会出现一些不重要的属性，这些属性的存在可能会影响后续的评价，因此去除这些冗余属性，并找到最小的相关属性集，就能够更精确地进行评价，这就形成了属性约简。约简主要保留的是最小属性集，与整个属性集的分类能力是一样的。

假定存在信息表 $S = (U,A)$，$B \subseteq A$ 且 $a \in B$，则如果 $I_B = I_{B-\{a\}}$，那么就可以认定属性 a 是多余的，否则是必要的。同时，若 $B' \subseteq B$，B' 是独立的，且 $I'_B = I_B$，则 B 是 B' 的一个约简。属性集 B 的约简可能存在多个，其所有的约简组成的集合记为 $\mathrm{Red}(B)$。

定义 1.35　属性的核

属性集 B 中所有约简的交集称为 B 的核，即 $core(B) = \cap \mathrm{Red}(B)$，由于核是指所有约简的交集，它包含于 B 的每个约简中，因此，它是属

性集 B 的最重要的属性子集。

定义 1.36　属性的重要性

若存在 $\sigma_{(C,D)}(a)=\dfrac{\gamma(C,D)-\gamma(C-\{a\},D)}{\gamma(C,D)}=1-\dfrac{\gamma(C-\{a\},D)}{\gamma(C,D)}$，则称之为属性 a 的重要性。如果 C 和 D 是已知的，那么可以简记为 $\sigma(a)$ 。$\sigma(a)$ 是去除属性 a 后的分类误差。

重要性系数也可对属性集合定义为：$\sigma_{(C,D)}(B)=\dfrac{\gamma(C,D)-\gamma(C-B,D)}{\gamma(C,D)}=1-\dfrac{\gamma(C-B,D)}{\gamma(C,D)}$，其中 $B\subseteq C$，如果 C 和 D 是已知的，那么可以简记为 $\sigma(B)$ 。

如果 B 为 C 的一个约简，则 $\sigma(B)=1$，如果将 C 的任意子集 B 视为 C 的近似约简，则可以定义约简近似的误差为 $\varepsilon_{(C,D)}(B)=\dfrac{\gamma(C,D)-\gamma(B,D)}{\gamma(C,D)}=1-\dfrac{\gamma(B,D)}{\gamma(C,D)}$，简记为 $\varepsilon(B)$ 。那么，$\varepsilon(B)$ 表示属性 B 近似属性 C 的精确程度（相对于 D），如果 B 为 C 的一个约简，则 $\varepsilon(B)=0$ 。

三　粗糙集理论的应用

伴随粗集理论在国外研究的推广，许多新理论、新推断不断得到业界认可。国内学者也基于粗集理论，应用到了各评价问题中。如，王娅等（2007）基于粗糙集理论，建立了排污收费模型[①]；黄健等（2009）在科研能力综合评价中引入粗糙集理论，利用该理论充分挖掘已知数据之间的联系来确定评价指标的权重，避免人为干预所带来的主观性[②]；王国胤等（2009）在阐释粗糙集理论基本体系结构的基础上，从多个角度探讨粗糙集模型的研究思路，分析粗糙集理论与模糊集、证据理论、粒计算、形式概念分析、知识空间等其他理论之间的联系[③]；鲍新中（2012）针对上市

① 王娅、刘保东：《基于粗糙集理论的排污收费优化模型》，《中国管理科学》2007 年第 2 期。

② 黄健、张元标：《粗糙集理论在科研能力综合评价中的应用》，《科技管理研究》2009 年第 2 期。

③ 王国胤、姚一豫、于洪：《粗糙集理论与应用研究综述》，《计算机学报》2009 年第 7 期。

公司财务危机风险预警问题，将基于粒子群的 K 均值聚类算法引入该领域，克服了人为分类的主观影响，再结合粗糙集理论综合评价上市公司财务状况，进行预警①。

目前，对粗糙集合的讨论，约简及核问题是重点问题，约简和核是粗糙集理论的两个重要概念，而直接由定义来计算约简与核是一个典型的 NP 难题。叶东毅等（2000）利用单属性的逼近精度，由决策属性定义划分的粗糙逼近精度以及它们的均值和方差，给出了属性重要性程度的一种度量方式，在此基础上，提出了粗糙集中属性约简的一个贪心算法，将各属性按照重要性由大到小依次加入约简属性集中，直到满足约简条件为止②；唐建国等（2003）通过利用分辨矩阵的性质使粗糙集理论中的求核和约简问题得以解决，进而分别讨论了无决策信息系统的约简和有决策信息系统的约简问题③；瞿彬彬等（2005）采用层次结构和近似精度的概念，约简集中的属性选择从空集开始，用启发函数 ξ 作为选择条件属性的衡量标准，逐步加入相对于决策而言重要的条件属性，并采用下近似值作为剪枝依据，逐步删除给定论域 U 中根据该属性子集能完全正确分类的对象，减小了属性约简过程中的搜索空间，处理过程是递归的，直到给定论域 U 为空集，保证了在分类精度不变的情况下，获得简化的属性集④；张腾飞等（2005）在分析粗糙集理论基础上，发现了正区域的一些有用性质，提出了利用正区域直接求核的方法，并利用正区域的启发式信息给出了相对约简算法⑤；张文修等（2005）提出了协调近似表示空间的概念，指出了各种不同的信息系统均可以转化为协调近似表示空间，在此基

---

① 鲍新中：《基于粒子群的 K 均值算法和粗糙集理论的财务预警》，《系统管理学报》2012 年第 4 期。

② 叶东毅、黄翠微、赵斌：《粗糙集中属性约简的一个贪心算法》，《系统工程与电子技术》2000 年第 9 期。

③ 唐建国、谭明术：《粗糙集理论中的求核与约简》，《控制与决策》2003 年第 4 期。

④ 瞿彬彬、卢炎生：《基于粗糙集的属性约简算法研究》，《华中科技大学学报》（自然科学版）2005 年第 8 期。

⑤ 张腾飞、肖健梅、王锡淮：《粗糙集理论中属性相对约简算法》，《电子学报》2005 年第 11 期。

础上，给出了属性协调集的判定定理以及属性约简方法[①]；任永功等(2006) 提出了基于遗传算法的粗糙集属性约简算法，该算法将核引入遗传算法的初始群体来提高算法的性能[②]。

四　粗糙集理论的优势

与传统随机理论、灰色理论和模糊理论不同的是，粗糙集理论在对象间关系的基础、不精确刻画方法、研究方法、对知识的近似描述、先验知识、与普通集合的联系和计算方法上也存在差异[③]，具体差别见下表：

表 1-3　粗糙集理论与模糊集理论、随机理论及灰色理论的差异性比较

比较内容	随机理论	灰色理论	模糊理论	粗糙集理论
对象间关系的基础	数据的随机性	部分信息已知 部分信息未知	概念边界的 不分明性	对象间的 不可分辨关系
不精确刻画方法	概率	灰色测度	隶属程度	粗糙度
研究方法	概率密度函数	灰色序列生成	隶属函数	对象的分类
对知识的近似描述	概率	灰数	隶属程度	上下近似集
先验知识	需要	不需要	需要	不需要
与普通集合的联系	$P(X)$	⊕⊕	Ar	$\bar{R}(X)$ 和
计算方法	数学期望与 方差	灰数白化与 灰度	连续特征函数 的产生	粗糙度函数与 上下近似集

正是基于以上的差异，才使得粗糙集理论在以下几方面具体独特的优势：

首先，粗糙集不需要先验知识。不同于模糊集理论和概率统计方法，粗集理论在处理不确定性信息时仅仅利用数据本身提供的信息，不需要借助任何先验知识，所以对问题的不确定性描述更加客观。相反，模糊理论

① 张文修、仇国芳：《粗糙集属性约简的一般理论》，《中国科学 E 辑信息科学》2005 年第 12 期。

② 任永功、王杨、闫德勤：《基于遗传算法的粗糙集属性约简算法》，《小型微型计算机系统》2006 年第 5 期。

③ 刘保相：《粗糙集对分析理论与决策模型》，科学出版社 2010 年版。

和概率统计在计算时，需要提供数据的先验信息，然而这种附加信息通常是不容易得到的。

其次，粗糙集理论具有严谨的数学推导过程，使得计算的精度更高，也就在一定程度上降低了计算时间的复杂度。同时，粗糙集理论较容易与其他计算方法相结合产生新的算法，如粗糙集理论与模糊数学、遗传算法、神经网络等方法结合，已经成为现在研究的趋势。

最后，粗糙集具有很强的数据分析能力。由于粗糙集理论能够较好地处理不完备信息，特别是可以通过属性约简方式对原始信息进行精简，也就保留了许多关键信息，并通过求解知识的最小表达式，从而达到与评估数据之间的依赖关系，能够揭示出概念简单的模式。

当然，粗糙集理论在应用过程中，也存在许多缺点，如过分依赖自身知识库，对于数据的噪声过分敏感，也给评价造成了一定的问题。

第五节　软集合理论

软集合理论是由俄罗斯学者 D. Molodtsov 于 1999 年提出的一种不确定性的计算方法，是为了解决决策科学中的不确定性因素而发展起来的，软集合与传统数学之间的本质区别在于，在传统数学理论中，需要构建关于目标对象的数学模型，并且定义该模型的精确解。由于数学模型通常较为复杂，在运算过程中往往不存在精确解，这就需要引入近似解运算①。而软集合理论的构建思想与其相反，对目标对象只需要表述其特征即可，不需要建立解析式的数学模型和定义精确解的概念，完全由数据驱动进行评价分析，对于数据所含信息较少的情况简单快捷②，这就消除了社会经济研究中定性问题在量化时数据采取的困难。

一　软集合理论产生

在处理社会科学、经济科学、环境工程等领域的不确定性问题时，传

① D. Molodtsov, Soft Set Theory - First Results, *Computers and Mathematics with Application*, 1999, 37: 19 - 31.

② 肖智:《基于软信息的软决策新方法研究》，重庆大学博士学位论文，2003 年。

统上采用规范化建模或运筹学方法。但传统建模方法存在参数工具化不准确的缺陷。因此，D. Molodtsov① 首次提出了软集合概念（Soft Set Theory），该理论弥补了现有不确定性方法（概率论、区间数学理论（K. Atanassov②；M. B. Gorzalzany③）、模糊集理论（L. A. Zadeh）、粗糙集理论（Z. Pawlak）、Vague 集理论（W. L. Gau，D. J. Buehrer）在运算上的不足，成为解决不确性问题的新方法；随后，软集合间的包含关系、等价关系、补集、并运算及交运算（Maji P K 等④）、差运算、Vague 软集合理论（Wei Xu 等⑤）、广义软集合理论（Pinaki Majumdar 等⑥）被逐渐提出并在实际中得到应用。邹艳等在上文基础上，根据关系代数的思想扩展了软集合中的部分理论，定义了软集合的差运算、选择运算和投影运算⑦。

而 Maji P K 等于 2001 年首次提出了模糊软集合概念，并定义了有关模糊软集合的相关运算规则，对软集合理论进行了有效扩充与延展；随后，将其应用到不确定性环境下的决策制定问题中（A. R. Roy，P. K. Maji，2007）；国内研究中，已应用于国际贸易中的进出口量预测、文本分类、评价软件质量、供应商风险评估等领域。

二　软集合理论基本概念

定义 1.37　软集合

若存在集合 U 为初始论域，E 是参数集，集合 U 的幂集为 $P(U)$，取

① D. Molodtsov, Soft Set Theory - First Results. *Computers and Mathematics with Application*, 1999, 37: 19 - 31.

② K. Atanassov, Operators over interval valued intuitionistic fuzzy sets. *Fuzzy sets and Systems*, 1994, 64: 159 - 174.

③ M. B. Gorzalzany, A method of inference in approximate reasoning based on interval - valued fuzzy sets. *Fuzzy Sets and Systems*, 1987, 21: 1 - 17.

④ Maji P K, Biswas R, Roy A R. Soft set theor . *Computer & Mathematics with Applications*, 2003, 45 (4): 555 - 562.

⑤ Wei Xu, Jian Ma, Shouyang Wang, Gang Hao. Vague soft sets and their properties. *Computers and Mathematics with Applications*, 2010, 59: 787 - 794.

⑥ Pinaki Majumdar, S. K. Samanta. Generalised fuzzy soft sets. *Computers and Mathematics with Applications*, 2010, 59: 1425 - 1432.

⑦ 邹艳、肖智：《基于关系代数的软集合理论研究与应用》，《数学的实践与认识》2010 年第 24 期。

$A \subset E$，当且仅当 F 是 A 到 U 的所有子集中的一个映射，则称（F，A）是 U 上的一个软集合，即 F：$A \rightarrow P(U)$。

由此可见，L. A. Zadeh（1965）提出的模糊集是软集合的一种特例。若令 A 是一个模糊集，其存在一个隶属函数 μ_A，即 μ_A 是 U 在［0，1］上的一个映射。

定义 1.38　软子集

论域 U 上存在任意两个软集合（F，A）、（G，B），若：

（1）$A \subset B$；

（2）$\forall \varepsilon \in A$，$F$（$\varepsilon$）和 G（ε）是相等近似值。

则称 (F,A) 是 (G,B) 的软子集，记为 $(F,A) \tilde{\subset} (G,B)$。

定义 1.39　相等关系

论域 U 上存在任意两个软集合 (F,A)、(G,B)，如果 (F,A) 是 (G,B) 的软子集，(G,B) 是 (F,A) 的一个软子集，则称 (F,A) 和 (G,B) 是相等的。

定义 1.40　补集

软集合 (F,A) 的补集记为 $(F,A)^C$，且 $(F,A)^C = (F^C, \neg A)$，

其中 F^C 是 F 的补函数，$F^C: \neg A \rightarrow P(U)$ 且 $F^C(\alpha) = U - F(\neg \alpha)$，$\forall \alpha \in \neg A$。

定义 1.41　软空集

如果 $\forall \varepsilon \in A$，$F(\varepsilon) = \emptyset$，则称其为软空集，记为 Φ。

定义 1.42　绝对软集合

如果 $\forall \varepsilon \in A, F(\varepsilon) = U$，则称 (F,A) 是一个绝对软集合，记为 $\tilde{A}$。显然，$\tilde{A}^C = \Phi$，$\Phi^C = \tilde{A}$。

定义 1.43　和运算

论域 U 上存在任意两个软集合 (F,A)、(G,B)，记 (F,A) and (G,B) 为 $(F,A) \wedge (G,B)$，且 $(F,A) \wedge (G,B) = (H, A \times B)$，

其中，$O(\alpha,\beta) = F(\alpha) \cap F(\beta)$，$\forall (\alpha,\beta) \in A \times B$。

定义 1.44　或运算

论域 U 上存在任意两个软集合 (F,A)、(G,B)，记 (F,A) or (G,B) 为 $(F,A) \vee (G,B)$，且 $(F,A) \vee (G,B) = (O, A \times B)$，其中，

$O(\alpha,\beta) = F(\alpha) \cup F(\beta)$，$\forall (\alpha,\beta) \in A \times B$。

定义 1.45 并运算

论域 U 上存在任意两个软集合 (F,A)、(G,B)，则其并集记为 (H,C)，其中 $C = A \cup B$，且 $\forall e \in C$，

$$H(e) = \begin{cases} F(e), & if e \in A - B, \\ G(e), & if e \in B - A, \\ F(e) \cup G(e), & if e \in A \cap B. \end{cases}$$

记为 $(F,A) \tilde{\cup} (G,B) = (H,C)$

定义 1.46 交集

论域 U 上存在任意两个软集合 (F,A)、(G,B)，若令 $C = A \cap B$，$\forall e \in C$，$I(e) = F(e) \cap G(e)$，则称 $(I,C) = (F,A) \tilde{\cap} (G,B)$ 为软集 (F,A) 与 (G,B) 的交集。

三 软集合理论的应用

由于软集合理论在处理参数工具化的不准确性缺陷时所具备的优越性，使其很快就成为解决不确性问题的新方法，并逐渐被各国学者接受。国内对软集合的研究始于肖智 2003 年的博士论文《基于软信息的软决策新方法研究》，首次将软集合引入。随后，关于软集合理论的应用研究应运而生，并得到共识。由于软集合是解决不确定性问题的有效工具，而国家治理体系和治理能力现代化体系构建过程中有若干指标为定性描述，具有不确定性，因此，应用该理论进行能力评价应该是可行的。随后，软集合理论得到了更广泛的应用，肖智等（2003）将软集合理论应用到企业竞争力综合评价问题[①]；A. R. Roy，P. K. Maji（2007）将其应用到不确定性环境下的决策制定问题中[②]；洪智勇等（2010）将模糊软集合理论应用到文本分类方法，用以提高文本分类精度[③]；尤天慧等（2012）将软集合

① 肖智、李潆兵、钟波、杨秀苔：《基于软集合的企业竞争力综合评价方法研究》，《统计研究》2003 年第 10 期。

② A. R. Roy, P. K. Maji. A fuzzy soft set theoretic approach to decision making problems. *Journal of Computational and Applied Mathematics* , 2007, 203: 412－418.

③ 洪智勇、秦克云：《基于模糊软集合理论的文本分类方法》，《计算机工程》2010 年第 13 期。

理论应用到新产品开发创意方案选择问题[①]和政府采购评价问题[②]。

在对算法的研究中，对软集合理论也进行了有效拓宽。如，Pinaki Majumdar 等（2010）延伸了软集合理论，提出广义软集合理论，并且定义了相关性质，将其应用到医疗诊断等问题中[③]；Maji P K 等（2001）提出了模糊软集合概念，并定义了有关模糊软集合的相关运算规则[④]；Zhi Xiao 等（2009）基于模糊软集合理论，对国际贸易中的进出口量进行了预测[⑤]；岳峰等（2013）在评价过程中，考虑各专家偏好，允许各专家具有不同的个人评价指标集，并利用模糊软集合对评价信息进行融合，综合评价软件质量问题[⑥]；陈伟杰等（2013）将模糊软集合应用到供应商风险评估问题[⑦]。而 Wei Xu 等（2010）又进一步提出了 Vague 软集合理论，并定义了相关性质[⑧]。

目前，软集合理论多集中在参数约简的讨论中，软集合中参数约简的主要目的是删除那些对获取最优决策没有影响或影响小的参数集，以减少用于决策的参数个数。Maji 与 Roy（2002）简单介绍了软集合参数约简的定义，并且将该方法应用到决策制定问题中[⑨]，但是 Degang Chen 等（2005）指出了上文在决策问题中选取最优目标的不合理之处，并相对于

---

① 尤天慧、曹兵兵：《基于软集合理论的新产品开发创意方案选择方法》，《技术经济》2012 年第 9 期。

② 尤天慧、李铭洋、樊治平、曹兵兵：《基于软集理论的考虑评价指标集有差异的政府采购评标方法》，《系统工程》2012 年第 12 期。

③ Pinaki Majumdar, S. K. Samanta. Generalised fuzzy soft sets. *Computers and Mathematics with Applications*, 2010, Vol. 59: 1425 - 1432.

④ Maji P K, Biswas R, Roy A R. Fuzzy soft sets. *Journal of Fuzzy Mathematics*, 2001, Vol. 3: 589 - 602.

⑤ Zhi Xiao, Ke Gong, Yan Zou. A combined forecasting approach based on fuzzy soft sets. *Journal of Computational and Applied Mathematics*, 2009, Vol. 228: 326 - 333.

⑥ 岳峰、苏兆品、陆阳、张国富：《基于偏好和模糊软集合的软件质量综合评价方法》，《系统工程与电子技术》2013 年第 7 期。

⑦ 陈伟杰、肖智：《基于模糊软集合的供应商风险评估模型》，《软科学》2013 年第 12 期。

⑧ Wei Xu, Jian Ma, Shouyang Wang, Gang Hao. Vague soft sets and their properties. *Computers and Mathematics with Applications*, 2010, Vol. 59: 787 - 794.

⑨ P. K. Maji, A. R. Roy, R. Biswas. "An application of soft set in a decision making problem", Computers and Mathematics with Application, 2002, Vol. 44: 1077 - 1083.

粗糙集理论中的属性约简，引入了较为合理的软集合参数约简概念[①]。

虽然软集合在参数约简方面有了一些发展，然而以上提及的参数约简是基于参数选择最大化的基础上，并没有引入类似于决策变量或参数。肖智等（2011）通过引入双射软集合概念，并提出了不考虑元素权重和考虑元素权重两种状态下，应用于处理基于决策参数划分的约减方法[②]，但由于上文依靠双射软集合之间的依赖度来计算参数约简的计算量较大，缪彬等（2012）将分明矩阵的思想应用于双射软集合的参数约简中，并根据双射软集合决策区间相互关系等因素得到权重，从而简化了计算过程[③]；邹艳等（2009）提出了基于最优选择对象不变的参数约简法[④]；龚科等（2013）对软集合的参数约简问题，介绍了基于异或运算的改进算法，提出了异或软集合决策系统，并建立了基于异或软集合的不完备信息系统约简方法[⑤]；魏巍等（2013）提出了一种启发式算法，用以弥补软集合参数约简问题[⑥]。

第六节　熵优化理论

熵理论曾经被认为是21世纪的主导法则，著名科学家爱因斯坦也曾经称其为“整个科学的首要法则”，该理论指的是系统的混乱程度，在控制论、概率论、数论、天体物理、生命科学等领域都有重要作用，自从产生到现在为止，正在得到不断推广，并且突破了最初的热力学领域，开始向自然科学、社会科学所拓展，正在逐渐被各个领域所认可。

---

① Degang Chen, E. C. C. Tsang. Daniel S. Yeung, Xizao Wang. The parameterization reduction of soft set and its application. *Computers and Mathematics with Application* , 2005, Vol. 49: 757 – 763.

② 肖智、龚科、李丹：《基于双射软集合决策系统的参数约减》，《系统工程理论与实践》2011 第 2 期。

③ 缪彬、魏巍：《基于双射软集合的参数约简算法及在决策中的应用》，《系统工程》2012 年第 2 期。

④ 邹艳、肖智、龚科：《基于最优选择对象不变的软集合参数约简》，《系统工程学报》2009 年第 4 期。

⑤ 龚科、王盼盼、许茂增：《基于异或软集合的不完备信息系统约减》，《数学的实践与认识》2013 第 7 期。

⑥ 魏巍、缪彬：《基于软集合参数约简的一种启发式算法》，《模糊系统与数学》2013 年第 4 期。

一　熵理论的产生

1856 年德国物理学家克劳修斯（R. Clausius）首次提出了“熵”概念，用于表示变化的容量，希腊语表示为“$\tau PO\pi\eta$（变化）”，在热力学中，熵表示物质系统中能量的衰竭程度，熵定理可以被理解为热力学第二定律，表示为 $ds = dQ/T$，其中 T 表示某个系统的热力学温度，dQ 表示热力过程中该系统吸收的源热量。在可逆过程中，系统熵的微小变化与它在这一过程中所吸收的热量被热源温度（对于可逆过程来说，这个温度可以看成系统本身的温度）来除所得的商值相等；在不可逆过程中 $dS \geqslant dQ/T$。在与外界无热量交换过程中，$dQ = 0$，即孤立不可逆过程使熵增加，可逆过程熵不变。该定律揭示了系统内部一切不可逆过程的自发进行方向是熵增加方向。

熵在宏观物理意义上来讲，指一切自发过程总是一步步向平衡态变化的；与此同时，系统的熵也在一步步增大，当系统达到平衡态时，其熵值便不再增加而达到最大。所以，系统的熵越大，则表明它越接近平衡态，也就是说，熵的大小反映了系统接近平衡的程度。因此，从宏观意义上说，熵是系统接近平衡态的一种量变。熵在微观物理意义上来讲，是系统无序性（混乱程度）的一种度量，因此熵的增加就意味着系统无序性的增加，所以，孤立系统中一切不可逆过程（或自发过程）总是向着无序性（混乱度）增大的方向进行的，同时系统的熵与它的微观状态数的对数成正比关系。

二　熵理论的发展①

目前熵概念的演化过程可以分为三个阶段：即平衡态熵理论、非平衡态熵理论及信息熵理论，三个阶段共同构成了经典理论的熵内容。

第一阶段产生于 1856 年德国物理学家克劳修斯，首次将熵理论提出。随后 1896 年，奥地利物理学家波尔兹曼（L. Boltzmann）认为：在系统的总能量、总分子数一定的情况下，存在下式：

$$S = K\ln W$$

① 邱菀华：《管理决策熵学及其应用》，中国电力出版社 2011 年版。

其中，S 表示系统的熵，K 表示波尔兹曼常数，$K = 1.3806505 \times 10^{\wedge} - 23J/K$，$W$ 表示系统维持某一状态的概率。从而在微观的物理图像层面对熵理论进行了阐述，于是熵与微观状态的数目联系起来，用以表示分子运动的无序程度，并得以推广。

这样热力学熵的研究推动了热机效率的研究，而且熵理论与它的热力学函数相联系，在亥姆霍兹、吉布斯和麦克斯韦等人的努力下，熵优化理论在化学学科相关研究领域取得了重大突破。普朗克和爱因斯坦将熵理论应用到物理学科，随后 1945 年量子论学者薛定谔（E. Schroedinger）将熵引入生物学领域。

第二阶段产生于 20 世纪 30 年代，熵优化理论由平衡态转换到非平衡态。其中具有代表性的人物是 L. Onsager，他通过对不可逆过程的普遍性进行总结，提出了昂萨格倒易关系，成为线性不可逆过程热力学理论发展的里程碑事件；I. Prigogine 构造“最小熵产生定理（minimum entropy production principle）”，成为线性非平衡态热力学的重要法则。

第三阶段开始于 1948 年美国数学家维纳（N. Wiener）与申农（C. E. Shannon）创立的信息论，他们将通信过程中信息源的信号不确定性称为信息熵，即把信息定义为排除的不确定性。将信息熵定义为下式：

$$H = -p_i \ln p_i$$

其中 H 表示系统熵，p_i 表示一种概率。同时申农把信息熵与统计力学熵概念联系起来，使信息熵成为信息论中较为重要的一部分，从此熵概念走出物理学，向其他科学领域跨越。

随后经过不断发展，熵理论从最初的热力学，已经被应用到几乎所有学科。该理论也越来越得到学者的重视与应用，用以解决本学科所面临的困惑。

1957 年美国学者 E. T. Jaynes 提出了熵的极大熵原理，并使熵函数由一个单纯度量指标变为一种推理工具，将最大熵原理可表达为下式的优化问题：

$$\max \quad S_n(p) = -\sum_{i=1}^{n} p_i \ln p_i$$

$$s.t. \quad \sum_{i=1}^{n} p_i g_j(x_i) = E[g_j], j = 1,2,\cdots,m$$

$$\sum_{i=1}^{n} p_i = 1, (p_i \geqslant 0, i = 1,2,\cdots,n)$$

其中 $p = (p_1, p_2, \cdots, p_n)$, $g_j(j = 1,2,\cdots,m)$ 表示各阶统计矩函数，$E[\cdot]$ 是由实验观测得到的各阶统计矩的期望值。

从此熵理论被应用到更多领域，20 世纪以后伴随着信息技术革命的兴起，信息技术被推广到更宽的学科，并且得到了极快发展。

三 熵理论的扩展及应用

（一）熵增加定理

热力学第二定律可以表示为：$dS \geqslant dQ/T$，那么对于一个绝热过程或者是一个孤立系统而言，它们与外界不交换热量，因此 $dQ = 0$，从而 $dS \geqslant 0$ 式中可逆过程用等号表示，不可逆过程用不等号表示。同时上式表明对于一个孤立系统（或者绝热过程）而言，当其内部发生可逆过程时，系统的熵保持不变，当其内部发生不可逆过程时，系统的熵便会增加，这就是熵增加定律。由此可以得出，一切孤立系统的熵永远不会随着时间的推移而减少，由于自然界中的一切真实过程是不可逆的，因此实际上孤立系统中所发生的真实过程总是要使系统的熵增加，从而我们便可以利用熵增加原理来判别过程进行的方向。

（二）耗散结构

1969 年俄罗斯化学家普利高津在《理论物理与生物学》会议中，首次提出了“耗散结构”理论，该理论摆脱了“热寂说”存在于人们心中的悲观态度，即系统处于非平衡态，在不断地与外界交换物质及能量的过程中，当外参量达到某一阈值时，突然出现的一种新的有序的时空结构，可以更清楚理解为一个远离平衡态的非线性开放系统通过不断与外界交换物质和能量，在系统内部某个参量的变化达到一定阈值时，通过涨落，系统可能发生突变即非平衡相变，由原来的混沌无序状态转变为一种在时间、空间或功能上的有序状态[①]。该理论不仅适用于自然科学领域，同样也适用于社会科学领域。此后耗散结构在医学、物理学、化学等领域有了突出贡献，从某种意义上讲，它们可以当作一种非平衡态系统，在一定条件下，可以出现并维持耗散结构，这也是大家所期望的效果。

---

① 张文明：《浅析耗散结构理论与教学》，《金卡工程经济与法》2011 年第 5 期。

（三）负熵

依据热力学第二定律，孤立系统的熵总是随着时间的推移而不断增加，直到系统达到平衡态时为止。熵值增加，意味着系统有序性降低，无序性增大。熵值越大，则意味着系统的平衡或死亡的来临，即“热寂说”。但是达尔文的生物进化论却指出伴随着生物体的不断进化，生物体的有序度非但不减少，反而会随着时间的推移而增加，薛定谔指出这是“负熵”在起作用，他指出一切生物之所以能够生存、发展、进化，主要由于新陈代谢，使得生物体不断从外界吸收能量，同时排除体内无效能量，与外界交换物质及能量，从而获得极其宝贵的“负熵”。在物理意义中，负熵即“熵的负值”，是系统有序度大小的度量，系统负熵越大，则其有序性就越强。事物不断向有序化发展，则它的负熵就增大，这是负熵在其作用，同时也是一种进化的标志。

国内关于熵理论的研究尽管较晚，但是仍取得了较为可观的理论成果。康宗明（2003）等利用熵理论对图像处理中的聚焦算法进行了改进，运用到图像采集系统[①]；张维东（2001）等将熵理论应用到决策树分析中，从而改善了数据挖掘技术[②]；谭永忠、吴次芳（2003）用信息熵分析了土地利用系统的有序程度，从而对区域土地利用结构进行区分[③]；刘挺等（2007）在对浅层语义分析上，利用最大熵将语义角色进行标注，从而改善了原有效果[④]；李兴斯（1991）[⑤]，唐焕文等（1993）[⑥]分别改进了熵优化理论的算法问题，分别提出了求解非线性规划的凝聚函数法及一类约束不可微优化问题的有效算法，为熵理论在实际中的应用提供了参考；

---

① 康宗明、张利、谢攀：《一种基于能量和熵的自动聚焦算法》，《电子学报》2003年第4期。

② 张维东、张凯、董青：《利用决策树进行数据挖掘中的信息熵计算》，《计算机工程》2001年第3期。

③ 谭永忠、吴次芳：《区域土地利用结构的信息熵分异规律研究》，《自然资源学报》2003年第1期。

④ 刘挺、车万翔、李生：《基于最大熵分类器的语义角色标注》，《软科学》2007年第3期。

⑤ 李兴斯：《解非线性规划的凝聚函数法》，《中国科学》1991年第12期。

⑥ 唐焕文、张立卫、王雪华：《一类约束不可微优化问题的极大熵方法》，《计算数学》1993年第3期。

张岐山、郭喜江、邓聚龙（1996）针对灰关联分析中的缺点，提出了灰熵概念，并且得到了一种新的解法；[①] 张文泉等（1995）[②]，郭显光（1998）[③]，任佩瑜等（2001）[④]，宋华岭等（2003）[⑤] 通过对熵理论的分析，将熵优化理论应用到了管理决策分析中，同时作为一种评价方法得以应用，从而将熵理论进一步扩展到管理学科。李华（2003）基于熵的本质可以作为对方差度量风险的补偿，共同度量证券投资组合中的风险，应用熵优化理论来衡量投资风险比方差度量存在许多更为优越的性质，在证券投资组合的研究中，分别构建了均值—熵优化模型及均值—叉熵优化模型，并在投资组合领域得到验证[⑥]。

由此可见，熵理论已经被越来越多的学者对该理论进行不断延伸，使得熵理论正被应用到现实问题的分析中。而借助于熵理论在确定信息不确定性上的优势，许多学者通过将熵值法嵌入相关不确定性算法，更加尊重客观数据的真实性，进行了定量化的权重设定，弥补了主观打分法在权重设定上的主观性。本文也是基于这一点，将熵值法引入扰动属性理论，从而使扰动属性模型评价更加客观，力求真实反映现实状况。

第七节　神经网络

神经网络主要以数学网络拓扑为理论基础，借鉴人脑神经系统处理信息的过程，以大规模并行性、高度的容错能力以及自适应、自学习、自组织等功能为特征，集信息加工与存储一体化，具有广泛的应用前景。神经

① 张岐山、郭喜江、邓聚龙：《灰关联熵分析方法》，《系统工程理论与实践》1996 年第 8 期。

② 张文泉、张世英、江立勤：《基于熵的决策评价模型及应用》，《系统工程学报》1995 年第 3 期。

③ 郭显光：《改进的熵值法及其在经济效益评价中的应用》，《系统工程理论与实践》1998 年第 12 期。

④ 任佩瑜、张莉、宋勇：《基于复杂性科学的管理熵、管理耗散结构理论及其在企业组织与决策中的作用》，《管理世界》2001 年第 6 期。

⑤ 宋华岭、刘全顺、刘丽娟、刘仁宝、Cornelis Reiman：《管理熵理论—企业组织管理系统复杂性评价的新尺度》，《管理科学学报》2003 年第 3 期。

⑥ 李华：《证券投资组合的风险度量与熵优化模型研究》，大连理工大学博士学位论文，2003 年。

网络是采用自下而上的方法，从脑的神经系统结构出发来研究脑的功能，研究人脑简单的神经元的信息处理能力及其动态行为。特别是对那些时空信息存储及并行搜索、自组织相联存储、时空数据统计描述的自组织以及从一些相互关联的活动中自动获取知识等一般问题的求解，更显示出了其独特能力。

一　神经网络的产生

1943 年，马卡洛序（McCulloch. W. S.）和匹特（Pitts. W. H.）在合著的《神经活动性中所蕴含思想的逻辑运算》书中，建立了 MP 神经元模型，成为第一个神经网络的数学模型；1949 年，Hebb 定义了第一个学习规则，称之为 Hebb 学习规则；1958 年，罗赛波拉特（Rosenblatt）首次引进了感知器（Perceptron）概念，掀起了神经网络研究的第一次热潮。1976 年，美国学者哥洛斯贝（Grossberg）提出了非线性动力系统结构；1980 年，芬兰学者克号列提出了自组织映射理论；1986 年，Rumelhart 和 McCelland 提出了 BP 神经网络，等等。我国研究神经网络的起步较晚，1965 年，中国科学院生物物理研究所指出可以利用矩阵法描述神经网络模型；1989 年全国第一届神经网络——信号处理会议的召开，标志着中国对神经网络广泛关注，并得到了国际神经网络学会和 IEEE 神经网络委员会的认可。

二　神经网络的发展和应用

目前，神经网络的研究主要集中在 BP 神经网络、模糊神经网络以及其与计量经济学经典结合。其中，1986 年，Rumelhart 和 McCelland 教授领衔的科学家团队，提出了 BP（Back Propagation）神经网络，成为目前应用最广泛的神经网络模型之一。应用 BP 神经网络理论，胡铁松等进行水文资源领域的研究①；易晓文对民营企业技术创新能力进行了综合评价②；周学军等将其引入教育评估领域，阐明了用 BP 网络模拟教育评估

① 胡铁松、袁鹏、丁晶：《人工神经网络在水文水资源中的应用》，《水科学进展》1995 年第 1 期。

② 易晓文：《基于 BP 神经网络的民营企业技术创新能力的模糊综合评价》，《数量经济技术经济研究》2003 年第 8 期。

中的专家评价的设计思想和方法[①]；杨淑娥等基于该理论建立了财务危机预警模型[②]。

在模糊神经网络研究领域中，吴开微等探讨了模糊神经网络在确定工程造价中的应用方法和途径[③]；而韩平等则提出了基于模糊神经网络的信贷风险组合预测评估方法[④]。

将神经网络相关内容与传统计量经济学相结合，融合了二者的计算优点，在对经济社会问题进行评价时显得更加有效。田野等推导了神经网络计量经济学模型样本数量要求，并采用 B 样条最小二乘拟合来对原始数据进行预处理，加大输入样本，最后建立神经网络计量经济学模型对日本政府参与中小企业金融的经济循环进行描述[⑤]；熊志斌建立了 ARIMA 融合 NN 的人民币汇率时间序列预测模型[⑥]。

三　神经网络的优势和劣势

基于以上分析，神经网络在处理信息时具有以下优点：①并行处理方法，使得计算快速；②由于神经网络由许多神经元组成，各神经元之间是独立工作的。因此，支撑了大规模的并行处理，使得计算速度加快；③自学习、自组织、自适应性，使得网络可以处理不确定或不知道的系统；④能够充分逼近任意复杂的非线性关系；⑤具有很强的信息综合能力，能同时处理定量和定性的信息，很好地协调多种输入信息关系，适用于多信息融合和多媒体技术。

但神经网络也存在一些缺点：①训练时间长；②网络的拓扑结构不易

---

① 周学军、刘颖琦：《基于人工神经网络 BP 算法的教育评估专家评价研究》，《数量经济技术经济研究》2003 年第 11 期。

② 杨淑娥、黄礼：《基于 BP 神经网络的上市公司财务预警模型》，《系统工程理论与实践》2005 年第 1 期。

③ 吴开微、陈娟：《工程造价的模糊神经网络估测方法》，《数量经济技术经济研究》2001 年第 9 期。

④ 韩平、席酉民：《基于模糊神经网络的信贷风险组合预测》，《数量经济技术经济研究》2001 年第 5 期。

⑤ 田野、孙永广、吴宗鑫：《神经网络计量经济学模型小样本问题的研究》，《数量经济技术经济研究》2002 年第 12 期。

⑥ 熊志斌：《ARIMA 融合神经网络的人民币汇率预测模型研究》，《数量经济技术经济研究》2011 年第 6 期。

确定；③训练效果受初始参数影响较大；④训练后的人工神经网络往往难以解释其训练结果；⑤不适于高精度计算[①]。

第八节　遗传算法

一　遗传算法的产生

遗传算法（Genetic Algorithm，GA）是借鉴生物自然选择和遗传机制的随机搜索算法，是生命科学与工程科学互相交叉、互相渗透的产物，它遵循的原则是 Darwin 的进化论和 Mendel 的遗传学说[②]。早在 20 世纪 50 年代起，就有学者开始研究“人工进化系统”，进而成为研究的雏形；随后，德国 Rechenberg 和 Schwefel 教授提出了进化策略，Fogel 等则提出了进化规划思想，美国芝加哥大学 Holland 教授于 20 世纪 60 年代，就已经开始关注自然和人工系统的自适应行为问题，其一直试图寻找一种能够用于创造通用程序和机器的理论。在他出版的 *Adaptation in Nature and Artificial System*（《自然界和人工系统的适应性》）专著中详细阐述了遗传算法的理论。由此，该理论得到很好的推广和应用。

遗传算法能够对结构对象进行直接操作，还具有自组织、自适应和智能性、易于并行化和运行方式、实现步骤规范的特点。其基本思想是在搜索空间中的搜索并不是以单个搜索点顺序进行的，而是使用若干个搜索点并行进行搜索的。

二　遗传算法的发展和应用

由于遗传算法所具备的上述性质，使得其被广泛应用于人工生命和社会经济等各个领域。杨青等（2006）将遗传算法应用于投资项目评价中[③]；俞书伟等（2000）则提出了用遗传算法获取并优化模糊规则的二阶

---

① 姜波：《灰色系统与神经网络分析方法及其应用研究》，华中科技大学博士学位论文，2004 年。

② 吴玫、陆金桂：《遗传算法的研究进展综述》，《机床与液压》2008 年第 36 卷第 3 期。

③ 杨青、钟守楠、丁圣超：《投资项目评价选择模型的遗传算法》，《运筹与管理》2006 年第 1 期。

段学习算法[①]；黄京华等（2002）探讨了 Agent 技术和遗传算法在电子商务网上谈判中的应用[②]；周根贵等（2005）将其应用在了物流网络选址问题中[③]。

同时，遗传算法还可与神经网络理论、支持向量机和熵理论相结合，形成新的算法。周辉仁等（2010）提出了一种基于递阶遗传算法和 BP 神经网络的财务预警模型[④]；惠晓峰等（2002）提出了实数编码的 GA—BP 神经网络模型[⑤]；徐国祥等（2011）在传统 SVM 方法基础上，引入了主成分分析和遗传算法，构建了 PCA—GA—SVM 模型[⑥]。

三 遗传算法的优势和劣势

遗传算法具有以下优点：第一，遗传算法不需要辅助信息，对可行解的表示具有广泛性；第二，在搜索过程中不容易陷入局部最优，即使在所定义的适应度函数是不连续的、不规则的或有噪声的情况下，也能以很大的概率找到全局最优解；最后，具有可扩展性、固定的并行性和并行计算的能力；第四，其在搜索过程中不容易陷入局部最优，即使所定义的适应度函数是不连续、非规则或有噪声的情况下，也能以很大概率找到全局最优解[⑦]。

但是，遗传算法也存在着诸多不足之处。首先，遗传算法的编码存在不规范，表示不精确等问题；其次，单一的遗传算法编码不能较为全面地

---

① 俞书伟、张华雨、杨林：《遗传算法在库存模糊逻辑控制中的应用》，《中国管理科学》2000 年第 2 期。

② 黄京华、马晖、赵纯均：《面向电子商务的基本遗传算法的 Agent 谈判模型》，《管理科学学报》2002 年第 6 期。

③ 周根贵、曹振宇：《遗传算法在逆向物流网络选址问题中的应用研究》，《中国管理科学》2005 年第 1 期。

④ 周辉仁、唐万生、任仙玲：《基于递阶遗传算法和 BP 网络的财务预警》，《系统管理学报》2010 年第 1 期。

⑤ 惠晓峰、胡运权、胡伟：《基于遗传算法的 BP 神经网络在汇率预测中的应用研究》，《数量经济技术经济研究》2002 年第 2 期。

⑥ 徐国祥、杨振建：《PCA - GA - SVM 模型的构建及应用研究—沪深 300 指数预测精度实证分析》，《数量经济技术经济研究》2011 年第 2 期。

⑦ 徐磊：《基于遗传算法的多目标优化问题的研究与应用》，中南大学硕士学位论文，2007 年，第 15 页。

将优化问题的约束表示出来，从而增加了计算所用的实践，导致运算的效率要较其他算法低；最后，还容易较早收敛。

第九节　支持向量机

一　支持向量机理论的产生

人们所具备的学习知识的能力，既包含对事物规律的总结，也有对无法直接观测到的事物进行预测，这就形成了推广能力。为了更加精确地进行预测，人们开始寻求机器来进行模拟，也就形成了机器学习理论，但是，这种计算方法在处理不适定性问题时表现较差。因此，形成了统计学习理论（Statistical Learning Theory，SLT），该算法则建立在结构风险最小化（Structural Risk Minimization，SRM）基础之上。而支持向量机理论（Support Vector Machine，SVM）正是在 SLT 理论基础上发展形成的一种性能优良的学习机器。该理论从两类样本线性可分情况下的最优分类超平面提出，核心思想在于寻找一个满足分类要求的最优分类超平面，使得该超平面在保证分类精度的同时，能够使超平面两侧的空白区域最大化。理论上，支持向量机能够实现对线性可分数据的最优分类[①]。

1992 年，Boser、Guyon 和 Vapnik 就已经提出了最优边界分类器的概念，并被学者认为其是支持向量机的理论基础[②]；随后，Corinna Cortes 和 Vapnik 等人于 1995 年在统计学习理论的基础上支持向量机[③]，由于其具有不依赖于经验、全局最优以及良好的泛化性能而吸引了众多科研工作者关注。1997 年，Vapnik 和 Golowich、Smola 等人提出了信号处理方法和基于支持向量机方法的回归估计方法[④]。由于该理论在解决小样本、非线性及高维模式识别等问题方面具有很大优势，可以推广应用到函数拟合等其

---

① 于世飞、齐丙娟、谭红艳：《支持向量机理论与算法研究综述》，《电子科技大学学报》2011 年第 40 卷第 1 期，第 2—10 页。

② Boser B.，Guyon L.，Vapnik V. "A training algorithm for optimal margin vlassifier"，*In proceedings of the 5th annual workshop on computational learning theory*，1992，pp. 144 – 152.

③ Vapnik. "The nature of statistical learning theory"，*Springer – Verlag*，New York，1995.

④ Vapnik V.，Golowich S.，Smola A. "Support vector method for function approximation，regression estimation，and signal processing"，*advances in Neural Information Processing* System，Cambridge，MA，*MIT Press*，1997，pp. 281 – 287.

他机器学习问题中。

二 支持向量机理论的发展和应用

目前，关于支持向量机的研究主要集中在粒度支持向量机（GSVM）、模糊支持向量机（FSVM）、孪生支持向量机（TWSVMs）、排序支持向量机（RSVM）四个方面。并且依据所运算的方式及结构不同，运算效率也表现出不同的优势。

在实际应用中，国内外学者已将支持向量机应用于各领域，其中，在系统辨识[①]（Drezet P. M. L.，1998）、遥感图像分析[②]（Brown M.，1999）、人脸图像识别[③]（Haizhou Ai，2001）、文本识别[④]（Hu Jun，2002）、医疗诊断[⑤]（Kwokleung Chan，2002）、故障诊断[⑥]（Batur C，2002）等领域得到了有效推广，而国内刘广利（2003）将支持向量机分类预警问题转化为各个历史样本的惩罚系数的合理变化，从而大大减少了约束的个数；冯利军等（2005）将其应用到对项目风险识别中。

三 支持向量机理论的优势和劣势

借助于VC维理论和结构风险最小原理，支持向量机能够在有限的样本信息和学习能力之间需求最佳折衷，期望获得最好的推广能力。因此，支持向量机具备理论完备、适应性强、全局最优、训练时间短和泛化性能好等优点。人工神经网络在运算时，容易陷入局部极小，网络的泛化能力

---

① Drezet P M L, Harrison R F. "Support vector machines for system identification", *International Conference on Control* , 1998, Vol. 1: 688 - 692.

② Brown M, Lewis H G, Guan S R. Linear spectral mixture models and support vector machines for remote sensing. *IEEE Transactions on Geoscience and Remote Sensing* , 1999, Vol. 5: 1346 - 1360.

③ Haizhou Ai, Luhong Liang, Guangyou Xu. Face detection based on template matching and support vector machines. *Proceedings of 2001 International Conference on Image Processing* , 2001, Vol. 1: 1006 - 1009.

④ Hu Jun, Huang Houkuan. An algorithm for text categorization with SVM. *2002 IEEE region 10 Conference on Computers, Communications, Control and Power Engineering* , 2002, Vol. 1: 47 - 50.

⑤ Kwokleung Chan, Te - Won Lee. Comparison of machine learning and traditional classifiers in Glaucoma diagnosis, *IEEE Transactions on Biomedical engineering* , 2002, Vol. 2: 963 - 974.

⑥ Batur C. Ling Zhou, Chien - Chung Chan. Support vector machines for fault detection. *Proceedings of the 41st IEEE Conference on Decision and Control* , 2002, Vol. 2: 1355 - 1356.

不强等困境。而支持向量机是一种新兴的机器学习理论，可以不用估计概率密度而直接根据样本和问题本身求出最优决策函数，解决了小样本下的“过学习”问题，出发点为结构风险最小化而不是经验风险最小化，从而保证了良好的推广性。

但是，支持向量机理论也存在着不足之处，如由于其借助二次规划进行求解支持向量，这就涉及多阶矩阵的计算问题，当阶数数目很大时，该矩阵的存储和计算将耗费大量的运算时间；同时，支持向量机理论只给出了二类分类的算法，在解决多类的分类问题时会遇到困难。

第二章　经济评价的方法

本章将就第一章提出的经济评价理论作出进一步的阐述，就具有典型代表的几种经济评价方法加以论证。其中，包括灰色关联分析方法、L－Q灰色预测方法、模糊综合评价方法、熵权扰动属性方法、熵权软集合方法等。并对每一种经济评价方法作出了具体步骤解释，以期为第三章的实证分析提供支撑。

第一节　灰色关联分析方法

灰色关联分析（GRA）是一种用灰色关联度顺序（成为灰关联序，GRO）来描述因素间关系的强弱、大小、次序的方法，其基本思想是：以因素的数据列为依据，用数学的方法研究因素间的几何对应关系。可用于量化序列之间关系的紧密程度，这种紧密程度在几何上体现为数据序列所对应曲线的相似程度（距离的相近性或者变化率的相似性），在映射上表现为组成序列的数据之间满足一定的函数关系，当某一序列改变时，另一序列会在灰色关联度的约束下发生相应的变化，其中蕴含了数据变化的依赖关系，通过这种关系建立模型从而实现对未知数据的预测。灰色关联度的计算步骤如下：

第一，求各序列的初值像，首先令 X_i 为系统因素，其在序号 k 上的观测数据为 $x_i(k)(k = 1,2,\cdots,n)$，则称 $X_i = ((x_1),(x_2),\cdots,(x_n))$，则

$$X_i^{'} = X_i/x_i(1) = (x_i^{'}(1),x_i^{'}(2),\cdots,x_i^{'}(n)),\quad i = 1,2,\cdots,m$$

第二，求差序列，记

$$\Delta_i(k) = |x_0'(k) - x_i'(k)|,$$

$$\Delta_i = (\Delta_i(1), \Delta_i(2), \cdots, \Delta_i(n)), \quad i = 1,2,\cdots,m$$

第三，求两极最大差与最小差，记

$$M = \max_i \max_k \Delta_i(k), \quad m = \min_i \min_k \Delta_i(k)$$

第四，求关联系数，记

$$\gamma_{0i}(k) = \frac{m + \xi M}{\Delta_i(k) + \xi M}, \quad \xi \in (0,1), \quad k = 1,2,\cdots,n; i = 1,2,\cdots,m$$

第五，计算关联度，记

$$\gamma_{0i} = \frac{1}{n}\sum_{k=1}^{n} \gamma_{0i}(k), \quad i = 1,2,\cdots,m$$

灰色关联度分析法是将研究对象及影响因素的因子值视为一条线上的点，与待识别对象及影响因素的因子值所绘制的曲线进行比较，比较它们之间的贴近度，并分别量化，计算出研究对象与待识别对象各影响因素之间的贴近程度的关联度，通过比较各关联度的大小来判断待识别对象对研究对象的影响程度。其根据因素之间发展趋势的相似或相异程度，亦即“灰色关联度”，作为衡量因素间关联程度的一种方法，并逐渐在社会经济评价中得到了很好应用，取得了较好效果。

第二节　L－Q 灰色预测方法

灰色系统 GM（1，1）预测模型有别于其他模型的特色在于建模机理，其采取对数据进行累加处理。在构建的预测模型中，需要对数据进行累加生成和累减生成，通过灰色序列生成找寻数据演变的规律性。是基于最小二乘方法的指数拟合曲线，具有微分、差分、指数兼容等性质，在建模时不需要大量的时间序列数据就能够取得较好的预测效果，达到较高的精度[①]。该理论历经三十余年发展，也得到了不断延伸，并相继出现 GM（1，N）、GM（2，1）、DGM（1，1）、Verhulst、GM（1，1）幂模型等多种形式的预测模型类别，其预测类型也逐渐被拓展到区间预测、数列预测、灰色灾变预测、波形预测和系统预测等方面，发挥着越来越重要

---

① 姚天祥、巩在武：《灰色预测理论及其应用》，科学出版社 2014 年版。

的实际效用。

GM（1，1）模型是由一个只含单变量的一阶微分方程构成的模型，通过鉴别系统因素之间发展趋势的相异程度，并对原始数据进行生成处理来寻找系统变动的规律，生成有较强规律性的数据序列，然后建立相应的微分方程模型，从而预测事物未来发展趋势的状况。其运算步骤如下：

设有变量 $x^{(0)}$ 的原始数据列：$x^{(0)} = \{x^{(0)}(1), x^{(0)}(2), \cdots, x^{(0)}(n)\}$，

用 AGO 生成一阶累加生成模块 $x^{(1)}$：$x^{(1)} = \{x^{(1)}(1), x^{(1)}(2), \cdots, x^{(1)}(n)\}$

由一阶灰色模块 $x^{(1)}$ 构成的微分方程：$\frac{dx^{(1)}}{dt} + \alpha x^{(1)} = b$，

可得：$x^{(1)}(t) = \left[x^{(1)}(0) - \frac{b}{a}\right]e^{-at} + \frac{b}{a}$，

写成离散型，得：$x^{(1)}(k+1) = \left[x^{(1)}(1) - \frac{b}{a}\right]e^{-ak} + \frac{b}{a}$，

其中：

$$Y = \begin{bmatrix} x_1^{(0)}(2) \\ x_1^{(0)}(3) \\ \vdots \\ x_1^{(0)}(n) \end{bmatrix}, B = \begin{bmatrix} a \\ b \end{bmatrix}, X = \begin{bmatrix} -\frac{1}{2}[x_1^{(1)}(1) + x_1^{(1)}(2)] & 1 \\ -\frac{1}{2}[x_1^{(1)}(2) + x_1^{(1)}(3)] & 1 \\ \vdots & \vdots \\ -\frac{1}{2}[x_1^{(1)}(n-1) + x_1^{(1)}(n)] & 1 \end{bmatrix},$$

$$B = (X^T X)^{-1}(X^T Y) = \begin{bmatrix} a \\ b \end{bmatrix}$$

预测模型得到的预测值 $\hat{x}^{(1)}(k+1)$，并且通过后验差比值 C 与小误差概率 P 验证模型预测精度。其中：

①后验差比值 C，是残差方差与数据方差之比。即：$C = \frac{S_e}{S_x}$，式中

$$S_e^2 = \frac{1}{n}\sum_j^n [e^{(0)}(j) - \bar{e}]^2; \qquad S_x^2 = \frac{1}{n}\sum_j^n [x^{(1)}(j) - \bar{x}]^2$$

②小误差概率 P，$P = P\{|e^{(0)}(K) - \bar{e}| < 0.6744 S_x\}$；

按上述两个指标预测等级划分为四等，如表 2－1 所示。

表 2-1　**指标预测等级划分**

预测精度等级	P	C
一、好	>0.95	<0.35
二、合格	>0.8	<0.45
三、勉强	>0.7	<0.5
四、不合格	≤0.7	≥0.65

为了提高预测精度，本文提出 L-Q 灰色预测模型，旨在对 GM (1, 1)作出改进。其基本思想是：用对数函数变换处理原始数据得到 $\{\ln x^{(0)}(k)\}^{1/T}$，从而提高数据列光滑度，然后对 $\{\ln x^{(0)}(k)\}^{1/T}$ 用 GM 方法进行预测，最后通过 $\exp\{\{[\ln \hat{x}^{(0)}(k)]^{1/T}\}^{T}\}$ 还原（一般取 T = 2）得到最终预测值。其基本证明思路如下：

$\frac{[a(k)]^{\frac{1}{T}}}{\sum_{s=1}^{k-1}}[a(s)]^{\frac{1}{T}} \leq \frac{a(k)}{\sum_{s=1}^{k-1} a(s)}$ 定理 2.1 若 a（k）为递增数列，且 a(1) ≥1，T≥1，则

为证明定理 2.1 成立，只须证明

引理 2.1 设 $T \geq 1$ $0\langle x \leq 1$. 则有 $x \geq x^{\frac{1}{T}}$

引理的证明：

设 $f(x) = x - x^{T}$，有 $f(x) = x(1 - x^{T-1})$. 因为 $T \geq 1$ and $0\langle x \leq 1$,

所以 $1 - x^{T-1} \geq 0$. 故有 $f(x) = x(1 - x^{T-1}) \geq 0$, i. e. $x \geq x^{T}$.

定理 2.1 的证明：因为 T≥1 和 a（k）为递增数列，即 a（k）≥a（s），s = 1，2，…，k-1，所以

$0\langle \frac{a(s)}{a(k)} \leq 1$. 由引理 2.1，得 $\frac{a(s)}{a(k)} \geq \left[\frac{a(s)}{a(k)}\right]^{T}$.

由此推得，

$a(k) \cdot [a(s)]^{\frac{1}{T}} \geq [a(k)]^{\frac{1}{T}} \cdot a(s), s = 1, 2, \cdots, k-1$. 不等式两边分别相加，得

$$a(k) \sum_{s=1}^{k-1} [a(s)]^{\frac{1}{T}} \geq [a(k)]^{\frac{1}{T}} \sum_{s=1}^{k-1} a(s),$$

所以有

$$\frac{[a(k)]^{\frac{1}{T}}}{\sum_{s=1}^{k-1}[a(s)]^{\frac{1}{T}}} \leqslant \frac{a(k)}{\sum_{s=1}^{k-1}a(s)}$$

成立。

对原始数据列 $[x^{(0)}(k)]$ 进行幂函数变换得到 $\{[x^{(0)}(k)]^{\frac{1}{T}}\},(T \geqslant 1)$，再对 $[x^{(0)}(k)]^{\frac{1}{T}}$，用 GM 方法预测，最后通过 $\{[[\hat{x}^{(0)}(k)]^{\frac{1}{T}}\}^{T}$ 还原即可。

一　用“对数函数-幂函数变换”改进的方法

用对数函数变换处理原始数据得到｛lnx（0）（k)｝，从而提高数据列光滑度，然后对｛lnx（0）（k)｝用 GM 方法进行预测，最后通过 exp $\{\{[\ln \hat{x}^{(0)}(k)]^{\frac{1}{T}}\}^{T}\}$ 还原。

定理 2.2 若 a（k）为递增数列，且 a（1）≥e（2.718），则

$$\frac{\ln a(k)}{\sum_{s=1}^{k-1}\ln a(s)} < \frac{a(k)}{\sum_{s=1}^{k-1}a(s)}.$$

通过讨论可知，用幂函数变换和对数函数变换都可以增加数据列的光滑度，从而提高预测精度。我们将这两种变换进行复合变换，即先用对数变换处理原始数据得到 $\{[\ln x^{(0)}(k)]\}$，然后再幂函数变换处理数据列 $\{[\ln x^{(0)}(k)]\}$，得到 $\{[\ln x^{(o)}(k)]^{\frac{1}{T}}\}(T \geqslant 1)$；对 $\{[\ln x^{(0)}(k)]^{\frac{1}{T}}\}$ 用 GM 方法预测，到最后通过 exp $\{\{[\ln \hat{x}^{(0)}(k)]^{\frac{1}{T}}\}^{T}\}$ 还原，数据列的光滑度进一步增强，预测精度进一步提高。

定理 2.3 若 a（k）为递增数据列，且 a（1）≥e（2.718），T≥1。则

$$\frac{[\ln a(k)]^{\frac{1}{T}}}{\sum_{s=1}^{k-1}[\ln a(s)]^{\frac{1}{T}}} < \frac{a(k)}{\sum_{s=1}^{k-1}a(s)}.$$

证明当 a（k）为递增数据列时，ln$a$（k）也为递增数据列，且 a（1）≥e，ln$a$（1）≥1。由定理 2.1，得

$$\frac{[\ln a(k)]^{\frac{1}{T}}}{\sum_{s=1}^{k-1}[\ln a(s)]^{\frac{1}{T}}} \leqslant \frac{\ln a(k)}{\sum_{s=1}^{k-1}\ln a(s)}.$$

又满足定理 2.2 中的条件，所以

$$\frac{\ln a(k)}{\sum_{s=1}^{k-1}\ln a(s)}<\frac{a(k)}{\sum_{s=1}^{k-1}a(s)}.$$

综合上述两式，得

$$\frac{[\ln a(k)]^{\frac{1}{T}}}{\sum_{s=1}^{k-1}[\ln a(s)]^{\frac{1}{T}}}<\frac{a(k)}{\sum_{s=1}^{k-1}a(s)}.$$

定理证明完毕。

二　用“幂函数－对数函数变换”改进的方法

我们将复合幂函数和对数函数变换，得到如下另一个新的变换：先用幂函数变换原始序列，于是得到 $[x^{(0)}(k)]^{\frac{1}{T}}(T\geqslant 1)$，其次用对数函数变换序列 $[x^{(0)}(k)]^{\frac{1}{T}}(T\geqslant 1)$，又可得到 $[\ln[x^{(0)}(k)]^{\frac{1}{T}}](T\geqslant 1)$，然后，对 $[\ln[x^{(0)}(k)]^{\frac{1}{T}}]$ 用 GM 方法预测，最后通过 $\{\exp[\ln(\hat{x}^{(0)}(k))^{\frac{1}{T}}]\}^{T}$ 还原。下面定理 2.4 说明这个新方法也能增加离散数据的光滑度，进一步提高预测精度。

定理 2.4 若 a（k）为递增数据列，且 a（1）≥e（2.718），T≥1. 则

$$\frac{\ln[[a(k)]^{\frac{1}{T}}]}{\sum_{s=1}^{k-1}\ln[[a(s)]^{\frac{1}{T}}]}<\frac{a(k)}{\sum_{s=1}^{k-1}a(s)}.$$

证明由定理 2.3，得

$$\frac{\ln[a(k)]}{\sum_{s=1}^{k-1}\ln[a(s)]}<\frac{a(k)}{\sum_{s=1}^{k-1}a(s)}.$$

由定理 2.2，定理 2.4 得证。我们把定理 2.3 和定理 2.4 建立的模型称为“L－Q”灰色预测模型。L－Q 灰色预测模型提高了 GM（1，1）模型在预测中的准确性，对于解决贫信息情况下的社会经济短期预测具有良好的预测效果。

第三节　熵权模糊综合评价方法

在熵权模糊综合评价模型中，利用熵优化函数较为客观地确定各层因

素的权重向量，根据所获得的权重向量利用模糊综合评价进行评判。

一 熵权法

（一）权重

指标体系在构建过程中有其自身原则，而具体指标的选取也有相应的参考标准。但是，并不是所有的指标在评价中具有同等的重要性，评价者会根据相关准则对各项指标依次进行赋权，这就产生了权重的分配问题。当某一项指标在整个评价体系中发挥的作用越重时，则赋予的权重越大，相反，若某一项指标的重要性相对较低，则所赋权重也会有所下降。

本书讨论的“权重”类同于“权数”，中国古代就早已有针对“权数”的解释，其最早出现于《管子轻重·山权数篇》，该文中，管子答桓公曰“天以时为权，地以财为权，人以力为权，君以令为权”，其中“权”取“称量”之义，引申为权衡，但它的内涵与现代意义的“权数”是有区别的。现代意义上“权数”的解释于1812年由英国学者阿瑟·杨格首次提出，他指出利用加权平均法计算物价指数，被称为加权算术平均法的开端。

《辞海》中对“权数”解释为：在统计中计算平均数等指标时，对各个变量值具有权衡轻重作用的数值。例如，计算工人的平均工龄时，各种工龄的工人人数影响着平均工龄的大小，各种工龄的工人人数就是权数①。《中国百科大辞典》（第二版）中也以此为例，指出权数有两种表现形式，一种是用绝对数，即用次数表示，另一种是用相对数，即用频率或比重表示②。

由此可见，权重对于评价问题而言，是重要的衡量尺度，权重设定合理与否对评价客体具有重要的考量意义。在权重问题上，如何客观、公正地进行定权是学界一直关注的话题，也为本文创新点的提出开辟了思路。

（二）权重系数确定方法

权重系数在指标评价体系中，代表重视程度。权重设定越高，表明该项指标越重要。从权重系数设定的角度分析，学界对权重的设定主要有主

① 《辞海》，上海译文出版社1999年版。

② 《中国百科大辞典》，中国大百科全书出版社2004年版。

观权重设定和客观权重设定两种形式。其中，主观权重主要通过德尔菲法、专家打分法和层次分析法等方法，其赋值原理在于有不同领域的专家的主观性评判，与样本数据没有关联；而客观设定权重的方法主要有均方差法、离差最大化法、熵权法、主成分分析、因子分析等方法，该类方法则基于指标本身的信息量驱动，避免了人为因素带来的偏差。

主观与客观方法两种形式在评价客观事物时具有不同的优缺点，其中，主观权重设定法更加侧重关注某领域专家的经验，在实际中应用比较广泛；客观权重设定则从尊重数据的角度出发，关注数据本身所隐含的信息，运用客观权重设定能够使评价结果更加客观、公平。但是，也不难看出，主观设定指标权重主要依赖于专家的直觉和经验判断，不同的专家会因为自己的经验与理论不同，对某一指标的认知产生不同见解，往往造成评价结果存在偏差。而客观设定权重又脱离了人的主观感受，因此，本书更加倾向于主观权重与客观赋权相结合的方式，这样可以兼顾主观评价与客观数据，做出客观评价。

（三）熵权法

1948 年，Shannon[①] 提出了信息熵的概念，在其表述中，熵越大，意味着所知道的信息量越少，不确定性越大；反之也成立。其本质上是不确定性的表现，也就是说熵值越大，事物无序度越强，知道的信息也就越少，进而导致不确定性的增加。那么，在对该事物进行评价时，就应该赋予较小的权重，反之，则赋予较大权重，这就是熵权思想的本质。其主要思想在于：权重系数应当是各个指标在指标总体中的变化程度和对其他指标影响程度的度量，赋权的原始信息应当直接来源于客观环境，可根据各指标所提供的信息量的大小来决定相应指标的权重系数[②]。由权重系数确定方法可知，权重系数在综合评价中具有非常重要的调节作用，也将关系到最终评价的合理性、客观性。选取恰当的权重系数确定方法直接关系到评价结果的好坏，本书在扰动属性模型基础上，提出以原始数据为基础，利用熵权值法确定指标对应权重，然后结

① C. E. Shannon. The mathematical theory of communication. *Bell Sys. Tech. J.* 1948, 27: 279 - 428, 623 - 656.

② 郭亚军：《综合评价理论与方法》，科学出版社 2002 年版。

合专家打分赋权，最终形成综合权重，能够使最终评价结果更加客观。具体计算步骤如下。

考虑一个具有 n 种可能相互独立结果的 $a_1,a_2,\cdots,a_n$ 概率实验，并假设出现这些结果所具有的离散概率为 $p_1,p_2,\cdots,p_n$，它们所满足概率合理性条件：$\sum_{i=1}^{n}p_i=1$ 与 $p_i\geqslant 0(i=1,2,\cdots,n)$

则离散型信息熵函数可表示为：$S=-\sum_{i=1}^{n}p_i\ln p_i$

利用上式可计算出各指标的熵值，假设存在矩阵（M_{ij}），根据各指标的差异程度，计算步骤如下：

1. 计算第 j 项指标 m_{ij} 所在指标中的权重，即 $p_{ij},p_{ij}=m_{ij}/\sum_{i=1}^{n}m_{ij}$；

2. 计算第 j 项指标的熵值，即 $S_j=-k\sum_{i=1}^{n}p_{ij}\ln p_{ij}$；

3. 计算第 j 项指标的偏差度，即 $d_j=1-S_j(j=1,2,\cdots,n)$；

4. 计算第 j 项指标熵权值，即 $W_j=\dfrac{d_j}{\sum_{j=1}^{n}d_j}=\dfrac{(1-S_j)}{\sum_{j=1}^{n}(1-S_j)},(j=1,2,\cdots,n)$。

由此，可计算某一个指标所对应的权重，在将此权重用于扰动属性的评价中，是合理的，也是可行的。

二 模糊综合评价模型

模糊综合评价决策是对受多种因素影响的事物作出全面评价的一种十分有效的多因素决策方法，运用模糊综合评价方法可以对某一评价体系进行综合评判，使数据更能体现出所要阐述的问题。通常情况下，模糊综合评价模型可以通过以下四步展开：

第一步，确定被评价对象 U：

其中，被评价对象的论域 $U:U=(u_1,u_2,\cdots,u_n)$；

第二步，确定评语等级论域 V

评语等级论域 $V:V=(V_1,V_2,\cdots,V_n)$，假设存在五个等级，即 $V=(V_1,V_2,V_3,V_4,V_5)$，并且对评语集元素赋值，其中 V_1 代表很好，分值为 80—100 分，V_2 代表好，分值为 60—80 分，V_3 代表一般，分值为 40—60 分，V_4 代表差，分值为 20—40 分，V_5 代表很差，分值为 0—20 分。

第三步，单因素评价，构建模糊综合评价矩阵 M_{ij}：

首先，建立二级指标 U_{ij} 对每个评语集的模糊关系矩阵 R_i：$R_i = (r_{ij})_{i \times j}$，其中：$r_{ij}$ 为 U 中的因素 U_i 对 V 中等级 V_j 的隶属程度；

其次，构建新的模糊综合评价矩阵 M_{ij}：由一级指标模糊集 $C_i(C_i = b_i'' \times R_i)$ 得到新的模糊综合评价矩阵 $M_{ij} = (c_{1j}, c_{2j}, c_{3j}, c_{4j}, \cdots)$，其中，$C_i$ 的计算依据模糊算子算法；

从而称（U,V,M）构成了一个模糊综合决策模型，U、V、M 是此模型的三个重要要素。

第四步，综合评判：

针对每一个指标所对应的权重值 $A = (a_1, a_2, \cdots, a_n)$，可以得到最终的评判原则为

$$\underset{\sim}{B} = A \circ M$$

上式可以形成一个转换器：

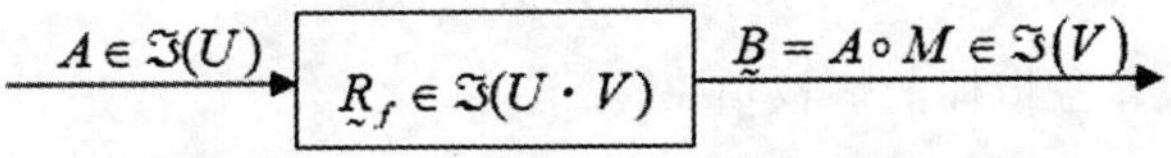

$A \in \Im(U)$ → $\underset{\sim}{R}_f \in \Im(U \cdot V)$ → $\underset{\sim}{B} = A \circ M \in \Im(V)$

若输入一种权重 $A \in \Im(\mathrm{U})$，则就会输出一个综合评判：$\underset{\sim}{B} = A \circ M \in \Im(\mathrm{V})$。此时，对于权重值的选择可以通过专家打分法、层次分析法等主观方法进行，而为了更好地反映客观事实，可以采用熵权法对权重进行赋值。

三　熵权模糊综合评价模型

在综合熵优化理论和模糊数学相关理论基础上，构建基于熵权值的模糊综合评价模型，具体步骤如下：

第一，确定被评价对象的论域 U：$U = (u_1, u_2, \cdots, u_n)$，则一级指标为 U_i：$U = (U_1, U_2)$；二级指标为 U_{ij}：$U_{ij} = (U_{i1}, U_{i2}, U_{i3}, U_{i4})$；

第二，确定评语等级论域 V：$V = (V_1, V_2, \cdots, V_n)$，即 $V = (V_1, V_2, V_3, V_4, V_5)$，并且对评语集元素赋值，其中 V_1 代表很好，分值为 80—100 分，V_2 代表好，分值为 60—80 分，V_3 代表一般，分值为 40—60 分，V_4 代表差，分值为 20—40 分，V_5 代表很差，分值为 0—20 分；

第三，根据专家打分法确定评判因素的权向量：其中 U_i 对 U 层的权重向量为 $a = (a_1, a_2)$，U_{ij} 对 U_i 层的权重向量为 $b_i = (b_1, b_2, b_3, b_4)$；

第四，建立二级指标 U_{ij} 对每个评语集的模糊关系矩阵 R_i：$R_i = (r_{ij})_{4\times5}$，其中：$r_{ij}$ 为 U 中的因素 U_i 对 V 中等级 V_j 的隶属程度；

第五，对所得模糊关系矩阵 R_i 进行标准化处理得到新的模糊关系矩阵 $R_i{}'$：由于在指标的选取中涉及收益性指标（即该指标值越大越好）及损失性指标（即该指标值越小越好），因此在对 R_i 进行标准化的过程中，区别对待两类指标如下：

$$r_{ij}{}' = \begin{cases} \dfrac{r_{ij} - \min\{r_{ij}\}}{\max\{r_{ij}\} - \min\{r_{ij}\}}, & \text{当 } r_{ij} \text{ 表示收益性指标时；} \\ \dfrac{\max\{r_{ij}\} - r_{ij}}{\max\{r_{ij}\} - \min\{r_{ij}\}}, & \text{当 } r_{ij} \text{ 表示损失性指标时；} \end{cases}$$

第六，由一级指标模糊集 $C_i(C_i = b_i \times R_i{}')$，得到新的模糊综合评价矩阵 $M_{ij} = (m_{i1}, m_{i2})$，其中 C_i 的计算依据模糊算子 $M(\bullet, \oplus)$；

第七，计算各指标的熵权值 W_j；

第八，计算综合权重向量 W：$W = W_j a_i / \sum_{i=1}^{2} W_j a_i$；

第九，求解模糊综合评价模型：$P = W \times M^T$，并且归一化处理 P 得到 $\hat{p}_i(\hat{p}_i = P_i / \sum_{i=1}^{5} P_i)$，进而得到总评分 $V = \hat{p}_1 \overline{V_1} + \hat{p}_2 \overline{V_2} + \hat{p}_3 \overline{V_3} + \hat{p}_4 \overline{V_4} + \hat{p}_5 \overline{V_5}$，其中 $\overline{V_i}$ 表示各分值段的中位数。

第四节　熵权扰动属性方法

通过上文扰动属性理论的阐述，可以很清晰扰动属性理论的内容，那么熵权在本模型中起到的作用是对权重的调节，梳理相关理论，则基于熵权的扰动属性理论计算步骤如下：

第一，确定各单项指标等级划分表

设定 X 为某一个评价对象的空间，其中，x 为 X 中的各元素，而变量 m 是表征 x 的具体指标，其对应属性值为 $I_i(i = 1,2,\cdots,m)$，X 中各元素对应的评价集为 $C_i(i = 1,2,\cdots,k)$，用以表示质量等级或者评价类别。

对每个指标的测量值通常会以数字的形式出现，通过对每个指标的测量得到如表 2－2 所示的质量评价标准表（单指标等级划分表），在该表中，设定 x 的第 j 个指标 I_j 的测量值为 t_j，对于具有 m 个指标值的元素 x 的综合评价问题就要回答如下三个问题：①通过表 2－2 所示，针对每个单指标的属性测度 μ_{xji} 是什么？②属性测度 μ_{xij} 如何表示？③由属性测度 μ_{xi} 确定元素 x 属于哪一个类别？

表 2－2　**单指标等级划分表**

指标＼等级	I_1	I_2	···	I_m
C_1	$a_{10}-a_{11}$	$a_{20}-a_{21}$	···	$a_{m0}-a_{m1}$
C_2	$a_{11}-a_{12}$	$a_{21}-a_{22}$	···	$a_{m1}-a_{m2}$
···	···	···	···	···
C_k	$a_{1k-1}-a_{1k}$	$a_{2k-1}-a_{2k}$	···	$a_{mk-1}-a_{mk}$

在表 2－2 中，确定各等级划分依据中，可依据相关理论及专家意见得出，将某类指标划分为几个不同等级，然后依据实际数据判定该指标处于划分等级的哪个层次。

第二，构造单指标属性测度函数

由上文可知，针对元素 x 的第 j 个指标测量 t_j 而言，可由表 2－2 确定单指标的属性测度函数，记为 $\mu_{xji}(t)$，而对于表中的 a 值存在两种情况，即正指标和负指标，当 a_{ji} 满足 $a_{j0}<a_{j1}<\cdots<a_{jk}$ 时，其为正指标，而当 $a_{j0}>a_{j1}>\cdots>a_{jk}$ 时，为负指标。那么，以下分两种情形分别阐述单指标属性测度函数问题：

①当 $a_{j0}<a_{j1}<\cdots<a_{jk}$ $(j=1,2,\cdots,m;i=1,2,\cdots,k-1)$ 时，属性测度函数 $\mu_{xji}(t)$ 可表示为：

$$\mu_{xj1}(t)=\begin{cases}1 & t<a_{j1}-d_{j1}\\ \dfrac{|t-a_{j1}-d_{j1}|}{2d_{j1}} & a_{j1}-d_{j1}\leqslant t\leqslant a_{j1}+d_{j1}\\ 0 & a_{j1}+d_{j1}<t\end{cases}$$

$$\mu_{xji}(t)=\begin{cases}0 & t<a_{ji-1}-d_{ji-1}\\ \dfrac{|t-a_{ji-1}+d_{ji-1}|}{2d_{ji-1}} & a_{ji-1}-d_{ji-1}\leqslant t\leqslant a_{ji-1}+d_{ji-1}\\ 1 & a_{ji-1}+d_{ji-1}<t<a_{ji}-d_{ji}\\ \dfrac{|t-a_{ji}-d_{ji}|}{2d_{ji}} & a_{ji}-d_{ji}\leqslant t\leqslant a_{ji}+d_{ji}\\ 0 & a_{ji}+d_{ji}<t\end{cases}$$

$$\mu_{xjK}(t)=\begin{cases}1 & a_{jK-1}+d_{jK-1}<t\\ \dfrac{|t-a_{jK-1}+d_{jK-1}|}{2d_{jK-1}} & a_{jK-1}-d_{jK-1}\leqslant t\leqslant a_{jK-1}+d_{jK-1}\\ 0 & t<a_{jK-1}-d_{jK-1}\end{cases}$$

其中，$b_{ji}=\dfrac{a_{ji-1}+a_{ji}}{2}, i=1,2,\cdots,K$；$d_{ji}=\min(|b_{ji}-a_{ji}|,|b_{ji+1}-a_{ji}|), i=1,2,\cdots,K-1$

②当 $a_{j0}>a_{j1}>\cdots>a_{jk}$ $(j=1,2,\cdots,m;i=1,2,\cdots,K-1)$ 时，属性测度函数 $\mu_{xji}(t)$ 可以表示为：

$$\mu_{xj1}(t)=\begin{cases}1 & a_{j1}+d_{j1}<t\\ \dfrac{|t-a_{j1}+d_{j1}|}{2d_{j1}} & a_{j1}-d_{j1}\leqslant t\leqslant a_{j1}+d_{j1}\\ 0 & t<a_{j1}-d_{j1}\end{cases}$$

$$\mu_{xji}(t)=\begin{cases}0 & t<a_{ji-1}-d_{ji-1}\\ \dfrac{|t-a_{ji-1}-d_{ji-1}|}{2d_{ji-1}} & a_{ji-1}-d_{ji-1}\leqslant t\leqslant a_{ji-1}+d_{ji-1}\\ 1 & a_{ji-1}+d_{ji-1}<t<a_{ji}-d_{ji}\\ \dfrac{|t-a_{ji}+d_{ji}|}{2d_{ji}} & a_{ji}-d_{ji}\leqslant t\leqslant a_{ji}+d_{ji}\\ 0 & a_{ji}+d_{ji}<t\end{cases}$$

$$\mu_{xjK}(t)=\begin{cases}1 & t<a_{jK-1}-d_{jK-1}\\ \dfrac{|t-a_{jK-1}-d_{jK-1}|}{2d_{jK-1}} & a_{jK-1}-d_{jK-1}\leqslant t\leqslant a_{jK-1}+d_{jK-1}\\ 0 & a_{jK-1}+d_{jK-1}<t\end{cases}$$

其中，$b_{ji} = \dfrac{a_{ji-1} + a_{ji}}{2}, i = 1,2,\cdots,K$；　$d_{ji} = \min(|b_{ji} - a_{ji}|, |b_{ji+1} - a_{ji}|), i = 1,2,\cdots,K-1$

第三，计算单指标属性测度

将原始数据带入第二步中的各计算公式，即可得到每个单指标的属性测度 μ_{xji}。

第四，计算各指标对应权重

主观赋权的方法（如专家打分法等）在一定程度上会受到专家主观意识的影响，而客观赋权的方法（熵值等）又忽视了人的主观性，也存在一定缺陷。因此，本文采用主观赋权与客观赋权相结合的形式进行赋权。既考虑了主观感受，又尊重了客观数据。若假定第 j 个指标 I_j 对应的权重为 h_j，则该指标最终权重可以表示为：

$$h_j = \frac{w_j \times e_j}{\sum_{j=1}^{n} w_j \times e_j}$$

其中，h_j 代表某一指标的综合权重，w_j 代表该指标的主观权重，而 e_j 代表熵权值，为客观权重，并且 $h_j \geqslant 0, \sum_{j=1}^{m} h_j = 1$。

第五，得出指标综合属性测度

在得到各指标的权重 h_j 后，对应单指标的属性测度 μ_{xji} 就可以得到多指标综合属性测度为 $\mu_{xi} = \sum_{j=1}^{m} h_j \mu_{xji}$，并且满足归一化要求。

经过上述五个步骤，即可得到各指标的属性测度，然后可以根据最终的属性测度判断属于哪一个级别，并在满足置信度的准则下，依照上文评分准则对事物做出最终评价。

第五节　软集合方法

Maji P K 等（2001）提出了模糊软集合概念，并定义了有关模糊软集合的相关运算规则；随后，将其应用到不确定性环境下的决策制定问题中（A. R. Roy，P. K. Maji，2007）；国内研究中，已应用于国际贸易中的进出口量预测（Zhi Xiao 等，2009）、文本分类（洪智勇等，2010）、外贸竞争力（肖智等，2010）、评价软件质量（岳峰等，2013）、供应商风险评估（陈伟杰等，2013）等领域。

一 模糊软集合基本理论

定义 2.1 模糊软集合

论域 U 上存在模糊集 $P(U)$ ，令 $A_i \subset E$ 。二元组（F_i, A_i）被定义为在 U 上的模糊软集合，即 $F_i : A_i \to P(U)$ 。

定义 2.2 模糊软子集

论域 U 上存在任意两个模糊软集合（F,A）、（G,B），若

(1) $A \subset B$;

(2) $\forall \varepsilon \in A$, $F(\varepsilon)$ 是 $G(\varepsilon)$ 的一个模糊子集。

则称（F,A）是（G,B）的模糊软子集，记为（F,A）$\tilde{\subset}$（G,B）。

例如，论域 $U = \{h_1, h_2, h_3, h_4, h_5\}$ 上存在两个模糊软集合（F,A）和（G,B），

其中 U 代表五个可供选择的住房，参数集 A = {学区房源、精装修、周边环境好}，

B = {学区房源、精装修、周边环境好、大户型}，若:

F（学区房源） = $\{h_1/0.4, h_2/0.6, h_3/0.5, h_4/0.8, h_5/1\}$ ，
F（精装修） = $\{h_1/1, h_2/0.5, h_3/0.5, h_4/1, h_5/0.7\}$ ，
F（周边环境好） = $\{h_1/0.5, h_2/0.6, h_3/0.8, h_4/0.8, h_5/0.7\}$ ，
G（学区房源） = $\{h_1/0.4, h_2/0.7, h_3/0.6, h_4/0.9, h_5/1\}$ ，
G（精装修） = $\{h_1/1, h_2/0.6, h_3/0.9, h_4/1, h_5/1\}$ ，
G（周边环境好） = $\{h_1/0.6, h_2/0.6, h_3/0.9, h_4/0.8, h_5/1\}$ ，
G（大户型） = $\{h_1/0.4, h_2/0.6, h_3/0.5, h_4/0.8, h_5/1\}$ ，

明显，（F,A）$\tilde{\subset}$（G,B）。

定义 2.3 模糊软子集交运算

论域 U 上存在任意两个模糊软集合（F,A）、（G,B），则

$(F,A)AND(G,B)$ 仍为一个模糊集合，可表示为（F,A）$\wedge$（G,B），且

（F,A）$\wedge$（G,B）=（$H, A \times B$），其中，$\forall \alpha \in A$ ，$\forall \beta \in B$ ，使得

$H(\alpha,\beta) = F(\alpha) \tilde{\cap} G(\beta)$ 。

例如，承接上例，论域 U 上存在任意两个模糊软集合（F,A）、（G,B），其中，

$(F,A) = \{h_1/0.4, h_2/0.6, h_3/0.5, h_4/0.8, h_5/1\}$

$(G,B) = \{h_1/0.4, h_2/0.7, h_3/0.6, h_4/0.9, h_5/1\}$

则 $(F,A)AND(G,B) = \{h_1/0.4, h_2/0.6, h_3/0.5, h_4/0.8, h_5/1\}$ 。

定义 2.4　模糊软集合对象的选择值①

若（F,A）为论域 U 上的模糊软集合，则 c_{ij} 是 $o_i(o_i \in U)$ 和 $o_j(o_j \in U)$ 相比较的选择值，且 $c_{ij} = \sum_{k=1}^{m}(f_{ik} - f_{jk})$

定义 2.5　模糊软集合对象的分值

若论域 U 上存在模糊软集合（F,A），则 $score_i(score_i = \sum_{i=1}^{m} c_{ij})$ 是 $o_i = (o_i \in U)$ 的分值。

定义 2.6　模糊软集合的依赖度

论域 U 上存在任意两个模糊软集合（F,A）、（G,B），则 k 是（F,A）、（G,B）的依赖度，并且定义为：$k_i = \dfrac{\sum_{i=1}^{n} Man - dis_i}{Man - dis_i}(i = 1,2,\cdots,n)$，其中，$Man - dis_i$ 表示（F,A）的 $score$ 对（G,B）的曼哈顿距离，并称（G,B）为目标模糊软集合。依赖度值越大表明模糊软集合之间的关系越密切，否则，越无关。

二　熵权软集合模型

软集合理论由于对对象的最初描述具有近似特征，不需要引入精确解。若采取传统的数学方法，首先需要量化该类指标，然后消除数据量纲，计算量往往比较大②，考虑到软集合在处理该问题的优势，本文拟采用软集合模型对绿色化进程作出评价。同时，考虑到主观专家打分法在确定权重时的做法有待完善，本文依旧指出利用熵权的思想对最终权重加以

① Z Kong, LQ Gao, LF Wang. Comment on A fuzzy soft set theoretic approach to decision making problems. *Computers & Applications* , 2007, 203 (2): 412 - 418.

② 肖智、胡蓓：《软集合在商业银行客户价值评价中的应用》，《金融论坛》2010 年第 10 期。

优化，使最终评价更客观。因此，基于以上分析，本文构建的熵权软集合模型计算步骤如下①：

第一，建立评价软集合的表格属性。令该软集合为 (F,E)，其中，$\{h_1,h_2,\cdots,h_m\}$ 为待评价客体，而 $\{e_1,e_2,\cdots,e_n\}$ 为评价指标的参数集。

第二，找出该软集合的某个软约简集合 (F,P)，并得到该集合的综合权值，其中软集合方法用表达式 $h_{ij}=\begin{cases}1,h_i\in F(\varepsilon)\\0,h_i\notin F(\varepsilon)\end{cases}$ 将数据转化为 1 和 0，以此来消除量纲。其中，$F(\varepsilon)$ 为 $e_j>\sum_{j=1}^{n}e_j/n$，适用于指标体系中的正指标和负指标。

第三，确定软约简集合各个指标的权重 ω_j。其中权重 ω_j 的确定由熵权重和主观权重综合而得到。其中熵权值假定为 h_j，主观权重为 r_j，则综合权重 $\omega_j=\dfrac{h_j\times r_j}{\sum_{j=1}^{n}h_j\times r_j}$。

第四，最后计算各指标的最终得分 $c_i=\sum_{j=1}^{n}\omega_j\times h_{ij}$。

① 肖智、胡蓓：《软集合在商业银行客户价值评价中的应用》，《金融论坛》2010 年第 10 期。

第三章　经济评价的实证分析

社会经济现象需要经典理论作支撑，并且得到模型验证，才能够更有效地实现健康有序发展。特别是在当今社会，应该更加注重利用中国马克思主义政治经济学解释中国现象，基于此，本章将重点利用当代中国马克思主义政治经济学的观点，聚焦“十三五”以来党和政府高度关注的宏观经济状况、供给侧结构性改革、新型城镇化及碳税政策评估等领域，利用已有经济评价理论和方法加以实证分析，以期获得更好验证。

第一节　开展当代中国马克思主义政治经济学数量理论方法研究

当代中国马克思主义政治经济学是当代中国经济发展的理论基础。中共中央政治局第二十八次集体学习时，习近平总书记强调，“要立足我国国情和发展实践，提炼和总结我国经济发展实践的规律性成果，把实践经验上升为系统化的经济学说”“不断开拓当代中国马克思主义政治经济学新境界”。2016 年 5 月，习近平总书记主持召开哲学社会科学工作座谈会，强调要坚持以马克思主义为指导，着力构建中国特色哲学社会科学，在学科体系、学术体系、话语体系等方面充分体现中国特色、中国风格、中国气派。这为中国经济研究工作者探索如何直面中国经济问题，同时借鉴一切先进研究经验和方法，解决中国经济问题指明了研究路径，也为当代中国马克思主义政治经济学发展创造新的研究范式。实践证明，以英国经济学家凯恩斯、琼·罗宾逊、斯拉伐以及美国经济学家萨缪尔森、弗里德曼和卢卡斯等为代表的现代西方经济学并不能解决中国经济发展问题。中国经济崩溃的预言屡屡破产，西方资本主义国家经济却经历了 2008 年的严重危机，陷入持续低迷。

习近平总书记座谈会讲话指出：马克思、恩格斯在建立自己理论体系的过程中就大量吸收借鉴了前人创造的成果。对现代社会科学积累的有益知识体系，运用的模型推演、数量分析等有效手段，我们也可以用，而且应该好好用。需要注意的是，在采用这些知识和方法时不要忘了老祖宗，不要失去了科学判断力。马克思的《资本论》、列宁的《帝国主义论》、毛泽东同志撰写的系列农村调查报告等著作，都运用了大量统计数字和田野调查材料。习近平总书记在他的博士论文《中国农村市场化研究》中，也运用了大量的实例和数据资料，并通过统计图表和数学模型进行定量分析、推导和论证，使农村市场化研究在理论上趋于系统化、科学化。

众所周知，马克思主义政治经济学以鲜明的定性分析为主要特征，又分别侧重哲学基础、政治立场、理论品质、崇高理想等方面。当然，经济学理论的发展不在于数学模型，但离开数学模型的经济学理论发展就不完美。数十年来的诺贝尔经济学奖得主的学术成果中都包含了大量的数学模型。我们认为，要做到不断开拓当代中国马克思主义政治经济学新境界，形成中国特色社会主义政治经济学，才能够讲好经济学的“中国故事”，打造具有中国特色、中国风格、中国气派的“系统化的经济学说”，使之成为中国主流乃至世界主流的经济学说，并以此指导中国经济。这要求我们必须加紧开展当代中国马克思主义政治经济学数量理论方法的研究。因此，如何完善、发展和创新中国特色社会主义政治经济学数量分析理论与方法，如何构建中国特色数量经济学理论，推动中国特色政治经济学走向世界，已经成为中国经济理论界一项现实而重大的课题，也是我们哲学社会科学工作者的一项重要研究任务。

一 当代中国马克思主义政治经济学数量方法研究的重大意义

第一，创新研究马克思主义政治经济学的数量分析方法，是不忘老祖宗，继承、发扬、完善马克思主义政治经济学的历史任务，也是打造当代中国特色经济理论的必要条件。

定性分析就是对研究对象进行“质”的方面的分析。具体地说是运用归纳和演绎、分析与综合以及抽象与概括等方法来认识事物本质、揭示内在规律。定量分析是依据统计数量，建立数学模型，并用数学模型计算出分析对象的各项指标及其数值的一种方法。定性分析与定量分析应该是统一的、相互补充的，定性分析是定量分析的基本前提，没有定性的定量是一种盲目的、毫无价值的定量。定量分析使定性研究更加科学、准确，它可以促使定性分析得出广泛而深入的结论。马克思主义政治经济学分析方法的显著特点在充分地定性分析基础上，同时重视数量分析。

但是，当前中国学界对马克思主义政治经济学的定性研究充分重视而对其定量研究挖掘不深，因此有必要研究和发扬马克思主义政治经济学的数量分析方法。深入开展中国特色社会主义政治经济学数量分析方法研究。这对保持中国特色社会主义政治经济学主流地位，开展中国特色社会主义政治经济学理论与实践创新，坚持以人民为中心、坚持立足实践、坚持开拓创新、坚持尊重规律、坚持科学发展、坚持以马克思主义基本原理为指导、借鉴吸收人类一切优秀思想成果，解决当前经济发展中的热点、难点问题，进一步完善、发展和创新马克思、列宁、毛泽东等老一辈革命家的数量分析方法的理念和不断开拓当代中国马克思主义政治经济学的新境界具有重大的时代意义。

第二，用马克思主义政治经济学指导解决中国经济发展问题，必须要在马克思主义经济学定性分析基础上对中国经济问题进行定量研究。当代中国马克思主义政治经济学是个开放的系统，不排斥有利于当今世界人类发展的理论成果。

自20世纪以来的很长时期里，我们都是在沿袭西方经济学的学术传统，或沿袭苏联模式及其理论。我们认为，中外经济学研究在意识形态、理论范式和理论适用性等方面存在一些不能调和的问题，比如，西方经济学的基本范式是线性、抽象性和片面性，造成了西方经济学不能解释中国经济，更不能解决中国经济发展问题。解决中国的问题，首先应当增强中国经济学研究的自觉自信，提出解决人类问题的中国方案，要坚持中国人的世界观、方法论，还要有自己的数量分析理论与方法。

从20世纪50年代开始，到改革开放40年以来，我们党始终探索符合自己国情的社会主义经济发展道路，特别是党的十八大以来，习近平总书记围绕经济工作发表了一系列重要讲话，提出了经济新常态、共同富裕、经济增长、区域协调发展、“一带一路”和供给侧结构性改革等一系列新思想、新论断，逐渐形成了一系列中国特色社会主义的、符合中国国情和时代要求的经济理论。研究习近平经济思想及一系列中国特色社会主义的、符合中国国情和时代要求的经济理论，不仅要从定性分析上进行研究，还要从定量分析上进行研究，才能更好地把习近平经济思想和经济理论研究透彻，并能完美地应用到实践中去解决实际问题。因此，进一步研究中国特色社会主义政治经济学数量分析方法，具有重大的现实意义。

第三，发展当代中国马克思主义政治经济学，在政治经济学领域建立世界话语权、提供解决世界问题的“中国策”，必须要深入研究马克思主义政治经济学背景下的定量分析方法。以习近平总书记为核心的中央领导集体已经开始为世界开出药方，提出解决世界问题的“中国策”，对世界经济前进的方向有重大意义。放眼世界，能坚持走社会主义道路的国家，仅有少数几个。中国可以算是其中发展程度较好的了。中国改革开放30多年来的实践，本身就是对马克思主义的最大贡献。毕竟，经典的马克思主义并没有预判到社会主义会在落后国家率先实现。这不仅能为其他社会主义国家提供理论指导，对资本主义国家，同样具有借鉴意义。面对如此丰富的马克思政治经济学实践宝库——中国经验，只有定性分析而没有或缺乏定量分析是不合适的。定量分析与定性分析同等重要。必须要研究马克思主义政治经济学的定量分析方法。

第四，深入研究马克思主义政治经济学背景下的定量分析方法，对加强马克思主义经济学理论体系建设，具有重大的学术价值。事实上，在马克思主义经济学中，也不乏数量分析和把经济现象数学化的例证。例如，《资本论》中对于资本循环、资本周转和社会总资本再生产的分析，特别是对于社会两大部类交换关系和社会总产品实现的表述，马克思就运用了数学模型，而这些分析，至今对中国经济学的分析方法仍具有重要的指导意义。因此，忽视甚至否定马克思主义经济学的根本方法论对于中国经济学的指导意义，过分强调西方经济学的数学模型，把数学的分析方法推向极端则是错误的。在马克思主义经济学科的建设中，加强数量分析方法的建设，既有利于在马克思主义经济理论基础上解决现实经济问题，也有利于回答西方经济学对马克思主义经济学的挑战，有力地反驳西方经济学对马克思经济学的责难。马克思主义经济学中关于数学模型的应用，破除了相当多的人一直认为马克思主义经济学对于数学工具不重视的偏见，同时，还利用数学模型等工具发展了马克思主义经济学的部分理论。因此，进一步研究中国特色社会主义政治经济学数量分析理论和方法，对加强马克思主义经济学理论体系建设，具有重大的学术价值。

二　马克思主义政治经济学数量方法研究现状

马克思的《资本论》不仅是一门经济学、历史学巨著，而且也是一门逻辑学巨著。从目前发表的学术成果来看，学者对马克思主义政治经济学数量理论和方法的系统研究还不够深入。

（一）马克思主义政治经济学中运用数学模型的研究及应用现状

以吴易风、丁堡骏、白暴力、张忠任、冯金华、马艳、张衔等为代表的国内马克思主义政治经济学学者，在批判吸收波特凯维茨、斯威齐、森岛通夫、罗默等国外学者研究成果的基础上，积极运用各类数理模型来科学表达政治经济学中的数量关系，不断推进政治经济学的数量分析。梁秩森（1983）[①]、夏水龙（1997）[②]、张衔（2009）[③] 分别在不同时期探索了政治经济学中数学运用的重要性；潘石（2009）[④] 指出数学运用应适度，不能走向过度数学化的歧路。在数学模型应用方面，包括吴易风（2012）[⑤] 的《马克思经济学数学模型研究》、张忠任（2006）[⑥] 的《数理政治经济学》、冯金华（2010）[⑦] 的《马克思主义经济学的数学原理》、马艳（2011）[⑧] 的《现代政治经济学数理分析》等，又包括丁堡骏（1999）[⑨]、白暴力（2006）[⑩]、冯金华（2010）[⑪] 等代表性学者围绕商品价值量决定模型、资本有机构成与人口相对过剩规律关系模型、平均利润率下降规律模型、市场价格与市场价值关系模型等特定领域的研究成果。刘

① 梁秩森：《在政治经济学教学中运用数学是现实的需要》，《教学与研究》1983 年第 6 期。

② 夏水龙：《〈政治经济学〉中的数量分析》，《宜春师专学报》1997 年第 6 期。

③ 张衔：《政治经济学运用数学的思考》，《教学与研究》2009 年第 9 期。

④ 潘石：《推动马克思主义政治经济学大众化》，《当代经济研究》2009 年第 4 期。

⑤ 吴易风等：《马克思经济学数学模型研究》，中国人民大学出版社 2012 年版。

⑥ 张忠任：《数理政治经济学》，经济科学出版社 2006 年版。

⑦ 冯金华：《马克思主义经济学的数学原理》，上海人民出版社 2010 年版。

⑧ 马艳：《现代政治经济学数理分析》，上海财经大学出版社 2011 年版。

⑨ 丁堡骏：《转形问题研究》，《中国社会科学》1999 年第 5 期。

⑩ 白暴力：《价值转形问题研究》，商务印书馆 2006 年版。

⑪ 冯金华：《马克思主义经济学的数学原理》，上海人民出版社 2010 年版。

向荣（2016）[①] 利用社会总供给和总需求量的总量平衡和比例平衡的关系，进行了供给侧结构性改革的马克思主义政治经济学分析。

（二）马克思主义政治经济学中运用数学分析方法的部分举例

（1）商品价值量。第一，商品价值是由生产商品的抽象劳动所决定的。这种抽象劳动没有任何质的区别，都是指人类劳动。马克思的劳动价值论不同于其他经济学家的劳动价值论关键也在此。抽象劳动的计量办法，同样是由劳动时间来衡量。劳动时间相同，体现在商品中的价值也就不变。因此，我们可以用数学函数关系式表示为：Q = f（T），Q 表示商品价值量，T 为劳动时间。若 T1 = T2，则 Q1 = Q2，即劳动时间相同，体现在商品中的价值也就相同。工人在一个工作日 8 小时内生产皮鞋 2 双、消耗皮革机器等生产资料的价值为 2 元，8 小时新创造的价值 8 元。假定制鞋厂改进技术，提高了劳动生产率，一个工作日生产的皮鞋不是 2 双，而是 4 双，消耗的生产资料价值增加一倍为 4 元，8 小时劳动所创造的价值仍为 8 元。为什么一个生产工人 8 小时内由生产 2 双鞋增为 4 双鞋，新创造的价值仍为 8 元呢？就是因为该工人的劳动时间仍为 8 小时，所以人的劳动体现在商品中的价值就没有改变。第二，商品的价值量与劳动的性质是有关系的。如一个清洁工 8 小时劳动，与一个车床工 8 小时劳动，他们劳动时间虽相同，但创造的价值不一样。在比较不同性质劳动时，应把复杂劳动化为简单劳动。若用 f（A）表示复杂劳动，f（B）表示简单劳动，它们之间的关系表示为 f（A） = kf（B）（k 为正数），即复杂劳动是倍加的简单劳动。第三，劳动效率对价值量的影响。因劳动结果与劳动者的素质能力、品质等因素有关，所以，劳动时间虽相同，但劳动结果不一致。这里就涉及劳动效率问题，劳动效率用劳动生产率进行表述，劳动生产率对商品价值量会产生什么影响呢？马克思指出：“如果生产商品所需要的劳动时间不变，劳动的价值量也就不变。但是，生产商品所需要的劳动时间随着劳动生产力每一变动而变动。劳动生产力越高，生产一种物品所需要的劳动时间就越少，凝结在该物品中的劳动量就越小，该物品的价值就越小；相反地，劳动生产力越低，生产一种物品的必要劳动时间就越多，

① 刘向荣：《供给侧结构性改革的马克思主义政治经济学分析》，《岭南学刊》2016 年第 2 期。

该物品的价值也就越大。可见，商品的价值量与体现在商品中的劳动的量成正比，与这一劳动的生产力成反比。”

（2）利润率。利润率含义：从资本家看来，剩余价值是由全部预付资本带来的，即剩余价值是预付总资本的产物，则剩余价值与预付总资本的比率，就是利润率。用 m 表示剩余价值，C 表示预付总资本，则利润率 $P = m/C$。

利润率与剩余价值率（$m' = m/v$）比较。因为 $c > v$，所以 $P < m'$，因此，P 掩盖了资本家对工人的剥削程度，利润率公式的出现，为资本家提供了一个“遮蔽具”。

在预付总资本量一定的条件下，利润率与剩余价值成正比。也就是 P 越高，资本家获取的剩余价值就越多。

马克思引用英国评论家登宁的话：“资本害怕没有利润和利润太少，就像自然界害怕真空一样。一旦有适当利润，资本就胆大起来。如果有 10% 的利润，它就保证到处被使用；有 20% 的利润，它就活跃起来；有 50% 的利润，它就铤而走险；为了 100% 的利润，它敢践踏一切人间法律；有了 300% 的利润，它就敢犯任何罪行，甚至冒绞首的危险。如果动乱和纷争能带来利润，它就会鼓励动乱和纷争，走私和贩卖奴隶就是证明。”马克思用量化的形式，以具体的数字生动形象地描绘了资本家对利润贪得无厌的追求。

（3）社会再生产。社会再生产理论，是马克思主义政治经济学的一个极其重要的组成部分，在《资本论》手稿里，马克思详细深刻地批判了魁奈和斯密等人的社会资本再生产理论，指出其中的科学成分和其缺点错误，形成自己的科学和完整的再生产理论。马克思首先揭示了个别资本和社会资本的关系，选择了社会总产品作为研究社会资本运动规律的出发点，同时指出其核心问题是社会总产品实现问题。

两个理论前提：一是从实物形态分析，把社会总产品按其最终用途分成两大类，生产资料和消费资料，依此把社会生产分为两大部类，把生产资料生产称为“第一部类Ⅰ”，把消费资料生产称为“第二部类Ⅱ”。二是从价值形态分析，社会总产品价格由三大部分构成，用公式表示为 $c + v + m$。进而对简单再生产和扩大再生产实现过程分析。

（4）供给侧结构性改革的马克思主义政治经济学分析。习近平总书记提出，要在适度扩大总需求的同时，加强供给侧结构性改革，着力提高供给体系质量和效率，增强经济持续增长动力。从供给侧与需求侧双管齐下，综合施策，改变过去单纯通过扩大需求来拉动经济增长的单一模式，注重从供给、生产端入手，解决供给端结构性供给过剩和结构性供给不足并存的制约因素，推动产需匹配来拉动经济发展。通过供给侧结构改革拉动经济发展，涉及改善供给、为企业减负、创新驱动、清除过剩产能等方面。从理论溯源上，供给侧结构性改革是运用《资本论》中马克思主义政治经济学生产与需求均衡发展等理论，与当前我国经济发展实际相结合的重大理论创新，也是对马克思主义政治经济学供给理论的新发展。

马克思在《资本论》中没有直接给出总供给和总需求概念，但马克思在《资本论》有关社会总资本再生产的论述中，将社会生产分为两大部类，既分析了供给与需求的总量平衡，也分析了社会生产两个部门的比例关系，即两大部类的生产和消费的匹配关系，其实也是社会总供给和总需求的总量平衡和比例平衡的关系。马克思在社会总资本简单再生产中，把社会总产品价值划分为c、v、m三个部分，建立了三个平衡关系：

$$\text{I}\,(c+v+m)=\text{I}\,c+\text{II}\,c$$

$$\text{II}\,(c+v+m)=\text{I}\,(v+m)+\text{II}\,(v+m)$$

$$\text{I}\,(c+v+m)+\text{II}\,(c+v+m)=\text{I}\,c+\text{II}\,c+\text{I}\,(v+m)+\text{II}\,(v+m)$$

第一个公式说明了第1部类提供的全部生产资料应与两大部类所需的生产资料在总量上一致（或平衡）；第二个公式指出了第2部类提供的全部消费资料应与两个部类所需要的消费资料在总量上一致；第三个公式说明了两大部类提出的生产资料和消费资料之和应与两大部类需要的生产资料和消费资料之和一致。第一个公式说明了供给与需求必须总量上实现平衡，后两个公式进一步说明两部类不但要在总量实现平衡，而且在比例关系上也要相对平衡。

马克思供给需求理论的现实意义是不言而喻的。刘向荣等学者认为，当前我国经济出现的产能过剩等问题，很大程度上是由于社会再生产结构性失衡问题引发的，表现为社会总供给的生产结构与消费需求结构不匹配。一方面，由于近年来，各地政绩观不够端正，加上前期经济刺激政策效应，一些地方为追求发展速度，盲目发展低端产业，出现了大面积产能过剩现象，特别是钢铁、煤炭、石化等生产部门，其生产能力已远远超出市场需求。如2012—2014年，我国粗钢产量分别为7.2亿吨、7.79亿吨和8.23亿吨，产能利用率分别为72%、74.9%和低于74.8%，亏损面已经达到80%，产能过剩非常严重。另一方面，群众对于中高端产品的需求无法得到满足，出现了部分消费者去日本购买马桶盖，去中国香港、新西兰购买奶粉等现象。

三　当代中国马克思主义政治经济学数量方法研究面临的困难

首先，对当代中国马克思主义政治经济学数量方法研究的重要性，思想认识不够。很多人认为，马克思主义政治经济学注重的是定性分析方法，没有必要引用数学模型用数量分析的方法研究马克思主义政治经济学。更有人认为只有西方经济学才重视数学模型，追求数量上的精确性。殊不知，马克思本人不仅精通数学，而且很重视经济学中的数学应用，当前在发展当代中国马克思主义政治经济学背景下，我们更应该认识到数量分析方法的重要性，大力加强马克思主义经济学科中的数量分析方法研究。

其次，马克思主义政治经济学中运用数学分析方法的研究力量严重不足和成果质量普遍不高。目前对马克思主义政治经济学的量化方面的研究大都集中在高校、研究机构的马克思主义研究部门，这些部门中的学者大都是文科背景出身，数理理论功底不厚，无法更深入地进行马克思主义政治经济学数量理论、数量方法的研究。事实上，多数有数理背景的专家学者偏好于研究西方经济学的数量理论和数学模型，影响了马克思主义政治经济学数量理论、数量方法的研究进程和研究深度，导致该领域的研究成果学术质量不高，也就无法真正体现用非线性、全面性和具体性的数学思维方式研究马克思主义政治经济学。

最后，对马克思主义政治经济学数量理论、数量方法研究的支持力度不够。多年来，无论是国家社科基金等国家级课题，还是各省市社科基金等省级课题，大多涉及的是西方经济学的数量分析模型方法方面的研究资助，很少有马克思主义政治经济学数量理论、数量方法研究课题的研究指南，资助力度更小。

四 当代中国马克思主义政治经济学数量方法研究的对策

首先，提高对当代中国马克思主义政治经济学数量方法研究的认识程度，并吸收、改进西方经济学中有用的数学模型和方法，形成并提高当代中国马克思主义政治经济学需要数学模型的意识。马克思主义经济学重视定性分析方法与数量分析方法相结合。没有定性的定量是一种盲目的、毫无价值的定量，而恰当的定量分析又使定性研究更加科学、准确，促使定性分析得出广泛而深入的结论。对西方经济学一切有益的知识体系和研究方法，我们都要研究借鉴，但不能照搬硬套，既不能采取不加分析全部拿来的态度，也不能采取一概排斥的态度。马克思主义政治经济学不排斥数学模型，也不迷信数学模型，我们也要研究数学模型、使用数学模型，推动当代中国马克思主义政治经济学研究进入新阶段。

其次，培养中国特色马克思主义政治经济学数量理论与方法研究的专业人才队伍和推出一批高质量成果。目前，在高校、社科院、党校等系统，严重缺乏马克思主义政治经济学数量理论与方法研究的专业人员。要认真落实中央政治局第二十八次集体学习精神和习近平总书记主持召开的哲学社会科学工作座谈会精神，在高校、社科院、党校等哲学社会科学系统设立马克思主义政治经济学数量理论与方法研究机构，按梯队加强数量经济学专业人才队伍建设，建立人才奖励和评价机制，从我国实际出发，坚持实践的观点、历史的观点、辩证的观点、发展的观点，在实践中认识真理、检验真理、发展真理，催生出一批具有独创性的马克思主义政治经济学数量理论与方法研究的高质量学术成果。

再次，加大中国特色马克思主义政治经济学数量理论与方法课题研究的支持力度。扩大课题研究指南范围，研究讨论经济学中使用数量分析方法的具体作用，加强马克思主义经济学科中的数量理论建设的内容，以及对经济学中使用数量分析方法应注意的一些原则和问题的研究等。进一步建立比较系统而全面的马克思经济学的数量分析体系，用经济学语言和数学语言来对马克思经济学加以表述。进一步运用数学方法对马克思经济学的基本理论加以证明，从数理逻辑的角度来说明马克思经济学的科学性。进一步用数量分析方法，分析、印证党的十一届三中全会以来，我们党把马克思主义政治经济学基本原理同改革开放新的实践结合起来，不断丰富和发展马克思主义政治经济学，形成的当代中国马克思主义政治经济学的许多重要理论成果。让数量分析理论和方法在发展当代中国马克思主义政治经济学中，在推进中国特色哲学社会科学引领中国迈进世界前列的进程中，发挥重要作用。

最后，加强数量分析理论与方法研究，完善马克思主义政治经济学的学科体系建设，进入政治经济学数量研究的高级阶段，构建中国特色数量经济学。当代中国马克思主义政治经济学是个开放的系统，不排斥有利于当今世界人类发展的理论成果，包括把西方经济学中的数学模型应用，批判地吸收进当代中国马克思主义政治经济学，使其成为更具有科学的先进性的学科。同时要避免西方经济学的线性、抽象性、片面性等问题，运用大数据和长时段的客观史料来揭示制度变迁和演化的规律和结果，加强用系统论、控制论、博弈论等方法对中国经济发展深层次的问题进行研究。积极构建新型的中国特色数量经济学学科，推动马克思政治经济学进入凸显经济学数量分析与中国实际情况紧密结合的高级研究阶段，促进马克思主义政治经济学的学科建设更加完善、更加科学。

第二节　宏观经济领域探索

2013 年以来，我国经济发展进入新常态，从高速增长转向中高速增长，经济发展方式正从规模速度型粗放增长转向质量效率型集约增长，经济结构正从增量扩能为主转向调整存量、做优增量并存的深度调整，经济发展动力也由传统增长点转向新的增长点。经济新常态，需要创新宏观调控思路和方式，培育经济发展的持久动力。从根本上说，就是向改革要动力，向结构调整要助力，向民生改善要潜力；就是要“激活力”，把该放的权放到位，让市场主体真正放开手脚；就是要“补短板”，把该做的事做好，增加公共产品有效供给；就是要“强实体”，把该给的政策给足，夯实发展的微观基础。

认识新常态，适应新常态，最关键的在于厘清我国经济发展的动力源是什么。只有明晰我国经济发展的动力，才能寻求新的突破点，才能够把握未来发展方向。其次，众所周知的是，改革开放以来支撑我国高速经济发展的重要因素，在于充足的劳动力供给，为社会经济发展提供了重要的人力和智力支持。然而，伴随着人口红利的消失，推动社会经济发展的未来支撑点是什么也值得进一步思考。

基于以上两点考虑，本书选取了两个问题加以分析。首先，经济发展新常态下，影响我国经济增长的强弱因素是什么？寻求支撑经济增长的动力源。其次，阐明了人口红利与经济发展之间的相关关系，并通过首次提出的劳动人口素质红利概念，指出未来推动我国经济发展的潜力来源。

一 "新常态"下中国经济发展动力强弱因素研究

（一）引言

改革开放以来，中国经济保持了近 30 多年的高速发展，经济增长速度平均为 9.85%[①]，创造了世界经济发展的"奇迹"。国际货币基金组织（IMF）2014 年 4 月 8 日数据显示，2013 年全球 GDP 总量达到 73.98 万亿美元，中国随美国之后，经济总量排名世界第二位，达到 9.1814 万亿美元，占全球总量的 12.41%，较 1978 年的 1.76% 提高了 6 倍多，经济振兴有力提升了综合国力，也为社会发展提供了强有力支撑。然而伴随 2008 年美国金融危机所引发的全球性经济衰退，经济增长速度随之下降，自 2009 年起中国便进入了经济发展的新常态，其主要特征是结构性减速（李扬，2014）[②]。

面对经济发展新局面，2016 年经济工作会议中，中共中央首次明确了"经济发展新常态"的九大趋势性变化，提出"认识新常态、适应新常态、引领新常态，是当前和今后一个时期内我国经济发展的大逻辑"。因此，在经济"新常态"背景下，研究经济增长动力问题成为宏观经济学的探讨重点。但是当前中国宏观经济整体面临较大挑战，经济整体运行下行压力较大，增长速度由高速增长转档到中高速增长，发展模式由粗放式向创新驱动发展转变，而依靠的主要力量也越来越多转入提高全要素生产率。由于中国经济发展水平已经到了中高收入阶段，经济增速表现为放缓趋势，这也符合国际发达国家所经历的必经阶段。因此，准确把握和找寻经济增长

---

① 依据《2013 年中国统计年鉴》计算。

② 李扬：《新常态孕育着革命性转变，意味着中国经济将"浴火重生"》，《人民日报》2014 年 12 月 1 日。

的新动力成为关键环节，事关未来中国经济发展的速度和质量。

纵观中国经济面临的外部环境与内部发展变化，原有支撑中国经济增长的动力已开始逐步削弱，新增长动力正在孕育和发展中。那么，支撑中国经济过去长期发展的动力到底来自于哪个环节、而未来经济增长的新动力又将是什么等问题亟须得到回答。基于此，本文在梳理支撑过去中国经济发展动力的基础上，将推动中国经济增长的动力进行了重新定义，并且运用牛顿第二定律模型，力求通过新角度重新思考经济增长的动力问题，以此找寻中国经济增长动力来源，为下一步政策制定、科学研究提供必要参考。

（二）文献综述

经济增长制度内生化模型的稳态性质表明，在不同国家、不同资源禀赋和不同经济发展阶段下，经济增长动力将存在差异（李富强等，2008）[①]。因此，有关经济增长的动力问题，国内外很多学者从不同角度进行了探讨。新古典增长理论、制度变迁理论以及结构主义发展理论都做出较为详细的解释。以 Solow（1957）为代表的新古典经济增长学派提出长期的经济增长主要依靠技术进步，并强调资本积累是产生经济增长收敛的原因[②]；而 Romer（1990）[③]，Lucas（1988）[④] 等学者则主张经济增长的推动力是实物资本和人力资本；Clark（1940）[⑤] 从产业结构角度，认为产业结构对经济增长具有推动作用；Krugman（1994）[⑥] 认为 20 世纪 60 年代东亚国家的经济高速增长主要是依靠资本和劳动，而不是依靠技术进步的作用，并且认为这种投入支撑是不可持续性的。

国内方面，李京文等（1992）[⑦] 较早利用 SNA 体系，对我国经济增

① 李富强、董直庆、王林辉：《制度主导、要素贡献和我国经济增长动力的分类检验》，《经济研究》2008 年第 4 期。

② Solow, R. M. Technical change and aggregate production function. *American Economic Review*, 1957, 39（3）: 312 – 320.

③ Romer, P. M. Endogenous technological change. *Journal of Political Economy*, 1990, 98（2）: 71 – 102.

④ Lucas, R. E. On the mechanics of economic development. *Journal of Monetary Economics*, 1988,（22）: 3 – 42.

⑤ Colin M A Clark. The conditions of economics progress, 1940.

⑥ Krugman, P. The myth of Asia's miracle. *Foreign Affairs*, 1994, 73（6）: 62 – 78.

⑦ 李京文、郑友敬、杨树庄、龚飞鸿：《中国经济增长分析》，《中国社会科学》1992 年第 1 期。

长进行了分析，实证结果表明，1953—1990 年，资本投入对经济增长的贡献占 75.07%，劳动投入对经济增长的贡献占 19.47%；若从分析经济增长方式的“三驾马车”来看，短期内拉动经济增长的主要动力因素来自于投资、消费、出口三大需求。国内消费对于经济增长的拉动作用保持相对稳定，居民消费的拉动作用是中国经济增长的首要动力（刘瑞翔等，2011[①]；刘明，2013[②]），但在经济快速增长时期有不断降低的趋势，投资和出口则相互交替，单独或共同主导拉动了经济的增长；郭庆旺等（2014）[③] 就指出中国经济增长并非是出口导向型，近二十年的高速经济增长主要依赖投资拉动，支撑中国长期高速增长的“三驾马车”实质上是一种宏观动态结构性均衡。

作为分析经济增长的重要工具，估算全要素生产率有助于进行经济增长源泉分析，为制定和评价长期可持续增长政策提供参考（郭庆旺等，2005）[④]。因此，国内学者更多重视全要素生产率的计算。其中，邓翔等（2004）认为改革开放以来中国经济增长源自于要素投入和 TFP 的增加，而投入的增加是近 20 年来各地区经济起飞的最本源动力；岳书敬等（2006）利用生产前沿函数模型测算了 1996—2003 年中国 30 个省区的 TFP 增长及其分解，实证表明：生产率增长主要是由技术进步带来的，其中 TFP 平均增长 1.35%，技术进步是 1.22%，效率变化是 0.16%。

也有部分学者通过建立中国经济增长的模型，认为资本投入的增长是推动中国经济增长的主要动力，也是中国经济增长持续稳定的最主要来源，但通过资源的消费来维持经济增长，表现出的是一种粗放式的经济增长方式（吴敬琏，2006[⑤]；邱晓华等，2006[⑥]）。此外，还有很多学者从其

---

① 刘瑞翔、安同良：《中国经济增长的动力来源与转换展望——基于最终需求角度的分析》，《经济研究》，2011 年第 7 期。

② 刘明：《中国经济增长影响因素的变迁：2004—2011》，《工业技术经济》2013 年第 11 期。

③ 郭庆旺、赵志耘：《中国经济增长“三驾马车”失衡悖论》，《财经问题研究》2014 年第 9 期。

④ 郭庆旺、贾俊雪：《中国全要素生产率的估算：1979—2004》，《经济研究》2005 年第 6 期。

⑤ 吴敬琏：《中国经济增长模式抉择》，上海远东出版社 2006 年版。

⑥ 邱晓华、郑京平：《中国经济增长动力及前景分析》，《经济研究》2006 年第 5 期。

它角度分析中国经济增长的动力问题，如易纲等（2003）① 从改革带来的制度变迁、技术进步、人力资本和人民币的汇率走势及官方储备的增长四方面为中国经济增长效率的提高提供了证据；而赵志耘（2014）② 则指出通过劳动者素质和技术水平的提高，以及劳动和资本两种要素结合方式的改进来发展经济潜力巨大，只有在这三方面创新，走创新驱动发展道路，才能加快转变我国经济发展方式，破解经济发展深层次矛盾和问题。

综上所述，国内外学者基于不同角度、不同模型对经济增长的动力及潜在影响因素进行了翔实阐述。而本文正是在梳理经济增长动力问题基础上，提炼出支撑中国经济增长的九个因素，通过构建一个集合函数，引入牛顿第二定律解释了影响中国经济增长的动力问题，且基于灰色关联度模型，利用所采集的样本及模型对中国经济增长动力问题进行剖析，寻找支撑中国经济增长的动力源。最终得到两个结论：第一，1998—2012 年，推动中国经济增长的主要动力来自于投资、消费和技术投入环节，而净出口、FDI 和经济结构三个环节的影响偏弱；第二，通过引入牛顿第二定律，可以解释经济现象中的动力问题，在方法及实践上是可行的。

（三）经济增长新动力分析

1. 模型构建

Lucas（1988）③ 在构建经济增长模型时，首先引入人力资本概念，并建立了包括人力资本在内的生产函数，如式（3-1）：

$$Y = AK^{\alpha}(uhL)^{\beta}h_a^{\gamma} \tag{3-1}$$

其中，A 为常数，u 表示劳动时间，h 是以教育水平衡量的劳动力平均质量，h_a^{γ} 反映人力资本的溢出效应；同时，他还提出了人力资本外部效应概念（external effect），用来解释跨国收入差异以及城市集聚现象。邱晓华等（2006）④ 在此基础上进行了扩展，通过引入结构变量、人力资本和

① 易纲、樊纲、李岩：《关于中国经济增长与全要素生产率的理论思考》，《经济研究》2003 年第 8 期。

② 赵志耘：《创新驱动发展：从需求端走向供给端》，《中国软科学》2014 年第 8 期。

③ Lucas, R. E. On the mechanics of economic development. *Journal of Monetary Economics*, 1988, (22): 3-42.

④ 邱晓华、郑京平、万东华：《中国经济增长动力及前景分析》，《经济研究》2006 年第 5 期。

制度变量，假定其他因素随时间推移而改变生产技术水平，且加入其他因素变量（OTH），并令 $OTH(t) = e^{\gamma t}$，构建式（3-2）：

$$Y = F(K,L,ST,HC,ZD,OTH) = e^{\gamma t}K^{\alpha}L^{\beta}ST^{\eta}HC^{\xi}ZD^{\theta} \quad (3-2)$$

其中，Y、K、L、ST、HC、ZD 分别为总产出、资本投入、劳动投入、结构变动、人力资本和制度创新，α、β、η、ξ、θ 分别为资本、劳动、结构变动、人力资本和制度创新弹性。

通过对式（3-2）两边取对数并添加随机变量 μ_t，模型变为如下双对数形式式（3-3），从而得出最终结论：

$$\ln(Y_t) = \gamma t + \alpha\ln(K_t) + \beta\ln(L_t) + \eta\ln(ST_t) + \xi\ln(HC_t) + \theta\ln(ZD_t) + \mu_t \quad (3-3)$$

中国经济在发展过程中，经受了来自国内及国外双重压力，而研究经济增长动力问题又是一个系统性问题，经济增长并不是单纯依靠某一个或某几个因素发展，更多的是要整合社会各优势资源，形成经济发展的合力，才能够保证中国经济持续健康发展。因此在“三驾马车”（投资、消费、净出口）理论基础上，对影响中国经济发展的各因素进行梳理，将重要的影响因素共同融入经济发展动力分析中，才能够更全面把握经济发展态势，找到支撑经济发展的动力源。

基于此，在式（3-2）研究基础上，本文将构建一个集合函数，定义 F 代表经济发展水平，考虑消费、投资、净出口、劳动投入、技术投入、经济结构、城镇化改革、外商直接投资（FDI）及金融九方面因素，探求经济发展的动力问题，构建式（3-4）：

$$F = F(F_1,F_2,F_3,\cdots,F_9) = F(C、K、NE、L、TE、ES、U、FDI、F、OTH)$$
$$? = e^{\gamma t}C^{\alpha}K^{\beta}NE^{\eta}L^{\xi}TE^{\nu}ES^{\theta}U^{\rho}FDI^{\tau}F^{\upsilon} \quad (3-4)$$

同上，将式（3-4）变为如下双对数形式，得到式（3-5）：

$$\ln(F_t) = \gamma_t + \alpha\ln(C_t) + \beta\ln(K_t) + \eta\ln(NE_t) + \xi\ln(L_t) + \nu\ln(TE_t) + \theta\ln(ES_t) + \rho\ln(U_t) + \tau\ln(FDI_t) + \upsilon\ln(F_t) + \mu_t \quad (3-5)$$

由此，可以得到影响中国经济增长动力的九个重要因素，通过模型运算便可寻找经济增长的动力源。

2. 变量解释

由于经济系统是复杂的、多元的，影响其发展速度的因素也非唯一的，因此，有必要对其中几个因素进行解释：

（1）投资

投资是拉动经济增长的一个重要途径，通过基础设施建设投资，带动相关产业投入，必然会拉动经济增长。吕政（2013）[①] 指出，保持适度的固定资产投资规模仍然是推动经济增长的重要动力。2002—2011 年的 10 年间，中国每年积累率平均在 43% 以上，2006 年以来超过了 45%，这是过去 10 年中国经济，特别是能源原材料等重化工业持续高速增长的主要原因。武鹏（2013）[②] 也基于 1978—2010 年的省级面板数据，研究结果表明：资本投入是中国经济增长持续稳定的最主要来源，中国经济增长的动力由改革最初的资本、劳动和 TFP“三驾马车”式的平衡拉动，转换成现阶段的资本投入与 TFP 反向角力态势。

（2）技术投入

中国实施创新驱动发展战略最终目的就是要提高科技投入及产出，抢占世界市场。作为技术投入的重要指标，R&D 是科技活动中最具有创新性的内容，Griliches（1964）[③]、Romer（1990）[④] 已证实了 R&D 是促进生产率增长的重要因素，并提出 R&D 的增加将加快经济增长。同时，国家财政用于科学研究支出也在一定程度上表明了一个国家的科技投入实力，而该部分投入大多用于教育资源的配置及改善。因此，教育便成为经济发展的动力源之一，Rauch（1993）[⑤] 最早估计了人力资本的地域集中对生产率的影响，他发现平均受教育程度每上升一年有助于提高该地区全要素生产率 2.8% 左右；而 Acemo-

---

① 吕政：《稳增长与调结构面临的问题》，国研网，2013 年 3 月 26 日。

② 武鹏：《改革以来中国经济增长的动力转换》，《中国工业经济》2013 年第 2 期。

③ Griliches Z. Research expenditures, education, and the aggregate production function. *American Economic Review*, 1964, 54 (6): 961 - 974.

④ Romer, P. M. Endogenous technological change . *Journal of Political Economy* , 1990, 98 (2): 71 - 102.

⑤ Rauch James. Productivity Gains from geographic of human capital: evidence from the cities. *Journal of Urban Economics* , 1993, 34: 380 - 400.

glu 和 Angrist（2000）① 也通过美国各州的数据估计表明，教育外部收益率约为 1%—3%。

（3）经济结构

在一定的技术条件下，经济体通过专业化和社会分工会形成一定的产业结构，而产业结构在一定意义上又决定了经济的增长方式（刘伟，2014）②。目前，我国经济结构逐步得到有效调整，第一产业占比逐年降低，而第三产业增长态势良好，产业结构的优化将更进一步使资源得到更好配置，从而促进经济增长方式的转变。

（4）城镇化改革

2014 年中央经济工作会议指出将坚持稳中求进工作总基调，实现稳中求进，就要挖掘经济发展的潜力，而城镇化建设恰恰能够成为未来经济发展的潜在动力源，城镇化建设可以很大程度上创造更多内需，这就需要完善更多基础设施建设、公共服务体系构建等相关配套机制，从而产生较好的收入增长和消费转换效应。

（5）外商直接投资（FDI）

随着改革开放的逐步深入，特别是党的十八大以来的新一轮改革，中国利用外资规模不断扩大，2013 年，中国实际利用外资实现了平稳回升，全年实际使用外资金额 1175.86 亿美元，同比增长 5.25%③。鲁继通（2014）通过对环渤海五省市的 FDI、R&D、社会消费与经济增长的关系，定量结果显示，FDI 对北京、天津及辽宁省经济增长的带动作用明显。由此可见，外商直接投资可以产生知识外溢效应，提高技术水平，对于促进产业结构调整及长期经济增长都将产生有利影响。

（6）金融

金融发展能够提高金融机构及金融服务的供给，进而促进中国经济增长，伴随中国金融市场逐步开放，其发展环境较稳定，也保证了中国经济发展的平稳性。经过 40 年连续不断的改革，中国已基本形成了结构比较

① Acemoglu Daron and Joshua Angrist. How large are human capital externalities? Evidence from compulsory schooling laws. *NBER Macro Annual*, 2000, 15: 9-59.

② 刘伟：《我国宏观经济最新趋势分析》，《北京工商大学学报》（社会科学版）2014 年第 4 期。

③ 数据来源于：新华网，2014 年 1 月 16 日。

完备的金融组织体系、市场体系、调控体系和监管体系，并有效地发展了同国际组织和各国货币当局的合作。在未来5—10年中，金融改革主要应致力于形成市场价格基准、完善多层次资本市场、建立长期资本的投融资体系，发展多层次资本市场，完善金融体系结构，形成市场化的金融价格基准，引导金融资源有效配置，满足多元化的投融资需求，为央行的宏观调控提供准确的信息和有效手段（李扬，2014）[①]。

（四）模型选择与变量设计

在构建了影响中国经济增长动力的模型后，可以通过传统的最小二乘方法对式（3－5）进行回归分析，但是回归分析得到影响因素的系数表示弹性概念，不能很好刻画影响经济增长发展的速度问题，因此本文提出利用牛顿第二定律对式（3－5）进行运算，得到各因素的增长速度，并最终通过灰色关联分析，实证得出哪几个因素对经济增长的影响较大。

1. 牛顿第二定律

作为经典力学中的基本运动规律，牛顿第二定律最早见于1687年的《自然哲学的数学原理》一书，可以表述为动量为 p 的物体，在合外力为 F 的作用下，其动量随时间的变化率等于作用于物体的合外力，即，物体加速度的大小跟作用力成正比，跟物体的质量成正比，且与物体质量的倒数成正比，加速度的方向跟作用力的方向相同。用式（3－6）表示，

$$
\begin{aligned}
F &= m \times a \\
&= m \times \frac{\Delta v}{\Delta t}
\end{aligned}
\tag{3-6}
$$

其中，F 表示合外力，m 表示物体质量，而 a 表示物体加速度，物体加速度是速度变化量与发生这一变化所用时间的比值（即 $\Delta v/\Delta t$），用于描述物体变化快慢。将物理学原理解释经济学的现象，也需要满足牛顿第二定律的适用范围，即只适用于宏观物体，不适用于微观原子。而本文所要探讨的恰是宏观经济问题，因此，可以将上文提到的各因素应用于式（3－6），用以表征各因素的速度问题。

2. 灰色关联分析

第二章已经对灰色关联分析方法做出了阐述，本段省略。将上述得到

① 李扬：《中国经济发展新阶段的金融改革》，中国改革论坛网，2014年5月20日。

的 F 作为灰色关联分析的母序列，而将 $F_i(i=1,2,3,\cdots,9)$ 作为子序列进行关联分析，即可得到各因素对经济增长的关联性，关联性大者，表明该因素在支撑中国经济发展中具有重要的影响，而关联度较小则说明该因素并非是以往经济发展的主导力量。

3. 变量选取

如式（3-4）表述，本文选取1998—2012年相关数据，利用国内生产总值（亿元）代表经济增长量，最终消费支出（亿元）代表消费，资本形成总额（亿元）代表投资，货物进出口差额（出口额-进口额，亿元）代表净出口，全社会就业人员（万人）代表劳动投入，财政支出用于科学研究的人均经费支出（国家财政用于科学研究支出/全社会就业人员，元/人）代表技术投入，第一产业增加值所占比重（%）代表经济结构，城镇化率（城镇人口/总人口,%）代表城镇化改革，外商直接投资额（万美元）代表FDI，而选取广义货币供应量M2（亿元）代表金融指标，查相关统计年鉴，得表3-1：

表3-1　1998—2012年各因素指标值

年份	GDP	消费	投资	净出口	劳动投入
1998	84402.3	51588.2	31314.2	3597.5	84338.000
1999	89677.1	55636.9	32951.5	2423.4	85157.122
2000	99214.6	61516.0	34842.8	1995.6	88910.000
2001	109655.2	66933.9	39769.4	1865.2	89849.408
2002	120332.7	71816.5	45565.0	2517.6	90302.000
2003	135822.8	77685.5	55963.0	2092.3	90976.000
2004	159878.3	87552.6	69168.4	2667.5	92184.000
2005	184937.4	99357.5	77856.8	8374.4	94197.000
2006	216314.4	113103.8	92954.1	14220.3	95068.000
2007	265810.3	132232.9	110943.2	20263.5	95833.000
2008	314045.4	153422.5	138325.3	20868.4	96680.000
2009	340902.8	169274.8	164463.2	13411.3	97484.000
2010	401512.8	194115.0	193603.9	12323.5	99938.000

续表

年份	GDP	消费	投资	净出口	劳动投入
2011	473104.0	232111.5	228344.3	10079.2	100283.000
2012	518942.1	261832.8	252773.2	14558.3	100403.000

年份	技术投入	经济结构	城镇化改革	FDI	金融
1998	20324525.7	17.6	33.35	454.63	104498.5
1999	22871756.1	16.5	34.78	403.19	119897.9
2000	25626055.7	15.1	36.22	407.2	134610.3
2001	30570099.5	14.4	37.66	468.78	158301.9
2002	34914047.5	13.7	39.09	527.43	185006.97
2003	38506236.6	12.8	40.53	535.05	221222.8
2004	44658574.8	13.4	41.76	606.3	254107
2005	51610759.3	12.1	42.99	603.25	298755.7
2006	63483647.5	11.1	44.34	630.21	345603.59
2007	82802142.1	10.8	45.89	747.68	403442.21
2008	104496295.6	10.7	46.99	923.95	475166.6
2009	122310935.4	10.3	48.34	900.33	606225.01
2010	146700669.6	10.1	49.95	1057.35	725851.8
2011	185867009.2	10.0	51.27	1160.11	851590.9
2012	222362300	10.1	52.57	1117.1614	974159.46

数据来源：《中国统计年鉴2014》《国家统计局进度数据库》《中国科技统计年鉴2014》、中华人民共和国统计局网站。

4. 实证分析

Step 1. 由式（3-6）计算各因素在每年度所对应的力（速度）。如，2012年经济总量为518942.1亿元，则利用式（3-6）得式（3-7）：

$$F_{2012}=m_{2012}a_{2012}$$
$$=m_{2012}\times\frac{\Delta v}{\Delta t} \tag{3-7}$$
$$=m_{2012}\times\frac{g_{2012}-g_{2011}}{1}=50279.21201$$

其余变量以此类推，最终得到表 3－2：

表 3－2 依牛顿第二定律所得各因素结果

年份	GDP	消费	投资	净出口	劳动投入
1998	5802. 494943	3694. 500657	1406. 672986	81. 07145553	899. 9517913
1999	5604. 425451	4366. 446533	1722. 908168	－763. 663937	827. 0776173
2000	10551. 8493	6500. 339084	1999. 853956	－137. 950516	3918. 267494
2001	11539. 31057	5895. 055353	5623. 196931	－63. 7050665	949. 3336258
2002	11717. 22715	5238. 80138	6640. 193566	1024. 046346	454. 8718093
2003	17484. 05681	6348. 624087	12770. 83889	－123. 791397	679. 0306306
2004	28316. 06823	11120. 31297	16321. 45024	1815. 270051	1224. 040098
2005	28986. 7366	13396. 66028	9779. 785074	14397. 78838	2056. 9574
2006	36700. 58737	15648. 13266	18024. 77145	10514. 9782	879. 0537703
2007	60821. 25553	22364. 2707	21470. 56371	9519. 176218	771. 1558569
2008	56988. 08104	24585. 15313	34140. 26342	831. 2860519	854. 486033
2009	29154. 24797	17490. 2367	31076. 93554	－5703. 86798	810. 6861398
2010	71385. 9864	28485. 31405	34304. 02806	60. 80082634	2515. 77543
2011	84356. 24532	45434. 15023	40974. 19375	－2363. 97673	346. 1909884
2012	50279. 21201	33527. 00556	27042. 4422	2970. 218382	120. 1435936
年份	技术投入	经济结构	城镇化改革	FDI	金融
1998	19. 20779085	－0. 701922642	1. 504982764	2. 069376671	15507. 00031
1999	30. 75367902	－1. 018567955	1. 491316342	－45. 61972065	17668. 72942
2000	21. 0780725	－1. 286977077	1. 499620472	4. 04988219	16517. 72531
2001	61. 3984433	－0. 641392708	1. 497250138	70. 89261395	27861. 35455
2002	52. 72707078	－0. 619709836	1. 484066386	65. 98781838	31210. 13762
2003	40. 08915629	－0. 880360045	1. 493525908	7. 730089301	43305. 21881
2004	70. 04045909	0. 623527057	1. 267093138	80. 73801514	37772. 35172
2005	71. 76274189	－1. 14966965	1. 266215754	－3. 034656936	52493. 84559
2006	146. 0930858	－0. 92549685	1. 39544406	28. 16487625	54194. 10899
2007	253. 9325776	－0. 333109693	1. 600043431	139. 3661948	67518. 22421

续表

年份	技术投入	经济结构	城镇化改革	FDI	金融
2008	271.2317667	-0.038006801	1.126507701	217.8266993	84475.62919
2009	201.7865876	-0.383626563	1.391817124	-23.01617468	167206.3775
2010	249.4811367	-0.232451737	1.661486906	184.4047149	143232.8251
2011	486.7512248	-0.057726027	1.354882883	112.7468706	147520.8484
2012	431.6928167	0.05552683	1.332962746	-41.35859367	140209.7207

Step 2. 根据表 3-2 所得结果，计算得表 3-3：

表 3-3　灰色关联度排序

排序	因子	关联系数
1	投资	0.8265
2	消费	0.7780
3	技术投入	0.7470
4	金融	0.7079
5	劳动投入	0.5882
6	城镇化改革	0.5789
7	净出口	0.4871
8	FDI	0.4643
9	经济结构	0.3542

5. 结果分析

根据本文所构建模型，由表 3-3 实证结果可知，1998—2012 年中国经济增长的最大动力来源于投资环节，其次为消费、技术投入环节，之后依次为金融、劳动投入和城镇化改革，而影响比较小的三个因素为净出口、FDI 和经济结构。

1996 年诺贝尔经济学奖获得者詹姆士 - 莫里斯就曾指出中国经济增长的主要推动因素是投资。中国先后经历亚洲金融危机、美国次贷危机等全球性经济衰退潮，为积极挽救改革开放以来取得的经济成果，国家推行刺激计划，特别是为应对 2008 年美国次贷危机，中央四万亿元的投资刺激计划，带动地方20万亿元的投资热潮，近十万亿元的天量贷款，引发了又一轮的大规模粗放扩张，在全球主要发达国家经济负增长、其他国家经济低迷的情况下，我国2009年经济增速达到9.2%，2010年达到10.4%，2011年达到9.3%[①]。资金大量流向了基础设施建设、机械设备等领域，如此大规模的刺激带动了中国经济的持续走高；李扬（2014）[②]也指出至少在中期内，稳定中国经济增长的动力，仍然主要来自投资。因此，实证结果来看，投资成为支撑中国经济发展的最大动力是合理的。

而作为“三驾马车”之一的消费环节，是推动中国经济增长的“第一要素”，历年政府工作报告都提出要积极扩大内需，特别是消费需求，增强内需对经济增长的拉动作用。马克思曾指出：“决不是禁欲，而是发展生产力，发展生产的能力，因而既是发展消费的能力，又是发展消费的资料。消费的能力是消费的条件，因而是消费的首要手段，而这种能力是一种个人才能的发展，一种生产力的发展”，也就是说消费力的发展是生产力的发展，消费是促进生产力发展的重要条件，而发展生产力与发展消费能力、发展消费资料是同步的。中国是世界上人口最多的国家，提高消费能力，挖掘潜在市场，将撬起中国经济增长的大空间。

科学技术是第一生产力，科研投入对于经济增长的带动作用是巨大的。2013年，我国科技经费投入继续保持增长，国家财政科技支出稳步增加，研究与试验发展（R&D）经费投入力度加大，经费投入强度首次突破2%。全国共投入研究与试验发展（R&D）经费11846.6亿元，比上年增加1548.2亿元，增长15%；研究与试验发展（R&D）经费投入强度为2.08%，比上年的1.98%提高0.1个百分点[③]。过去三十年间，我国科研经费逐步得到充分利用，科技能力极大提高，科教兴国与人才强国战略的实施有效推动了我国教育事业的发展，为国家创造了极大的物质及精神财富，为经济增长提供了强有力的支持。

产业结构优化升级是资本、劳动力、土地和技术等生产要素从低附加值、低效率和高消耗的生产部门或产业链环节退出，继而导入高附加值、

① 张卓元：《十八大后十年的中国经济走向》，广东经济出版社2013年版。

② 李扬：《稳经济增长仍靠投资》，光明网，2014年4月29日。

③ 数据来源：《2013年全国科技经费投入统计公报》。

高效率、低消耗的生产部门或产业链环节的过程。然而，中国是传统意义上的农业大国，经济结构调整需要漫长的过程，三产业之间的分配仍需要市场发挥决定性作用。尽管中国经过 40 多年的迅速发展，第一产业占比逐年下降，第二产业及第三产业的比重逐年提高（见图 3－1），但仍不能满足经济发展的需要，这就使得中国面临着经济结构调整的抉择，而这也是今后经济领域改革的重点环节。

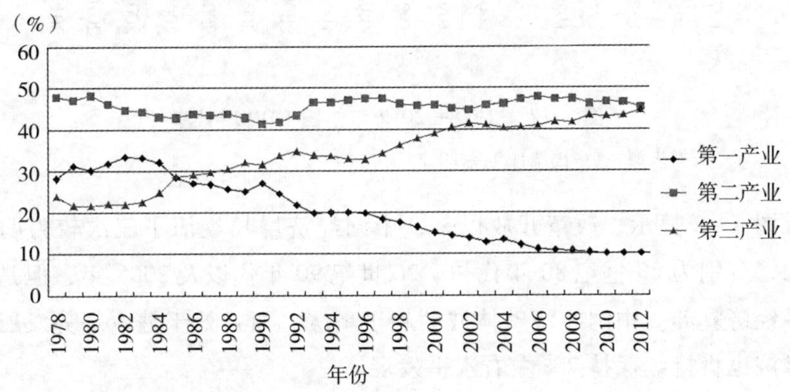

图 3－1　1978—2012 年三产之间的比重

数据来源：《中国统计年鉴 2013》

（五）几点思考

1. 经济"新常态"的认识

作为全面深化改革的关键之年，中央经济工作会议将 2015 年经济工作总基调定位于稳中求进，而中心工作是提高经济发展质量和效益，主动适应新常态。这是中央首次对"新常态"进行全面阐述，表明"新常态"已经成为今后一个时期内要长期面临并亟须适应的话题。

习近平总书记也指出："我国发展仍处于重要战略机遇期，我们要增强信心，从当前我国经济发展的阶段性特征出发，适应新常态，保持战略上的平常心态。"其阐述了新常态下中国经济的三个不同于过去 40 年的特征：一是从高速增长转为中高速增长；二是经济结构不断优化升级，第三产业消费需求逐步成为主体，城乡区域差距逐步缩小，居民收入占比上升，发展成果惠及更广大民众；三是从要素驱动、投资驱动转向创新驱动。由于过去 40 多年经济高速增长积累的矛盾和风险逐步凸显，中国经济发展将面临着新考验。

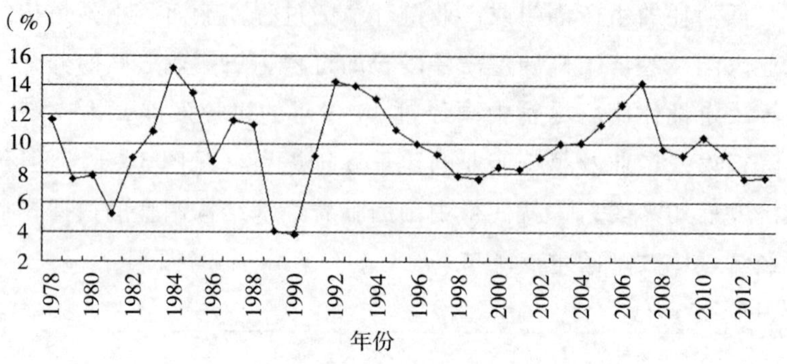

图 3－2　1978—2012 年中国 GDP 增长率

数据来源：《中国统计年鉴 2013》

图 3－2 显示，改革开放以来，中国经济增长经历了三次较为明显的波动，分别为 20 世纪 80 年代初、20 世纪 90 年代以及 2008 年，但是伴随世界经济复苏，中国经济整体波动趋于平缓，而且处于健康态势发展，中国经济也将持续保持 7% 左右水平发展。

“新常态”下，中国经济将从高速增长转档为中高速增长，其带来的挑战并非速度下滑，更重要的是要保持经济发展持续性及平稳性，只有这样，即使中国经济速度放缓，也不会对整体形势产生重大影响。诚然，“新常态”下必然面临着新问题，但同时也孕育着新机遇、催生着新动力，只有把握机会，加大狠抓全面深化改革的力度，才能顺利实现经济健康发展，而且中国经济韧性好、潜力足、回旋空间大，这为今后经济持续发展提供了有利条件。

2. 加强技术进步，实施创新驱动发展战略

中国经济要实现持续健康发展，就必须要逐步从要素驱动、投资驱动转向创新驱动。蔡昉（2013）[①] 指出中国经济已经逐步进入从二元经济发展阶段向新古典增长阶段的转变时期，只有通过政策调整，从技术进步和体制改善中获得更高效率，以实现中国经济增长向全要素生产率支撑型模式的转变，避免“中等收入陷阱”的命运。

科学技术对经济发展起变革作用，科技进步能够渗透到经济活动各环

① 蔡昉：《中国经济增长如何转向全要素生产率驱动型》，《中国社会科学》2013 年第 1 期。

节，不仅促进经济总量的增长，而且也有利于经济结构、产业结构的优化。利用科学技术驱动经济发展，也是历史发展的必然，第一次、第二次工业革命表明，发达国家经济取得巨大成就，科技所产生的力量功不可没，中国经济实力已经位居世界前列，如何保持优势地位，并保持持续健康发展，是值得思考的问题。这就需要今后更多转向科技投入，继续加大科技投入，实施“科教兴国”战略，积极推动创新驱动发展战略，培养优秀人才队伍，支持技术创新，保护创新成果，营造创新发展的良好氛围。

3. 提高劳动者素质，摆脱人口红利消失的困境

蔡昉（2010）[①] 认为经济增速归因于充足的劳动力供给，经济发展遇到了良好的“人口红利”机遇期，并且中国经济增长的27%得益于“人口红利”。生育率的下降及长期处于极低水平，相应导致人口年龄结构的变化，即15—64岁劳动年龄人口的持续上升，为中国经济增长带来人口红利。但是伴随着中国企业用工成本的升高，以及劳动年龄人口比重首次出现下降，传统依靠廉价劳动力获取经济增长的方式已经逐渐消失。表3－3数据显示，劳动投入与经济增长之间的相关性排在第5位，数值为0.5882，表明过去中国经济增长依靠劳动力投入的影响较大，但已出现下降趋势。

2014年8月21日，李克强同志在听取国家杰出青年科学基金设立20周年人才培养和科研成果汇报时强调，要转变中国过去依靠“人口红利”的发展模式，充分释放“人才红利”，才能保持中国经济持续健康发展，越过中等收入陷阱，要充分调动创新创造的积极性，突破体制机制障碍，给创新、创造人才更广泛的空间，让中国的“人口红利”转化为“人才红利”。这就充分表明，今后的社会经济发展中，要更加重视对人才的培养，加大对知识的尊重，用倒逼机制加快从依靠低成本劳动力数量上的“人口红利”，转向依靠劳动者专业技能和使用效率即质量上的“人才红利”，在创新驱动中实现产业升级和经济转型[②]。

4. 调整产业结构，向改革要红利

面对新局势，中国经济结构需要不断优化升级，第一产业将逐步向集

① 蔡昉：《人口转变、人口红利与刘易斯转折点》，《经济研究》2010年第4期。

② 马德秀：《从“人口红利”到“人才红利”》，《人民政协报》2014年10月8日。

约化方向发展，第二产业产出效率需得到提高，而第三产业将逐步成为主体，三产之间在市场配置下得到有效优化，才能保证经济发展的健康性。习近平总书记在2012年12月就已经指出“加快推进经济结构战略性调整是大势所趋，刻不容缓。国际竞争历来就是时间和速度的竞争，谁动作快，谁就能抢占先机，掌控制高点和主动权；谁动作慢，谁就会丢失机会，被别人甩在后边”。因此，加快调整产业结构，释放改革红利，才能保证“新常态”下的经济增长。

国家统计局公布的《2013年国民经济和社会发展统计公报》显示，2013年，中国第一产业增加值比重为10.0%，比上年下降0.1个百分点，比重基本持平，而第三产业比重明显提高，达到46.1%，比第二产业比重高2.2个百分点，第三产业比重首次超过第二产业。这种变化既反映出中国居民消费结构已经不断变化，更重要的说明中国产业结构调整已逐步深入。中国经济以往是以投资为主，第二产业占比较大，而且依靠外需拉动消费，未来经济结构，将逐步转向以消费、服务业为主，更多地依靠内需，从要素效率提升获取动力，这种新结构与增长速度放缓是适应或自洽的（刘世锦等，2011）[①]。因此，只有优化产业结构，让市场在资源配置中起决定性作用，才能保障中国未来经济持续增长。

二 劳动人口素质红利与经济增长

（一）引言

改革开放以来，中国经济保持了近30多年的健康发展，增长速度平均为9.85%[②]，创造了世界经济发展的“奇迹”。充足的劳动力供给成为中国高速经济增长的重要因素，这也为经济发展创造了良好的“人口红利”机遇期，生育率的下降及长期处于极低水平，相应导致人口年龄结构的变化，而中国经济增长的27%也得益于“人口红利”（蔡昉，2010）[③]。但是，国家统计局数据显示，2012年，我国15—59岁之间的劳动年龄人口达到93727万人，比2011年减少了345万，劳动年龄人口的

① 刘世锦等：《陷阱还是高墙：中国经济面临的真实挑战和战略选择》，中信出版社2011年版。

② 依据《2013年中国统计年鉴》计算。

③ 蔡昉：《人口转变、人口红利与刘易斯转折点》，《经济研究》2010年第4期。

绝对数首次出现下降。2013 年，中国人口自然增长率为 4.92‰，劳动年龄人口又下降 244 万，劳动人口比重出现三年连跌态势，这种局面引起了学者的广泛关注。这表明，支撑中国长久以来经济发展的人口红利机遇期已经结束，依靠低成本劳动力来创造价值的时代已经终结，中国经济发展面临着经济减速的风险。

由人口红利基本消失的现实，引发以下几个方面的思考：劳动人口绝对数的下降是否就意味着“人口红利期”的关闭，“人口红利”表象背后所隐含的本质是否有待继续挖掘？鉴于劳动人口在生产生活中对经济推动的影响程度不同（如，同为 100 位农民工与 100 位教授的劳动力对生产的推动作用及承担的抚养能力方面是存在差异的），本文力求继续挖掘人口红利的质量要素，借助于首次提出的劳动人口素质红利概念，定量分析其与经济增长之间的关系，为寻求未来中国经济“新常态”下的发展提供必要参考。

（二）研究述评

自布鲁姆（Bloom）等人首次提出人口红利理论以来，国内外学者就已经开始关注人口红利与经济发展之间的关系（Bloom，1998）[①]。多数学者认为人口红利是促进经济发展的重要推动因素，实证结果也均表明人口红利因素对经济增长具有推动作用，人口转变可为国家经济发展提供显著机会，并且二者之间存在稳定关系（David，2009）[②]；而梅森（Mason）[③] 等研究发现年龄结构对经济增长的转变具有显著影响，在分析两次人口红利基础上，对抓住第二次人口红利提出了改革措施；并指出由于劳动年龄人口的增长速度快于消费者增长速度，从而提供了经济发展的人口红利期，但到 2050 年，大部分国家的人口红利优势将消失。

国内有关人口红利与经济发展之间的研究虽然晚于西方国家，但是仍

① Bloom, D. E. and Williamson, J. G. Demographic transitions and economic miracles in emerging Asia. *The World Bank Economic Review*, 1998, 12 (3): 419 – 455.

② David de La Croix, Lindh, T. and Malmberg, B. Demographic change and economic growth in Sweden: 1750 – 2050. *Journal of Macroeconomics*, 2009, 31 (1): 132 – 148.

③ Mason, A and Lee, R. Reform and support systems for the elderly in developing countries: capturing the second demographic dividend. *GENUS LXII*, 2006, (2): 11 – 35.

取得了显著成果。蔡昉、王德文（1999）[①] 认为，1978—1998 年期间人力资本因素对经济增长的贡献份额为 23.7%，而人口转变导致的不同人口年龄特征阶段是经济增长的源泉，只有最大化促进就业才能够避免人口红利逐渐消失对经济增长正面效应的影响；在 2013 年人口红利降到最低点，且于 2013 年之后迅速消失，从而可以提出通过提高全要素生产率以支撑经济发展的对策建议；王德文等（2004）[②] 人认为可以通过扩大就业、加快人力资本积累和建立适合于中国国情的养老保障模式三条途径来充分挖掘未来潜在的人口红利，推动经济增长所需要的动力；王丰等（2006）[③] 则认为中国近 20 年的人均收入增长约 15% 归源于人口红利效应，同时他（2007）[④] 对第一、第二次人口红利进行了重新阐述，并强调人口老龄化可能产生人口红利的制度问题。

虽然支撑中国经济发展的第一次人口红利趋于消失，但这并不一定就立即影响经济发展的速度。马瀛通（2007）[⑤] 认为在继续稳定低生育水平前提之下，将人口红利从量向质的转变，才能使得人口红利的效益大幅提升；陈涛等（2008）[⑥] 则指出人口红利是否存在，并不单纯由人口年龄结构决定，还受人口规模、人口素质、就业结构、生产与消费模式等因素的影响；胡鞍钢等（2011）[⑦] 从教育的外溢效应角度，指出提高劳动生产率，提升受教育者就业能力，将有利于经济结构调整，促进现代人口转型，不仅本身会产生教育红利，还会产生其他外溢红利，即人力资源红利，远远大于人口红利。

综上所述，支撑经济发展的人口红利，虽然在劳动年龄人口绝对数

① 蔡昉、王德文：《中国经济增长可持续性与劳动贡献》，《经济研究》1999 年第 10 期。

② 王德文、蔡昉、张学辉：《人口转变的储蓄效应和增长效应——论中国增长可持续性的人口因素》，《人口研究》2004 年第 5 期。

③ 王丰、安德鲁·梅森：《中国经济转型过程中的人口因素》，《中国人口科学》2006 年第 3 期。

④ 王丰：《人口红利真的是取之不尽、用之不竭的吗?》，《人口研究》2007 年第 6 期。

⑤ 马瀛通：《人口红利与日俱增是 21 世纪中国跨越式发展的动力》，《中国人口科学》2007 年第 1 期。

⑥ 陈涛、陈功、宋新明、郑晓瑛：《从人口抚养比到社会抚养比的探索分析》，《中国人口科学》2008 年第 2 期。

⑦ 胡鞍钢、才利民：《从“六普”看中国人力资源变化：从人口红利到人力资源红利》，《清华大学教育研究》2011 年第 4 期。

上有所下降，但人口红利对经济发展的带动作用并不会立即消失。本文通过提出劳动人口素质红利，并进行了量化分析。认为：如果能够从文化强度及技术强度两个角度有效提升劳动人口素质，就可以实现劳动力由量到质的转变。此外，借助于制度红利及科技红利改革，才能实现人力资本质的提升，才能有效发挥劳动人口素质红利对经济增长的带动作用。

（三）人口红利与经济发展

本书选取 1995—2012 年的总抚养比表示人口红利（GDR），将 GDP 增长率作为表征中国经济增长的指标，对二者进行回归分析，验证二者之间的关系。

首先，图 3-3 列出了 1995—2012 年各年度的 GDP 增长率及总抚养比情况，考虑到 2008 年受金融危机影响，该年数值较其他年份出现异常，所以引入虚拟变量，则令 2008 年 GDP 增长率 $Y = AK^{\alpha}\ (uhL)^{\beta} h_a^{\gamma}$ ，其他年份 A ，构建二者之间的回归模型：

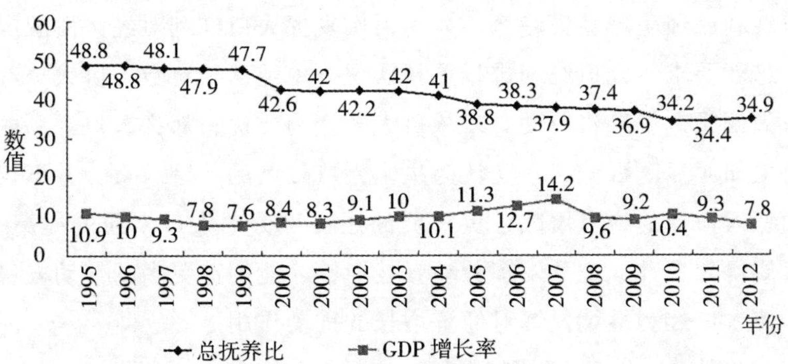

图 3-3　1995—2012 年人口抚养比与 GDP 增长率

数据来源：《中国统计年鉴 2013》、《2013 中国统计摘要》。

$$GDP_t = c + \alpha_1 GDR_t + \alpha_2 T + \mu_t \qquad (3-8)$$

经验证，上述指标均进行二阶差分之后，才表现出平稳性，所以对指标进行二阶差分后得到以下关系式：

$$\ln GDP_t = 0.029493 - 1.524307 \times \ln GDR - 0.537610 \times \mathrm{T} \qquad (3-9)$$

$$(-2.348808) \qquad (-0.537610) \qquad R^2 = 0.63438$$

表 3－4 人口红利与经济发展的回归结果

	Coefficient	Std. Error	t－Statistic	Prob.
C	0.029493	0.032151	0.917345	0.3757
D（LNGDR，2）	－1.524307	0.648971	－2.348808	0.0353
T	－0.537610	0.128594	－4.180674	0.0011
R－squared	0.634381	Mean dependentvar		－0.005607
Adjusted R－squared	0.578132	S.D. dependentvar		0.191648
S.E. of regression	0.124478	Akaike info criterion		－1.162017
Sum squared resid	0.201432	Schwarz criterion		－1.017157
F－statistic	11.27809	Durbin－Watson stat		1.988346
Prob（F－statistic）	0.001444			

由式（3－9）可知，人口红利与经济增长之间确实存在负相关关系，即当人口红利下降时，经济呈现增长趋势，反之，人口红利上升，则经济发展减速。

中国经济高速增长已经证明，人口红利对经济发展的重要性，然而传统人口红利已经呈现消失趋势，如何再次发挥人口红利对经济发展的带动作用，这就要求对人口红利进行重新认识，单纯从绝对数上讲人口红利的消失有失偏颇，如果将劳动人口从量大转变为质优，那么人口红利的推动作用将更加明显。因此，本文认为决定人口红利的关键因素，并不仅仅在于劳动者人口数的绝对增减，更重要的还在于劳动人口素质的提高与否，只有素质得到提升，充分发挥劳动者技能，才能创造更多的劳动人口素质红利，使人口红利继续发挥对经济增长的推动作用。

（四）劳动人口素质红利的提出

新古典增长理论假设劳动力是短缺的，物质资本超过一定点的继续投入，将会遇到报酬递减现象，从而经济增长不能持续。因此，打破资本报酬递减规律可通过两条途径解决，一是通过技术进步，以全要素生产率不断提高的贡献率保持经济增长的可持续性；二是破除劳动力短缺这个制约因素。而以罗默、卢卡斯等人为代表的新增长理论也认为，通过研究人力资本形成和积累特点及其在增长中的作用，才能成功地把经济增长的源泉内生化。2014 年中央经济工作会议提出，经济增长将更多依靠人力资本质量和技术进步，必须让创新成为驱动发展新引擎。这表明，经济转型将更多从原有劳动力驱动发展到人力资本驱动的转换。

基于此，本文提出劳动人口素质红利概念，旨在深挖劳动者的素质，使劳动年龄人口实现充分就业，以改变现有的低成本劳动，提高劳动者收入水平，从而继续发挥人口红利对经济发展的支撑作用。由于中国第一次人口红利正由聚集转向减少，并逐步转入收获结构性人口红利阶段，但是未来收获人口红利的难度加大，将更多依赖于人力资本积累和深化劳动力市场等方面的制度改革（原新等，2014）[①]。

综上，所谓劳动人口素质红利，是指对于劳动年龄人口而言，通过不断提高其受教育程度，提升劳动者文化水平，并且不断加大科技投入，由以往的低成本劳动向高技术含量的劳动过渡，从而使人口红利继续支撑中国经济健康发展。

而刻画劳动人口素质红利主要有两个指标：一是文化强度指标；二是技术强度指标。其中，文化强度可以用劳动者受教育程度来表示，即：

文化强度 = 受不同教育年限的人口数/总劳动者人数　　　　(3 - 10)

技术强度可以用全国 R&D 人员全时当量表示，即：

技术强度 = 全国 R&D 人员全时当量/总劳动者人数　　　　(3 - 11)

本文在选取受教育年限人口数时分为三个阶段：即普通高中学历及以上人数、普通中专学历及以上人数、高等教育学历及以上人数，以此分析由于劳动者受教育年限的不同给劳动人口素质红利所带来的不同影响；同时，将对比分析当前实际劳动者素质与潜在劳动者素质对未来经济发展的区别，实际数据将选取三个不同阶段的已毕业人数，而潜在数据则通过目前在校人数反映，从实际、潜在两个角度分析，意在分析中国经济增长过去与未来的发展动力。

1. 文化强度指标

文化强度指标之所以选取三个节点，原因在于：首先，在传统人口红利计算过程中，将 15—64 岁之间的人口数作为劳动人口，而具有普通高中学历以上的在校生年龄平均在 16 岁以上，这符合传统人口红利的计算过程；其次，劳动人口素质红利的三阶段划分，有助于分析不同的受教育年限对人口红利产生的推动作用，并且通过现有情况分析，提出更符合国

---

① 原新、刘厚莲：《中国人口红利真的结束了吗?》，《人口与经济》2014 年第 6 期。

情的建议，增强针对性。

自1986年国家决定实行九年制义务教育以来，中国受教育人数逐年递增（表3－5），这为经济发展提供了强劲的智力支持，也推动了科学技术的发展。接受教育时间越长，就越能提高劳动者技术水平，从而进一步摆脱过去粗放式的、依靠低成本劳动力的不利局面。目前，国家正处于全面深化改革的关键时期，只有不断转变生产方式，加大科技投入，才能够有效应对国内外各种因素的不利影响，这就要求不断加大对劳动者的教育投入，提高劳动人口素质红利，促进经济健康持续发展。

表3－5　　普通高中、普通中专及高等教育学历及以上在校学生及已毕业人数①　　单位：万人

年份	高等教育学历及以上在校生	普通中专学历及以上在校学生数	普通高中学历及以上在校学生数	高等教育学历及以上已毕业人数	普通中专学历及以上已毕业人数	普通高中学历及以上已毕业人数	劳动者总人数
1997	335.0353	465.4158	850.1	87.5539	221.7	850.1	83447.55
1998	481.5941	498.1	938	87.7077	251.8	938	84338
1999	559.4176	515.5	1049.7	90.267	262.91	1049.7	85157.122
2000	939.8581	489.5159	1201.26	100.8767	301.5	1201.26	88910
2001	1214.3765	457.98	1404.97	110.3809	340.5	1404.97	89849.408
2002	1620.8379	456.35	1683.81	141.7841	383.8	1683.81	90302
2003	1782.916	502.4	1964.8	198.8091	458.1	1964.8	90976
2004	2071.876	554.4733	2220.3701	483.1796	546.9	2220.3701	92184
2005	2360.9761	629.7671	2409.0901	568.5244	661.6	2409.0901	94197
2006	2653.4804	725.8441	2514.4967	573.1182	727.1	2514.4967	95068
2007	2839.0351	781.6263	2522.4008	738.2464	788.3	2522.4008	95833

① 注：高等教育学历学生数中包含研究生在校学生数、普通本专科在校学生数、成人本专科在校学生数及网络本专科在校学生数；普通中专学生数包括职业中专及成人中专人数；劳动者总人数是指15—64岁之间的总人口数。

续表

年份	高等教育学历及以上在校生	普通中专学历及以上在校学生数	普通高中学历及以上在校学生数	高等教育学历及以上已毕业人数	普通中专学历及以上已毕业人数	普通高中学历及以上已毕业人数	劳动者总人数
2008	3053.5194	817.2794	2476.2842	805.6789	836.1	2476.2842	96680
2009	3243.7746	840.4291	2434.2783	860.971	823.7	2434.2783	97484
2010	3374.8176	877.7141	2427.3351	921.6374	794.4	2427.3351	99938
2011	3513.0718	855.2071	2454.8227	925.7303	787.7	2454.8227	100283
2012	3716.8208	812.5608	2467.1712	957.1071	791.5046	2467.1712	99938

数据来源：国家统计局、《中国统计年鉴2013》、《2013中国统计摘要》、《中国科技统计年鉴2013》。

对所得数据进行描述性统计分析，得表3-6：

表3-6　数据描述性统计

	N	极小值	极大值	均值	标准差
高等教育学历及以上在校学生数	16	335.04	3716.82	2110.0880	1153.00692
普通中专学历及以上在校学生数	16	456.35	877.71	642.5102	166.03180
普通高中学历及以上在校学生数	16	850.10	2522.40	1938.6806	640.98797
高等教育学历及以上已毕业人数	16	87.55	957.11	478.2233	354.90134
普通中专学历及以上已毕业人数	16	221.70	836.10	561.1009	238.15977
普通高中学历及以上已毕业人数	16	850.10	2522.40	1938.6806	640.98797
劳动者总人数	16	83447.55	100283.00	92786.5675	5552.50782

表 3 - 5 显示 1997 年以来，各类受教育学生数均呈现不断递增趋势，表明中国教育水平取得了较大成绩，劳动者的受教育程度不断提高，这必将推动中国经济发展方式的不断转变，有助于经济发展由粗放式转向集约式。

2. 技术强度指标

技术强度指标可分为显性指标与隐性指标，作为劳动人口素质的显性指标可以选用论文发表数量、专利申请授权数、每千人拥有的技术人员数等指标来表示，但是在实际应用中，显性指标不能全面反映中国劳动人口素质，所以本文选取能够反映国家未来发展潜力的隐性指标，即全国 R&D 人员全时当量占总劳动人口的比重来代表技术强度，原因在于它作为国际上比较科技人力投入的可比指标，是全时人数加非全时人数按工作量折算为全时人员数的综合①，该指标可以较全面地反映中国经济发展中研发人员及整体科学素质情况。

由此看来，表征劳动人口素质红利的两个关键指标，能够很好地反映劳动者的内在素质，也是提高劳动者素质的有效途径。

（五）劳动人口素质红利与经济发展

面对中国人口红利衰减的迹象，推动中国经济持续增长需要更多发挥人才红利效应，要从过去的依靠人口红利效应转向依靠人才红利效应。厉以宁也认为中国人口红利已经没有了，新的人口红利正在替代旧的人口红利，并且正在从“技工时代”转向“高级工时代”，同时科学技术方面的投资也在产生新的资源红利，新的改革会给经济发展提供新的机遇而释放新人口红利。因此，只有不断提高劳动人口素质，才能够为经济发展提供更充分的劳动供给，实现中国经济发展依靠量转变为质的跨越。

1. 数据搜集

首先，分析潜在劳动人口素质红利对经济增长的影响。通过选取 1997—2012 年全国普通高中学历及以上人数、普通中专学历及以上人数、高等教育学历及以上人数、全国 R&D 人员全时当量及劳动者总人数等相关数据，通过式（3 - 10）、式（3 - 11）得出表 3 - 7。

① 引自于《2012 年中国统计年鉴》主要统计指标解释。

表 3－7　各年份分阶段潜在的文化强度及技术强度指标

年份	文化强度（高等教育学历及以上）	文化强度（普通中专学历及以上）	文化强度（普通高中学历及以上）	技术强度
1997	0.401492075	0.959226604	1.977950341	0.099607478
1998	0.571028599	1.161628329	2.273819749	0.089544452
1999	0.656924033	1.262275632	2.494938239	0.096492223
2000	1.057089304	1.60766393	2.958760544	0.103700371
2001	1.351568727	1.861288279	3.4249825	0.106455905
2002	1.794908086	2.300267879	4.164910965	0.114626476
2003	1.959765213	2.511998769	4.671689237	0.12033943
2004	2.247544042	2.849029441	5.257657945	0.125032544
2005	2.506423878	3.174987738	5.732489676	0.144909074
2006	2.791139395	3.554639311	6.199584718	0.157992174
2007	2.962481713	3.778094602	6.410174157	0.181148456
2008	3.158377534	4.003722383	6.565042408	0.203247828
2009	3.327494358	4.189614398	6.686719872	0.235012925
2010	3.376911285	4.255169905	6.684010887	0.255558446
2011	3.503157863	4.355951557	6.803846714	0.287486413
2012	3.71912666	4.53219156	7.00089335	0.32750305

数据来源：国家统计局、《中国统计年鉴 2013》、《2013 中国统计摘要》、《中国科技统计年鉴 2013》计算可得。

通过表 3－7 可以直观看出，1997 年以来文化强度指标呈现递增趋势，且增长幅度较大，特别是“普通高中学历以上的文化强度”指标增长速度快于“高等教育学历及普通中专学历及以上”所代表的文化强度指标，而反映劳动人口素质红利指标的技术强度虽然没有较大幅度提升，但是总体依旧呈现不断上升趋势。

同理，可以得到实际劳动人口素质红利中文化强度与技术强度指标的数值如表 3－8 所示。

表 3 -8 各年份分阶段实际的文化强度及技术强度指标

年份	文化强度（高等教育学历及以上）	文化强度（普通中专学历及以上）	文化强度（普通高中学历及以上）	技术强度
1997	0. 104920875	0. 37059674	1. 389320477	0. 099607478
1998	0. 103995471	0. 402556025	1. 514747445	0. 089544452
1999	0. 106000529	0. 414735716	1. 647398323	0. 096492223
2000	0. 113459341	0. 452566303	1. 803662918	0. 103700371
2001	0. 122851004	0. 501818443	2. 065512663	0. 106455905
2002	0. 15701103	0. 582029302	2. 446672388	0. 114626476
2003	0. 218529173	0. 722068568	2. 881759035	0. 12033943
2004	0. 524146924	1. 117416905	3. 526045409	0. 125032544
2005	0. 603548308	1. 305906133	3. 86340807	0. 144909074
2006	0. 602850802	1. 367671772	4. 012617179	0. 157992174
2007	0. 770346749	1. 592923523	4. 225003078	0. 181148456
2008	0. 833345987	1. 698157737	4. 259477762	0. 203247828
2009	0. 883192114	1. 728151286	4. 22525676	0. 235012925
2010	0. 92220917	1. 717102003	4. 145942985	0. 255558446
2011	0. 923117876	1. 708594976	4. 156490133	0. 287486413
2012	0. 957700875	1. 749696512	4. 218398307	0. 327503052

数据来源：国家统计局、中国教育部、《中国统计年鉴》、《2013 中国统计摘要》、《中国科技统计年鉴》计算可得。

表 3 -7、表 3 -8 分别表示了潜在的、实际的劳动人口素质红利相关指标，通过以上数据，利用灰色关联度模型，可以得到文化强度及技术强度对经济增长的贡献度。

2. 模型选取

本文根据数据的可获得性及适用性，选取灰色关联方法进行论证。由于第二章已对该方法进行了阐述，故省略。因此，运用灰色关联度方法分析劳动人口素质红利、人口红利与经济增长的关联性，可以得出二者对经济增长的影响排序，以及用于解释劳动人口素质红利、人口红利对经济增长的贡献度大小，最终得到表 3 -9：

表 3-9　劳动人口素质红利、人口红利与经济增长率的关联分析

排序	潜在分析		实际分析	
	指标	数值	指标	数值
1	文化强度（普高）	0.6287	文化强度（普高）	0.5414
2	文化强度（高等）	0.6165	文化强度（普中）	0.5142
3	文化强度（普中）	0.6057	技术强度	0.5106
4	技术强度	0.5877	文化强度（高等）	0.5069
5	人口红利	0.5039	人口红利	0.4230

3. 结果分析

表 3-9 结果显示，在支撑中国经济发展的动因中，无论是潜在数据，还是实际数据，代表劳动人口素质红利的文化强度与技术强度指标相比人口红利指标更能解释推动中国经济增长的潜力及动力，贡献度也较大。由于本书实际的劳动人口素质红利数据选用已毕业人数，该群体已经或正在参与到社会经济劳动中，而“文化强度（普通高中学历及以上人数）”指标对经济增长的贡献度最大，也解释了中国过去 30 年间经济增长的人力优势。该部分劳动人口素质普遍偏低，用工成本低廉，且数量庞大，支撑了经济发展所必须的劳动力来源；潜在的劳动人口素质红利数据选取目前在校人数，意在表明未来支撑中国经济增长的潜力。结果显示，“文化强度”各分项指标对经济增长的贡献度较大，表明未来支撑中国经济运行的动力在于教育，只有不断提高劳动者的技能水平，才能改变现在已逐渐消失的人口红利对经济增长所带来的负面影响。

但总体而言，人口红利对经济增长的贡献度都弱于文化强度及技术强度。此结果表明，人口红利是中国过去 30 年间经济增长的动力之一，为中国经济的恢复与发展带来了至关重要的作用，但是相比劳动人口素质红利而言，是偏弱的。2014 年 8 月 21 日，李克强总理在听取国家杰出青年科学基金设立 20 周年人才培养和科研成果汇报时强调，要转变中国过去依靠“人口红利”的发展模式，充分释放“人才红利”，才能保持中国经济持续健康发展，同时要充分调动创新创造的积极性，突破体制机制障碍，给创新、创造人才更广泛的空间，让中国的“人口红利”转化为“人才红利”。这就充分表明，在今后社会经济发展中，要更加重视对人

才的培养，加大对知识的尊重，用倒逼机制加快从依靠低成本劳动力数量上的“人口红利”，转向依靠劳动者专业技能和使用效率即质量上的“人才红利”，在创新驱动中实现产业升级和经济转型。我们认为，劳动人口素质红利充分体现人才红利的内涵。因此，只要深度挖掘劳动人口素质红利，就能保持经济持续健康发展。

（六）结论

诚然，人口红利消失是不争的事实，如何延长人口红利对经济发展的促进作用是当前需要考虑的问题。中国是人口大国，只有将人口优势发挥出来，才能更好地处理社会稳定与经济发展之间的关系，才能够跨越中等收入陷阱，实现由中等收入国家向发达国家的转变；也只有不断创造新的人口红利，才能确保经济工作顺利开展。本文提出的劳动人口素质红利概念，从对人口红利量的研究转变到质的提升，通过文化强度指标与技术强度指标的阐述，指出影响人口红利的关键因素仍有拓展空间，只有不断提高劳动人口素质红利，才能够确保人口红利对经济发展的持续推动作用。面对新出现的增长红利，我们提出以下建议：

1. 挖掘劳动人口素质红利，提升科技创新能力

传统的人口红利计算注重量的积累，忽视了质的培养，这不符合未来经济发展的需要。随着社会经济不断发展，科学技术转化为生产力的能力不断增强，过去依靠低成本劳动力支撑中国经济增长的局面已经不再适应市场经济的发展，只有不断提高劳动者素质，才能保证经济健康发展；同时，加大科技投入力度必将产生新的技术红利，这不仅有利于产品升级，更有助于将技术红利转化为人口红利，促进经济发展。2014 年中央经济工作会议指出，面对经济“新常态”要求，过去劳动力成本低的优势已经逐渐消失，通过引进技术和管理就能迅速变成生产力的时代已经开始面临人口老龄化等现实问题，要素的规模驱动力减弱，这就需要更多依靠人力资本质量和技术进步的提高，而这恰巧是本文所提出劳动人口素质红利的两个衡量指标。因此，深度挖掘劳动人口素质红利，才能够更顺应新形势下社会经济发展的大趋势，推动各项工作平稳健康发展。

2. 重视教育事业发展，真正提高公民科学素养

教育是立国之本，具有人才培养、科技创新、社会服务等功能，在经济发展中居于先导性、全局性、基础性地位，对促进生产率的提高和经济

增长具有非常重要的作用，且与政治、经济、文化等方面关系紧密，对国家生存与发展全局产生关键性影响。《中国人力资本报告2014》指出，近年来中国的人力资本增长并非由相应的人口增长导致，而是由教育及其他因素所推动。通过提供不同层次的教育，可以从数量及质量上培养社会主义建设的各方面人才，实现对经济发展的带动影响。目前，我国教育水平得到了很大提升，但是也存在着诸多问题。因此，需要继续深化教育体制改革，稳固九年义务教育基础，提升职业技能教育水平，推动高等教育内涵式发展，完善终身教育体系，努力构建学习型社会；推进考试招生制度改革，探索普通本科和高等职业教育分类培养方案，有重点建设研究型大学与教学型大学，从而实现教育资源合理配置，促进教育公平，着力提高教育质量。

3. 提高技术进步，实施创新驱动发展战略

中国经济要实现持续健康发展，就必须要逐步从要素驱动、投资驱动转向创新驱动。面对逐步从二元经济发展阶段向新古典增长阶段转变的局面，只有通过政策调整，在技术进步和体制改善中获得更高效率，才能实现中国经济增长向全要素生产率支撑型模式的转变，避免“中等收入陷阱”的命运。科学技术是生产力，对经济发展起变革作用，科技进步能够渗透到经济活动各环节，不仅促进经济总量的增长，而且也有利于经济结构、产业结构的优化。利用科学技术驱动经济发展，也是历史发展的必然，第一次、第二次工业革命表明，发达国家经济取得巨大成就，科技所产生的力量功不可没，中国经济实力已经位居世界前列，如何保持优势地位，更多的是要依靠科技进步，继续实施“科教兴国”战略，积极推动创新驱动发展战略，培养优秀人才队伍，支持技术创新，营造创新发展的良好氛围。

4. 加大职业技能培训教育，提高劳动者终身学习能力

2013年，中国共有职业院校1.36万所，年招生1016.7万人，在校生2933.8万人，职业教育改革发展取得了显著成就[①]。党的十八届三中全会通过的《决定》中，也明确指出要健全促进就业创业体制机制，完善城乡均等的公共就业创业服务体系，构建劳动中终身职业培训体系的任

① 数据来源：国新办新闻发布会《职业教育改革与发展情况》［N/OL］，中国新闻网，［2014－06－26］．http：//edu. people. com. cn/GB/8216/52456/52458/386303/index. html.

务。2014 年 6 月，根据国务院《关于加快发展现代职业教育的决定》，教育部、人社部等六部门联合印发《现代职业教育体系建设规划（2014—2020 年）》的指示，进一步明确了职业教育的主要任务是服务发展、促进就业。这为今后中国职业教育发展指明了方向，职业教育可以有效地将学校与企业连接起来，并且迅速转化为生产力，对经济发展起着至关重要的作用。因此，我国应尽快完善建立现代职业教育体系，大力发展中等职业教育，系统培养初级、中级和高级技术技能人才，建设具有中国特色、世界水准的现代职业教育体系框架。

第三节 供给侧结构性改革

改革开放三十多年来，中国经济持续高速增长，成功步入中等收入国家行列，已成为名副其实的经济大国。但随着人口红利衰减、“中等收入陷阱”风险累积、国际经济格局深刻调整等一系列内因与外因的作用，经济发展正进入“新常态”。国内供需关系、结构性问题等日益突出，2015 年 11 月 10 日，中共中央总书记、国家主席、中央军委主席、中央财经领导小组组长习近平主持召开中央财经领导小组第十一次会议，研究经济结构性改革和城市工作。2016 年 1 月 27 日，习近平主持召开中央财经领导小组第十二次会议，研究供给侧结构性改革方案。供给侧结构性改革旨在调整经济结构，使要素实现最优配置，提升经济增长的质量和数量。需求侧改革主要有投资、消费、出口“三驾马车”，供给侧则有劳动力、土地、资本、制度创造、创新等要素。

为进一步探究供给侧结构性改革的内涵和发展道路，本文构建反映供给侧结构性改革主要目标的综合指标体系和反映经济健康发展对比的综合指标，并通过灰色关联分析得出供给侧结构性改革综合体系在滞后 1、2 期的同改革目标的相关程度。并通过灰色关联分析和层次分析方法确定权重，对各省供给侧结构性改革的经济驱动力进行计算。为供给侧结构性改革的目标设定、政策实施、政策评价提供了数量化依据。

与此同时，本文也从微观层面探究了企业在供给侧结构性改革方面应作出的努力。本文通过分析重庆市经济增长指标和 TFP 增长率同重庆上市企业整体杠杆率水平，研究了杠杆率和宏观经济指标与技术进步率之间的关系。在此基础上建立动态面板模型对重庆部分具备代表性企业的杠杆率水平同企业经营相关指标进行定量分析，综合得出降低杠杆率对经济宏观和企业微观的影响。

一 供给侧改革评价指标体系构建和供给侧驱动力分析

（一）引言

自2008年以来，中国经济供给侧的质量与结构问题逐步凸显，长期积累后出现经济增长不健康、严重的产能过剩等一系列问题。中国经济增长面临"三期叠加"的特殊历史时期与劳动力供给逐年下降的新情况。2016年1月26日中央财经领导小组第十二次会议上明确提出了"去产能、去库存、去杠杆、降成本、补短板"五大供给侧结构性改革任务①。在2016年12月召开的中央经济工作会议上，中央充分肯定了供给侧结构性改革的重大作用，并对2017年经济工作作出了部署："坚持以推进供给侧结构性改革为主线，适度扩大总需求，加强预期引导，深化创新驱动，全面做好稳增长、促改革、调结构、惠民生、防风险各项工作。"

本文将围绕供给侧结构性改革的基本任务展开定量研究，通过构建指标体系，并进行灰色关联分析和经济动量化来探索目前供给侧结构性改革关键问题。

（二）文献综述

在西方经济学理论中，通常认为萨伊定律是供给理论的根源，在此基础上逐步发展完善，供给学派在20世纪80年代被西方经济体广泛接受。供给学派部分主张被里根政府采纳后被称作里根经济学（Reaganomics），减税和减少政府审批环节是当时供给学派的主要手段。里根经济学在其特殊的历史背景下，对就业、缓解通货膨胀起到了很好作用，当时普遍认为运用减税促进私人投资来提高美国国内生产率是走出滞涨的重要手段。但是也有观点认为当时美国过度干预经济，挫伤了民间储蓄投资的积极性。同时里根经济学派扩大财政赤字的做法被继任者诟病，克林顿曾公开表示里根扩大财政赤字"不负责任"。

---

① 中国政府网—政策法规解读 2016 - 07 - 08 http：//www. gov. cn/zhengce/2016 - 01/26/content_ 5036436. htm。

20 世纪 80—90 年代在进行一系列经济改革政策的背景下，英国重新审视了供给侧改革（Supply - side Reform）这一概念。例如，N. Oulton (1995)① 认为英国供给侧结构性改革主要的是改变工业体系部门间关系，引导私营企业部门加大科技投入，同时改革工会，这一系列手段催生了 90 年代英国的经济奇迹。在供给侧结构性改革的其他角度上，Benigno G. (2003)② 对汇率和供给侧表现指标进行了研究。

习近平总书记指出：不能把供给侧结构性改革看成是西方供给学派的翻版。必须认识到中国供给侧结构性改革的特殊性。为了避免混淆西方供给学派和供给侧结构性改革，必须认识到供给侧中“侧”字所隐含的信息是本轮改革承认供给和消费对立统一的关系。而非对供给一方的片面强调，割裂甚至对立供给同消费、经济长期增长的关系。

中国先进的政治体制使国家具备更广泛的政策调整空间，使得中国供给侧结构性改革有更加广泛的内涵。马克思政治经济学指导下的中国供给侧结构性改革同供给学派的政策着眼点和方法论体系有所不同，对经济长期增长的驱动因素的基本判断是有共同点的。经济增长的最基本、最原生的动力来自于人力资本水平的提升、科技进步的推动。维持社会经济平稳运行的基础上培育经济新动力，而不是简单通过财政手段或货币手段对经济进行干预是供给侧结构性改革。

在中央财经领导小组第十一次会议后，国内学者从不同角度对供给侧结构性改革进行了很多理论与实践的论述。贾康等 (2014)③ 对西方供给学派发展的历史沿革作出了归纳。同时，提出“十三五”时期解除供给抑制、放松供给约束是提高我国经济潜在增长率、变微观潜力为发展活力的关键所在。李扬 (2016)④ 认为通过投资等方式使社会接近于饱和生产状态，从直接的数量指标上来看可能社会的生产的总价值同社会需求的增

① Oulton N. Supply side reform and UK economic growth: what happened to the miracle? *National Institute Economic Review*, 1995, 154 (1): 53 - 70.

② Benigno G, Thoenissen C. Equilibrium Exchange Rates and Supply - Side Performance. *Economic Journal*, 2003, 113 (486): 103.

③ 贾康、苏京春：《探析“供给侧”经济学派所经历的两轮“否定之否定”——对“供给侧”学派的评价、学理启示及立足于中国的研讨展望》，《财政研究》2014 年第 8 期。

④ 李扬：《正本清源　什么是供给侧结构性改革》，《中国经贸导刊》2016 年第 12 期。

加量相适应。但从实际产业结构来看，某一部门的产能所占经济比例是偏高或者不足的。供给侧结构性改革的目的之一是削减长期以来全国各地区不合理的经济发展方式促生的不合理产能，促使供给侧的结构优化。同时，供给侧结构性改革旨在消化前期经济刺激政策所带来的政府和企业的杠杆率，任泽平等（2016）[①] 通过研究各部门、各行业杠杆率的现状，分析杠杆率攀升的原因及引发的问题和风险，提出去杠杆的应对措施。

供给侧结构性改革的理论研究必须以当代中国马克思主义政治经济学为指导思想。刘向荣（2016）[②] 对马克思主义政治经济学的供给侧结构性改革进行分析，资本论对社会生产第Ⅰ部类、第Ⅱ部类的划分是马克思主义政治经济学供给与需求的理论根源。许梦博等（2016）[③] 重新审视马克思社会再生产理论的两大部类均衡原理，认为中国供给侧结构性改革必须着眼于经济结构调整和优化，着眼于长期经济发展。谢地等（2016）[④] 运用马克思政治经济学，分析了供给侧结构性改革的着力点：通过机制、体制和制度创新，破解供给侧结构性矛盾。

目前对于供给侧结构性改革的定量化、综合化评价研究较少。在汇总供给侧结构性改革领域学者观点和研究方法基础上，本书试图建立一套供给侧综合评价指标来衡量社会和经济发展的健康程度，并且综合考虑供给侧结构性改革的五大任务建立对比指标系，将供给侧结构性改革目标由单纯的经济量增长至更广泛的内涵，并且通过驱动力分析对各省的供给侧结构性改革开展力度进行研究。

（三）供给侧综合指标的构建

供给侧结构性改革高度针对当前国内国外经济环境的新情况、新问题，是平稳度过三期叠加时期和中等收入陷阱，推动经济发展走向创新引领的质量增长的综合性、系统性经济改革工程。既包含近期紧迫性任务，

---

① 任泽平、冯赟：《供给侧结构性改革去杠杆的现状、应对、风险与投资机会》，《发展研究》2016 年第 3 期。

② 刘向荣：《供给侧结构性改革的马克思主义政治经济学分析》，《岭南学刊》2016 年第 2 期。

③ 许梦博、李世斌：《基于马克思社会再生产理论的供给侧结构性改革分析》，《当代经济研究》2016 年第 4 期。

④ 谢地、郁秋艳：《用马克思主义政治经济学指导供给侧结构性改革》，《马克思主义与现实》2016 年第 1 期。

也包括结构调优的中长期任务。同时供给侧结构性改革是一系列措施的组合，其内部各项改革任务同改革目标高度相关。因此，供给侧结构性改革的目标有二重性和复杂性。针对上述情况，本书根据供给侧结构性改革的五大任务，构建了去杠杆与国有企业效能提升指标、结构性调整指标、新动能推力指标、环保资源供给指标四个一级指标。并将供给侧结构性改革的评价指标分为防范型指标和驱动型指标。见表 3－10。

表 3－10 供给侧结构性改革综合指标

一级指标	二级指标	单位	指标类型
国有企业效能提升指标	资产负债比	%	防范型指标
	所得税	亿元	驱动型指标
	亏损个数	个	驱动型指标
	平均管理费用	亿元	驱动型指标
结构性调整指标	粗钢产量	万吨	防范型指标
	能源性油料生产	万吨	防范型指标
	平板玻璃产量	箱	防范型指标
	水泥产量	万吨	防范型指标
	房地产销售施工比（KU）	%	防范型指标
新动能推力指标	技术市场成交额	亿元	驱动型指标
	地方财政科学技术支出	亿元	驱动型指标
	新动能行业资本供给	亿元	驱动型指标
	新注册企业时间	天	驱动型指标
	纳税筹集时间	小时	驱动型指标
	新注册企业程序数量	个	驱动型指标
环保资源供给指标	工业污染治理完成投资	万元	驱动型指标
	化学需氧量排放量	万吨	防范型指标
	二氧化硫排放量	吨	防范型指标

（四）供给侧结构性改革指标解释

首先将指标体系划分为防范型指标和驱动型指标。防范型指标的目地在于衡量各省经济发展的系统性风险程度和经济结构不合理程度。这类指标主要体现在供给侧结构性改革中“去产能，去库存”的经济结构调整，降低经济发展系统性风险。

驱动型指标是指能够推动社会走向长期平稳健康发展的驱动因素。这包括社会创新能力，良好的商业生态环境。这类指标是中国经济发展新动力的来源，也需要体现中国经济增长全面进步。

驱动型指标与防范型指标的计算方法不同，防范型指标应该存在一个合理范围，如最适用一个地区经济社会发展的产业结构比例，或者在稳定基础上促进企业发展的杠杆率水平等；防范型指标在计算上越高，对经济的推动作用越大。

1. 国有企业效能提升指标

供给侧结构性改革的目的之一是应对“四降一升”对现有国有企业经营的压力，我国的杠杆率虽然高于金砖国家，但低于发达国家水平。需要注意的是我国的企业杠杆率相对于其他国家较高。

国有企业效能提升指标中包含了反映国有企业的经营状况和杠杆率相关的指标。对国有企业经营状况的衡量方法较多，最终反映企业经营状态的是企业的财务和资本构成指标，考虑到国有控股工业企业对整个制造业的引领作用的明显的相关性，并且企业财务指标相对于其他类型企业的财务统计指标具备更高的可信度。因此本书采用国有控股工业企业资产负债比来衡量工业企业经营状况、各省国有控股工业企业亏损企业单位数和国有控股工业企业应交所得税来衡量国有企业的总体盈利能力。国有企业承担除带动国家经济整体发展的任务之外，也承担提供公共服务的非营利业务。衡量国有控股工业企业的活力，不能完全以财务指标作为依据。本书将国有控股工业企业平均管理费用即当年一省的企业管理费用总计除以当期国有控股工业企业的个数纳入指标体系中，尽管国有控股工业企业平均管理费用这一指标在数量上相对于其他国有企业经济指标较小，但该指标能够良好地反映国有企业内部管理组织的合理程度和整体效能，因此可以综合全面地反映工业企业的经营状况。

2. 结构性调整指标

供给侧结构性改革结构性调整目标需要对具体过剩产能行业制定合理的消减任务。《关于钢铁行业化解过剩产能实现脱困发展的意见》和《关于煤炭行业化解过剩产能实现脱困发展的意见》两个文件提出：从 2016

年开始，用 5 年时间再压减粗钢产能 1 亿—1.5 亿吨；用 3—5 年时间，再退出煤炭产能 5 亿吨左右、减量重组煤炭产能 5 亿吨左右。为过剩产生的削减提出了时间表。本书认为供给侧结构性改革的五大任务中去库存主要是指房地产库存，产能主要是钢铁、水泥、平板玻璃、各类能源油料生产。

过剩产能消减指标包含各省水泥、粗钢、能源油料生产、平板玻璃产量指标和各省商品房施工面积与销售面积之比（KU）来衡量当前产能过剩情况。

3. 新动能推力指标

宏观经济政策是供给侧结构性改革的重要手段，党的十八大以来，中国根据国内外经济形势进行了非常重要的政府服务机构效能的改革，最为重要的是将大量企业纳入增值税征收的范畴中来以及颁布、实施、落实《行政许可法》从法律层面进一步规范政府行为，认真对待并彻底治理非行政许可审批，负面清单、权力清单、责任清单的目的是激发企业和市场的活力。

为了反映政府简政放权对经济的促进作用，本书采用世界银行营商环境指数中创办企业所需天数、筹纳税所需小时数和企业注册的启动程序数作为衡量国内对降低交易成本，推动“双创”局面良好开展的指标。目前世界银行营商环境指数仅有 2013—2015 年中国营商环境指数数据。在 2013 年一年的大力改革中，中国大陆创办企业所需天数从 34.4 天下降至 31.4 天，筹纳税所需小时数从 318 小时降低至 261 小时，企业注册启动程序从 13 项下降至 11 项，数据上有了显著变化。

从时间角度上，2005—2014 年期间，党的十八大以后中国进行了非常显著的大规模简政放权，改善市场经营环境。本书认为 2004—2013 年这段时期，政府的管控与行政效率提升速度不明显，因此将 2004—2013 年创办企业所需天数、筹纳税所需小时数和企业注册的启动程序数用 2013 年数据代替。中国宏观经济政策和法律法规是从全国层面进行统一布局，因此政策层面的改善对各省的影响是一致的。

在供给侧结构性改革的驱动力一方面来自于具体的经济调整指标，如钢铁水泥等过剩产能调整，房地产库存化解等。从经济平稳发展的长期视角来看，只有持之以恒的科技创新投入，促进国家整体科技实力创新能力的进步才是提振高端制造业，改善传统制造业，促进现代服务业发展的唯一路径。因此供给侧结构性改革需要进行统筹考虑，既要考虑到短期的存量化解和降低风险，又要考虑长期的结构调整和经济整体进步。

实现经济的稳定增长，核心在于保证企业的新产品新科技的研发投入与产出能力和新型的企业，或者企业兼并重组过程中，对生产组织方式的重新构建。这两项关键政策可能会对就业与社会稳定造成影响。

在中国经济已经处于一种较为严重的结构性失衡状态。过剩产能的人员分流安置压力非常大。在这种情况下必须谨慎地推行组织结构变革要求，因此在衡量结构性创新等过程中，我们要同时考虑就业水平和经济新动能作为吸收就业的力量，新动能推力指标包括技术市场成交额、地方财政科学技术支出、新动能行业资本供给，其中新动能行业资本供给为交通运输、仓储和邮政业全社会固定资产投资（亿元）、科学研究、技术服务和地质勘查业全社会固定资产投资（亿元）、信息传输计算机服务和软件业全社会固定资产投资（亿元）三项统计指标。

（五）供给侧结构性改革目标的度量手段

供给侧结构性改革目标的度量指标是反映一个地区供给侧结构性改革的完成程度和经济健康水平，因此改革目标的度量应科学合理地反映多大程度地实现“三去一降一补”的任务，满足经济稳定持续增长。本书认为改革目标指标是一系列客观的政策手段调整的结果。

一些专家学者在不同场合强调供给侧结构性改革主要是通过制度改革促进经济发展。例如，黄群慧等（2015）[①] 认为不仅要补足基础设施上的硬短板，更应补足创新能力、市场竞争环境等方面的软短板。吴敬琏（2016）[②] 提出依靠具有活力的体制机制提高供给侧的效率，只有这样，才能从根本上解决我们面临的问题。

在补短板问题上，供给侧结构性改革是以改革解除体制上对行业升级

① 黄群慧、贺俊：《中国制造业的核心能力、功能定位与发展战略——兼评〈中国制造2025〉》，《中国工业经济》2015年第6期。

② 吴敬琏：《创新制度体系，推动供给侧变革》，《江苏企业管理》2016年第2期。

转型、创新创造的障碍，实现国家经济短板的提升。选取指标需要综合考虑制度上的简政放权带来的积极影响，科技创新成果与科技对经济推动的直接指标，推动“互联网+”传统企业升级改造的基础设施建设三个方面。

综合上述已有的文献研究和相关文件，本书将GDP当期值、城镇登记失业率、产品质量优等率、国内专利申请授权量、TFP增长率五个指标作为改革目标指标，利用定量方法对供给侧结构性改革综合指标体系和五个改革目标指标的相关性进行研究。需要说明的是本书中对TFP的测算采用较为传统的Cobb-Douglas函数变形来计算，仅考虑劳动力与资本投入见式（3-12）。

$$lnA = \ln\left(\frac{Y}{L}\right) - \alpha * \ln\left(\frac{K}{L}\right) \quad (3-12)$$

本书选取2003—2014年国家统计年鉴中各省GDP面板数据为Y，以城镇单位就业人数、私营企业就业人数、个体户就业人数之和为L。资产投入采用永续盘点法测算，以1987年固定资产总额作为基期，以国家统计年鉴中固定资产形成额作为资本增量，将资产折旧率设定为20%。

公式中α值一般根据一个国家或地区的投资拉动与劳动力投入之比进行估计，国外学者根据经验在90年代将公式中α值一般设定为0.3。部分国内学者对α值取值提出质疑，认为西方国家将α值放在较低水平会夸大TFP增长率在经济增长中的作用。

因此本书分别在0.3、0.5、0.6水平上进行测试。通过观察各省TFP增长率我们发现，将α值设定在0.6是一个较为合理的选项能够反映近年来中国的实际情况。全要素生产率总体上来说是增长的但是全要素增长率的增长速度在2008年由于经济危机出现了很大下降。在2009年短暂的回升之后2010年至2013年中国处于三期叠加状态，全要素增长率三年以来逐步下降，甚至在2013年部分省份出现了负增长。随着2013年，国家大力推进供给侧结构性改革大部分省份全要素增长率得到回升。计算结果与常识相符，表明本文选取的TFP计算方法、计算数据和参数设定较为合理（见图3-5）。

（六）供给侧结构性改革驱动力计算

供给侧改革驱动力是通过供给侧结构性改革指标体系和相应统计数

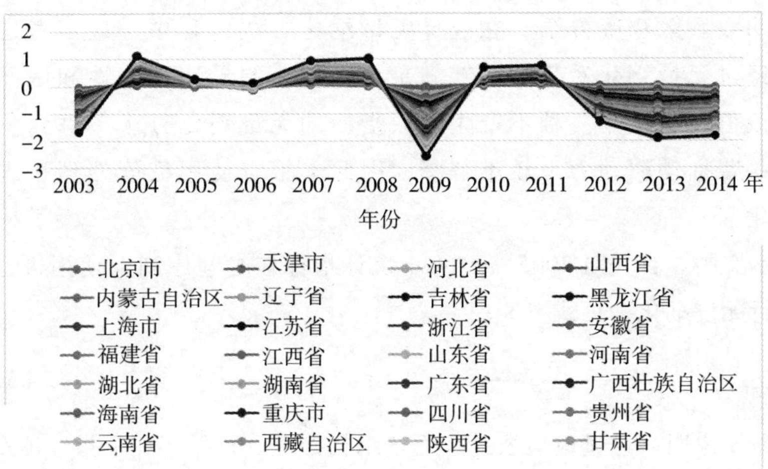

图 3－5　2003—2014 年 α＝0.6 水平下各省全要素增长率

据，根据灰色关联分析定权后，通过借鉴牛顿第二定律来计算一个地区在供给侧结构性改革这个综合目标上的整体推动能力。本书对供给侧结构性改革驱动力计算过程如下：

第一步：将防范类指标负数化，保证方向一致；

第二步：对改革目标指标和供给侧结构性改革综合指标进行无量纲化；

第三步：通过灰色关联分析对供给侧结构性改革综合指标各指标项进行排序；

第四步：通过排序使用 AHP 方法确定权重；

第五步：计算分省供给侧结构性改革经济动量，得出供给侧结构性改革驱动力。

首先，不同指标的优化目标的方向性不同，因此需要对不同指标进行方向性调整，为保证供给侧结构性改革指标评价指数为正，本书将过剩产能、房地产库存、杠杆率等指标进行逆向化处理，为方便不同单位指标间进行比较，本书首先对供给侧指标体系进行无量纲化处理。

1. 无量纲化方法

指标的无量纲化是指标数据的标准化、规范化，它是通过数学变换来消除原始指标量纲影响的方法。数据无量纲化是实现信息综合集成的先决条件，常用的形式有标准化处理法、极值处理法、线性比例法、功效系数法等方法，在选择无量纲化方法过程中，应当考虑原始数据经过无量纲化后仍然能够满足单调性、差异比不变性和区间稳定性。极值处理法是一种不产生负数指标的无量纲化方法考虑到负数指标在科普推动驱动力上较难解释，因此本报告使用极值处理法进行无量纲化。

本文中，首先对2005—2014年统计指标在时间序列上使用极值处理法进行无量纲化，见式（3-13）。

$$Q_{year\ ij} = \frac{X_{year\ ij} - X_{minyear\ ij}}{X_{maxyear\ ij} - X_{minyear\ ij}} + 0.01 \quad (3-13)$$

需要说明，经过极值法进行无量纲化处理后，任何一个指标体系中最小值都为0，为保证下一步计算能够顺利进行，对传统极值法进行微调，对所有运算结果加0.01，从而保证不出现0值。

2. 权重计算

在确定供给侧指标体系后，需要确定权重才能够对供给侧结构性改革驱动力进行计算。本文采用灰色关联分析与AHP方法确定权重。

灰色关联分析具备数据量小、稳健的特征，是一种成熟的关联分析方法。本文选用灰色关联分析作为供给侧综合指标和改革目标指标关联程度分析的方法。

首选对改革目标指标、供给侧指标体系中国有企业亏损个数、国有企业平均管理费用、去产能类指标、创办企业天数、纳税筹集时间、企业注册启动程序以负数形式计算来保证各个指标的方向一致性。从而保证通过无量纲化后不同指标可以直接相加。通过对供给侧结构性改革指标体系一级、二级指标集分别在当期、滞后一期、滞后二期三种情况下进行灰色关联分析，得到不同指标对对比指标的影响。

根据一级指标与对比指标的灰色关联分析结果可以得出以下结论：在三种滞后期情况下，新动能推力指标对供给侧结构性改革目标指标有很高的关联性，环保资源供给指标短期对供给侧结构性改革目标指标影响较大。随着滞后期增长，国有资产去杠杆降成本和过剩产能消减的因素逐步降低，新动能推力指标对供给侧结构性改革的综合影响逐步凸显。

表 3－11　一级指标与改革目标指标灰色关联度

滞后期	国有企业效能提升指标	结构性调整指标	新动能推力指标	环保资源供给指标
当期	0.671	0.640	0.768	0.794
滞后一期	0.572	0.527	0.739	0.742
滞后二期	0.561	0.481	0.760	0.758

根据国有资产去杠杆降成本综合指标与改革目标指标的灰色关联分析，可以得出以下结论：总体来说国有资产去杠杆与降成本和供给侧结构性改革目标在0、1、2滞后期上均有较好的关联度，从长期来看，国有企业的所得税指标影响力逐步下降，平均管理费用、资产负债比指标随着滞后期增长影响力缓慢增强，同时国有控股企业亏损个数对于供给侧结构性改革是长期性目标，随滞后期变化长短影响较小。

表 3－12　国有企业效能提升指标与改革目标指标灰色关联度

滞后期	资产负债比	所得税	亏损个数	平均管理费用
当期	0.585	0.681	0.630	0.571
滞后一期	0.609	0.655	0.655	0.614
滞后二期	0.615	0.643	0.628	0.612

根据结构性调整指标同改革目标指标的灰色关联分析，可以得出以下结论：高能耗、高污染的过剩产能的减少，同供给侧结构性改革改革目标指标具有较好的相关性，同时随着滞后期增长，影响逐步增大。房地产施工销售比（KU）在当期影响较大，随滞后期增长逐步下降。

表 3－13　结构性调整指标与改革目标指标灰色关联度

滞后期	粗钢产量	能源性油料生产	平板玻璃产量	水泥产量	KU
当期	0.609	0.622	0.597	0.608	0.693
滞后一期	0.626	0.615	0.621	0.613	0.644
滞后二期	0.641	0.653	0.625	0.642	0.620

通过分析新动能推力指标与改革目标指标的灰色关联度可以得到以下结论：地方财政科学技术支出同技术市场成交额与改革目标指标关联度较高，科技成果向市场价值的转换对推动经济社会发展具有相关性。并且新型产业的资本形成对改革目标有较强促进作用。随着自2013年开始，中国创办企业天数、纳税筹集时间、企业注册启动程序三项指标优化，2013—2014年制度对供给侧对比指标的影响上升，可以预计在未来一段时期内制度对供给侧结构性改革的推动作用会逐步释放。

表3-14 大众创业活力指标与改革目标指标灰色关联度

滞后期	技术市场成交额	地方财政科学技术支出	新动能行业资本供给	创办企业天数	纳税筹集时间	企业注册启动程序
当期	0.672	0.714	0.712	0.556	0.556	0.556
滞后一期	0.601	0.664	0.615	0.536	0.536	0.536
滞后二期	0.615	0.639	0.626	0.529	0.529	0.529

根据灰色关联分析的结果，发现在环保资源供给指标对改革目标指标方面影响较为平均。同时生产集约化对供给侧对比指标的影响随着时间推移是逐步增强的。

表3-15 环保资源供给指标与改革目标指标灰色关联度

滞后期	工业污染治理完成投资	化学需氧量	废气排放量
当期	0.608	0.570	0.700
滞后一期	0.614	0.587	0.658
滞后二期	0.556	0.573	0.645

根据以上结论，并考虑到本书最新数据为2014年，本书采用滞后二期灰色关联分析结果作为定权依据。通过不同指标间的排序，使用AHP方法构建判断矩阵并计算权重。

表 3-16　　供给侧结构性改革指标体系权重

一级指标	一级权重	二级指标	二级权重
国有资产类指标	0.1146	资产负债比	0.1376
		所得税	0.4921
		亏损个数	0.232
		平均管理费用	0.1379
过剩产能消减指标	0.0598	粗钢产量	0.126
		能源性油料生产	0.2116
		平板玻璃产量	0.0849
		水泥产量	0.0976
		房地产施工销售比（KU）	0.4799
双创活力指标	0.3624	技术市场成交额	0.2087
		地方财政科学技术支出	0.3365
		新动能行业资本供给	0.2802
		新注册企业时间	0.0582
		纳税筹集时间	0.0582
		新注册企业程序数量	0.0582
生产集约化指标	0.4632	工业污染治理完成投资	0.126
		化学需氧量排放量	0.4579
		二氧化硫排放量	0.4161

3. 指标经济动量化

经济动量分析是通过综合考虑经济现象的数量变化和经济本身体量的关系，通过对物体加速度和速度的模拟来分析经济问题的方法。其特征是对经济指标进行动态化分析，能够更加科学地处理截面数据中可能存在的异方差等问题。对于供给侧结构性改革这种动态性、地区差异明显的研究对象，经济动量分析后计算指数更加科学合理。

经济动量分析是对物理学牛顿第二定律中质量、速度、加速度概念的借鉴。可以表述为动量为 p 的物体，在合外力为 F 的作用下，其动量随时间的变化率等于作用于物体的合外力，即物体加速度的大小跟作用力成正比，跟物体的质量成正比，且与物体质量的倒数成反比，加速度的方向跟作用力的方向相同，用式（3－14）表示。

$$\begin{aligned} F &= m \times a \\ &= m \times \frac{\Delta v}{\Delta t} \end{aligned} \tag{3-14}$$

经济力学是基于这样一种思路对经济问题进行描述的：通过对经济变量进行二阶差分，获得经济变量转换速度上的变化，即物理学概念中的加速度，这里描述为经济动量（a），一个国家或地区的经济实体的体量同经济发展所受到的驱动力密切相关，同样经济动量情况下，一个经济指标的当期值即经济体量（m）越大，所需要的经济驱动力（F）就越强。通过使经济驱动力（F）的测算，可以代表该地区向既定经济目标发展的总体能力。

自2009年以来中国经济进入新常态，其主要特征便是经济增长速度回归平稳。在这个历史时期中劳动力投入，和资本投入均没有出现大幅下滑。这也说明中国经济，总体量上升之后，同样的经济总量产生的经济加速度是不同的。

通过经济动量的计算结果可以发现，自2008年以来，全国各省的供给侧结构性改革的经济动量是总体下降的，2014年中国较多地区供给侧相关的经济动量为负值，负值地区的经济发展水平，经济特征均有不同，这也说明了供给侧结构性改革实施过程中的地区特征非常明显。然后使经济动量（a）与经济体量（m）相乘，获得供给侧结构性改革驱动力。

表3－17　　2008—2014年供给侧结构性改革驱动力

	2008年	2009年	2010年	2011年	2012年	2013年	2014年
北京市	－6.88E＋08	－2.26E＋09	－1.22E＋09	－9.92E＋08	－3.20E＋07	－1.58E＋09	3.12E＋08
天津市	－4.28E＋09	－2.88E＋09	－2.48E＋09	－6.03E＋09	－1.20E＋09	－2.41E＋09	5.99E＋08
河北省	－1.36E＋10	－6.40E＋09	－2.06E＋10	－2.48E＋10	－3.61E＋09	－3.00E＋09	2.25E＋10

续表

	2008 年	2009 年	2010 年	2011 年	2012 年	2013 年	2014 年
山西省	7.50E+09	-4.64E+10	-1.11E+09	-8.13E+08	1.76E+09	3.63E+09	-1.73E+10
内蒙古	-1.55E+10	-4.37E+09	-3.05E+10	-2.50E+10	-8.88E+09	-2.01E+09	-8.02E+09
辽宁省	-1.46E+10	-4.15E+10	-3.03E+10	-3.39E+09	-1.45E+09	1.92E+10	-2.36E+09
吉林省	-1.18E+10	-2.74E+09	-1.90E+09	-1.41E+09	-5.34E+09	-8.87E+09	-7.62E+08
黑龙江省	-3.28E+09	-1.30E+10	-8.01E+09	-4.95E+09	4.38E+08	-3.45E+09	-6.97E+09
上海市	2.78E+10	2.93E+10	-7.74E+08	-1.78E+09	2.74E+09	-1.37E+08	-3.49E+08
江苏省	1.28E+10	-9.25E+09	-3.40E+08	-4.85E+09	7.47E+09	-4.85E+10	1.51E+10
浙江省	-1.25E+10	-6.45E+10	-3.78E+10	1.56E+09	-9.99E+10	-6.05E+10	-3.11E+10
安徽省	-4.90E+09	-5.57E+08	-9.41E+08	3.89E+10	2.15E+10	3.69E+09	1.39E+10
福建省	-1.41E+09	-1.91E+09	-5.34E+09	-5.35E+09	-2.44E+09	-2.44E+09	-1.84E+09
江西省	-1.21E+09	-6.23E+09	1.58E+09	3.04E+09	-4.30E+09	-2.28E+09	-2.54E+09
山东省	-1.07E+09	-5.65E+09	-5.32E+09	-2.86E+09	3.96E+09	3.77E+10	6.25E+09
河南省	-1.08E+10	-2.15E+10	-3.31E+10	-3.92E+10	-8.21E+09	-8.63E+09	-4.00E+10
湖北省	-1.06E+10	9.40E+05	-1.02E+10	-2.02E+10	-7.57E+09	-2.74E+09	-2.66E+10
湖南省	-1.01E+10	2.58E+09	-1.21E+10	4.23E+08	-3.44E+08	-1.96E+10	-5.00E+09

续表

	2008 年	2009 年	2010 年	2011 年	2012 年	2013 年	2014 年
广东省	-2.98E+10	-4.32E+10	-2.50E+10	-3.45E+09	-6.50E+09	-3.40E+10	-5.07E+09
广西	-1.39E+09	-1.86E+10	-2.59E+10	-1.38E+10	-8.17E+09	-2.41E+10	-2.14E+10
海南省	5.69E+07	-1.80E+08	1.47E+07	-3.94E+08	-4.85E+08	-2.98E+08	-3.14E+08
重庆市	-2.48E+10	-2.22E+09	-3.59E+08	-2.20E+09	-7.28E+09	-2.32E+10	-1.94E+10
四川省	-7.30E+09	-2.84E+10	-1.43E+10	-1.88E+10	-2.03E+10	-4.57E+10	-3.90E+09
贵州省	-6.72E+09	1.92E+09	-1.08E+10	-2.43E+10	-1.96E+10	-7.29E+09	-3.59E+10
云南省	-4.16E+09	-3.85E+09	-9.79E+08	-7.51E+09	-9.24E+09	-2.04E+10	-1.35E+10
西藏	-4.16E+14	-3.85E+14	-9.79E+13	-7.51E+14	-9.24E+14	-2.04E+15	-1.35E+15
陕西省	-3.03E+08	4.42E+09	-1.17E+10	-9.32E+09	-9.10E+09	-2.09E+10	-4.74E+09
甘肃省	-2.76E+09	-4.02E+09	-4.36E+09	-1.01E+09	-4.86E+09	-6.89E+09	-1.34E+09
青海省	-1.28E+08	-9.18E+08	-9.51E+08	-6.16E+09	-3.20E+08	-1.06E+08	1.51E+09
宁夏	-1.85E+09	-4.12E+09	-3.99E+09	-1.35E+09	-8.63E+09	-6.12E+09	-1.28E+09
新疆	-2.46E+09	-1.65E+10	-7.01E+09	-3.03E+10	-2.36E+10	-2.96E+09	-5.58E+08

通过供给侧结构性改革合外力的计算，2014 年的计算结果显示，全国仅有北京、天津、江苏、安徽、河北的供给侧结构性改革合外力为正，这些地区通过一系列强有力的措施，大力推进供给侧结构性改革，经济社

会发展正在向供给侧结构性改革的目标前进。其他省份的经济合外力一直为负数，必须通过扭转供给侧合外力，使之成为正值，推动供给侧结构性改革，促进经济新动能产生。

（七）结论及展望

总体上，我国近十年来对于供给侧的经济动能是一个逐步下降的过程，至2013年部分省份经济动量得到一定程度的回升，但是在中国经济发展的重点地区，经济动量不足的情况普遍存在。如何从产业结构优化、不同地区的供给侧结构性改革策略等方面进一步分析供给侧结构性改革的政策制定与效果评价需要进行进一步研究。

供给侧结构性改革的高度系统性和自相关性表明，供给侧结构性改革中各项指标不是独立存在的，顺利推进供给侧结构性改革必须对供给侧结构性改革目标“三降一升一补”统筹规划。根据计算需要注意供给侧结构性改革的措施在不同目标上产生作用的时间是不同的，例如大规模简政放权的措施至2014年效果才初步显现，进行产能缩减时驱动型指标和防范型指标的关系等。

供给侧结构性改革的评价方法上，本书试图构建基于社会经济发展的综合性指标作为改革目标来衡量供给侧结构性改革现状、问题和效果，并基于此计算了分地区供给侧结构性改革驱动力，需要注意衡量经济社会全面发展的指标众多，本文构建的目标指标仅包含供给侧结构性改革中已经提出或者凸显出来的问题。构建更加全面合理的改革目标是下一阶段供给侧结构性改革定量评价研究的重要课题。

二　供给侧结构性改革背景下企业经营状况与企业杠杆率关系研究

（一）引言

降低杠杆率是当前供给侧改革五大任务之一，也是和降低系统性风险最为紧密相关的任务。杠杆率作为风险资本管理和资本充足率监管的有效补充，是衡量一个地区经济安全稳定的重要指标，2013—2015年是中国三期叠加状态情况较为明显的一个时期，特别是前期大规模经济刺激政策消化压力较大。杠杆率指标同房地产库存、过剩产能削减、降低企业经营成本密切相关，同时又相互制约。

在IMF公布的2015年《全球金融稳定报告》中，主要新兴市场经济体企业债务水平急剧上升。报告认为杠杆率大幅度提升的原因是更为宽松的金融条件而非经济基本面改善。在中国，一些机构和学者对当前中国杠杆率进行了分析。任泽平经过测算得出金融危机之后中国全社会杠杆率为260.8%，以及2008—2015年杠杆率上升90.28%的结论。吴敬琏(2013)[①]指出中国的杠杆率风险有自身特色，中国居民、企业债务占比相对于日本、美国等发达经济体都要高，因此偿债风险更高，降低杠杆率的必要性也更高。

为此，2014年《国务院关于加强地方政府性债务管理的意见》（国发〔2014〕43号）出台，并且实施了新的预算法，严格控制地方政府债务。重庆市在2016年6月发布《重庆市金融去杠杆风险专项方案》，严格控制高息融资操作和其他高风险投资型金融产品。

2014年重庆市全年GNP同比增长10.9%，为全国之首。深入研究重庆市企业杠杆率水平和相关政策的影响，归纳总结重庆供给侧改革经验，分析降低杠杆率的作用，对推进全国范围内供给侧结构性改革、防范系统性风险和培育经济增长新动能有十分重要的意义。

（二）文献综述

杠杆率（Leverage Ratio）是指权益资本与资产负债表中总资产的比率，它是一个衡量公司负债风险的指标，能从侧面反映公司的还款能力。过高的杠杆率是系统性经济危机的根源。杠杆率计算方法为

杠杆率＝总资产/权益资本×100%

杠杆率＝1/（1－资产负债率）×100%

在2008年之后，巴塞尔委员会给出了资本监管的一个非常重要的建议，即对商业银行实施杠杆率限制。国内外学者围绕杠杆率展开了充分的研究。国外学者对杠杆率和经济增长做出了一些定量研究，Stephen（2011）[②]在对18个OECD国家的政府、居民1980—2010年债务水平分析后得出当企业债务水平达到90%时会对经济增长产生抑

① 吴敬琏：《追根产能过剩之源》，《新经济导刊》2013年第7期。

② Cecchetti S. G., Mohanty M. S., Zampolli F., The real effects of debt. *Bis Working Papers*, 2011, 68 (3): 145－196.

制作用的结论；Cuerpo（2015）[①] 等在分析欧洲私营部门债务水平的基础上建立了去杠杆工作对经济活动影响的定量分析框架，并通过DSGE 模型仿真得出更加灵活的经济结构和新的经济驱动力对快速消除去杠杆对经济的影响非常重要，这是推动经济走向新的均衡状态的重要原因。

与此同时，国内学者大多从宏观方面对国家整体杠杆率进行分析，并通过模拟、推演等方法分析在不发生系统风险前提下杠杆率应当维持在何种水平上才能够保证企业充分发展。刘信群等（2013）[②] 通过对 2002—2012 年全国面板数据对杠杆率和经营绩效进行定量分析。诸建芳等分析了 2012 杠杆率结构，认为居民杠杆率的上升速度需要控制，政府的杠杆率则需要保持稳定，未来几年中国杠杆率可能略有下降，这将对经济增长有所抑制。

在杠杆率的结构研究方面，中国人民银行杠杆率研究课题组对 2014 年中国杠杆率进行评估和结构分析，认为当前中国最大的风险不是杠杆率的绝对水平，可以灵活运用目前仍然存在的杠杆率空间优化债务结构，并在经济增长过程中逐步降低杠杆率水平。目前，杠杆率的研究主要集中在金融企业和政府部门，对一般性、非金融实体企业的研究较少。对一般企业的杠杆率水平进行定量分析是对供给侧结构性改革推进过程中进行效果评估、风险分析，寻找工作着力点的重要前提性工作。针对重庆地区具有代表性企业的分析是进行全国范围内供给侧结构性改革中去杠杆工作前期工作经验的归纳与总结。本文在对比分析重庆市非金融企业杠杆率和重庆整体杠杆率与经济产出、潜在增长率基础上，构建了动态面板回归模型并进行 GMM 回归分析。

（三）重庆市杠杆率水平和经济增长潜力

中国供给侧结构改革是应对中国经济增速不断下探，破解“中等收入陷阱”难题的必然选择，衡量供给侧改革的成功与否，需要综合考虑当期的经济增长率和未来的潜在经济增长率。潜在经济增长率的测算方法

---

① Cuerpo C., Drumond I., Lendvai J., et al., Private sector deleveraging in Europe. *Economic Modelling*, 2015, 44: 372-383.

② 刘信群、刘江涛：《杠杆率、流动性与经营绩效——中国上市商业银行 2004—2011 年面板数据分析》，《国际金融研究》2013 年第 3 期。

较多，较为常用的方法是通过索洛经济增长模型对包含多种投入的 Cobb - Douglas 模型变形并计算全要素生产率。如张林通过包含人力资源的 Cobb - Douglas 模型，推算出 2012—2020 年我国 GDP 增长率大致在 6.6% ~7.8%。

首先对重庆市杠杆率水平和两个主要经济增长指标：TFP 和 GNP 进行对比分析。本文对 TFP 的测算采用 Cobb - Douglas 函数仅考虑劳动力与资本投入，见式（3 - 16）。

$$\ln A = \ln\left(\frac{Y}{L}\right) - \alpha * \ln\left(\frac{k}{L}\right) \tag{3-16}$$

本文选取 2004—2014 年《中国统计年鉴》中各省 GDP 面板数据为经济产出（Y），以城镇单位就业人数、私营企业就业人数、个体户就业人数之和为劳动力投入（L）。资产投入采用永续盘点法测算，以 1987 年固定资产总额作为基期，以国家统计年鉴中固定资产形成额作为资本增量，根据会计习惯将资产折旧率设定为 20%。

式（3 - 16）中 α 值一般根据一个国家或地区的投资拉动与劳动力投入之比进行估计，国外学者根据经验在 20 世纪 90 年代将公式中 α 值一般设定为 0.3。部分国内学者对 α 的取值提出质疑，认为西方国家将 α 值放在较低水平会夸大 TFP 增长率在经济增长中的作用。

为保证计算的合理性，本文分别在 α = 0.3、0.5、0.6 水平上进行测算。通过观察各省 TFP 增长率我们发现，将 α 值设定在 0.6 是一个较为合理的选项，能够反映近年来中国的实际情况。测算结果显示中国全要素生产率总体上来说是增长的，但是全要素增长率的增长速度在 2008 年由于经济危机出现了很大下降。在 2009 年短暂的回升之后 2010 年至 2013 年逐步下降，甚至在 2013 年部分省份出现了负增长。随着 2013 年中国开始大力推进供给侧改革大部分省份全要素增长率得到回升。

重庆市在制造业产业升级和控制杠杆率水平上采取了一系列有力措施，保证了经济发展潜力。通过对比 2007—2014 年全国 TFP 增长率算数平均值和重庆 TFP 增长率，可以发现自 2012 年后的三年时间重庆 TFP 增长率优于全国水平。

同时对比经济增长率，重庆 GNP 自 2013 年开始一直维持高速增长率，优于全国水平，见表 3 - 18。

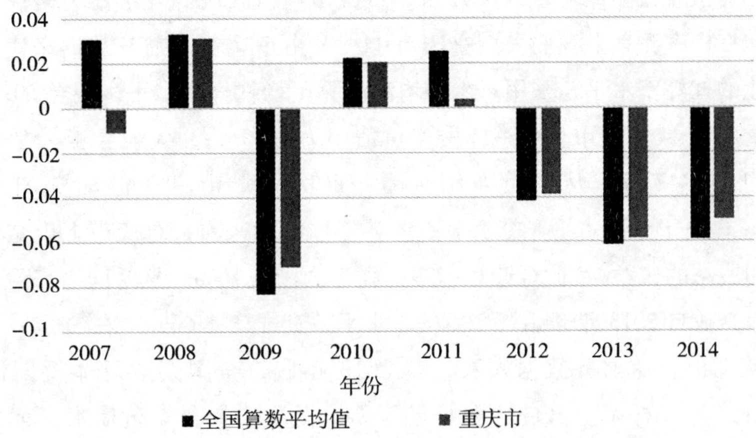

图 3-6 全国与重庆地区 TFP 增速对比

数据来源：《中国统计年鉴 2015》，经 Cobb - Douglas 模型计算索洛残差所得。

表 3-18 重庆 GNP 与全国 GDP 对比 单位：%

报告期	GDP（累计同比）	重庆：GNP：不变价（累计同比）
2013-09	7.80	12.40
2013-12	7.80	12.30
2014-03	7.40	10.90
2014-06	7.40	10.90
2014-09	7.30	10.80
2014-12	7.30	10.90
2015-03	7.00	10.70
2015-06	7.00	11.00
2015-09	7.00	11.00
2015-12	6.90	11.00
2016-03	6.70	10.70
2016-06	6.70	10.60

数据来源：国家统计局月度数据

自开展供给侧结构性改革以来，重庆市经济表现和经济潜力是优于全国的，在杠杆率测量上我们采用重庆市44家[①]上市企业的财务数据来代表重庆市企业的杠杆率水平，采用算术平均法测算平均杠杆率水平，截至2015年12月，重庆市44家上市企业整体资产负债率为66.51%，大大低于A股市场企业平均值84.73%。从经营业绩来看，重庆市上市企业流动资产比例为58.09%，高于全国水平8个百分点。从偿债能力来看，重庆市上市企业归属母公司股东的权益/负债合计0.4779，高于全国0.1660。从时间上来看，重庆市上市企业自2013年开始资产负债率水平一直维持在66%左右。

从上市企业财务数据来看，自2013年起，全国企业总体短期借款水平上升，是杠杆率上升的主要推动因素，重庆企业各类负债水平都低于全国，但是自2012年以来上升速度较快，见表3－19。

表3－19　　重庆上市企业资产负债水平

资产/短期借款比			
	2012年	2013年	2014年
重庆企业	11.0612	17.8588	19.9856
全国企业	38.4278	48.4286	52.0437
资产/流动负债			
重庆企业	2.2487	2.3049	2.3718
全国企业	10.0777	10.2331	10.2286
资产/长期负债			
重庆企业	6.1797	6.8341	6.5966
全国企业	25.1434	24.8156	24.0818
资产/总负债			
重庆企业	19.4896	26.9979	28.9540
全国企业	73.6490	83.4773	86.3540

数据来源：万德FA数据库

① 截至2016年9月，重庆市上市企业共45家，由于本文研究对象集中在实体企业，故将西南证券排除在外。

综上可见，重庆良好的 GDP 与 TFP 增速表现同重庆企业较低的杠杆率水平有着共同的趋势。分析重庆企业较低杠杆率水平的成因和对经济发展的积极影响是供给侧结构性改革工作的重要方面。重庆市企业杠杆率水平不仅同外部整体经济相关，也和企业内部经营状况有密切联系，因此对企业内部的经营状况和企业杠杆率水平关系进行定量分析十分必要。

（四）重庆市企业杠杆率与经营状况实证分析

面板数据模型是建立在面板数据之上、用于分析变量之间相互关系的计量经济模型。我们将重庆企业分季度财务报表作为时间方向，将不同企业作为截面方向构建面板模型。

回归模型设定必须根据面板数据的特性来分析回归模型设定是否有效，因此对模型的随机效应模型（Random – Effect Model）、固定效应模型（Fixed – Effect Model）检验混合估计模型是否有效进行检验，并且如果一个模型具备时间和个体两种效应的存在，就称作双向固定效应。在时间和个体效应的估计上一般通过 F 统计量检验来判断模型的有效性，对混合估计和随机效应通常使用 LM 检验来判断有效性。对固定效应和随机效应模型，应采取豪斯曼检验（Hausman Test）。

首先判断是应当选取固定效应模型还是随机效应模型，首先构建面板数据模型如式（3 – 17）所示。

$$Y_{i,t} = \sum \beta_t X_{i,t} + \mu_{i,t} \tag{3-17}$$

其中，Y 代表该企业资产负债率，X 向量为公司内部经营和财务系列指标。本文选取了归属母公司股东的权益、管理费用、流动比率、存货周转天、长期负债占比代表公司的内部治理、股权结构、资金状况和经营状况等。豪斯曼检验（Hausman Test）是一种一般性检验，用于模型选择时通过设定原假说为非观测效应与解释变量不相关来进行检测。为判断两种模型的有效性，本书采用豪斯曼检验，分别运用面板数据根据模型 1 进行固定效应模型回归和随机效应模型回归，获得回归结果 WI、RE，将固定效应回归结果（WI）与随机效应回归结果（RE）统一进行豪斯曼检验，实验结果见表 3 – 20。

表 3-20　　Hausman 检验（固定效应与随即效应模型）

指标	CHISQ	DF	P-value
计算值	502.51	3	2.2e-16
备择假设	one model is inconsistent		

豪斯曼检验结果 P 值极小，因此选取固定效应模型。进一步判断是否存在个体或时间上的效应。通过 R 语言 PLM 包提供针对池数据的单位根检验方法，分别对个体效应和时间效应进行检验，结果见表3-21。

表 3-21　　POOL 数据单位根检验（时间效应与个体效应）

F statistic	时间效应			
指标	F	DF1	DF2	P-value
计算值	2.9281	3	380	1.096e-09
备择假设	unitability			
F statistic	个体效应			
指标	F	DF1	DF2	P-value
计算值	4.5415	258	176	2.2e-16
备择假设	instability			

个体效应和时间效应检验结果 P 值均小于 0.01，表明面板数据中时间效应和个体效应都非常严重，因此应当选择建立双向（two-ways）模型。

由于资产负债率和其他指标的关联度因为数据报告期等因素较易产生数据滞后和影响滞后，因此需要对模型是否存在序列相关进行检查。目前序列相关检验方法如 DW 检验、自回归检验、LM 检验、Wooldridge 检验、Breusch-Godfrey 检验等方法。本书采用两种检验方法：Wooldridge 检验和 Breusch-Godfrey 检验，两者的结果 P 值小于 0.01，均表示存在序列相关性，见表 3-22。

表 3－22　**序列相关性检验**

Wooldridge 检验			
指标	CHISQ		P－value
计算值	12.93		0.0003234
备择假设	serial correlation		
Breusch－Godfrey 检验			
指标	CHISQ	DF	P－value
计算值	56.113	10	1.955e－08
备择假设		serial correlation in idiosyncratic errors	

构建动态面板回归模型是分析本文数据中关于控制杠杆率和企业运行成本关系的有效方法。我们认为杠杆率对企业经营活动的影响时间较短，因此企业运行其他指标设定一阶滞后。根据上述检验结果，应当建立动态面板回归模型如式（3－18）：

$$Y_{i,t} = \alpha Y_{i,t-1} + \Sigma\beta_{t-1}X_{i,t-1} + \xi_i + \mu_{i,t-1} \tag{3-18}$$

同时也考虑到本文 X 向量当期相关的情况，构建了仅有自变量滞后一期的动态面板数据回归模型，见式（3－19）：

$$Y_{i,t} = \alpha Y_{i,t-1} + \Sigma\beta_{t-1}X_{i,t} + \xi_i + \mu_{i,t} \tag{3-19}$$

考虑到一些变量可能同资产负债比是指数型相关，因此在模型(3－18)的基础上进行指数变形，设计模型（3－20）用来分析可能存在的指数相关性。

$$\ln Y_{i,t} = \ln Y_{i,t-1} + \Sigma\beta_{t-1}\ln X_{i,t-1} + \mu_{i,t-1} \tag{3-20}$$

对上述动态面板数据的估计，可以采用的估计方法有 OLS、LM 等一般估计方法和 WLS 等针对异方差情况的调整方法，由于 GMM 方法不需要考虑数据分布差异问题，因此本文采用双向（two－ways）固定效应(within）模型及 GMM 方法回归。回归结果见表 3－23。

表 3-23 **模型（3）回归结果**

指标	滞后期	Estimate	Std. Error	t-value	Pr（>|t|）	
资产负债率	1	1.8790e-01	5.2273e-02	3.5946	0.0003733	* * *
归属母公司股东的权益	1	-2.4899e-01	4.0013e-02	-6.2227	1.446e-09	* * *
管理费用	1	-6.5685e-09	9.4168e-09	-0.6975	0.4859492	
流动比率	1	-4.8138e-03	2.6124e-03	-1.8427	0.0662525	.
存货周转天	1	5.2015e-04	8.0479e-04	0.6463	0.5185101	
长期负债占比	1	3.0808e-03	8.0896e-02	0.0381	0.9696437	

公式（3-18）回归统计量中，调整后 R^2 为 0.10391，模型解释力较好，F 统计量在自由度 DF6~338 中为 7.80899，模型整体 P 值为小于 0.01，模型整体可信度较高。回归指标中，资产负债率和母公司股东权益滞后一期回归结果显著。财务流动比率有相关性，但 P 值超过 0.01。

表 3-24 **模型（4）回归结果**

指标	滞后期	Estimate	Std. Error	t-value	Pr（>|t|）	
资产负债率	1	1.1005e-01	4.7507e-02	2.3164	0.02113	*
归属母公司股东的权益	0	2.0955e-01	4.4487e-02	4.7105	3.614e-06	* * *
管理费用	0	4.2114e-09	5.5886e-09	0.7536	0.45163	
流动比率	0	-5.9727e-03	2.6399e-03	-2.2625	0.02430	*
存货周转天	0	7.2953e-04	8.9376e-04	0.8162	0.41493	
长期负债占比	0	1.4778e-01	7.0913e-02	2.0840	0.03791	*

公式（3-19）回归统计量中，调整后 R^2 为 0.081434，模型具有解释力，F 统计量在自由度 DF6~338 中为 5.94153，模型整体 P 值为小于 0.01，模型整体可信度较高。回归指标中，和母公司股东权益当期回归结果显著。财务流动比率和长期负债占比有一定相关性。

表 3 - 25　**模型（5）回归结果**

指标	滞后期	Estimate	Std. Error	t - value	Pr（>|t|）	
Ln 资产负债率	1	-0.0415179	0.1621481	-0.2560	0.7980684	
Ln 归属母公司股东的权益	1	0.0289946	0.1276629	0.2271	0.8204692	
Ln 管理费用	1	0.0665427	0.0200069	3.3260	0.0009779	* * *
Ln 流动比率	1	-0.2576732	0.1592456	-1.6181	0.1065768	
Ln 存货周转天	1	-0.0042181	0.1776278	-0.0237	0.9810686	
Ln 长期负债占比	1	-0.0023971	0.0518901	-0.0462	0.9631819	

公式（3-20）回归统计量中，调整后 R^2 为 0.046205，模型具有解释力，F 统计量在自由度 DF6 ~ 338 中为 3.22403，模型整体 P 值为小于 0.01，模型整体可信度较高。回归指标中，和管理费用与资产负债率呈现一阶指数显著正相关。

（五）结论与展望

总体上，我国近十年潜在增长率增速不断下降，中国经济发展动力不足的情况普遍存在。如何从产业结构优化，对不同地区的供给侧结构性改革的相关政策制定与实施效果评价需要进一步研究。降低杠杆率水平是供给侧结构性改革中较为紧迫的任务，牢牢守住不发生系统性风险的底线是供给侧结构性改革能够顺利实施、保持经济社会稳定的前提条件。通过对比分析重庆企业和全国企业的财务构成，较低的杠杆率水平是经济潜力提升和经济稳定高速增长的先决性条件。重庆企业的财务数据体现了重庆市主动对控制杠杆率在合理水平的决心。

通过定量模型，我们发现降低杠杆率水平同企业内部资本形成、企业治理水平密切相关，也为供给侧结构性改革提供了从企业内部降低杠杆率水平的一些思路和手段。企业杠杆率本身是一把双刃剑，过低的杠杆率水平会影响企业资本形成，反过来抑制经济增长。

降低杠杆率是一项系统而艰巨的工程，杠杆率过高的问题不仅是政府部门、金融企业和一般居民所面临的问题，非金融企业同样受杠杆率的影响，但这种影响存在时间上的滞后。

杠杆率在金融机构、政府、不同行业间的传导机制对供给侧结构性改革和非金融企业的影响是显著的，是供给侧结构性改革在降低杠杆率研究的进一步方向。

第四节　新型城镇化评价

20 世纪初期，诺贝尔经济学奖获得者约瑟夫·尤金·斯蒂格利茨（Joseph Eugene Stieglitz）教授曾预言，中国的城市化和以美国为首的新技术革命，将成为影响 21 世纪的两件大事。由此可见，中国的城镇化进程不仅关乎国内社会经济发展趋势，更在世界城市化进程中扮演着越来越重要的角色。《中国统计年鉴》数据显示，中华人民共和国成立初期（1949 年）城镇化率仅为 10.64%，到 2000 年也只有 36.22%，而《2015 年国民经济和社会发展统计公报》指出，2015 年中国城镇化率达到了 56.10%，这进一步验证了斯蒂格利茨的预言，并且也表明中国城镇化建设仍有很大的提升空间。

城镇化是人类社会发展的客观趋势，也是一个国家现代化水平的重要标志。在中国，城镇化建设担负着扩大内需，提高人民生活福祉的重任，更是实现全面建设小康社会和中华民族伟大复兴中国梦的重要载体。2011 年，中国城镇化率首次超过 50% 之后，表明中国已经基本结束了以乡村为主的时代，开始进入以城市为主的发展新时期。中国目前正处于人类历史上最大规模的城市化加速进程之中，城市化的推进方式、实现途径及其表现形态均呈现出鲜明的时代性、特殊性及复杂性。推进城镇化是解决农业、农村、农民问题的重要途径，是推动城乡、区域协调发展的有力支撑，是扩大内需和促进产业升级的重要抓手，对全面建成小康社会、加快推进社会主义现代化具有重大现实意义和深远历史意义。

本节在分析世界城市化和中国城镇化发展的基础上，对中国城镇化进程作出理论上的定性及实证中的定量研究，提出下一阶段中国新型城镇化的建设愿景和实现路径，为研究城镇化提供必要参考。

一 新型城镇化的理论基础

认识城镇化的发展应该以理解城镇化的相关概念为基础，本节主要界定了城镇、城市、城市化和城镇化等几个相关概念，并在此基础上，以马克思的城乡融合理论、二元经济结构理论、小城镇理论、人口迁移理论、可持续发展理论和城市发展阶段理论等为支撑，详细阐述了城镇化的演进过程；同时，引出了新型城镇化的相关理论，从新型城镇化的内涵、特征入手，对比了新型城镇化与传统城镇化的差异，并联系新农村建设问题，指明了二者之间的区别。意在通过梳理城镇化基本概念及经典理论，对城镇化问题有深入理解，为研究中国新型城镇化问题奠定基础。

（一）有关城镇化的基本概念界定

1. 城镇

“城”，旧时指都邑四周用作防御的城垣。《管子·度地》曾提及“内为之城，城外为之郭”，《辞海》中对“城镇体系”的表述是指具有一定的时空地域结构的城镇网络，其中常有一个主要的、最大的城市居中心地位，其他各城镇则为规模不等、职能不同、层次各异的系列[①]。城镇是在村庄基础上发展而来的，既包含了城市，又有集镇两个元素，一般以非农业人口为主，具有一定的规模。从发展来看，城镇是村庄发展的延续，包括“城市”和“小城镇”，是社会生产力发展到一定阶段的产物，具有较好的基础设施和比较完善的公共产品，是一定区域的政治、经济、文化发展中心，是由具有现代文明素质的居民聚集的和具有比较完善发达的商品市场交易网络的地域综合体[②]。

2. 城市

城市是社会经济生产力与科学技术高度发展的聚集区，也是人类聚居文明发源地和商贸辐射的集中地（段进军等，2013）[③]。“城”是地理意义上的界定，“市”是“城”的经济基础，二者相互促进，共同发展（田雪

① 《辞海》，上海辞书出版社 1999 年版。

② 肖万春：《中国农村城镇化问题研究》，中共中央党校博士论文，2005 年。

③ 段进军、姚士谋、陈明星、龙花楼、叶超：《中国城镇化研究报告——城镇化转型与健康城镇化道路》，苏州大学出版社 2013 年。

原，2013）[①]。马克思和恩格斯指出："某一民族的内部分工，首先引起工商业劳动和农业劳动的分离，从而也引起城乡的分离和城乡利益的对立"[②]。就此而言，城市的起源与发展离不开生产力发展。因此，本书认为真正意义上的现代城市应该追溯至18世纪中叶的英国工业革命，而不应该以古代的城市为基准。城市不是从来就有的，只有当生产力发展到一定程度，手工业和商业从农业中分离出来，私有制和阶级分化出现，城市才在人群有防卫的固定的集聚地萌发，并逐渐发展起来。出于商品交易的方便，"市"最终落户于"城"中，形成了真正意义上的城市（连玉明，2009）[③]。

城市的发展是生产力发展到一定阶段后产生的，并不是与生俱来的。其经历了工业革命前的发展时期、工业革命中以工业化为主导的城市化阶段和工业革命后以第三产业为核心的城市化阶段三个时期，三个时期的具体时间节点并不是很明确，但其发展却是伴随经济发展层次的提高而不断向前发展的。

3. 城市化

在人类发展历史上，城市化是一个漫长的发展过程，早在5000多年前出现城市开始，就开始了缓慢的城市化进程。而有关"城市化"（urbanization）定义的最早论述可以上溯至19世纪中期，即1867年，西班牙工程师伊尔德方索·塞雷达的《城市化的基本理论》（*General Theory of Urbanization*）一书中提及（Knox PL，1994）[④]。

"城市化"亦称"都市化"，主要表现为城市数目的增加，城市规模的扩大和城市经济方式、生活方式的某些特征向农村扩展。城市人口数量在人口总数量中的比重，是衡量城市化程度的基本指标[⑤]。1998年8月，由建设部发布的《国家标准城市规划基本术语标准》通知中，所谓"城市化"是人类生产和生活方式由乡村型向城市型转化的历史过程，表现

---

① 田雪原：《城镇化还是城市化》，《人口学刊》2013年第6期。

② 《马克思恩格斯全集》（第3卷），人民出版社1960年版。

③ 连玉明：《中国城市综合竞争力报告》，中国时代经济出版社2009年版。

④ Knox P L. Linda McCarthy. Urbanization: An introduction to urban geography. *Upper Saddle River* , 1994.

⑤ 《辞海》，上海辞书出版社1999年版。

为乡村人口向城市人口转化以及城市不断发展和完善的过程，又称“城镇化”或“都市化”①。

不同学科对于城市化的研究具有不同见解，其中，经济学者认为城市化是人类社会现代化和经济增长的产物，是空间体系下的社会经济结构转换过程（陈甬军等，2013）②。是指农村人口转移为城镇人口的过程，农村经济向城市经济开始转化，且经济重心从农业向第二、第三产业转换，生产要素向城市流动的过程，能够引起产业结构、消费结构的重大变化的过程，即生活消费方式由原有的乡村方式向城市消费方式转变。在这个转化过程中，工业化起着主导作用，对于经济增长的提升及城市化水平的推动起到重要作用。而社会学者认为城市化是人口脱离农村而向城市集中的现象，在集中过程中，农村生产力结构、生产经营方式、收入结构、生活方式、思想观念等发生质的变化，并逐渐与城市相接近。城市地理学者认为城市化是地球表面的某一个地域内，城市性状态逐渐扩大和发展的过程，即人口由农村向城市聚集并定居，扩大了城市的范围，也是一定地域内包括人口、产业和基础设施在内的各种自然和人文要素的空间分布和空间组织的过程，强调地域性质和景观转化。人口学者主要从人口转移角度论述，认为人口由农村向城市转移的过程中，城市人口数量不断增加。该学派从城市人口占总人口的比重判定一个地区的城市化率。

4. 城镇化

英国和北美部分国家最早开始了城镇化进程，历史发展表明，城镇化是社会经济发展中有力的组成部分，是其发展的必然产物。

由于“城镇化”与“城市化”来源于同一词汇“urbanization”，只是译法不同。地理学界认为中国的城镇化进程重点在于小城镇，而要控制大城市。因此，称“城镇化”，而非“城市化”。从长远来看，城镇化只是城市化发展的一个阶段，长期以来，我国推行积极发展小城镇、适当发展中等城市、严格限制大城市规模的城镇化方针（田雪原，2013）③。因此，在中国特定的历史环境下，优先发展城镇是发展的必然。对于外来词语的

① 来源于：中华人民共和国建设部《国家标准城市规划基本术语标准》。

② 陈甬军、宣超：《新时期中国特色城市化理论研究》，中国人民大学出版社 2013 年版。

③ 田雪原：《城镇化还是城市化》，《人口学刊》2013 年第 6 期。

翻译是“城镇化”，还是“城市化”的争论不一，理论界多数认为译为“城市化”，而实践界和官方文件中则多以“城镇化”进行论述，二者在划定范围、研究侧重上有所区别，其他并无本质矛盾。

1991年，辜胜阻在其出版的《非农化和城镇化研究》中，首次使用“城市化”概念，并作出了详细论述，得到了普遍认同。2000年10月，《关于制定国民经济和社会发展第十个五年计划的建议》中，正式在官方文件中采用了“城镇化”这一概念，指出要“积极稳妥地推进城镇化”，并提出我国推进城镇化条件已经逐渐成熟，重点发展小城镇的思路，这也是国内首次以最高官方文件的形式出现。

（二）城镇化的经典理论支撑

1. 马克思主义的城乡融合理论

马克思在19世纪中叶就已经发表关于城镇建设的理论著作，在其《政治经济学批判》中就明确指出“古典古代的历史是城市的历史，亚细亚的历史是城市和乡村无差别的统一，中世纪是从乡村这个历史的舞台出发的，然后它的进一步发展是在城市和乡村的对立中进行的；现代的历史是乡村城市化，而不像在古代那样，是城市乡村化”①。也就是说在马克思看来，世界的发展必然是以乡村推动城市发展的一个过程，要在推动工业化过程中，加快实现以乡村为主的城市化；同时，他也向世人表明，只有通过乡村才能逐步实现城市化，消灭城市和乡村的差别，使得工人与农民地位相一致。

尽管世界各国在城市化发展过程中所遇到的特殊性不同，但是普遍性却基本类似，那就是伴随农业社会向现代工业社会的过渡，农业的过剩使商业得到充足发展，加之生产技术的提高，使得大工业生产体系逐步形成，工业化进程加快，催生了一批过剩农业劳动力向商业或工业转移，也就导致了人口由农村向城市集中，城市也便随之产生了。

马克思在《资本论》中也指明，“城市工业本身一旦和农业分离，它的产品一开始就是商品，因为它的产品的出售就需要有商业作为媒介，这是理所当然的”②。乡村城市化的过程就是由农业人口转化为非农业人口，

---

① 《马克思恩格斯全集》（第46卷）（上册）），人民出版社1979年版。

② 《马克思恩格斯全集》（第25卷），人民出版社1974年版。

并且居住地也随之由农村向城市的转移。其实质在于乡村与城市居民共同继承、创造和平等分享人类共有的物质文明和精神文明，逐步缩小并消灭城乡差别，达到城市和乡村的协调发展。

在此基础上，马克思恩格斯认为要实现城乡融合，就必须要消除城乡之间的对立，消灭剥削阶级，实现城乡一体化。其在《马克思恩格斯全集》第4卷中，指出“彻底消灭阶级和阶级对立，通过消除旧的分工，进行生产教育、变换工种、共同享受大家创造出来的福利，以便城乡的融合，使社会全体成员的才能得到全面地发展”[①]，这也就为实现城乡一体提供了路径选择。

2. 二元经济结构理论

二元经济结构理论认为由于人类社会经历了漫长的农业文明时期，造成了从事农业的人口比重过多，进而产生了过剩。然而地球上的耕地资源是有限的，伴随社会经济发展，生产技术取得了突飞猛进的发展，使得生产的边际生产率趋于零，甚至是负增长，随后形成了一批过剩的劳动力，导致了发展中国家的发展长期处于低端水平，形成了城乡区别。1954年，W. A. Lewis详细阐述了“两个部门结构发展模型”［资本主义部门（capital sector），又称现代部门］和自给农业部门（subsistence sector，又称传统部门）的概念，建立了两部门经济发展模型，解释了发展中国家并存着由传统的自给自足的农业经济体系和城市现代工业体系两种不同的经济体系，奠定了无限剩余劳动力供给的二元经济结构理论的基础。他认为从生产方式和生产力水平看，现代部门采用机器大工业的生产方式，传统部门是手工劳动；而现代部门相比传统部门而言，生产规模更大，劳动生产率也相对较高。其次，从收入水平看，由于现代部门生产力水平较高，收入水平较高，其产出的一部分可用于积累和扩大再生产。传统部门生产力水平低，收入水平低，其产出仅能够维持生存（汪小勤，1998）[②]。

因此，城镇化是解决城乡二元结构的根本途径，只有保证农村人口转移为城市人口，城乡二元经济结构才会逐渐消失。目前来看，中国仍然处于二元经济结构中，城镇化进程的缓慢加剧了城乡二元结构的矛盾。要解

① 《马克思恩格斯全集》（第4卷），人民出版社1972年版。

② 汪小勤：《二元经济结构理论发展述评》，《经济学动态》1998年第1期。

决二元经济结构给中国带来的社会发展瓶颈，加快推进城镇化建设无疑成为有力选择。

3. 小城镇理论

目前，中国特大城市及大城市城镇化进程已经步入较高水平，而下一阶段中国城镇化要想实现大的突破，中小城镇势必成为发展的重点。20 世纪 80 年代初期，费孝通先生提出了“小城镇、大战略”的发展思路，他认为要把小城镇建设成为农村的政治、经济和文化的中心，小城镇是发展农村经济、解决人口出路的一个大问题。特别是中国实行改革开放政策后，农村乡镇企业得到了较快发展，他通过实地调研乡镇企业发展和小城镇发展进程对中国城市化和工业化的影响，利用定性分析方法、类型比较法等研究了“三农”问题与小城镇发展之间的关系，并作为构思乡村工业化、城市化的基本框架。中国自古是一个农业化大国，农民占据了大部分人口，而这部分人的吃、住、行等问题俨然成为社会中需要集中关注的问题。

费孝通主张发展小城镇为主，大中城市为辅的城市化发展道路，高度关注小城镇作为农村地区商品集散中心的作用。并从 1982 年起提出小城镇研究的“类别、层次、兴衰、分布、发展”的十字纲领，他先后著有《小城镇在四化建设中的地位和作用》和《谈小城镇的研究》等著作，与其 1938 年撰写的《江村经济》构成了小城镇发展的思路。同时，他认为在城市化进程中出现人口流动的两个阶段：“离土不离乡、离乡不离井”和“离土又离乡、离乡又离井”的两个阶段。同时，认为小城镇的主要问题在于人口的分布上。发达国家之所以出现“大城市病”问题，关键在于伴随城市化进程的加快，人口开始向大城市集中，一旦超过了城市负荷，就会带来一系列的问题。这种状态不利于民众的安居乐业，也不利于民众的幸福。

此外，费孝通先生认为农村工业化是解决小城镇发展的最直接推动力。由乡镇企业带动附近民众参与劳动，解决部分农村剩余劳动力问题。乡镇工业是农村剩余劳动力以新的劳动手段和新的劳动对象相结合的产物，是中国工业化的特殊道路，通过发展农村特色工业，利用农村工业化发展系统的思想，带动乡镇及地区的经济发展，构成区域经济大系统。

4. 人口迁移理论

城镇化的过程就是由农村人口向城镇人口的转移，就是人口永久性居住地从迁出地（place of origin）到迁入地（place of arrival）的变化，这也就形成了众多学者推崇的观点，即从人口迁移的角度分析城镇化问题。

其中，最早研究人口迁移问题的是 1889 年 Ravenstein 提出的人口迁移定律①，该理论通过调查 20 多个国家的人口普查数据，关注了人口移动的现象，并总结出了人口迁移的七大定律，包括迁移机制（经济律、城乡律）、迁移结果（性别律、年龄律）和空间特征（距离律、递进律和双向律）。通过这七大定律，对人口迁移的流向、距离等问题作出了规律性的总结，对以后研究具有重要的开创性。1983 年，赫伯尔首次系统总结了“推—拉”理论，用以解释人口迁移问题，其认为人口的迁移受到许多“力”的影响，其中最主要的两个动力是推力和拉力两个部分，人口的迁移行为则是由迁出地的推力和迁入地的拉力共同作用的结果②。

而新古典经济学理论学家则将供给与需求理论引入人口迁移问题研究中，认为劳动力供给与需求的区域差异引起了不同区域之间的劳动力调整。由舒尔茨的人力资本理论得知，对于个人而言，迁移被视为一种个人人力资本的投资，这种个人投资可以增强自身的经济效益，从而提高自身的整体生活水平。在该理论中，设定最小的单位是个人，其决策往往与家庭关联很大，也正是基于此，产生了新家庭迁移理论。

发展经济学理论中刘易斯以城市“充分就业”为前提假设，认为国家经济主要分为农业部门和工业部门两大部分，劳动力会在这两大部门之间根据劳动边际收益率的高低而产生自由流动，农村剩余劳动力将不断流向工业部门，而工业部门则凭借较高的劳动生产率和较低的劳动力成本，吸纳了由农业部门产生的剩余劳动力。这个过程一直持续至两个部门的劳动生产率相等，也就实现了工业化进程。

5. 可持续发展理论

可持续发展是当代人类社会进步的指导原则，是关系到人类文明的延续，直接参与国家最高决策的不可或缺的基本因素（吴殿廷等，2014）③，

---

① Ravenstein E. G. The laws of migration. *Journal of the royal statistical society* , 1889, 52: 241 – 301.

② Guido Dorigo andWaldo Tobler. Push – pull migration laws. *Annals of the association of American geographers* , 1983, Vol. 73: 1 – 17.

③ 吴殿廷、杨春志、钱宏胜：《中国新型城镇化战略及其推进策略》，东南大学出版社 2014 年版。

是为了解决人类与生态协调发展而提出的思想，产生于20世纪80年代。1987年，世界环境与发展委员会在《我们共同的未来》报告中首次阐述了"可持续发展"的理念，得到了国际社会广泛认可。在国内一般将其定义为既满足当代人的需要，又不对后代人满足其需要的能力构成危害的发展，其主要特征是鼓励经济增长，发展目标则是谋求社会的全面进步。

19世纪末，英国社会活动家Ebenezer Howard在"Garden City of Tomorrow"中强调城市规划与建设的设想，并提出了"田园城市"的概念。该概念结合了城镇与乡村的优点，构建了一个理想的城市愿景。随后，英国田园城市与城市规划协会明确了田园城市的概念：田园城市是为了安排健康的生活和工业而设计的城市；其规模要有可能满足各种社会生活，但不能太大；四周要有永久性的农业地带环绕，城市的土地归公众所有或托人为社区代管。从此，田园城市的理念被广泛接受。

可持续理论用于分析城镇化建设进程，主要在于关注城镇化发展的质量。发达国家在城市化进程中，速度较快，但也产生了诸如生态破坏、环境污染等失衡问题，造成了人口拥堵、交通堵塞等城市病问题。关注可持续发展，既是对我国发展绿色生产的现实要求，又是提升城镇化建设质量，增强人民幸福指数的重要举措。党的十八大以来，新一届领导集体高度关注绿色化发展问题，并将其列为"十三五"规划发展的目标之一，意在表明人类历史的发展更应该关注可持续问题，而不是简单的规模问题。

二　新型城镇化的基本概况

（一）新型城镇化的内涵

目前，有关"新型城镇化"的概念尚无一致界定。国内也有很多学者作出了研究，辜胜阻等（2013）①、张占斌（2013）②、魏后凯

① 辜胜阻、刘江日、李洪斌：《中国城镇化的转型方向和配套改革》，《中国人口科学》2013年第3期。

② 张占斌：《新型城镇化的战略意义和改革难题》，《国家行政学院学报》2013年第1期。

(2013)①、倪鹏飞（2013)② 均给出了各自的阐述。而有关“新型城镇化”最官方的表述，也是被学者一直认可并深入研究的是在党的第十八次代表大会中的论断：“新型城镇化是以城乡统筹、城乡一体、产城互动、节约集约、生态宜居、和谐发展为基本特征的城镇化，是大中小城市、小城镇、新型农村社区协调发展、互促共进的城镇化”（胡锦涛，2012)③。这也就明确了新型城镇化的六大特征，以及实现目标的基本路径。从新型城镇化的表述来看，中央此次调整城镇化发展的思路，意在摒弃以往城镇化推进过程中出现的只求摊大，少求精细；只求数量，少求质量；只重外延，轻视内涵发展的思路，而是更多关注城镇化过程中“人”的因素，关注城镇化建设内涵发展的理念。新中国成立以来，中央政府在我国城镇化建设问题上，逐渐提出了“城市化”“城镇化”以及“新型城镇化”建设的不同时期、不同发展要求的建设目标，既是对中国特殊国情下城镇化建设的递进思考，也是时刻调整发展理念，提升城镇化在整个国民经济发展过程中的地位和作用的逐层深入。

（二）新型城镇化的特征

阐述新型城镇化的特征应该回归其内涵表述，在党的十八大报告中已经明确指出了新型城镇化的六大基本特征，这也就是说新型城镇化要实现的是六大特征的城镇化，是体现新形势下发展升级思路的城镇化。

1. 城乡统筹

城乡统筹，顾名思义是要实现“城市”与“农村”的统一，这里是指城市带动农村，农村支撑城市，以实现“城”与“乡”双赢发展的最终目的。长期以来，我国城乡发展形成了较为严重的二元经济结构，城乡差距较大，分割较为严重，特别是城乡人民在平等化权利、均等化公共服务和同质化的生活条件上存在较大距离，即使大量农村人员留在城市打工，也难以满足其基本的需求，导致了许多社会问题。因此，新型城镇化要实现的是城乡居民的福利均等化，使城乡居民生活差距越来越小，共同

---

① 魏后凯：《多角度聚焦“走新型城镇化”》，《社会科学报》2013 年 6 月 20 日。

② 倪鹏飞：《新型城镇化的基本模式、具体路径与推进对策》，《江海学刊》2013 年第 1 期。

③ 胡锦涛：《坚定不移沿着中国特色社会主义道路前进，为全面建成小康社会而奋斗—在中国共产党第十八次全国代表大会上的报告》，2012 年 11 月 8 日。

实现小康社会的奋斗目标。

2. 城乡一体

城乡一体概念是中国城市化发展过程中出现的一个新阶段，要求城市与农村在各个领域内的融合，通过体制改革和政策调整，使城市与农村在产业结构、环境保护和社会发展等各领域实现一体化，以此改变二元经济结构，实现城乡产业互补、资源共享及利益共谋，促进城乡社会、经济、文化、生态等领域的协调发展。习近平总书记在 2015 年 4 月中共中央政治局有关健全城乡发展一体化体制机制第二十二次集体学习中，强调推进城乡发展一体化，是工业化、城镇化、农业现代化发展到一定阶段的必然要求。由此表明，打破城乡二元结构，实现城乡协调平衡发展是新型城镇化建设需要着重关注的问题。

3. 产城互动

“产”“城”互动是指“产业”与“城镇”建设要两手都要抓，城镇建设为产业发展提供了良好的平台，而产业发展又为城镇化建设提供了动力。推进城镇化建设与产业发展形成较好互动，才能够保证经济社会发展的良性循环。新型城镇化建设过程中，应以调整产业结构为重心，做好产业聚集发展规划及空间布局，提高资源利用效率，注重产业发展的健康运行，改变现在的粗放式的发展方式，实现产业节约高效发展，促进产业结构优化升级，为新型城镇化建设提供资金源泉，实现产城共融。而通过产业结构调整，使产业做大做强，形成发展凝聚力，吸引更多的劳动者进城务工，推进城镇化转移速度，支撑城镇化建设。

4. 节约集约

土地为中国城镇化进程提供了承载空间，对于用地的需求较为旺盛，但是土地的自然供给是无弹性的，且在一定时期内是固定不变的，特别是在我国东部地区土地的供需矛盾比较突出，这就产生了节约集约用地的倒逼机制，迫使各地区在开展城镇化过程中注重用地的高度集约化，以便使土地资源的产出效益最优。新型城镇化建设要改变以往地方政府靠卖地求得经济增长的发展思路，更加注重土地的集中管理及长远规划，增强土地作为稀缺资源的保护意识，带动土地利用的集约发展。除此之外，要积极盘活存量建设用地，充分利用闲散土地资源，缓解城镇用地紧张状态，创新土地利用方式，做好城乡建设用地的增减挂钩工作。

5. 生态宜居

城镇化建设的核心在于人的城镇化，而最终目的也在于提高人民生活质量，使广大人民群众共享经济发展带来的福利。中国虽然已经成为全球第二大经济体，但是，在经济发展过程中，也出现了许多诸如环境污染、交通拥堵、住房紧张、贫富差距大等的“城市病”问题，特别是与人民生活息息相关的衣食住行等各方面，均与城镇化建设构想有所脱离，这就要求在新型城镇化建设过程中，时刻牢记改善民生问题，努力改变以往的居住模式及生活方式，打造适宜人类生产、生活的空间，注重生态环境保护与经济发展的协调，积极构建宜居城市。重点做好城市规划及绿化园林建设，关注物质文明与精神文明建设的同步提高。

6. 和谐发展

和谐不仅仅是指城镇化建设过程中的城市与农村之间的协调，更重要的是社会、经济、生态等各环节的和谐共处。世界是一个紧密相连的命运共同体，万物之间均存在密切的关联性，哪一个环节出现了问题，就有可能会对其他环节产生不可逆的后果，也就不利于共处。做好发展规划，处理好生产生活中的各方利益，从长远利益出发，既关注当前发展的需要，又要突出未来发展的重点，引领城镇化建设的趋势，创建和谐发展的良好氛围。

（三）新型城镇化与传统城镇化的区别

新型城镇化是新形势下，党中央面对中国城镇化进程提出的重新认识与思考，相比传统城镇化建设路线，无论是发展理念，还是发展范式均与以往有很大区别，正是由于人们意识的增强，新型城镇化建设才更应该得到广泛关注。本文认为新型城镇化建设与传统城镇化相比，主要有以下五个方面的区别：

1. 由关注土地经济到关注人的权益尊重

传统城镇化建立在土地经济基础之上，即通过政府支付较低费用收购农民土地，然后高价卖出土地给房地产开发商，获取中间差价，并完成城镇化建设的指标，广建商品房，大搞城市形象工程，迫使农民向城市转移。从而导致了两个最重要的后果，一是催高了地区房价，造成多数进城农民成为房奴，生活压力及生活成本提高；二是使得地区的土地城镇化快于人口城镇化，带来了超前发展。而新型城镇化更加关注的是以人为核心的全面而自由的发展，即关注转移至城市的农民权益是否得到了真正的尊重，而忽略以往的只看规模，轻视发展质量的弊端。在这个过程中，要不断培养新进城农民工在生产方式、生活方式和思维方式等方面的转变，真正融入城镇生活体系中，而不是简单的身份转换。

2. 由政府主导到市场主导

计划经济时代，由政府主导的城镇化可以集全社会之力共谋发展，可以做强、做大、做快，在经济发展的复苏及水平相对较低的阶段，有效提升了城镇化的速度，但是长此以往，也会带来权利上的寻租，滋生贪污腐败现象，造成极大的浪费及重复建设。新型城镇化建设就是要打破以往政府主导的局面，推行“市场占主导，政府为辅”的发展思路。党的十八届三中全会也明确指明了市场的决定性作用，就更加表明未来城镇化建设的基本逻辑是以市场导向为主。充分利用市场机制完善城镇化建设，尊重市场运行规律，尊重农民在生产要素间的自由流动及附着之上的权利。政府将更多扮演规划及服务的角色，加强和保护市场运行的公平性，这种发展思路更加符合人民群众的需求，体现“以人为本”的发展思路。

3. 由建设千篇一律到注重文化传承

也就是要在城镇化建设过程中关注城镇化建设的内涵及质量，转变以往传统城镇化建设过程中只重速度、轻质量的观念。中华民族具有五千年的灿烂文明，在历史的发展进程中，许多优秀的思想及文化理应得到传承及完善。文化是城市建设的灵魂，是一个城市吸引并凝聚人才的载体，缺失了特色文化，便很难形成聚力。但是由于传统城镇化过度关注城镇化建设的速度及规模，在改建过程中存在破坏历史文化的现象，而且为了求大，相互模仿建设，造成了城镇化建设的千篇一律，没有了民族特色。而新型城镇化建设理应在尊重历史文化的基础上，关注城镇化建设特色，凸显地方文化及建筑风格，树立生态文明理念，体现集约的可持续发展要求，从软实力入手提升城市竞争力和发展活力。

4. 由城乡二元分割到城乡一体化发展

马克思曾经认为城市和农村的对立将会在一定的条件下灭亡，其途径就是城乡融合。因此，城乡关系建设的好坏将直接影响到一个国家城镇化建设的质量，也将直接影响到一个国家的现代化进程。传统城镇化过程是建立在城乡二元经济结构基础之上的，城市与农村分割开来，这在一定程度上造成了人民权益的不平等，也是民工潮出现的重要原因，由于城市经济社会发展的优越性，导致了大批的农村剩余劳动力转入城市，但是他们却享受不到与城市人口相等的权益，仅仅是城市生活中的建设者。新型城镇化就是要以打破城乡二元经济结构为最终目的，实现城乡一体化，让农民能够享受得到与城市人民相等的权利，实现城市与农村的协调发展。这就需要推行户籍制度改革等一系列措施，大力提高生产力，注重统筹发展，以保证城镇化建设的质量，实现共同富裕。

5. 由发展不平衡到注重与资源环境的相互协调

人口、资源与环境之间是相互配合、相互促进的，只有注重协调，才能得到共同发展。传统城镇化建设过程中，缺乏协调发展的思想，没有注重可持续发展，也就造成了资源的浪费、环境的污染，而这一部分损失将会使人类花费更大的精力去弥补。新型城镇化建设要时刻以可持续发展的眼光及思路思考问题，根据资源环境的承载能力配置人口与经济要素，实现人口、资源与环境的协调发展。不要贪图一时的发展速度及成就，而应做好长远打算，更加注重人与自然、人与环境的和谐相处，只有三者之间协调一致，才能够真正提升城镇化质量，体现“以人为本”的发展内涵。

（四）新型城镇化与新农村建设之间的关联

“新型城镇化”官方表述最权威的是上文中提及的2012年党的十八大报告，而“新农村建设”早在2005年党的第十六届五中全会通过的《中共中央关于制定国民经济和社会发展第十一个五年规划的建议》中就已经提出了建设的重大历史任务[①]。二者提出时间不同，表述对象不一，但是其本质却是相通的，新型城镇化与新农村建设是我国现代化建设的有机组成部分，二者相互协调，共同致力于促进人民生活水平的提高，实现小康社会的发展目标。并且二者都是在根本上解决我国“三农”问题的重要举措，二者虽然落脚点不同，但是却有着天然的内在联系（王丹等，2014）[②]。

新型城镇化的目的在于实现城乡统筹发展，而新农村建设则以城乡协

① 资料来源：《中共中央关于制定国民经济和社会发展第十一个五年规划的建议》。

② 王丹、李楠、李英汉：《新型城镇化与新农村建设》，《中国环境科学学会学术年会论文集(2014)》，2014年。

调发展为核心。新型城镇化建设可以为新农村建设提供必要的物质基础，并且发挥其带动辐射作用，引导新农村建设，实现向农业现代化的转变。同时，可以对农村资金积累和改善生活条件起到促进作用。随着城乡统一的金融机构的建立和完善，以及城市支持农村金融和财税政策的落实，将有更多城市资金流向农村，成为新农村建设的重要资金来源（陈承明，2014）①。

新农村建设则是新型城镇化建设的必要补充。新型城镇化建设的最终目标是要实现城乡之间的各要素合理流动，实现城镇化与农业现代化的协同发展，而新农村建设，就是要改变以往的农村社会结构和产业就业结构，实现特色的农村现代化。新农村建设可以为新型城镇化建设提供高素质的劳动力，使新时代的农民更快融入城镇发展过程之中，为城镇化建设提供人力资源支撑。

由此可见，二者并不是割裂开来的两个孤立战略，而是农村发展的两个不同阶段，二者处于并将在一段时期内共同存在。因此，也会必然面临一系列的中间问题，比如土地出让收益的分配、城乡基本公共服务的均等化等问题，这就需要构建二者协调机制共同解决。

三　世界城市化的发展模式

世界上并不存在完全相同的政治制度，各国在城镇化建设过程中也会遇到许多个性特质，但是我国城镇化建设完全可以借鉴国外城镇化的成功经验，在总结归纳相关战略模式后，根据中国国情，因地制宜构建适宜中国发展的特色新型城镇化。本节主要以世界城市化进展情况为主线，重点回顾了主要发达国家及部分发展中国家在城镇化建设过程中取得的成功经验及失败教训，通过归纳总结世界城市化进程中的一般规律，对国内开展下一阶段的新型城镇化建设提供必要的参考及借鉴。

（一）世界城市化的发展概况

世界城市化发展以工业革命为分界点，是工业革命的产物，也是现代文明不断发展的必然趋势。其发端于欧洲，后扩展到北美，至 20 世纪 50 年代，向亚太地区的发展中国家转移。总体而言，世界城市化发展水平不

① 陈承明：《论新型城镇化和新农村建设的辩证关系》，《社会科学》2014 年第 3 期。

断提高，2008 年，世界城市化率就已经超过了 50%。根据世界各国城市化发展水平及主要发达国家（主要是欧美国家）的发展进程，可以将世界城市化发展分为三个阶段，在每个阶段均表现出不同的发展特点及发展速度。而欧美国家的城市化建设是建立在工业化和商品经济基础上逐步拓展的，在经历了较长时期的发展历史后，目前已经达到 70% — 80% 左右的城市化率，城市化进程速度及质量都高于中国城镇化建设进程。

第一阶段：1760 — 1850 年的起步阶段。该阶段正处于第一次工业革命时期，18 世纪 60 年代至 19 世纪 40 年代英国开启了以机器代替手工劳动的时代。工业革命带动了圈地运动和大工业的兴起与建立，导致了大量的农民由农村涌入城市，传统意义上的城市规模不断扩大，并出现了一些新兴城市。从历史数据分析，世界城市人口的比重从公元 100 年到 1800 年的一千七百多年时间里，世界城市化水平由 4.7% 增加到 5.1%，进程极为缓慢。而工业革命后不到 100 年的时间里，世界城市化水平达到了 6.4%（陈甬军等，2013）[①]。英国也成为第一个城市化水平超过 50% 的西方国家，1750 年，英国城市化率仅为 25% 左右，而到 1851 年该比例达到了 50.2%，基本实现了现代化。由此可见，英国正是受益于工业革命，才使得技术推动了城市化发展的进程，城市化发展速度取得了很大提升。

第二阶段：1851—1950 年的快速发展阶段。该阶段主要体现在以法国、德国为主的欧洲国家和以美国为代表的发达国家的城市化，城市人口也由 1850 年的大约 4000 万左右上升至 1950 年的 4.49 亿人，增长了足足 10 倍。下表可以看出，5000 人以上城市总人口由 1850 年的 74.9 百万人增加到 1950 年的 716.7 百万人，占世界总人口的比重翻了近四番。

表 3 - 26　5000 人以上城市总人口占世界总人口的百分比　单位：百万，%

年份	5000 人以上城市总人口数	占世界总人口百分比
1850	74.9	6.4
1900	218.7	13.6
1950	716.7	29.8

数据来源：恩力斯、仲斯：《市和镇》，牛津大学出版社 1966 年版，第 32 页。

① 陈甬军、宣超：《新时期中国特色城市化理论研究》，中国人民大学出版社 2013 年版。

而此阶段基本对应第二次工业革命的发生时期，第二次工业革命开始于19世纪中期，以欧洲国家和美国、日本的资产阶级革命或改革为代表，使人类进入了“电气时代”。借助于两次工业革命的技术推动及生产力的提高，使得此类国家的城市人口集聚，城市人口所占比重迅速提升。此时，世界城市化水平也由1900年的13.6%提高到了1950年的28.2%，主要发达国家城市人口比重均已达到或超过50%，基本实现了城市化。在此阶段内，发展中国家也逐渐开始城市化进程。

第三阶段：1951年至今的普及发展阶段。在本阶段，发展中国家的城市化进程成为世界城市化进程中的主要推动力，全球城市化水平不断提高，至2008年首次突破50%大关，达到50.48%，这也就意味着全球已经有超过一半以上的人口居住在城镇①。

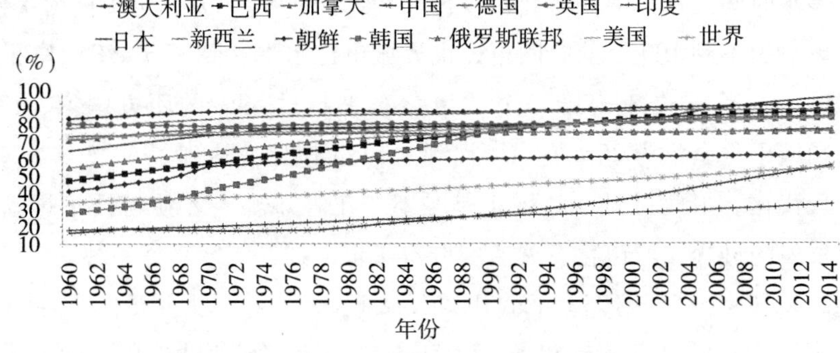

图3-7 1960—2014年世界主要国家城市化率

数据来源：世界银行，截止日期：2015年9月24日。

图3-7反映了1960年以来主要发达国家及部分发展中国家的城市化进程，以及世界城市化率的发展情况。图3-7显示，世界主要发达国家的城市化水平均处于世界平均水平之上，印度和中国处于平均水平以下，我国城市化进程发展较快，而印度城市化发展进程缓慢。由此表明，国家的城市化进程可以从一个侧面反映出社会经济发展的水平。

而图3-8则反映了1960年以来世界主要地区的城市化进程，世界银行数据显示，北美地区、拉丁美洲与加勒比海地区、欧洲和中亚地区和中东与北非地区的城市化发展要快于世界平均发展速度，而发展较为落后的

① 数据来源：世界银行。

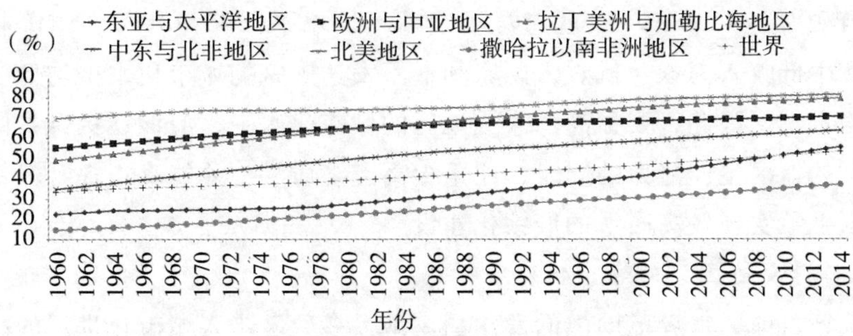

图 3-8　1960—2014 年世界主要地区城市化率

数据来源：世界银行，截止日期：2015 年 9 月 24 日。

东亚和太平洋地区以及撒哈拉以南非洲地区的城市化进程较为缓慢，尤其是撒哈拉以南非洲地区的城市化发展水平要落后世界平均水平近 16 个百分点，拉低了全球城市化进程，也成为今后城市化发展中需要着重关注的地区。而伴随近十几年来中国、日本、澳大利亚等国家的经济复苏与增长，东亚与太平洋地区的整体城市化水平（51.8%）于 2010 年超过世界平均水平（51.48%），呈现上升趋势。

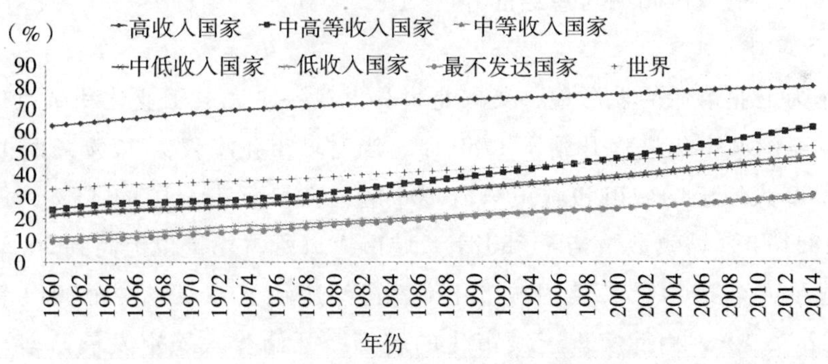

图 3-9　1960—2014 年按收入分世界主要国家城市化率

数据来源：世界银行，截止日期：2015 年 9 月 24 日。

图 3-9 则反映了按照收入水平分类的国家城市化发展进程状况，分别以高收入国家、中高等收入国家、中等收入国家、中低收入国家、低收入国家和最不发达国家六类为阐述类别。该图反映出人均国民收入与城市化之间的关系，世界银行数据显示，高收入国家的城市化水平要远高于世界平均数值，并且已经超过了 80%，而中高等收入国家的城市化水平于

1998 年开始（45.96%），就超过了全球平均水平（45.78%）。中等收入国家、中低收入国家、低收入国家和最不发达国家的城市化水平均低于世界平均水平。因此，要提高国家或地区的城市化水平，应该在提升本国或本地区的地区生产能力的同时，注重提高经济质量，才能真正提升城镇化建设水平，实现较高质量的城镇化建设。

（二）发达国家的城市化发展模式

截至目前，世界范围内的发达国家绝大多数已步入城市化进程的高度发展阶段，城市化水平整体较高，人口也相对密集。发达国家城市化水平及速度之所以如此迅速地发展主要原因在于其工业化的有力推动，特别是科学技术和交通运输等的助力，使得发达国家较快实现了工业文明，由此带来了众多的工作者进入城镇，规模不断扩大，形式逐渐完善，城市化进程快于发展中国家。例如，美国在 1840 年工业化水平为 26%，相应的城市化水平仅为 10.8%，时隔 100 年之后的 1950 年，工业化水平已经达到了 81%，城市化水平为 64%，分别翻了两倍和五倍[①]。通过分析发达国家城镇化发展模式，可以找到解决我国城镇化过程中出现的问题，作为借鉴和教训，是值得归纳与总结的。

1. 英国

作为工业革命的发源地，英国是世界上第一个完成工业化和城市化的国家。英国城市化进程开始于 1750 年，当时城市化率仅为 17%，而 1801 年，5000 人以上的城市和城镇只有 105 座，人口仅占全国的 33%，但是到了 1851 年，城镇数量增至 580 座，城市人口所占比重也提高到 50.2%。数据显示，至 1960 年，英国城市化率就已经达到了 78.4%，而 2014 年达到了 82.35%[②]，由此实现了城市化的转型，开始步入稳定发展阶段。不仅如此，英国还在全世界第一次制定了《城市规划法》，第一个建立了“田园城市”，第一个实行城市社会保障体系（纪晓岚，2004）[③]。

英国的城市化过程起步早，但是发展较为缓慢，坚持了政府调控、市场主导的原则，其中以工业化推动城市化进程最为明显。由于工业革命的

① 数据来源：《主要资本主义国家经济统计集》，知识出版社 1962 年版。

② 数据来源：世界银行。

③ 纪晓岚：《英国城市化历史过程分析与启示》，《华东理工大学学报》（社会科学版）2004 年第 2 期。

强力推动，使得传统的物质生产结构受到了根本动摇，英国工业化进程明显快于其他发达国家，这也为城市化进程提供了强有力的资金支持。工业化的强化，促进了商品的频繁交换，也就出现了一大批以工业和商业为主要经济职能的新城市，吸引了大批的农村劳动力向城市流动。但此时英国的农业发展滞后，“圈地运动”剥夺了大部分农民的财产，挫伤了农民生产积极性，严重阻碍了英国农业的发展，但却在另一个方面为城市化的进行提供了必要的物质基础。

此外，英国城市化进程中人口的迁移呈现阶段性特点，以就近的大城市为迁移目标。首先农村人口向附近中心城镇迁移，然后再向大城市迁移。在迁移过程中，城市文明逐渐普及，城乡差距也在不断消失。世界银行数据显示，英国 1975 年家庭拥有电视机的比例就已经达到了 93.6%，农村和城市自来水使用率均达到 100%，高等学校入学率也上升到了 2005 年的 60.13%[①]，这些数据表明现代文明在英国已经实现了较为全面的覆盖，并且城乡之间的差距也明显减小。

2. 美国

美国是个典型的市场经济国家，政府在城市化进程中所起的作用较为弱化，其发展多以集中或分散的道路，走市场的路线为主。在美国建国初期，经济发展主要集中于东北部，商业贸易成为城市化发展的动力，而内战后的美国中西部城市开始逐渐形成中工业区，美国城市化开始向西部移动，直至 20 世纪 60 年代，伴随科学技术的进步及第三产业的发展，西海岸和南部地区的城市化规模发展迅速。总体而言，其城市化进程虽然比英国等西方国家较迟，但是发展速度较快，从 1860 年开始至 1920 年花费了大约 60 年左右的时间，城镇化率由 20% 提高到 60% 左右，而 2014 年则增长为的 81.45%[②]。

美国城市化的动力先后经历了由农业到工业的转变，在第二次工业革命之前，美国农村人口约占全国总人口的 95% 以上，是一个典型的农业国家，且特别注重对农地的整体规划和耕地保护。但是由于第二次工业革命的推动，使得大量的英国、德国、法国等欧洲移民融入，推动了美国的

① 数据来源：World Bank. World Development Indicators，2007。

② 数据来源：世界银行。

电力、钢铁、石油等行业的发展，经济重心由农业转为工业为主，发展重心也由农村转移至城市，这也使得美国城市人口的比重从1870年的25%提高到了1920年的50.9%。然而在工业化和城市化进程中，农业劳动力得到了快速转移，工业化的文明又得以应用到农业，使得美国的农业劳动生产率大大提高。

由于美国价值理念崇尚开拓竞争，追求民主自由，特别强调个人价值。因此，美国的每个家庭都有自己的“美国梦”，此种生活理念造成了美国蔓延型的城市发展趋势，以及生产要素在全国范围内的自由流动，人口迁移会伴随城市化的发展而变动。在集中城市化阶段，人口由农村转移至城市，而在郊区化阶段，人口则由都市转移至郊区。同时，美国在城市化进程中，逐步建立了较为现代化的城市体系，全国城市网络密度不断得到提高，城市区域分布日趋完善。一些综合性城市和专业性城市先后建立，并与大中小城市相互结合，形成了独特的城市发展体系，也形成了各大城市群。

3. 日本

由于日本缺乏必要的工业基础，在发达国家中城市化推进的时间较晚，从1920年明治维新时期才致力推动城市化建设，当时的城镇化率仅为18%，截至第二次世界大战结束后的1955年，日本经济进入发展黄金时代，国家推行工业化政策，城市化速度发展迅猛，并已经上升到58%，到1947年城市化率就已经高达72.2%，2014年更是以93.02%的水平高于美国、德国、法国和英国等主要发达国家[①]，日本已经基本实现了城市化，城市化水平较高。

面对日本国土面积狭小、资源贫瘠的现实，庞大的人口规模导致了日本人口较多的分布于特大城市，2011年，日本近三分之一的人口集中于特大城市。这就迫使日本走“土地高度集约”，以大城市为主导的城市化发展道路，也就形成了高度紧凑型的城市化发展思路，并且逐步形成了东京大城市圈、大阪城市圈和名古屋大城市圈为主体，京滨城市带和阪神城市带并存的城市发展格局。在实现高度聚集的城市化后，又相继出现了郊区城市化、市中心的再城市化等阶段。同时，日本充分尊重土地所有者的

---

① 数据来源：世界银行。

土地权益，采取多元化建设主体的方式，鼓励民间资本共同参与城市建设过程，以城市的交通建设最为显著，日本交通系统不仅使城市容量得到扩大，而且促进了地区间城市的交流，特别是日本新干线和全国高速公路网的开通，使土地利用效率最大化，达到了节约用地的目的。

与美国的城市化进程不同，日本城市化进程更多表现为政府干预，即由政府主导的城市化。1950 年，日本颁布的《国土综合开发法》中，就明确指出了“以国土的自然条件为基础，从综合考虑经济、社会、文化等相关政策的角度出发，谋求对国土的综合利用”；1962 年，又制定了《全国综合开发计划》，对国土的可持续发展及国土资源的空间结构和产业布局提出了要求，缩小了各地方与东京的差距，减少了人口向都市圈集中的压力；2005 年，日本政府出台《国土形成规划法》，明确了国土空间规划为国土形成规划，健全了土地利用规范，较好地协调了国土资源开发与建设。政府主导的城市化在一定程度上缓解了城市化中的市场失灵问题，同时，也加强了国家对资源的合理配置，避免了不同地区之间利益冲突和矛盾。

4. 德国

德国是欧洲经济实力较强的老牌工业化国家，城市化进程起步较英国晚，但是速度快，城市化改革较为彻底。特别是进入 19 世纪中叶之后，德意志帝国的建立大大加快了城市化进程，出现了经济大发展时期，并逐渐形成了莱茵 - 鲁尔地区、柏林地区等工业、商业化城市，仅用了半个多世纪就完成了工业化进程。截至 1910 年，德国基本实现了城市化，早在 2002 年其城市化率就已经高达 87.9%。

德国城市发展遵循中心城市为依托，构建大、中、小城市协调发展的发展体系。中小城市数量多且分布较为均匀，但大城市人口比重较小。由于德国宪法第 106 条规定“德国应追求区域的平衡发展和共同富裕”，因此，德国“去中心化”模式使得德国的工业化和城市化进程中有效避免了“城市病”问题，力促地区城乡平衡发展。在德国，除了柏林、汉堡、慕尼黑等少数城市稍显拥挤以外，绝大多数城市规模均以中小城市为主，这种发展模式促进了地区间的平衡，也增强了城市发展的稳定性。并且在一定程度上发挥了中心城市对周边地区经济、文化的辐射作用，利于形成聚集效应。

德国城市化特别注重城乡统筹发展，无论是基础设施建设，还是软件配套，城市与乡村的差距较小，表现出均衡发展，德国形成了“分散化的集中型”城市布局。加之高速公路、城际铁路的全面建设，及私人汽车的普及，城乡之间交流更加便利，城市布局相对合理，且自然环境优于城市，因此，德国的城市化进程中城乡差距不显著。

此外，科技也推动了德国城市化进程，据不完全统计数据显示，1851年至1900年的半个世纪时间内，德国共有重大科技革新和发明近202项，超过了英国（105项）和法国（75项）之和，仅次于美国，位居世界第二位。科技革命推动了德国在工业、交通运输等领域的快速发展，使其技术一直领先于世界前列，带来了一批集工业、商业和贸易为一身的多功能城市的出现。

（三）发展中国家的城市化发展模式

由于受到主要资本主义国家的殖民或者半殖民统治，多数亚洲和拉丁美洲的发展中国家常年经受战乱影响，社会经济发展受到了极大破坏，生产力水平低下，社会进步较慢，而且长期处于农业文明时代，工业化进程缓慢，也就在一定程度上极大延缓了城市化进程。1950年，当西方发达国家的城市化率达到52.1%的时候，发展中国家的城市化率仅为18.1%，处于城市化的起步阶段。伴随第二次世界大战的结束，多数发展中国家获得了民族独立，开始在社会、经济等各领域恢复生产，城市化速度开始有所提升。

1. 印度

印度是世界上人口居第二位的发展中国家，在印度独立之前，长期受到英国的殖民剥削，国民经济薄弱，工业、农业发展水平极为落后，城市化进程缓慢。1872年，印度城市人口占比为8.72%。1947年，印度迎来民族独立，建国之初的1950年城市化率为17%，截至2014年，印度城市化率仍为32.37%①。

独立后的印度工业水平逐渐提高，不断调整了工业结构，出台了一系列的促进工业化发展的政策措施，使得印度成为一个轻、重工业全面发展的工业化国家，也在一个侧面推进了工业城市的发展。同时，印度农业现

① 数据来源：世界银行。

代化进程与绿色革命一起，保证了印度农业的发展，为城市化进程提供较为重要的物质基础。

但是印度城市化进程缓慢，原因在于政府基本在城市化进程中没有发挥调控作用，市场成为支配城市化进程的主导。由于印度人口基数大，人口自然增长率高，且推行人口自由迁徙的政策保护，使得其城市化进程较为缓慢，城市基础设施极不完善。由此表明，城市化进程必须要坚持政府与市场双重调控的原则，各国可以依据国情选择二者谁占主导的地位，偏弱一方的做法均不能实现较快较好的发展。

印度在城市化进程中，片面强调大城市为主的城市化集中发展战略，忽视了中、小城市及小城镇在城市化进程中的作用，造成了大城市的急剧膨胀。1971 年，仅有 9 个人口超过 100 万的大城市，而到 2010 年，已经有 31 个城市人口超过百万。新德里、孟买、加尔各答等城市也随之带来了交通拥堵、环境恶化等诸多城市病问题，这种不均衡的发展战略更加加剧了印度城市之间的差距，也加剧了中小城市的发展压力，部分小城市甚至面临萎缩衰退的形势。

此外，印度城市化过程中，政府公共服务投入及发展水平偏低，这不仅表现在医疗、卫生等领域的资金投入不高，而且最重要的是对于城市发展的公共投资较少，导致了城市公共交通服务出现恶化，人民生活质量受到严重冲击。

2. 巴西

作为拉美地区经济社会发展较好的巴西，拥有较大的国土面积和丰富的自然资源，其城市化进程颇具拉美地区典型性。巴西城市化可以追溯至印第安人文明时期，但是现代意义上的城市化则开始于 1930 年，巴西的瓦加斯革命结束了农业寡头统治，工业化进程的加速，及实施全面进口替代发展战略，使得巴西城市人口较多集中于里约热内卢和圣保罗等沿海城市，随后巴西开始走分散型的发展道路，城市人口向内陆、中西部地区迁移。巴西城市化率由 1960 年的 46. 14% 增加到 1970 年的 54% ，城市人口所占比重第一次超过农村（张宝宇，1999）①，截至 2014 年巴西城市化率

① 张宝宇：《巴西城市化问题刍议》，《拉丁美洲研究》1999 年第 2 期。

已经达到了85.43%[①]。

巴西最显著的城市化特征是超前城市化，即城市人口过度集中在少数特大城市，虽然取得了较高的城市化率，但导致了城市化与经济发展和工业化的脱节，增加了失业率。由于城市化的速度超过工业化速度，就很难找到支撑城市化发展所需的产业内核，造成动力不足，也会在一定程度上导致大量的贫民窟存在。数据显示，20世纪90年代中期，圣保罗大约有将近20%的居民生活在贫民窟，240余万居民居住在非法定居点，也带来了社会治安的隐患，产生严峻的社会问题。

3. 墨西哥

作为新兴工业化国家，墨西哥的城市化起源于19世纪70年代后期，至20世纪初，伴随墨西哥工业化的加快，城市化才真正开始。1910年，墨西哥城镇人口比重约为11.7%，该数值到2007年已经达到了76.9%，城市化速度较快。20世纪的前40年，墨西哥受到国内外政治经济因素的影响，人口城市化进程迟缓，农业劳动生产率低下，无法实现农村剩余劳动力向城市的流动，城市人口的增长主要依靠城镇居民的自然增长。直到1940年以后，墨西哥出现了移民潮，同时此阶段墨西哥工业化速度加快，居民开始向农业发达地区的商业中心和地方工业中心转移，加快了城市化进程，无论是城市人口的数量还是比重，均表现出增长势头，并于20世纪末，出现了墨西哥城、瓜达拉哈拉、蒙特雷和普埃布拉四座人口超过百万的城市。

但是，墨西哥的城市化进程也超过了工业化速度，产生了过度城市化现象，带来了贫困、环境破坏及城市拥挤等社会问题。由于快于工业化进程，导致了工业部门无法吸收多余的劳动力，也就形成不了充分就业。统计数据显示，墨西哥1.3亿人口中，有5000万没有足够收入支付住房、教育等需求，近2000万人吃不饱饭，给当地居民生活带来了极大的隐患，社会秩序面临严峻考验。同时，墨西哥政府对农村人口流入城市没有进行有效规划，致使移民在食品、住房、卫生、教育、娱乐等方面的需求难以满足[②]。社会两极分化严重，加剧了城乡及贫富差距的不平等。为及时摆

① 数据来源：世界银行。

② 王文仙：《20世纪墨西哥城市化与社会稳定探析》，《史学集刊》2014年第4期。

脱过度城市化带来的“城市病”隐患，墨西哥政府加大了城市治理力度，推行了一系列的社会福利政策，通过“社会福利”计划减少社会不平等现象，先后实施“菜篮子”计划、“团结互助”计划、“进步”计划等维护了社会的安定秩序。

四　国外城市化对中国城镇化发展的启示

（一）城市化发展的一般规律

1. 城市化发展的诺瑟姆曲线规律

美国城市地理学家诺瑟姆（Ray M. Northam）通过大量数据验证，最早提出了根据城市人口占总人口比重即城市化率的变化，绘成一条用于反映城市化发展阶段的规律曲线，如图 3－10 所示，由于其形状类似于 S 形，因此，将诺瑟姆于 1975 年发现的这一规律性图形定义为“诺瑟姆 S 型曲线”，并成为今后许多学者研究城镇化发展规律的重要曲线。

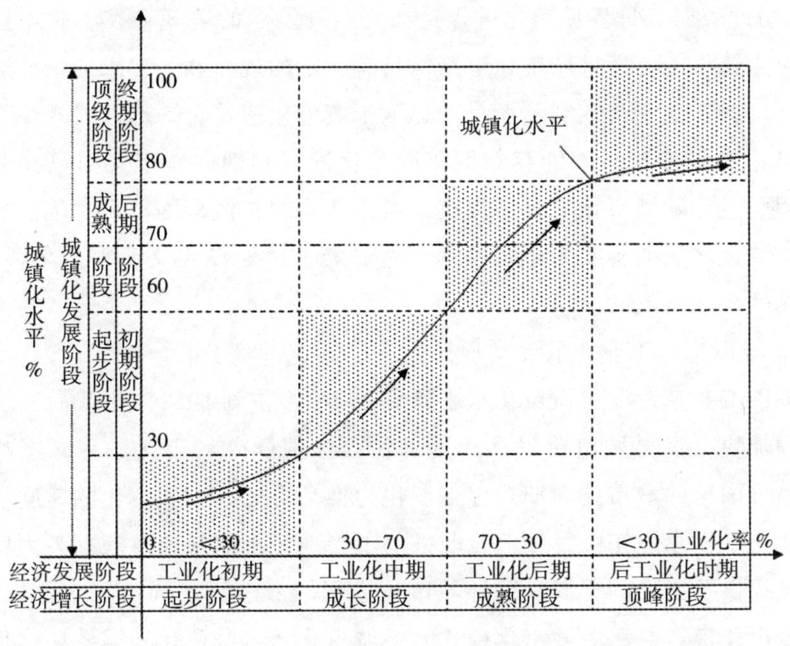

图 3－10　城镇化发展阶段与经济发展与增长阶段对应关系示意图

资料来源：方创琳等著《中国新型城镇化发展报告》，科学出版社 2014 年，第 2 页。（略有改动）

在该条曲线中有两个重要的节点，即30%和70%两点。诺瑟姆认为依据这两个数值为分界依据，若一个地区城镇化率低于30%，则该地区城镇化发展水平属于初级阶段，其发展速度较为缓慢，且生产力水平较低；而当一个地区城镇化率处于30%和70%之间时，城镇化发展速度加快，处于中期阶段；当一个地区城镇化率高于70%时，该地区发展处于后期阶段，城镇化发展速度也会随之减慢，并趋于平缓。诺瑟姆曲线的原始模型可以表述为

$$U = \frac{1}{1 + Ce^{-rT}} \quad (3-21)$$

其中，U代表某一地区的城市化水平；C代表积分常数，表示城市化起步的早晚，该数值越小，表明地区城市化起步越早，反之，越晚；r为系数，表示城市化发展速度的快慢，该值越大，表明发展越快；T代表时间。

诺瑟姆曲线是对发达国家城市化进程的规律性总结，具有一定的代表性[①]。由此表明，世界城市化进程是社会经济发展的客观存在，是不以人的意志为转移的，而且城市化道路也具有一定的规律性，如果加快或减速城市化发展，就不会达到预期目的。至于城市化率符合S形曲线规律，缘于“城市文明普及率”的存在，在城市化发展初期，城市文明只在城市内享用，但伴随城市化进程的加快，城市文明的扩散范围扩大，辐射能力增强，城市文明的普及率也加快，当达到峰值时，城市文明普及率最强，城市化的水平也较高。

2. 城市化与工业化的互动规律

英国工业革命前，城市化水平始终在3%左右徘徊，工业革命使工业化进程加快，世界城市化发展速度加快。纵观国外城市化进程，不难看出，西方国家的城市化前期是以工业化为推动力的，而城市化的速度与本国工业化水平息息相关，工业化既推动了当地经济的快速发展，又为城市化建设提供了必要的支撑。国外城市化进程一般经历了同步城市化模式、过度城市化模式、滞后城市化模式、逆城市化、再城市化和城乡一体化模式六个发展阶段[②]，在发展过程中城市化与工业化发展相互推动，保证城

① 参见赵晓雷《城市经济与城市群》，上海人民出版社2009年版。

② 参见向春玲《城市化进程中的理论与实证研究》，湖南人民出版社2008年版。

市化发展所需的动力。

工业化与城市化二者之间是相互促进、相互影响的。工业化的发展，促进了生产技术和生产水平的提高，工业化程度得以大幅度提升，更容易形成产业集聚，逐步代替了原有分散落后的农业文明，人类生活开始向工业地聚集，也就推动了城市化的进程。而另一方面，城市化过程中，需要大量的基础设施建设，又需要工业化作支撑。因此，二者良性互动是世界城市化发展的规律之一。

西方发达国家的城市化进程表明，城市化的推进不仅仅是农村人口向城市的转移，更重要的是要实现与工业化和经济的同步发展。过快或过慢的城市化进程都不利于整体经济发展，过度城市化发展容易带来交通拥堵、环境污染、人口拥挤等一系列的“城市病”，既不能改善农村落后的社会经济局面，也会在一定程度上阻碍整个社会经济的发展；而过慢的城市化则更加拉大了城乡之间的差距，不符合人类社会发展的大趋势，不利于人民生活水平的提高。因此，只有形成城市化与工业化二者之间的良性互动，才有助于保障社会经济的健康发展。

（二）世界城镇化发展趋势

1. 发达国家城市化进程减缓，发展中国家城市化进程加速

借助于发达的经济优势及区位优势，部分发达国家的城市化已经进入了平稳发展阶段，且城市化率也已经达到了80%以上。整体而言，20世纪的城市化是发达国家的城市化，由世纪初的26.1%提高到20世纪末的76%左右，城市化已经基本完成，部分发达国家也逐渐出现了逆城市化现象，减缓了城市化的速度。

下一阶段发达国家的城市化将更加注重城市化建设的现代化及智能化，更加关注城市化发展的质量。而20世纪的发展中国家由于先期科技水平较为落后，且多数沦为发达资本主义国家的殖民地，城市化进程较慢。但是伴随20世纪50年代“二战”的结束，许多发展中国家均走上了独立道路，纷纷发展本国民族工业，并极力推进城市化进程，21世纪也必将成为发展中国家加速发展的时期，并推动世界城镇化的整体进程。

可以预见的是，未来发展中国家的城市化增长速度要高于发达国家，其中，经济最不发达的国家或地区城市化速度最快，但是城市化规模仍将低于发达国家。下图反映了联合国经济及社会理事会对未来发达国家和发

展中国家城市化规模的预测，依图来看，发达国家城市化率到 2050 年将达到 86%，而发展中国家也将突破 50%，达到 55.5%，世界整体城市化率达到 69.6%。

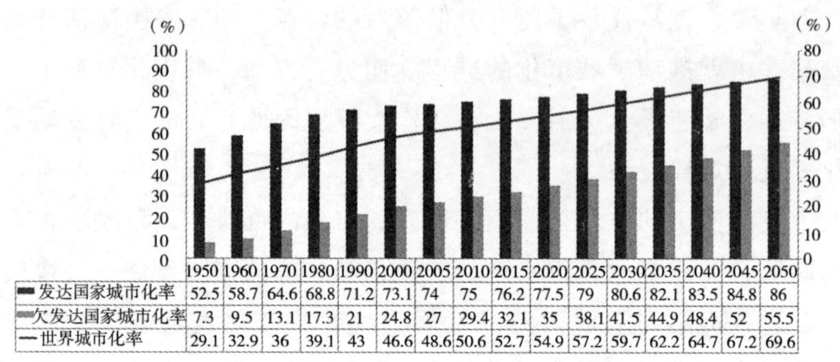

	1950	1960	1970	1980	1990	2000	2005	2010	2015	2020	2025	2030	2035	2040	2045	2050
发达国家城市化率	52.5	58.7	64.6	68.8	71.2	73.1	74	75	76.2	77.5	79	80.6	82.1	83.5	84.8	86
欠发达国家城市化率	7.3	9.5	13.1	17.3	21	24.8	27	29.4	32.1	35	38.1	41.5	44.9	48.4	52	55.5
世界城市化率	29.1	32.9	36	39.1	43	46.6	48.6	50.6	52.7	54.9	57.2	59.7	62.2	64.7	67.2	69.6

图 3－11　1950—2050 年世界城市化率

数据来源：United Nation（2008），World Urbanization Prospects。

图 3－12 反映了 19 世纪以来，部分发达国家的城镇化发展速度，由图中可以明显看出，英国的城市化由 20% 到 70% 左右花费了 90 年，法国用时 120 年，德国用时 100 年，美国用时 90 年，而日本仅用时 40 年；相比之下，中国城镇化率直到 1981 年才突破 20%，达到 20.12%，由此可见，发展中国家的城市化起步要比发达国家晚，但后劲充足。

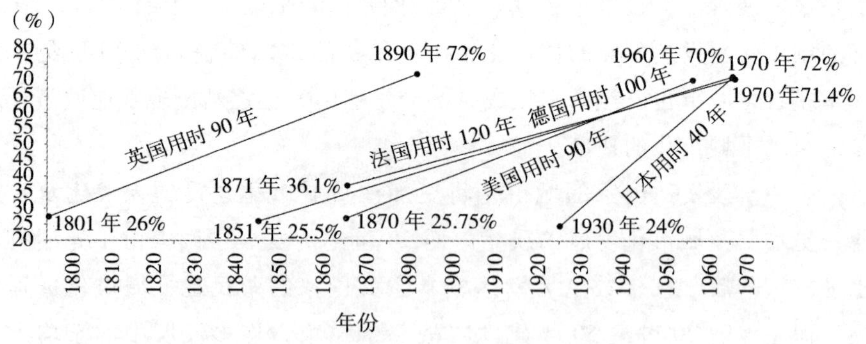

图 3－12　发达国家实现城镇化需用时间

数据来源：高珮义：《中外城市化比较研究》，南开大学出版社 1991 年，第 29 页；简新华、何志扬、黄锟：《中国城镇化与特色城镇化道路》，山东人民出版社 2010 年，第 104 页。

2. 发达国家普遍出现逆城市化现象，城市发展追求生态型思路

“逆城市化”问题产生于20世纪70年代的西方发达国家，是指城市人口向乡村回流的一种城镇化过程中的特殊阶段，是发达国家城市化发展到后期的产物。西方发达国家由于开始城市化的时间较早，城市化伴随工业化、农业化的进程加快，大部分发达国家的城市化水平已经达到了70%，甚至更高，但是在城市化进程中，也出现了交通拥挤、环境污染、犯罪增长等问题，使得部分城市化饱和的发达国家的富裕阶层开始由大城市转移至小城镇或乡村地区，而城市市区内人口逐渐减少，经济出现衰退，形成城市“空心化”。同时，也加剧了农村环境和基础设施建设的压力。现在来看，世界范围内的城市化发展总体趋于集中化，但城市化发展水平越高，“逆城市化”问题就越趋于明显，且该种现象在发达国家已经较为普遍。即便是在发展中国家的部分地区也已经开始出现“逆城市化”现象，比如国家发改委城市和小城镇改革发展中心主任李铁就于2015年的凤凰财经峰会上指出，北京已经开始显现“逆城市化”现象。

“逆城市化”是城市化发展到一定阶段后必然要经历的一个过程，是城市文明和城市生活方式的普及和扩散，而不是城市化发展的反向运动（孙群郎，2005）①。但是“逆城市化”的时间不会太长，各国可以根据实际，走“再城市化”的发展道路。要想解决“逆城市化”过程给城镇化建设带来的负面影响，下一阶段的城镇化建设就必须提高环保意识，倡导低碳生活，追求绿色发展，建设环境友好型社会；同时，在我国也要有效辨别和处理好“伪逆城市化”问题。

3. 人口向大城市，特别是特大城市聚集，将不断形成越来越多的城市群

伴随社会经济发展及城市化水平的提高，世界将不断涌现出越来越多的大城市及特大城市，2010年，日本东京就以3670万人口居世界首位，印度新德里紧随其后，以2220万人口排名第二，巴西圣保罗以2030万人口排名第三。据联合国经社理事会的研究表明，截至2025年，世界上人

① 孙群郎：《20世纪70年代美国的“逆城市化”现象及其实质》，《世界历史》2005年第1期。

口在1000万以上人口规模占比将由1975年的3.5%增长到9.7%，而50万以下的城市人口将从56.9%降低至51.3%。

表3-27　世界城市人口的规模分布　单位:%

年份	1975			2025		
类别	全球	发达国家	欠发达国家	全球	发达国家	欠发达国家
>1000万	3.5	6.1	1.3	9.7	10.3	9.6
500万—1000万	7.7	7.1	8.2	7.3	6.9	7.5
100万—500万	20.9	19.5	22	23.2	20.4	23.7
50万—100万	11	10.2	11.8	8.5	9	8.4
50万以下	56.9	57.1	56.7	51.3	53.4	50.8

数据来源：United Nation（2008）。

具有区位优势和地缘优势的城市进行聚集，将在很大程度上形成合力，容易形成世界级规模的"大都市""中心城市"，但是也会带来一系列的城市问题，需要重点关注。但总体而言，世界大城市，特别是特大城市将会逐渐聚集，形成全球几大城市群。

（三）世界城市化对中国城镇化建设的启示

1. 因地制宜推进符合本国国情的城镇化发展战略

由前文可知，在1950年左右，发达国家已经基本完成了本国城镇化超过50%的进程，而发展中国家城市化进程则晚于发达国家大约75年（叶裕民，2001）①。这既受制于发达国家与发展中国家历史与经济、科技发展水平的制约，又受到各国国情的差异的影响，导致了各国在推进城镇化过程中采取的策略及应对措施均有所差别。发达国家的城镇化均走过了同步城市化、逆城市化和再城市化的发展模式，而发展中国家则走的是过度城市化、滞后城市化和城乡一体化的发展模式。由此表明，各国在发展本国经济时，均走出了自己的城市化特色。我国是一个传统的以农业为主的发展中大国，农业在一个相当长的时期内占据着重要地位，城乡二元经济结构也将持续存在。2014年，官方统计中国城镇化率为54.77%，而发改委预测2014年的实际户籍人口城镇化率仅为37.1%，在这种特殊的国

① 叶裕民：《中国城市化之路》，商务印书馆2001年版。

情及发展形势下，加快我国城镇化建设规模及质量建设，不应该只追求城镇化速度，更多的要关注其质量问题，在借鉴国外发达国家及发展中国家先进经验的基础上推进我国城镇化建设进程。

2. 关注城乡统筹协调发展，推进城乡一体化进程

发达国家在城镇化过程中，都比较关注城乡统筹和协调发展，而发展中国家则普遍存在二元结构现象，影响城镇化进程。从城市化进程来看，发达国家的城乡一体化是伴随着工业化过程实现的，不仅有人口和生产要素由农村向城市的集聚，也有先进生产要素和先进文化由城镇向农村的辐射，城乡逐渐走向交融①。如法国巴黎通过建立卫星城，疏散部分工业职能；日本则实施了“村镇综合建设示范工程”等。我国二元经济结构的现实要求城镇化必然要走一体化道路，摒弃以往的城乡割裂状态，更加关注城乡统筹，也可以将大城市的部分非职能产业分散至相邻农村，提高城乡融合度。最重要的是在这一过程中，将城市先进的文化及生活方式转移至农村，减小城乡差异，解决就地就近城市化，在根本上破解城乡二元体制，走一体化道路。

3. 探索政府引导、市场主导的城镇化发展模式

政府与市场在市场经济中占据重要地位，正确处理好二者之间的关系将对社会经济发展起重要作用。美国城市化过程主要以农业为主要推动力，区别于英国以工业化为主导的城镇化进程，由于美国各自治州之间属于自治，形成了由市场推动的城市化进程。而日本城市化进程则主张政府主导，政府一方面为工业部门提供优惠政策，同时合理规划国土资源，提高土地利用效率，推进城市化进程。20 世纪 50 年代以来，中国的城镇化出现了两种截然不同的制度变迁模式：自上而下的城镇化和自下而上的城镇化（辜胜阻等，1998）②。党的十八届三中全会中，指出要理顺政府与市场之间的关系，使市场在资源配置中起决定性作用。这就表明，中国未来城镇化发展，一定要转变以往的政府主导发展思路，交还市场在城市化发展中的决定性作用，更加关注市场规律。

---

① 国务院发展研究中心课题组：《中国城镇化：前景、战略与政策》，中国发展出版社 2010 年。

② 辜胜阻、李正友：《中国自下而上城镇化的制度分析》，《中国社会科学》1998 年第 2 期。

4. 注重三产业在城镇化过程中发挥的不同作用

农业的发展是城市化的基础，工业化是城市化的最主要动因，而服务业的发展为城市化提供了功能上的支撑（赵晓雷，2009）[①]。农业可以为城市化发展提供物质基础。重视农业生产将有力促进城市化进行，而忽视农村劳动生产率的提高，将不利于城市化进程。世界范围内，由于英国主要靠东印度公司在印度掠夺农产品，对国内农业生产重视不足，“二战”结束后，海外农产品供应不足，迫使英国重视耕地保护和农业发展，才得以实现农业和工业的共同发展。而工业化为农业生产提供了大量的机械设备，促进了城市产业集群发展，吸引了更多的劳动者进城务工，包括原材料、劳动力和基础设施在内，产生规模效应，使工业走向专业化发展道路，有效提升了城市竞争力。此外，从发达国家的发展经验来看，服务业水平的高低将很大程度上影响城市化的进程。这就为中国未来城镇化建设提供了必要的经验，要关注三产业在经济发展中的协调作用，推动产业结构优化升级，为城镇化发展提供充足动能。

5. 做好城市发展规划布局，预防并有效摆脱“城市病”

不管发达国家，还是发展中国家的城镇化都经历过城市工业化的高度发展及城市规模的过度扩张，由此带来了交通堵塞、人口拥挤、环境污染等一系列的“城市病”，给人们生活及健康带来了诸多困扰。所谓“城市病”，是指在城市发展过程中，伴随着人口和生产集聚程度的提高而出现的城市基础设施、自然资源、生态环境等与城市发展不相协调的一系列问题（吴殿廷等，2014）[②]。英国伦敦在1801年人口只有100万，而到了1851年，人口增至200万，主要集中区域也缩减了一半，人口密度空前提高，势必带来人口膨胀、住房短缺等问题；统计数据显示，英国在1920年仅仅拥有18.7万辆私人汽车，而1973年该数据激增至1350万辆，增长了70多倍，众多的城市病问题的产生根源在于城市规划之初未能对未来发展做出理性定位及预测。这就需要中国城镇化过程中调整城市发展的总体布局，抵制摊大饼式的无序发展理念，建设

① 赵晓雷：《城市经济与城市群》，上海人民出版社2009年版。

② 吴殿廷、杨春志、钱宏胜：《中国新型城镇化战略及其推进策略》，东南大学出版社2014年版。

配套的生活服务设施，有效疏散城区部分职能，限制大城市尤其是特大城市的扩张，改善城市拥挤及交通状况，缓解人口过于集中对城市发展的压力。

6. 保护生态平衡，发展可持续城镇化道路

中国早在古代就提出了诸如“天地人合一”的生态思想。在世界城市化发展过程中，随着城市规模的不断膨胀，城市人口及产业的高度集中，造成了城市空气、居民用水等的严重污染。同时，城市化进程中贪婪地利用自然资源，造成了资源严重浪费的现象，给后世带来了发展阻力。伴随城市化与工业化的加快，对自然资源的过度消费及利用必然导致生态环境的极大破坏，也就使得生态失去平衡，难以保证经济发展的协调性。英国伦敦烟雾事件、美国洛杉矶的光化学烟雾事件、苏联切尔诺贝利核事件、日本四日市二氧化硫污染事件等事件触目惊心，带来了严重后果。而未来社会的发展不能以牺牲资源为代价，也不能走以往“先污染后治理”的老路，更应该及时治理污染，注重环境保护。党的十八届五中全会首次将“生态文明”列入“十三五”规划内容，要求各级各部门高度关注生态问题，因为这将关系到人民的切身利益，关乎整个民族的永续发展。未来的城镇化建设应该转粗放发展为集约发展，注重城镇建设与生态环境的协调统一，走具有可持续性的城镇化发展道路。

五　中国新型城镇化建设进程

中国城镇化建设，虽已取得巨大成就，但是城镇化规模相对西方发达国家而言，仍有不小差距，且城镇化的质量亟待提升。因此，认真梳理城镇化发展历程，对于总体认识中国新型城镇化发展及发展阶段具有重要意义。本节通过理清中国城镇化发展历史，具体阐释了新型城镇化建设的提出背景和出台历程等基本情况，力图通过本章节分析，对相关新型城镇化的发展做出全面把握和客观分析。

（一）中国城镇化发展历史沿革

1. 中国古代城市发展历程

有关中国古代城市的起源及发展的论述至今在学术界尚未有统一共识。而最早的记录则是考古学中的龙山时代，尤其是夏商周三代，城市便已在中国应运而生，虽然有的城市历经千年传承，一直沿袭至今，但

有的城市只是昙花一现，短暂兴盛后便消亡。目前测定的最早城市记录是距今有4000多年的“登封王城岗古城堡遗址”，具体时间约为公元前2469年—公元前1543年，是传说中禹王建都所在地，由此产生了城市的雏形，并称其城郭为“邑”，中国开始进入文明时代。究其原因在于，夏朝时期古代中国就已经开始出现剩余产品和私有制，产生了阶级分化，逐渐形成了奴隶主和奴隶两大阶级，初步具备了城市建设所需要的经济基础和社会条件。伴随时代发展，商朝达到中国奴隶制社会的鼎盛时期，商品经济发达，生产技术有了明显改进，铜器成为主要的生产工具，农业、畜牧业日趋发达①，为城市的兴起提供了物质基础和技术条件。

随后中国社会进入了漫长的封建社会时期，而本文将封建社会大致分为三个阶段（封建社会前期、封建社会中期和封建社会后期）具体描述。

封建社会前期，正值中国由奴隶社会向封建社会的过渡，社会动荡、经济发展较为活跃，商品经济开始出现，促进了当时生产力的发展，封建地主阶级和统治阶级开始形成规模，一些商业气息浓厚的地区成为封建时期历朝建都的首选之地。并逐渐出现了“都城—郡城—县城”的三级城市体系，城市经济中手工业、商业等空前繁荣，城市数目增多，分布也较为广泛，出现了意义较为完整的城市。

封建社会中期，朝代更迭频繁，战乱使得地区经济受到严重损失，特别是黄河流域饱受战乱，城市发展受到极大破坏，经济发展的重心也逐渐南移。传统坊市制被打破，一些新型的城市聚落开始显现，唐朝时期的长安更是成为人类历史上第一个人口过百万的大都市，到了宋代，封建社会经济发展达到了顶峰，北宋末年超过10万人口的城市已经由唐朝时期的17座增加到52座，而东京（开封）、汴京、临安也逐渐成为超越百万人口的大城市。大中城市的相继出现，使得城市规模体系逐渐成熟化，也逐渐形成了如今的省、地（市）、县三级的地方行政区划的雏形。

封建社会后期，即明清时代，高度统一的中央集权已经不再适应时代发展的要求，当时的世界已经开始了工业革命，而闭关锁国的旧中国仍然

① 参见朱铁臻《城市发展研究》，中国统计出版社1996年版。

处于封建时期，这也导致封建社会走入末路成为必然。但是城市化进程有所推进，元朝时期出现了大都和泉州等大城市，大都已经成为国际性的商业大都会，泉州则成为重要的对外贸易港口。城市化在本阶段涌现出了大量的工商业市镇，形成密集的城镇群带，开始出现专业化市镇，东部沿海地区城市化进程加快。明朝中期之后，封建社会开始出现具有资本主义萌芽色彩的苏州等城市。

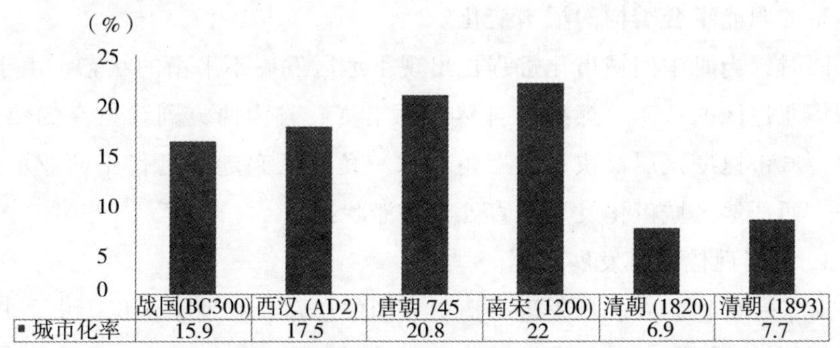

图 3－13　中国古代城市化率

数据来源：赵冈：《中国城市发展史论集》，新星出版社 2006 年版。

由图 3－13 可以得出，中国古代长期以来是农业社会为主的封建社会，即使较鼎盛时期的南宋时期，城镇化率才仅为 22%，城镇化率较低，城镇化发展速度缓慢，尤其是到了清朝后期，出现了更低的城镇化发展速度，城镇化率在 10% 以下，这与当时清政府的衰退有直接关系。清朝后期，西方列强涌入中国，开始强行瓜分并掠夺中国资源，造成了长时期的动乱，经济发展萧条，社会动荡不安，百姓流离失所，这也是造成清朝后期城镇化率较低的重要原因。

2. 中国近代城市发展历程

中国近代史（1840—1949 年）是一部受尽屈辱、又不断摆脱封建统治、殖民统治、帝国主义侵略的奋斗史，自鸦片战争开始，西方列强打开中国大门，自然经济开始逐步解体，中国日益沦为资本主义世界市场的组成部分，传统农业、手工业等濒临破产。由于国门被打开，外国资本大举入侵，尽管其带动了当时部分工业新技术和机器生产的浪潮，但当时中国社会仍然处于二元结构下的城市体系，城市化进程相当缓慢。

此阶段的城市多为与西方列强签订屈辱条约而形成的，如1842年《南京条约》、1858年《中俄天津条约》《中英天津条约》《中法天津条约》、1859年《中美天津条约》、1860年《北京条约》和1895年《马关条约》等众多不平等条约的签订，一定程度上推进了半殖民地半封建性贸易港口城市产生，也兴起了近代交通路线铺设带动的交通枢纽城市和部分工矿城市的发展，但最重要的是加速了封建社会的解体，并导致中国城镇体系的职能组合结构的根本变化。

同时，当时中国城市化进程也出现了地区发展不平衡的状态，由于东北、华北地区的铁矿、煤矿等自然资源丰富，成为西方列强抢夺的焦点，资源型城市速度发展最快；长三角和珠三角地区兴起了近代工商业城市；但是，西部地区城市化发展一直处于停滞状态。

3. 中国现代城市发展历程

对某一事物的兴衰过程进行历史分期的思路，有助于认识历史，并且进行规律性的判断。对新型城镇化发展进行历史分期研究，实际上也就是对新中国城镇化发展本身的认识和研究（李浩等，2012）①。有关新中国成立后，中国城镇化发展历史分期的研究众多，许多学者根据对历史节点的不同判断对城镇化进行了各自分期，并形成了各自论断（蒋永清(2001)②、朱铁臻（2002）③、武力（2002）④、方创琳等（2008）⑤、侯永志（2013）⑥）。本文在综合学者观点基础上，认为现有的历史分期均存在合理之处，但根据图3-14的城镇化率进程及城镇化增长率而言，本文认为可以将新中国成立后的城镇化建设分为“四个时期八个阶段”（即起步复苏时期、倒退停滞时期、平稳推进时期和快速发展时期），之所以这样分期，主要根据重大的历史时间节点及城镇化率的增长率来判定，具体阐述原因如下：

---

① 李浩、王婷琳：《新中国城镇化发展的历史分期问题研究》，《城市规划学刊》2012年第6期。

② 蒋永清：《中国城市化的世纪回顾与展望》，《求索》2001年第1期。

③ 朱铁臻：《城市现代化研究》，红旗出版社2002年版。

④ 武力：《1978—2000年中国城市化进程研究》，《中国经济史研究》2002年第3期。

⑤ 方创琳、刘晓丽、蔺雪芹：《中国城市化发展阶段的修正及规律性分析》，《干旱区地理》2008年第7期。

⑥ 新玩：《新型城镇化——理论发展与前景透析》，国家行政学院出版社2013年版。

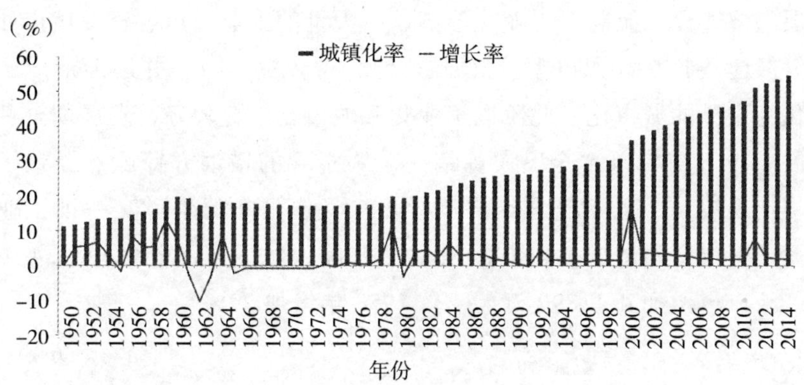

图 3－14 1950—2014 年中国城镇化率及增长率

数据来源:《中国统计年鉴（2015)》。

表 3－28 中国现代城镇化进程阶段划分 单位：年;%

四个时期	八个阶段	平均城镇化率
1949—1960：起步复苏时期	1949—1957：复苏	12.95
	1958—1960：高速	18.14
1961—1978：倒退停滞时期	1961—1965：倒退	17.96
	1966—1978：停滞	17.47
1979—1999：平稳推进时期	1979—1985：平稳	21.29
	1986—1999：推进	27.76
2000—：快速发展时期	2000—2010：快速	42.44
	2010—：持续	—

（1）1949—1960 年，起步复苏时期

本阶段又可细分为 1949—1957 年的复苏发展时期及 1958—1960 年的高速城镇化阶段。1949 年，新中国成立，面临的首要任务就是恢复生产，改变不合理的城市产业结构，全国社会各行各业百废待兴，越来越多的农村人涌入城市投身于新中国建设，城市人口数量有了明显提升。1957 年的城市数量已经达到 176 个，比 1949 年的 132 个多出 44 个，城镇化率也由 10.64% 增加到 15.39%，涨了近 5 个百分点。特别是 1953 年起开始实施国民经济发展五年规划，新中国迎来了第一个五年计划时期，国家大规

模开展经济建设，掀起了工业化浪潮，一大批的工业城市、资源城市如雨后春笋般建立起来（如包头、太原、兰州、哈尔滨等），并逐渐形成了以工业化为主导的城市化，此阶段工业化和城市化结合较好，发展朝合理方向发展。1958 年，以“全民大炼钢铁”为指导的错误方针虽然导致了中国经济出现波动，也不符合经济运行规律，但是却催生了又一批工业城市，城市人口开始激增。到 1961 年的三年间，城市人口净增了 31.4 个百分点，人口也增加到 11899 万人，较 1958 年增加 29%。

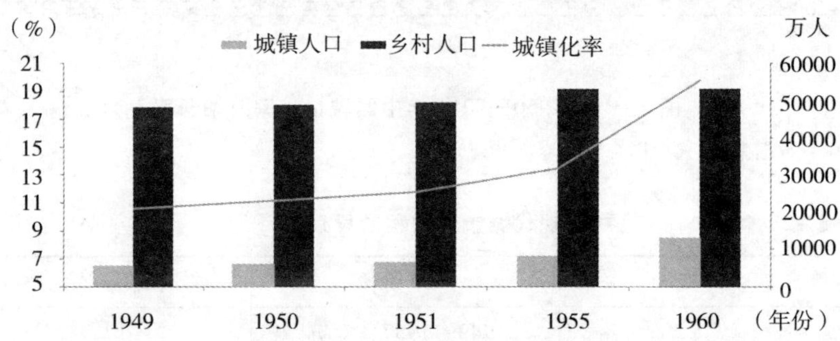

图 3－15　1949—1960 年城镇人口、乡村人口及城镇化率

数据来源：《中国统计年鉴 2015》。

1958—1965 年的 7 年时间里，新中国经历了三年的“大跃进”时期，由于这段时期内贯彻极“左”的路线，同时，在 1958 年的中共八大提出“鼓足干劲、力争上游、多快好省地建设社会主义”总方针，导致了本段时期工业发展较快，全民大炼钢铁。而农业领域开展人民公社运动，造成了经济结构的严重失衡，也打乱了城镇化进程。截至 1960 年，全国城镇人口达到 1.31 亿人，新设立城市 44 个，城镇化率提高至 19.7%。1960 年，中国开始面临三年自然灾害，且中苏关系开始恶化，社会、经济形势面临较为严峻的考验。同年，中央决定实施“三年不搞城市规划”的政策，这是第一次出现“反城市化”的运动，城镇人口及城镇数量呈现负增长，城镇化进程受阻。

（2）1961—1978 年，倒退停滞时期

面对“大跃进”时期“左”倾思想带来的严重后果，中央于 1961 年的八届九中全会上正式提出“调整、巩固、充实、提高”的经济调整措施，在八字方针的影响下，全国停建大批在建项目，极力压缩城市人口，

共撤销城市 52 个，大约 3000 万人从城镇返回农村，城镇人口比重出现下降。

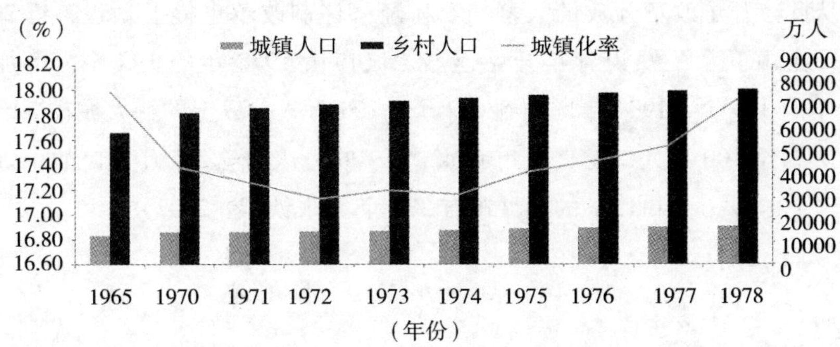

图 3－16　1965—1978 年城镇人口、乡村人口及城镇化率

数据来源：《中国统计年鉴 2015》。

1962 年，中共中央、国务院决定调整市镇建制，缩小市的郊区，调整林场、农场、矿山、油田等地区的市镇建制。1965 年，全国城镇人口为 8857.62 万人，比 1960 年减少了 3300 多万人，全国城市数由 1961 年 208 个减少为 168 个，城镇化建设进入倒退时期。1966 年，我国开始经历十年浩劫的“文革”时期，期间大量下放城镇居民、干部和知识青年到农村，大搞“三线”建设，大约有近 1000 万人口从沿海城市迁往京广线以西的范围，将大量的人、财、物投建于“靠山、分散、进洞”的建设上，一度延缓了城市建设速度，大量的军工等重工业也随之迁往内陆，工业建设呈现“大分散、小集中”特点，城镇体系长期处于停滞状态。截至 1976 年，全国共有城市 188 个，仅比 1966 年增加 16 个，市镇人口也由 1966 年的 17.86% 降到 1977 年的 17.55%。可以说，“文化大革命”的十年，不仅给中国社会的经济带来了严重打击，也对中国城镇化建设进程带来了重大影响，城镇化建设的体系及质量亟待改善。

综上，改革开放之前中国城镇化建设起步晚，起点低，速度也较慢，虽然新建了一大批的工业城市，形成了一些工业城市群的萌芽（如辽中工业区成为东北老工业基地的重要载体），对恢复国民经济起到极大推动作用，也在一个侧面加速了城镇化进程，但是，整体而言，受政治经济形势和政府行为的影响过于严重，城镇化多是自上而下的展开，市场在城镇化进程中所起的作用微乎其微，甚至并没有发挥作用。

（3）1979—1999 年，平稳推进时期

1978 年，中共十一届三中全会纠正了经济上、思想上“左”的错误，并且从此拉开了改革开放的大幕，农村经济体制改革也提上日程，近 2000 万的“上山下乡”知识青年开始返城，城市由 1978 年的 193 个，增加到 1985 年的 324 个，1994 年增加到 622 个，100 万人口以上的特大城市 32 个，50 万人口至 100 万人口的大城市有 42 个，20 万人口至 50 万人口的中等城市 173 个，20 万人口以下的小城市有 375 个（朱铁臻，2002）[①]。

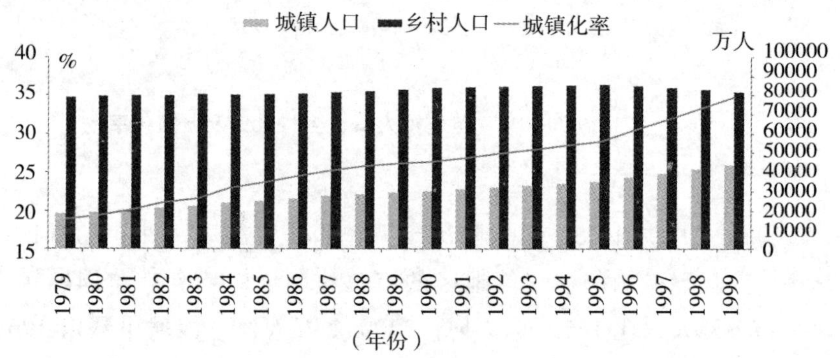

图 3-17　1979—1999 年城镇人口、乡村人口及城镇化率

数据来源：《中国统计年鉴 2015》。

1984 年，国务院决定开放 14 个沿海港口城市。同时，家庭联承包责任制以来，农民获得了极大的经营自主权，农村生产力也得到了极大提高，解放了部分剩余农村劳动力，乡镇企业异军突起，沿海地区出现了大量的新型小城镇，使得这段时期中国城镇化进程得以平稳过渡。1993 年召开的全国村镇建设工作会议，确定了小城镇建设为重点的村镇建设工作方针。从此，中国小城镇发展较为迅速。

这个阶段中国城镇化平稳地发展，主要得益于改革开放以来的工业化，同时加上改革开放给予了城镇化很大的发展动力，中国也开始逐渐思考适宜国情的城镇化建设道路。从空间布局来看，主要集中在东部地区，由于伴随改革开放后市场经济逐渐在国民经济中的地位显著，使得市场机制在城镇化进程中的作用越来越明显，城乡间的要素流动及城市基础设施

① 朱铁臻：《城市现代化研究》，红旗出版社 2002 年版。

建设明显加速。

（4）2000 年至今，快速发展时期

2001 年 3 月 15 日，《国民经济和社会发展第十个五年计划纲要》第九章中，明确提出要实施城镇化战略，促进城乡共同进步，这是首次正式提出“城镇化”的发展思路，并指出要求形成合理的城镇体系，走符合我国国情、大中小城市和小城镇协调发展的多样化城镇化道路，有重点地发展小城镇，积极发展中小城市，完善区域性中心城市功能，发挥大城市的辐射带动作用；并有重点地发展小城镇，消除城镇化的体制和政策障碍，打破城乡分割体制，逐步建立市场经济体制下的新型城乡关系。2002 年中共十六大提出，“坚持大中小城市和小城镇协调发展，走中国特色城镇化道路”，从此中国城镇化建设进入快速发展阶段。随后党的十七大、十八大也均对城镇化做出了重要指示，中国已逐渐摸索出了一条适宜国情的城镇化道路，并得到不断完善。

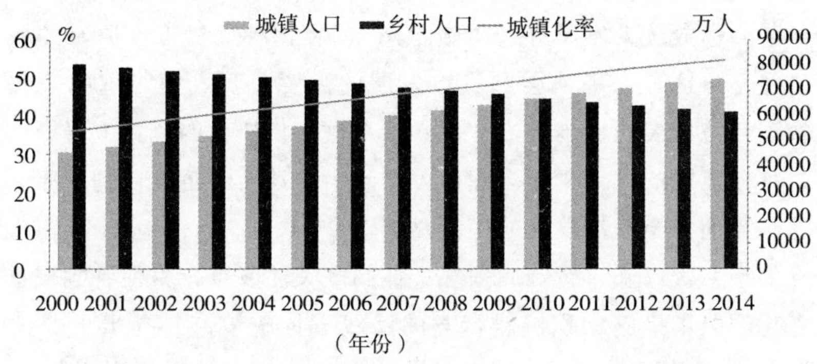

图 3-18　2000—2014 年城镇人口、乡村人口及城镇化率

数据来源：《中国统计年鉴 2015》。

2011 年，中国城镇人口达到 69079 万人，超过乡村人口的 65656 万，城镇人口占比为 51.27%，这是在中国历史上首次城镇人口超过乡村人口，也就意味着中国已经有一半以上的人口居住在城市。但是，此时户籍人口城镇化率不足 35%。进入 21 世纪以来，对于研究中国城镇化建设的分期少有文献提及，2000 年以来的城镇化到底是什么态势也未有人做出分期考证，下文将通过实证分析的手段，对 2000 年之后的中国城镇化做出重新划分，以期更清晰城镇化的发展历程，为下一阶段城镇化建设提供必要参考。

（二）中国新型城镇化建设提出背景

1. 中国新型城镇化建设的战略必然性

二元经济结构是多数发展中国家在经济发展中存在的一个普遍现象。中国历来是一个农业大国，农业占据了整个国民经济发展的一大部分。而城镇化是解决中国二元经济结构的根本性举措，只有推进城镇化建设，中国才有可能实现城乡一体化。我国是一个传统的以农业为主的发展中国家，有人口众多、基数大，区域发展不平衡、资源约束严峻等问题，改革开放以来，城镇化在一定程度上使中国由传统农业大国向工业国家过渡，而且有力地推动了世界城市化进程，得到了国际社会的肯定。

根据城市化发展的诺瑟姆曲线规律可以得出，中国 2014 年的城镇化率达到了 54.77%，户籍人口城镇化率为 35.9%，按照城市化的发展规律来看，中国已经进入了城镇化发展的中期阶段，根据发达国家经验，这是城市化进程中各种矛盾凸显和“城市病”集中的特殊阶段。2013 年开始，中国经济增速放缓，发展进入“新常态”，在这种局势下，原有的城镇化建设已经不再适宜未来社会和城市发展的需要，要成功跨越中等收入陷阱，实现经济发展的稳步推进，就必须在城镇化建设的道路上寻求创新与突破，打破以往的城镇化建设理念，推动中国社会经济发展的健康有序进行，这是当前社会形势发展的必然要求。

党的十八大以来，新一届领导集体高度关注改革，力促各领域进行全面且深化的改革措施，积极践行党的路线方针政策，并提出了“两个一百年”的奋斗目标和实现中华民族伟大复兴中国梦的战略构想，这就为未来中国指明了发展道路，也提出了发展目标。在城市发展问题上，党中央国务院在历次重大会议中也提出了发展的思路，这均表明，城镇化进程已经成为当前中国社会经济发展中最重要的问题之一，是中国处于经济发展新常态，社会发展出现新拐点的必然抉择，更是关乎中国现代化建设全局，转变经济发展方式和扩大国内需求的战略需求。

2. 中国新型城镇化建设的改革紧迫性

（1）缺少具有国际竞争力的国际性大城市

纵观世界城市发展历史，发达国家之所以有现在的发展高度，不仅得益于科学技术带来的重大推动，更重要的也来自于大城市间的聚集带来的聚集效应，并以此形成了国家化大城市发展的都市带。而所谓的国际大都市，是城市化进程中赋予一个城市最高的王冠，其集政治、经济、科技实力为一体，对地区及世界经济、政治和文化交流产生重要影响。《2014全球城市指数报告》指出，全世界84个具有一定规模的大城市排名前十位的被称为新时代的世界十大国际都市，分别是纽约、伦敦、巴黎、东京、香港、洛杉矶、芝加哥、北京、新加坡和华盛顿。从排名来看，中国占据两席之地，而大陆仅北京上榜，且2013年还未挤入前十强的行列，上海排名世界第18位。我国目前缺乏具有国际竞争力和影响力的国际性大城市，因此，也较难形成发展上的合力，即使出现城市发展的集群带，对外影响也较发达国家相差较远。

（2）城镇化质量不高，且地区发展参差不齐

虽然中国城镇化已经超越了50%的大关，但是其质量并未与速度相匹配，总体而言，中国城镇化建设的质量亟须提升，在大规模“造城”过程中，也积攒了许多城市化进程中所面临的“城市病”问题，诸如经济结构失衡、资源消耗过重、环境严重污染等。这些均造成了中国城市发展的不平衡。此外，城市化快于工业化发展，出现超前城市化问题，也是中国现阶段面临城镇化改革的重要原因。

由于受到自然、历史等原因影响，我国经济发展的水平出现地区差距较大的现实，虽经过多年建设，但是区域差异仍然显著。东部沿海地区工业化程度远远高于中西部地区，且向东部地区聚集的趋势较为明显，这就造成了东部地区的城镇化建设水平和速度要快于中西部地区。城镇化体系建设方面，东部地区也较中西部地区发展较优，中部地区城镇化体系构建已初步形成，但中心城市地位不突出，西部地区则处于工业化和城镇化发展的初期阶段，相对落后。这种现实也背离了小康社会的设计初衷，不利于城乡融合和地区协调，也就成为改革城镇化发展的原因之一。

（3）“半城市化”现象阻碍新型城镇化建设进程

“半城市化”问题是农村向城市转变过程中的过渡性的地域类型，这种状态是所有国家在发展中必须要面临的一个发展阶段。中国城市化进程由于受到历史原因影响，具体表现为“人口的半城市化现象、市政功能

的半城市化现象、社会公共服务的半城市化现象”（樊纲等，2009）[①]。诚然，“半城市化”问题是世界各国工业化和城市化进程中需要面临的共性问题，由于城镇化的实质是农村人口向城镇的转移，但是在这个转移过程中，不仅仅是人口地理位置的移动，更重要的是其生活方式、生活习惯和文化差异的转变，如果只是简单的人口转变为城镇居民，城镇化质量及人民的幸福感仍旧不高。

世界其他国家在应对“半城市化”问题时，均采取了多种举措，可以为中国城镇化建设提供必要的借鉴。韩国通过颁布一系列政策来加强城市人居环境建设和提高城市吸纳人口的能力（李辉，2005）[②]；巴西则通过实施土地改革和家庭农业支持计划，解决工业化、城市化过程中的贫民窟问题[③]；日本政府则实行流动人口登记制度。那么，中国未来的城镇化建设要克服“半城市化”带来的弊端，就需要通过提高进城务工人员的科学素质，强化城市市政管理能力和市政服务水平，以此缓解“半城市化”带来的隐患。

3. 中国新型城镇化建设的现实可行性

新中国成立以来，虽然中国城镇化建设遭遇到种种挫折，但是改革开放之后，中国城镇化发展速度提升，城镇人口也迅速增长，城镇化率得以大幅提高。城市数量和城市规模也有所扩大，已经初步形成了具有国际竞争力的大城市雏形。据《中国中小城市绿皮书 2015》数据显示，截至 2014 年底，中国共有建制市 653 个，其中直辖市 4 个，地级城市 288 个，县级建制市 361 个。直辖市人口均超过千万，属于巨型城市，地级市中有 163 个属于中小城市，县级建制市中，除个别发达地区城市市区人口接近或略超过百万之外，多数人口在数万至数十万之间。中国已经逐步形成了以大城市为中心、中小城市为骨干、小城镇为基础的多层次城镇体系（倪鹏飞，2013）[④]。而且，中国城镇化过程中，市政公共服务设施能力明显提升，人民生活环境也得到显著改善，这些都为下一阶段的城镇化转型

---

① 樊纲、武良成：《城市化：一系列公共政策的集合》，中国经济出版社 2009 年版。

② 李辉：《韩国工业化过程中人口城市化进程的研究》，《东北亚论坛》2005 年第 3 期。

③ 国土资源部：《拉美现象下的土地问题》，《中国土地》2007 年第 6 期。

④ 倪鹏飞：《新型城镇化的基本模式、具体路径和推进对策》，《江海学刊》2013 年第 1 期。

提供了先期发展基础。

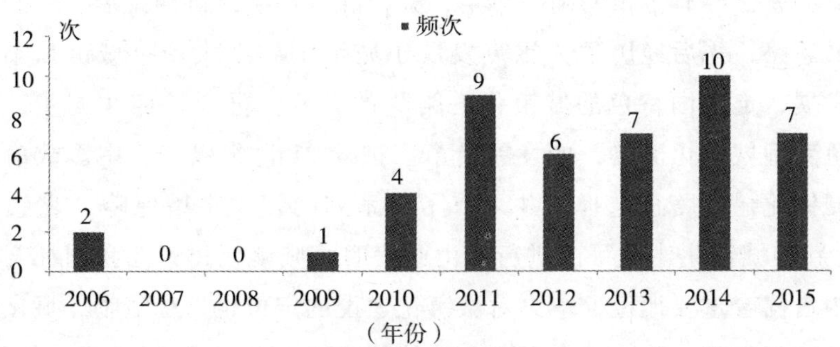

图 3－19　十年来政府工作报告中有关“城镇化”表述出现的频次

数据来源：历年《政府工作报告》。

据图 3－19 可知，2006 年以来，中央政府的历次工作报告对“城镇化”的表述出现增长趋势，这表明中央政府越来越重视城镇化建设问题。特别是新一届领导集体提出要“以绿色发展、循环发展和低碳发展”为原则，力推生态文明建设，这为下一阶段的新型城镇化建设注入了强大的动力。

此外，中国走新型城镇化道路也是受制于特殊国情，由于历史及社会经济发展的影响，中国依然是二元经济结构为主的社会，“三农”问题依旧突出，且社会主义市场经济体制尚待进一步完善，政府与市场之间的关系亟须进一步理顺，社会生产力水平较低，工业化发展的速度和质量仍有提升的空间。同时，虽然我国资源丰富，但是人口基数大，人口总量继续增加，老年人口数量逐年递增，且已经开始步入老龄化社会，就业和社会保障压力较大；在经济发展过程中，对资源的过度开采及不合理利用，使得资源浪费现象严重，环境污染及各种资源问题突出，这些国情均表明如果继续走以前的城镇化发展道路，必然不利于社会的稳定、经济的发展和人民生活质量的提高，中国必须选择一种新的城镇化发展道路，即全面贯彻“以人为核心”的发展理念，注重城乡协调发展，注重绿色发展，人与资源的协调。

（三）中国新型城镇化出台进程

城镇化是当前中国最大的发展潜力和内需所在，也是中国未来较长一段时间内实行持续平稳发展的最大动力。推进城镇化转型发展，走新型城镇化道路，是加快我国城镇化进程的主基调[①]。有关城镇化的建设思路，自成立初就已经有了很明确的界定，并伴随着社会经济的发展，一直在调整发展思路，先后经历了“重点发展小城镇”到“大中小城市和小城镇协调发展，走中国特色的城镇化道路”的转变，再到“四化同步，走中国特色新型城镇化道路”的发展沿革。进入21世纪以来，中国政府高度关注城镇化建设路径选择，并采取了一系列的相关举措保障“城镇化建设”“新型城镇化建设”的进行。由此表明，城镇化建设在我国社会经济发展中占据着重要地位，中央对城镇化建设的定位也更加清晰，城镇化必然成为未来很长一段时间内需要坚持的策略。

表3-29　1979年以来官方对城镇化建设思路的表述

年份	文件	表述	备注
1979年9月	党的十一届四中全会《中共中央关于加快农业发展若干问题的决定》	有计划地发展小城镇建设和加强城市对农村的支援。这是加快实现农业现代化，实现四个现代化，逐步缩小城乡差距、工农差距的必由之路	
1980年12月	全国城市规划工作会议	控制大城市规模，合理发展中等城市，积极发展小城镇的方针	
1994年9月	建设部、国家计委、国家体改委、国家科委、农业部、民政部六部委联合发布《关于加快小城镇建设的若干意见》	要逐步加强小城镇建设，改善和强化小城镇的综合作用，发挥整体功能，增强其对周围地区的辐射力和吸引力	第一个关于小城镇健康发展的指导性文件，政府引导城镇化的开端
1998年10月	党的十五届中央委员会第三次全体会议《中共中央关于农业和农村工作若干重大问题的决定》	发展小城镇，是带动农村经济和社会发展的一个大战略	将小城镇建设提高到了“大战略”的高度

① 中国城市经济学会中小城市经济发展委员会：《中国中小城市发展报告（2013）》，社会科学文献出版社2013年。

续表

年份	文件	表述	备注
2000 年 10 月	党的十五届五中全会《关于制定国民经济和社会发展第十个五年计划的建议》	积极稳妥地推进城镇化，走出一条符合我国国情、大中小城市和小城镇协调发展的城镇化道路	国家首次在最高官方文件中采用“城镇化”一词。
2002 年 11 月	党的十六大报告《全面建设小康社会，开创中国特色社会主义事业新局面》	提出“走中国特色的城镇化道路”，逐步提高城镇化水平，坚持大中小城市和小城镇协调发展	5 次提及“城镇化”，提出“走中国特色城镇化道路”
2005 年 10 月	党的十六届五中全会《中共中央关于制定国民经济和社会发展第十一个五年规划的建议》	促进城镇化健康发展。坚持大中小城市和小城镇协调发展，提高城镇综合承载能力，按照循序渐进、节约土地、集约发展、合理布局的原则，积极稳妥地推进城镇化	胡锦涛同志提出“四化”建设
2007 年 10 月	党的十七大报告《高举中国特色社会主义伟大旗帜，为夺取全面建设小康社会新胜利而奋斗》	提出“走中国特色城镇化道路，按照统筹城乡、布局合理、节约土地、功能完善、以大带小的原则，促进大中小城市和小城镇协调发展”	2 次提及“城镇化”，确立“五化”
2008 年 10 月	党的十七届中央委员会第三次全体会议通过《中共中央关于推进农村改革发展若干重大问题的决定》	允许农民以转包、出租、互换、转让、股份合作等形式流转土地承包经营权，发展多种形式的适度规模经营	
2011 年 3 月	第十一届人大四次会议“十二五”规划	要积极稳妥推进城镇化，以大城市为依托，以中小城市为重点，逐步形成辐射作用大的城市群，促进大中小城市和小城镇协调发展，把符合落户条件的农业转移人口逐步转为城镇居民作为推进城镇化的重要任务	

续表

年份	文件	表述	备注
2012 年 11 月	党的十八大《坚定不移沿着中国特色社会主义道路前进为全面建成小康社会而奋斗》	提出“坚持走中国特色新型工业化、信息化、城镇化、农业现代化道路，推动工业化和城镇化良性互动、城镇化和农业现代化相互协调，促进工业化、信息化、城镇化、农业现代化同步发展”	7 次提及“城镇化”，并首次提及“新型城镇化”道路，促进“四化”同步发展
2012 年 12 月	中央经济工作会议	明确“积极稳妥推进城镇化，着力提高城镇化质量。走集约、智能、绿色、低碳的新型城镇化道路”	
2013 年 12 月	中央城镇化工作会议	提出“要以人为本，推进以人为核心的城镇化走中国特色科学发展的新型城镇化道路”	让居民望得见山、看得见水、记得住乡愁
2014 年 3 月	《国家新型城镇化规划（2014—2020 年）》	推动以人为核心的城镇化，并提出了下一阶段城镇化建设指导思想、发展目标	指导我国走新型城镇化道路的纲领性文件
2014 年 3 月	2014 年政府工作报告	提出“坚持走以人为本、四化同步、优化布局、生态文明、传承文化的新型城镇化道路”	10 次提及“城镇化”，并指出“推进以人为核心的城镇化”
2015 年 3 月	2015 年政府工作报告	城镇化是解决城乡差距的根本途径，也是最大的内需所在	7 次提及“城镇化”

由表 3－29 可知，城镇化问题已经被中央领导提上日程，不论是五年规划，还是中央城镇化工作会议、每年度的政府工作报告，城镇化的论断已经屡次出现在官方最高文件中，并以重要篇幅加以阐述。由此表明，新型城镇化建设必将成为今后社会经济发展中的一件大事，对于中国现代化建设、转变发展方式、扩大国内需求以及解决农村、农业、农民问题具有

重要意义。

（四）中国新型城镇化建设取得的成就

经过多年发展，特别是改革开放以来，中国城镇化建设的速度明显提升，在60多年的发展过程中，中国城镇化建设取得了显著成效，积累了许多宝贵经验，同时也得到了众多惨痛教训。就取得成就而言，城市数量大幅增加，城市基础设施建设取得明显提升，城市现代化水平不断提高，并且促进了我国产业结构的优化调整。

1. 城市数量大幅增加，初步形成五大超级城市群

如图3－20所示，1949年新中国成立之初，全国共有地级市个数56个，县级市数61个，截至1999年，地级市和县级市数虽有所增减，但总体而言，各层级城市个数均表现出上涨趋势，其中地级市数增长至236个，县级市数增加至427个，涨幅分别高达321.43%和600%。而进入21世纪之后，我国城镇化建设开始出现下调，这既与国家整体形势有关，也缘于国家对城市规模的划分。截至2014年，全国共有地级市数288个，县级市数361个，地级市数略微上浮了22.03%，而县级市数则下降了15.46%。

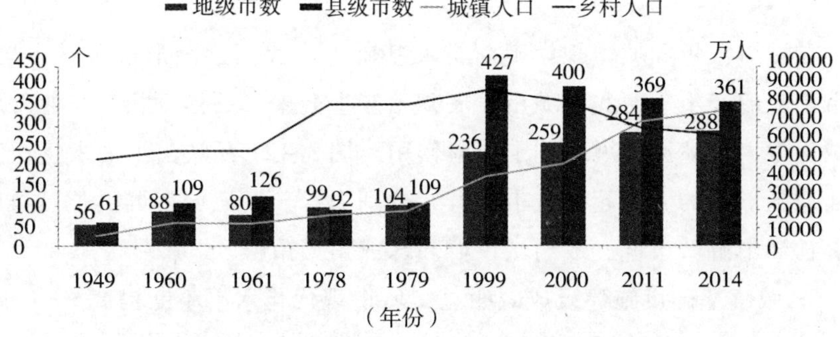

图3－20　新中国成立以来地级市和县级市数

数据来源：《中国统计年鉴2015》《新中国六十年统计资料汇编》《中国统计摘要》《中国区域经济统计年鉴2015》《中国民政统计年鉴》《中国城市统计年鉴》《中国卫生和计划生育统计年鉴》《中国社会统计年鉴2015》。

除此之外，国家还先后于1980年、1989年、2010年和2014年就城市规模的标准进行了划分，按照新的划分标准，并查找联合国发布的《世界城镇化展望（2014年版）》，截至2014年，全球共有28个人口超过1000万

的超大城市，其中，中国占据六席，分别是上海市、北京市、重庆市、广州市、天津市和深圳市。而大陆地区特大城市包括武汉市、南京市、成都市、沈阳市、哈尔滨市、杭州市、西安市、苏州市、佛山市和东莞市十个城市。综合以上分析，目前中国已经初步形成了以特大城市为引领，以大城市为依托，中小城市为骨干，小城镇为基础的多层级城镇体系。并且各层级在城市化进程中扮演着不同的角色，多层级的发展体系使得中国的城镇化建设不断走向协调，对社会经济发展发挥着越来越重要的作用。

表 3－30　中国历次划分城市规模标准

<table>
<tr><th>年份</th><th>超大城市</th><th>特大城市</th><th>大城市</th><th>中等城市</th><th>小城市</th></tr>
<tr><td>1980</td><td>—</td><td>100 万以上</td><td>50 万—100 万</td><td>20 万—50 万</td><td>≤20 万</td></tr>
<tr><td>1989</td><td>—</td><td>—</td><td>50 万以上</td><td>20 万—50 万</td><td>≤20 万</td></tr>
<tr><td>2010</td><td>1000 万以上[1]</td><td>300 万—1000 万</td><td>100 万—300 万</td><td>50 万—100 万</td><td>50 万以下</td></tr>
<tr><td rowspan="2">2014</td><td rowspan="2">1000 万以上</td><td rowspan="2">500 万—1000 万</td><td>300 万—500 万：Ⅰ型大城市</td><td rowspan="2">50 万—100 万</td><td>20 万—50 万：Ⅰ型小城市</td></tr>
<tr><td>100 万—300 万：Ⅱ型大城市</td><td>20 万以下：Ⅱ型小城市</td></tr>
</table>

在城市数量和城镇规模不断扩大基础上，我国逐渐形成了城市集群，城市集群的产生表明我国城市发展开始产生凝聚，并借助相互产业发展及地域优势，对地区发展起到了辐射作用。图 3－21 反映出了未来将在我国大陆地区形成的五大超级城市集群，分别为：环渤海城市群、长三角城市群、长江中游城市群、成渝城市群和珠三角城市群。

2. 城镇基础设施建设成效明显，城市现代化水平不断提高

城市基础设施建设是为了维护城市正常生产、生活运行的需要，进行

① 表示巨大型城市。1980 年首次对 1955 年国家建设委员会通过的《关于当前城市建设工作的情况和几个问题的报告》中对于城市划定标准的改变，此次统计口径为“市区非农业人口”；1989 年《中华人民共和国城市规划法》颁布实施，增加了对城市人口的界定，取消特大城市认定，但该法律于 2009 年 1 月 1 日废止；2007 年 10 月 28 日通过的《中华人民共和国城乡规划法》中也未设定城市规模；2010 年第七届中国中小城市科学发展高峰论坛；2014 年国务院印发《关于调整城市规模划分标准的通知》，明确了新的城市规模划分标准，并以“城区常住人口”为统计口径。

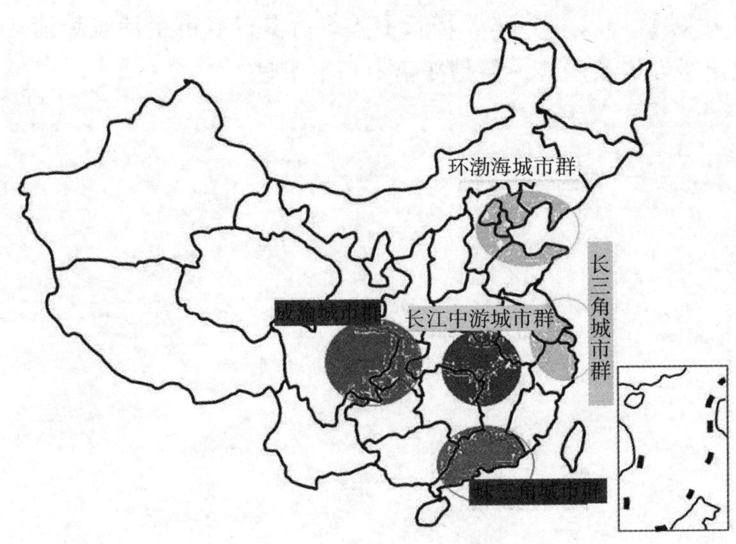

图 3-21　国家未来五大城市群

的工程性和社会性基础设施建设的活动，目的在于保障城市各项社会经济活动正常运行。其中，包括能源系统、排水系统、交通系统、通信系统、教育系统、医疗卫生等各个方面。一个城市建设竞争力和人民生活质量的评价最重要的一项指标就是城市基础设施建设的完善性。城市基础设施建设的齐全，就可以为城市居民提供更好的生活空间及服务设施，有助于提升城市知名度和居民生活水平的提高。

图 3-22 可以看出，无论是城市用水普及率、城市燃气普及率、城市集中供热面积，还是城市人均拥有道路面积、人均公园绿地面积、城市生活垃圾清运量，均呈现增长趋势。2000 年以来城市基础设施建设方面，其中，城市用水普及率由 2000 年的 63.9% 提高到 2014 年的 97.64%，增长了 33.74 个百分点，除 2006 年有所下降，总体呈缓慢增长趋势；城市燃气普及率指标来看，2000 年为 45.4%，2006 年有所下调为 79.11%，但是又缓慢增长至 2014 年的 94.6%；城市集中供热面积呈现逐年递增趋势，且趋势明显，2000 年城市集中供热面积为 111000 万平方米，而截至 2014 年该指标达到 591000 万平方米，增长了 4.32 倍；在城市人均拥有道路面积方面，2000 年仅为 6.1 平方米，而 2014 年该指标已经达到了 15.34 平方米；从人均公园绿地面积指标来看，2000 年为 3.7 平方米，而

2014 年达到了 13.1 平方米，增长了 2.5 倍多；城市生活垃圾清运量方面也表现出缓慢增长趋势，但是涨幅不是很明显。

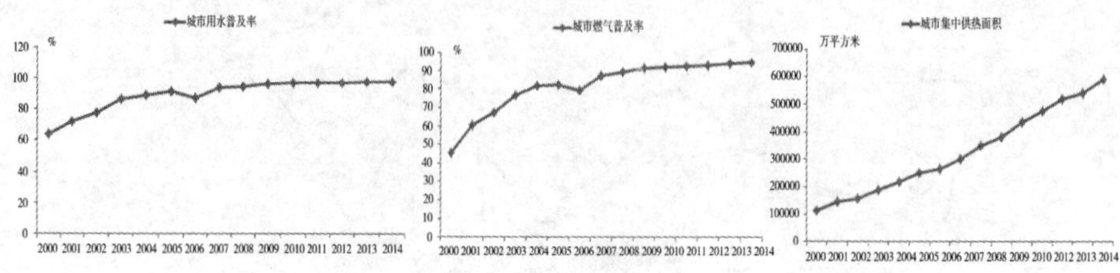

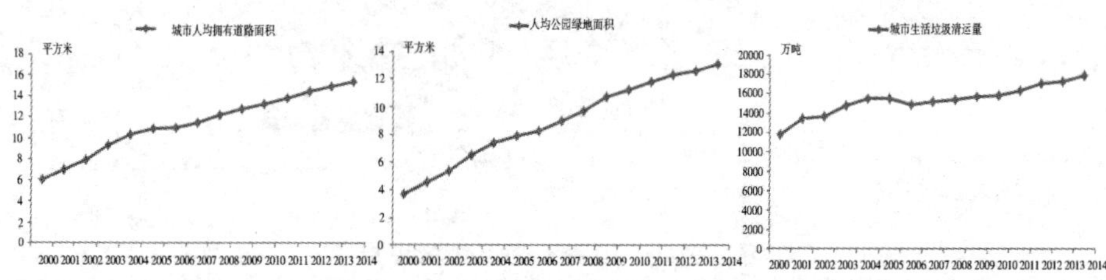

图 3－22　2000—2014 年城市基础设施主要指标

数据来源：《中国统计年鉴》《中国城市建设统计年鉴》《中国区域经济统计年鉴》国家统计局。

3. 城镇化促进了我国产业结构的不断优化调整

美国经济学家库兹涅茨通过整理欧美主要发达国家的长期数据显示，在国民经济发展过程中，劳动力在国民经济三大部门之间的分布是不断发生变化的。其中他将三大部门称之为 A. I. S. 三部门，A 代表农业部门，I 代表工业部门，S 代表服务部门。各部门所占国民经济的比重及劳动力所占比重的变动趋势大致是：无论是占国民收入比重，还是占全部劳动力的比重，农业部门不断下降，而工业部门不断上升或者不变，而服务部门的国民收入及劳动力分布所占比重基本上属于上升趋势。

图 3－23 反映了改革开放以来，我国第三产业国民收入所占比重及第三产业劳动力所占比重的分布情况，从图中可以很明显地看出，我国城镇化建设稳步推进，并呈现良好态势，由此带来了我国产业布局的优化调整，第一产业占比表现出下降趋势，而第二产业占比出现平稳或上升趋势，但是第三产业占比表现出强劲的上升趋势，且上升后劲明显。这表明，伴随城镇化的推进，二元经济结构正在逐渐淡化，农村生产率的提高

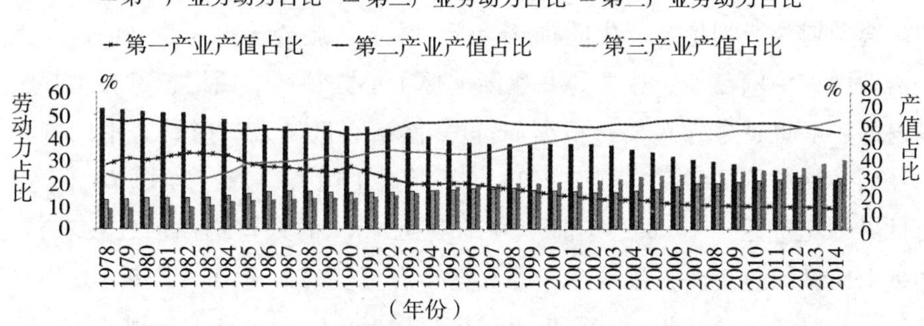

图 3－23　1978—2014 年第三产业生产总值及劳动力分布所占比重

数据来源：《中国统计年鉴》。

解放了部分剩余劳动力，转移至第二产业或第三产业，进入城市工作，并且居住在城镇，成为城镇居民，在一定程度上提高了城镇化规模。

（五）中国新型城镇化建设的实践意义

作为影响 21 世纪世界进程之一的中国城镇化建设，在不断发展扩容后，城镇化建设的速度及规模已经达到了世界中等水平，而城镇化建设的质量却亟待提高，回顾中国城镇化建设以来取得的成就及成功经验，总结相关惨痛教训，对于新型城镇化建设具有重要意义。

首先，中国新型城镇化建设是世界城市化进程的重要组成部分。

世界城市化起步于 18 世纪 60 年代的英国工业革命，历经两个多世纪的发展，已经达到了 2014 年的 53.39%①。这也就意味着全球已经有一半以上的人口居住在城市，世界城市化发展已经取得了巨大进步。而国家统计局数据显示，2011 年中国城镇化率达到了 51.27%②，首次超过了 50%，中国城镇人口数量（69079 万人）已经超过了农村人口数量（65656 万人），也就是说中国也已经有超过一半的人口为城镇人口，标志着中国已经基本结束了以乡村为主体的社会结构，并逐渐向以城市型社会为主导的社会结构转变。新型城镇化不仅对国内社会经济发展作出了突出贡献，也为世界城市化进程注入了强有力的支撑。新一届领导集体执政以来，更是加快了改革步伐，不仅在国内社会、经济、文化、教育等领域进

① 数据来源：世界银行。

② 数据来源：《中国统计年鉴 2012》。

行大刀阔斧地改革，且在外交方面也取得了重大突破，G20峰会、上合组织峰会、博鳌亚洲论坛、中欧首脑会谈、中非首脑会谈等一系列的国际重大活动中，中国已经正在参与并逐渐掌握了部分领域的话语权，在世界范围内的影响也越来越重要。根据 geohive 网站、世界人口时钟、中国国家统计局的估测数据显示，截至2014年6月底中国人口将达到13.64亿人，占世界的比重达到18.84%。而其中有将近45%的人口仍然居住在农村，如果中国城镇化道路进展顺利，那么将会有更多的人口涌入城市，这不仅提高了中国的城镇化规模，对世界城市化发展也起到了重大作用。

同时，作为工业化进程仍处于中期发展的国家，中国工业化程度不高，市场经济体制仍不完善。在城镇化进程中，也会出现拉美发展中国家城市化进程中存在的一些“城市病”等问题。但是，这也为中国下一阶段的城镇化建设提供了很好的教材，中国可以吸取各国城市化进程中的经验，取长补短，做好长远规划、精确布局，不仅可以有效提升新型城镇化建设规模，更重要的在于提高新型城镇化质量。

其次，中国新型城镇化建设是主动适应经济发展“新常态”，保持经济平稳健康发展的重要保证，是实现社会安定团结、政治长期稳定的重要条件。

城镇化是社会生产力达到一定阶段后必然产生的结果，能够引起人类生产和生活方式的改变，是人类社会现代化进程中必然要经历的阶段，也是社会文明不断进步的标志。2013年以来，中国经济发展进入“新常态”，经济增速由高速增长向中高速增长转化，这为社会经济发展带来了严峻考验。城镇化的推进，可以有效转变经济发展方式，由于摒弃了以往粗放式发展的思路，新型城镇化建设更加注重人的城镇化，更加关注集约、绿色发展，新型城镇化要求与工业化、农业现代化和信息化同步协调发展，走低碳、高效、绿色的城镇化发展道路。因此，这将对传统经济发展方式带来重大转变。

同时，城镇化的加速使得劳动力由农村转移至城市，农业生产总值占比比重下降，而二、三产业国内生产总值却显著提升，有力优化了产业结构，对于社会主义市场经济的完善，及实现经济持续健康发展具有重要作用。发达国家的城镇化历史已经表明，城镇化与工业化之间是密不可分，且是相伴而生的，工业化离不开城镇化的基础性作用，城镇化建设又离不开工业化带来的强大动力。而第三产业是一个人口高度集中才会逐渐发挥规模效应的产业，只有达到了人口集中，产业布局才会更加合理，历史上我国大约有70%的农民散居在农村，难以形成消费的合力。因此，第三产业之间是相互联系，相互推动的，而城镇化建设则在其中扮演着连带作用，是非常重要的。

城镇化的推进使得部分人口由农村转移至城市，并且注重了以人为核心的发展理念，在教育、医疗、住房等方面均提出了更为具体化的政策保障措施。因此，总体而言，新型城镇化的建设将更能保障人民群众的合法权益，更能体现人文关怀，统筹城乡发展的思路也必将有助于改变现有的二元经济结构现状所带来的弊端。

第三，中国新型城镇化建设是增进人民福祉，全面提升和谐社会建设及建设中国特色社会主义伟大事业的基础性工程。

我国是以农耕文明为主的国家，农业、农村和农民的“三农”问题一直以来受到党中央和国务院关注，并在历次重大工作会议和工作报告中给予了重要论断，也逐渐成为实现国家现代化的核心问题。早在2002年的十六大中，就已经指出要建设现代农业，繁荣农村经济，增加农民收入，是全面建设小康社会的重点任务。中国新型城镇化的建设将有助于当前农村经济和农业发展中许多深层次的矛盾，有效释放农村红利，将农民转化为城镇居民，提升农业现代化水平和生产效率，促进农业和农村经济的繁荣发展。只有加快城镇化建设，才能不断吸纳更多的农业剩余劳动力，实现由农业人口向非农业人口的转移，提高农业的机械化和现代化水平，提高农业生产力。

新型城镇化建设有助于推进人口城镇化进程，城镇化的根本动力在于人的城镇化，在于使人民群众过上更加充实、幸福的生活，实现人的全面发展，共享改革带来的红利。传统城镇化进程过分注重土地城镇化，只求摊大城镇规模，大搞政绩工程，既是对资源的浪费，又对后续城镇化规划带来了困扰。

六　中国新型城镇化态势的量化研究

本节将从实证的角度具体论证中国新型城镇化建设的规模、质量、与农业现代化协调关系和绿色化评价问题，并分别基于L－Q灰色预测模型、熵权扰动属性模型、熵权耦合协调模型和模糊软集合模型进行实证分析，力争从实证的角度更全面阐释中国新型城镇化建设的整体运行情况，对新型城镇化建设过程中存在的问题给予数据支持。其中，熵权扰动属性模型属于模型创新，而对于绿色化的研究在国内目前尚属前沿问题，还未形成较为权威的、系统的评价。

（一）引言

定性分析城镇化建设的现状及存在的问题，固然能够从理论角度剖析事物的内涵，但是不够立体化，表现力不够强。如何从定量化角度更加深刻表征这些特征，就需要选取合适的定量化工作展开，本章节将利用不确定性理论就城镇化建设的速度、质量、与农业化的协调度和绿色化角度进行量化分析，并为寻求城镇化建设过程中的问题及解决途径提供必要支撑。

中国城镇化建设已经经历了由缓慢起步，到曲折发展，再到迅速发展的道路，城镇化建设的规模也在不断提高，中国特大城市、大城市的数量在逐年增加，城镇人口也已经超过了农村人口，跨越了城镇化率 50% 的发展大关，进入城镇化建设的快速增长通道。那么纵观西方发达国家和发展中国家的城镇化建设进程，对照中国城镇化速度而言，自新中国成立初期至 2014 年以年均 0.4 个百分点，尤其是改革开放以来年均 0.9 个百分点的增长是快了还是慢了，中国下一阶段的新型城镇化建设速度将会是多少？

既然中国城镇化建设已经进入了快速发展通道，那么在城镇化建设过程中必然带来许多西方国家已经经历过的诸多问题，“城市病”“逆城市化”等问题已经在我国一些特大城市或大城市开始显现，这也就意味着城镇化建设的质量已逐渐引起政府及国内学者的高度关注。特别是特色新型城镇化建设的提出，更加关注人的城镇化，那么如何保障“人”能够享受城镇化进程中带来的福利需要着重探求。中国城镇化速度已经加快，相对应的城镇化建设的质量如何，各省份之间在城镇化建设质量上有何差异性？

城镇化的本质是农村人口向城市的转移并聚集，中国城镇化建设至今，已经取得了长足进展，城镇建设体系也逐渐完善。伴随农村人口逐渐转移城镇，造成农村人口减少，从事农业劳动的劳动力也随之减少，有关农村的各种问题就更加值得关注。如何在快速城镇化过程中关注新形势下的农村发展问题也值得深思。农村耕地由谁来种，产量如何保证增收，传统农耕水平是否亟须改善，我国农业现代化的水平如何，其与新型城镇化建设之间的协调性怎么样？

中国历次重大会议均将新型城镇化建设列为单独一章节论述，这足以表明中央政府对城镇化建设在21世纪发展中的高度重视程度。并且在2012年12月召开的中央经济工作会议中就已经明确要求走“积极稳妥推进城镇化，着力提高城镇化质量。走集约、智能、绿色、低碳的新型城镇化道路”。习近平总书记也多次强调“绿水青山和金山银山”的“两山论”，以及倡导生态文明建设，坚持绿色发展道路。国内学者也关注了绿色化问题，并从定性的角度展开论述。那么，融入新型城镇化建设中的绿色化问题如何用指标进行刻画，我国绿色化建设的水平如何，各省份之间在绿色化建设过程中的横向对比如何？

诸多问号表明，定量化研究中国城镇化已走过的道路及未来城镇化建设需要关注的角度十分必要。本章节分别阐述了基于L－Q灰色预测模型的新型城镇化规模研究、基于熵权扰动属性理论的新型城镇化质量研究、基于熵权耦合关联度的新型城镇化与农业现代化协调问题研究、基于熵权软集合理论的绿色化研究四个定量研究，力求在研究城镇化建设问题上取得突破，为下一阶段新型城镇化建设建言献策。

（二）中国新型城镇化规模研究

1. 中国新型城镇化建设规模概况

1949年，新中国成立之初，由于经过战乱，百姓流离失所，全国只有69个城市，县城和镇为2000个左右，城镇人口为5765万人，城镇化率仅为10.64%，伴随政治的逐渐稳固，以及城镇化进程的进一步推进，我国城镇化建设的速度有所提升，特别是改革开放以来，城镇化发展取得了显著成就。2011年，中国城镇化率达到了51.27%，首次突破50%，标志着我国数千年以来的以农村人口为主的城乡人口结构发生了质的转变。据《2014年国民经济和社会发展统计公报》显示，2014年末，全国大陆城镇常住人口74916万人，占总人口比重的54.77%。此数据表明，在65年间，中国城镇人口翻了近12倍，而城镇化推进速度也提高了44个百分点。

对城镇化的水平和速度问题，理论界大致上存在三种观点：一是认为城镇化率年增长1.4%，速度太快，城镇化率已达60%，太高；二是认为速度在1%以内，基本适合，城镇化率45%左右，也不高；三是认为城镇化率仍然偏低，滞后于工业化和经济发展，速度超过1%并不过快，应加快城镇化进程（简新华等，2010）①。不同学者也给出了具体的判断标准及预测结果，但总体而言，中国跨过50%城镇化率的大关后，呈现增长趋势是发展的必然，这也是和世界其他国家城镇化进程相一致的。由于我国是发展中国家，城镇化率远低于发达国家80%的水平，而发展中国家只有以更快的城镇化发展速度，才有可能借助后发优势赶超发达国家，否则只能落在发达国家之后。因此，中国新型城镇化建设的道路仍然很艰巨，城镇化的速度仍然不可能维持现阶段的低速增长；加之，新一届领导集体对城镇化工作的高度关注，也必然表明在今后一段时期内，城镇化建设一定会成为推动中国经济稳定发展、维护中国社会安定团结的重要抓手。

（1）总体概况

城市化程度是一个国家经济发展，特别是工业生产发展的一个重要标志。由于自然条件、地理环境、总人口数量的差异和社会经济发展的不平衡，各国城市化的水平和速度相差很大。经济发达的工业化国家的城市化程度要远远高于经济比较落后的农业国家②。根据2014年3月，中共中央、国务院印发《国家新型城镇化规划（2014—2020年）》的规划要求，到2020年，中国城市化发展水平，常住人口城镇化率指标上应达到60%左右，而户籍人口城镇化率也要达到45%左右的目标。由图3－24可以清晰地看出，新中国成立以来，中国城镇化发展总体趋势逐步提升，但是也会出现阶段性的曲折。

作为世界城市化进程中最重要的一个国家，中国城镇化发展速度与规模将对世界城市化进程产生较大影响，特别是中国人口基数大的特点，使得中国城镇化进程备受世界各国瞩目。在下图中，主要列出了2006年至2013年中国、金砖国家、中等收入国家和中高等收入国家的城镇化速度和城镇化平均增长速度，从图中可以很清楚地看出，中国城镇化建设过程

① 简新华、黄锟：《中国城镇化水平和速度的实证分析与前景预测》，《经济研究》2010年第3期。

② 中国大百科全书总编辑委员会：《中国大百科全书·经济学Ⅰ》，中国大百科全书出版社2004年版。

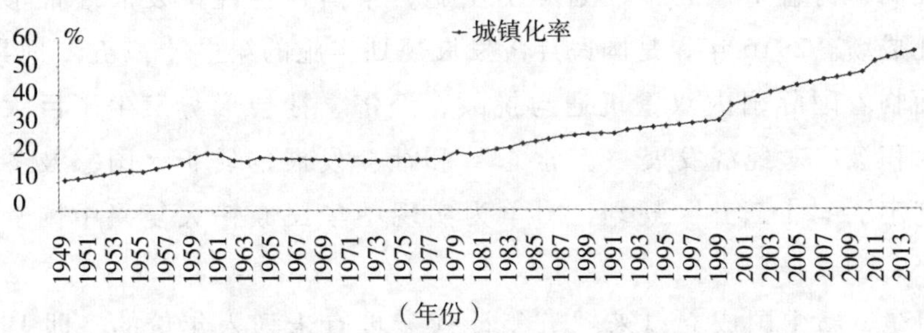

图 3-24　1949—2013 年中国城镇化率

数据来源：历年《中国城市统计年鉴》。

中，无论是速度还是平均增长速度均比其他国家要快很多。因此，中国下一阶段城镇化建设的速度将对于世界城市化进程产生越来越重要的作用。

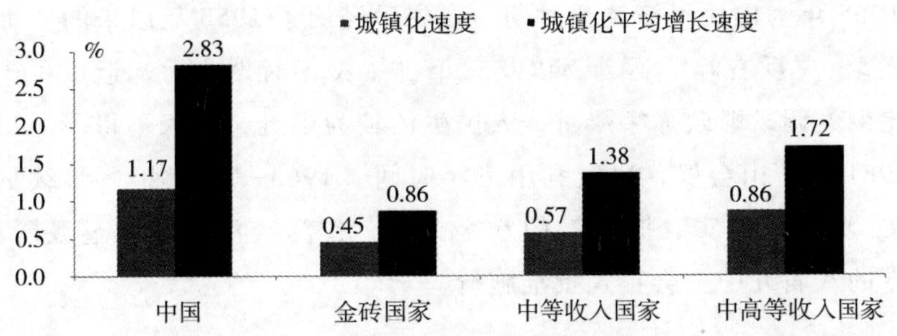

图 3-25　2006—2013 年中国城镇化速度、平均增长速度及国际比较①

（2）“五年规划”阶段城镇化建设情况

“五年计划”是中国国民经济计划的重要组成单元，主要对重大建设项目、生产力分布和国民经济重要比例关系作出规划，为国民经济发展愿景规定目标和方向。新中国成立至今，已经连续开展了十二个五年计划时

① 张红、张毅、王春波：《我国城镇化速度、平均增长速度统计及国际比较》，《中国房地产》2015 年第 7 期。

期（其中，“十一五”之后改“计划”为“规划”），作为 2015 年的“十二五”规划收官之年，中国历经 66 年的发展历程，社会取得空前稳定、经济健康平稳发展、人民生活水平不断得到提升、国际综合影响力也有了明显提高，得益于“五年计划”的实施，中国社会经济发展才能够取得如此成绩。2016年，是国民经济发展规划实施的第“十三五”时期，中国面临着国际国内双重机遇与挑战，经济、社会形势发生了巨大变化，为积极应对经济发展“新常态”和社会发展的转折，国家及各省份均制定了“十三五”规划，力争为实现中华民族伟大复兴中国梦而不懈努力。

但是，新中国成立以来“五年计划”也有未列入年份的，即1949年至1952年和1963年至1965年这两个阶段。原因在于1949年新中国刚刚成立，经济亟须恢复，南方地区仍有不稳定因素存在，在经历了抗日战争、解放战争和抗美援朝战争的创伤后，社会经济备受损失，这段时期，党和政府采取“边打、边稳、边建”的方针，奋斗三年，创造了世界经济史上的一个奇迹，这段时间为国民经济恢复时期；而1963年至1965年为国民经济调整时期，在先后经历了1958年以来的“大跃进”运动、“反右倾”运动，以及三年自然灾害时期之后，造成了国民经济比例失调，财政赤字严重，人民生活较为艰难，国家不得不做出调整，1961年庐山会议，决定利用三年时间（1963—1965年）继续贯彻“调整、巩固、充实、提高”的八字方针，作为经济发展的过渡阶段，后经党的八届九中全会正式批准施行。

表3-31　　中国历次五年规划城镇化率

时期	城镇化率变动状况（%）		每年平均增长率（%）	五年期间增长率（%）
	计（规）划期初	计（规）划期末		
“一五”计划	1953年—13.31	1957年—15.39	41.6	15.63
“二五”计划	1958年—16.25	1962年—17.33	21.6	6.65
“三五”计划	1966年—17.86	1970年—17.38	-9.6	-2.69
“四五”计划	1971年—17.26	1975年—17.34	1.6	0.46
“五五”计划	1976年—17.44	1980年—19.39	39	11.18
“六五”计划	1981年—20.16	1985年—23.71	71	17.61
“七五”计划	1986年—24.52	1990年—26.41	37.8	7.71
“八五”计划	1991年—26.94	1995年—29.04	42	7.80

续表

时期	城镇化率变动状况（%）		每年平均增长率（%）	五年期间增长率（%）
	计（规）划期初	计（规）划期末		
“九五”计划	1996 年—30.48	2000 年—36.22	114.8	18.83
“十五”计划	2001 年—37.66	2005 年—42.99	106.6	14.15
“十一五”规划	2006 年—44.34	2010 年—49.95	112.2	12.65
“十二五”规划	2011 年—51.27	2014 年—54.77	70	6.83

数据来源：国家统计局。

由表 3－31 可以得出，“一五”计划至“十二五”规划期间，中国城镇化建设起起伏伏，经历了曲折发展。特别是“三五”计划时期，每年城镇化平均增长率和五年期间增长率均呈现负增长；而“九五”计划期间，则表现出了城镇化建设的强劲势头，每年平均增长 114.8%，五年期间共增长 18.83 个百分点，为历次“五年规划”中表现最好的一个时期，与诺瑟姆曲线规律完全吻合，当城镇化率达到 30% 的时候，将出现迅速增长的趋势，这表明我国城镇化建设速度符合世界城市化进程的普遍规律。

2. L－Q 灰色预测模型

由于上文已对 L－Q 灰色预测模型的基本原理和定理给予了证明，故本章节将略去对其阐述，直接将其应用于中国新型城镇化规模的预测中，以期客观判断未来城镇化发展态势。

3. 基于 L－Q 灰色预测模型的中国新型城镇化规模预测

下面以中国城镇化规模预测为例，对中国未来几年的城镇化规模做出合理预测。中国各省份的城镇化规模预测值类同，不再单独表述。

（1）全国新型城镇化建设规模预测

①数据搜集

由于灰色预测模型主要用于贫信息、短数据问题，因此，为了更加清晰灰色模型的适用范围，本文选取 2005 年至 2014 年的相关数据，主要目的在于，分析灰色理论在贫信息数据列中的优势。通过查询历年《中国统计年鉴》可以得到表 3－32：

表 3－32　　2005—2014 年全国总人口与城镇人口、乡村人口　　单位：万人；%

年份	总人口	城镇人口	乡村人口	城镇人口占比
2005	130756	56212	74544	42.99
2006	131448	58288	73160	44.34
2007	132129	60633	71496	45.89
2008	132802	62403	70399	46.99
2009	133450	64512	68938	48.34
2010	134091	66978	67113	49.95
2011	134735	69079	65656	51.27
2012	135404	71182	64222	52.57
2013	136072	73111	62961	53.73
2014	136782	74916	61866	54.77

②基于 L－Q 灰色预测模型的中国新型城镇化规模预测

L－Q 灰色预测模型共分为三个步骤，具体可以表述为：

Step 1. 用对数函数变换$\left\{\ln x^{(0)(k)}\right\}^{1/T}$（取 T＝2）处理原始数据（表 3－32）得到表 3－33：

表 3－33　　对数函数变换处理后数据　　单位：万人，%

年份	总人口	城镇人口	乡村人口	城镇人口占比
2005	3.4324	3.3071	3.3495	1.9393
2006	3.4331	3.3126	3.3467	1.9473
2007	3.4339	3.3185	3.3433	1.9561
2008	3.4346	3.3229	3.3409	1.9621
2009	3.4353	3.3279	3.3378	1.9693
2010	3.4360	3.3335	3.3338	1.9776
2011	3.4367	3.3381	3.3305	1.9842
2012	3.4374	3.3426	3.3272	1.9905
2013	3.4382	3.3466	3.3242	1.9960
2014	3.4389	3.3502	3.3216	2.0008

Step 2. 利用 GM（1，1）对表 3－33 数据预测，并得表 3－34：

首先，根据表 3－33 数据，得到总人口、城镇人口和乡村人口的各自预测模型为式：

$$x(t+1) = 16446.548615e^{0.000209t} - 16443.116256$$

$$x(t+1) = 2326.323844e^{0.001423t} - 2323.016748$$

$$x(t+1) = -3477.12727e^{-0.000963t} + 3480.476770$$

表 3－34　GM（1，1）模型预测结果　单位：万人，%

年份	总人口	城镇人口	乡村人口	城镇人口占比
2015	11.8309	11.2649	11.0089	4.0400
2016	11.8359	11.2970	10.9877	4.0677
2017	11.8408	11.3292	10.9666	4.0956
2018	11.8458	11.3615	10.9454	4.1237
2019	11.8507	11.3939	10.9244	4.1519
2020	11.8556	11.4264	10.9034	4.1804

其次，同时得到各自预测模型的后验差比值 C 与小误差概率 P，见表 3－35：

表 3－35　各模型后验差比值 C 与小误差概率 P

模型	C	P
模型 1	0.0096	1.0000
模型 2	0.0528	1.0000
模型 3	0.0411	1.0000

由表 3－35 所示，各模型 P 值对应预测结果合格，且三个模型的 C 值均小于 0.45 表示合格，表明预测效果良好，也表明此预测结果相对合理。

Step 3. 将表 3－34 所得结果通过 $\exp\{\{[\ln\hat{x}^{(0)}(k)]^{1/T}\}^{T}\}$（取 T＝2）进行还原，得表 3－36：

表 3－36　　2015—2020 年中国城镇化率预测结果　　单位：万人，%

年份	总人口	城镇人口	乡村人口	城镇人口占比
2015	137436.5	78032.75	59403.75	56.78
2016	138118.9	80578.99	57539.91	58.34
2017	138805	83217.71	55587.29	59.95
2018	139494.5	85946.79	53547.71	61.61
2019	140187.7	88775.43	51412.27	63.33
2020	140874.7	91707.6	49167.1	65..10

（2）分省份新型城镇化建设规模预测

根据上述基于 L－Q 灰色预测模型对中国城镇化的预测，可以依理推出中国各省份 2015—2020 年的未来城镇化建设速度，同计算中国新型城镇化建设规模一样的道理。

首先，通过《中国统计年鉴》，获得中国各省份城镇化率原始数据，如表 3－37：

表 3－37　　中国各省份 2004—2013 年城镇化率　　单位：年份，%

地区	2004	2005	2006	2007	2008	2009	2010	2011	2012	2013
北京	79.53	83.62	84.33	84.5	84.9	85	85.96	86.2	86.2	86.3
天津	74.21	75.11	75.73	76.31	77.23	78.01	79.55	80.5	81.55	82.01
河北	35.83	37.69	38.77	40.25	41.9	43.74	44.5	45.6	46.8	48.12
山西	39.63	42.11	43.01	44.03	45.11	45.99	48.05	49.68	51.26	52.56
内蒙古	45.87	47.2	48.64	50.15	51.71	53.4	55.5	56.62	57.74	58.71
辽宁	56.01	58.7	58.99	59.2	60.05	60.35	62.1	64.05	65.65	66.45
吉林	45.17	52.52	52.97	53.16	53.21	53.32	53.35	53.4	53.7	54.2
黑龙江	52.8	53.1	53.5	53.9	55.4	55.5	55.66	56.5	56.9	57.4
上海	81.2	89.09	88.7	88.7	88.6	88.6	89.3	89.3	89.3	89.6
江苏	48.18	50.5	51.9	53.2	54.3	55.6	60.58	61.9	63	64.11
浙江	54	56.02	56.5	57.2	57.6	57.9	61.62	62.3	63.2	64
安徽	33.5	35.5	37.1	38.7	40.5	42.1	43.01	44.8	46.5	47.86

续表

地区	2004	2005	2006	2007	2008	2009	2010	2011	2012	2013
福建	46.3	49.4	50.4	51.4	53	55.1	57.1	58.1	59.6	60.77
江西	35.58	37	38.68	39.8	41.36	43.18	44.06	45.7	47.51	48.87
山东	44.15	45	46.1	46.75	47.6	48.32	49.7	50.95	52.43	53.75
河南	28.91	30.65	32.47	34.34	36.03	37.7	38.5	40.57	42.43	43.8
湖北	43.68	43.2	43.8	44.3	45.2	46	49.7	51.83	53.5	54.51
湖南	35.5	37	38.71	40.45	42.15	43.2	43.3	45.1	46.65	47.96
广东	59.6	60.68	63	63.14	63.37	63.4	66.18	66.5	67.4	67.76
广西	31.94	33.62	34.64	36.24	38.16	39.2	40	41.8	43.53	44.81
海南	44.51	45.2	46.1	47.2	48	49.13	49.8	50.5	51.6	52.74
重庆	43.5	45.2	46.7	48.3	49.99	51.59	53.02	55.02	56.98	58.34
四川	35.25	33	34.3	35.6	37.4	38.7	40.18	41.83	43.53	44.9
贵州	26.28	26.87	27.46	28.24	29.11	29.89	33.81	34.96	36.41	37.83
云南	28.1	29.5	30.5	31.6	33	34	34.7	36.8	39.31	40.48
西藏	35.15	20.85	21.13	21.5	21.9	22.3	22.67	22.71	22.75	23.71
陕西	36.41	37.23	39.12	40.62	42.1	43.5	45.76	47.3	50.02	51.31
甘肃	28.61	30.02	31.09	32.25	33.56	34.89	36.12	37.15	38.75	40.13
青海	38.59	39.25	39.26	40.07	40.86	41.9	44.72	46.22	47.44	48.51
宁夏	40.6	42.28	43	44.02	44.98	46.1	47.9	49.82	50.67	52.01
新疆	35.16	37.15	37.94	39.15	39.64	39.85	43.01	43.54	43.98	44.47

其次，通过 L－Q 灰色预测模型得到了各省份的预测模型：

$x(t+1) = 4595.621074e^{0.000458t} - 4593.529153$	$x(t+1) = 1529.873912e^{0.001357t} - 1527.79860$
$x(t+1) = 463.538673e^{0.004106t} - 461.646905$	$x(t+1) = 517.719120e^{0.003724t} - 515.800895$
$x(t+1) = 549.809735e^{0.003567t} + 547.853767$	$x(t+1) = 986.938615e^{0.002038t} - 984.932243$
$x(t+1) = 5317.166332e^{0.000374t} - 5315.214299$	$x(t+1) = 1611.429820e^{0.001236t} - 1609.43821$
$x(t+1) = 17697.97046e^{0.000120t} - 17695.87357$	$x(t+1) = 491.743680e^{0.004016t} - 489.775192$
$x(t+1) = 886.163193e^{0.002258t} - 884.165949$	$x(t+1) = 379.430906e^{0.004975t} - 377.556994$
$x(t+1) = 573.387622e^{0.003436t} - 571.429270$	$x(t+1) = 413.184071e^{0.004593t} - 411.294155$

续表

$x(t+1) = 692.678152e^{0.002811t} - 690.731978$	$x(t+1) = 304.966859e^{0.006065t} - 303.132687$
$x(t+1) = 461.756256e^{0.004179t} - 459.812834$	$x(t+1) = 464.60184e^{0.004092t} - 462.712519$
$x(t+1) = 1281.399206e^{0.001582t} - 1279.377411$	$x(t+1) = 379.413223e^{0.004932t} - 377.552078$
$x(t+1) = 807.566038e^{0.002415t} - 805.617779$	$x(t+1) = 475.852956e^{0.004096t} - 473.910596$
$x(t+1) = 349.445059e^{0.005339t} - 347.557610$	$x(t+1) = 266.630785e^{0.006752t} - 264.822800$
$x(t+1) = 326.191657e^{0.005618t} - 324.365248$	$x(t+1) = 735.809590e^{0.002367t} - 733.922893$
$x(t+1) = 357.585771e^{0.005309t} - 355.689764$	$x(t+1) = 359.632846e^{0.005117t} - 357.801520$
$x(t+1) = 479.976934e^{0.003969t} - 478.065653$	$x(t+1) = 545.193553e^{0.003538t} - 543.269035$
$x(t+1) = 580.202628e^{0.003271t} - 578.315856$	

最后，通过上述各式得到 2015—2020 年中国各省份城镇化率，如表 3－38：

表 3－38　中国各省份 2015—2020 年新型城镇化率预测结果　单位：%

省份	2015	2016	2017	2018	2019	2020
北京	87.33	87.69	88.05	88.41	88.77	89.14
天津	84.22	85.24	86.28	87.32	88.39	89.48
河北	51.83	53.54	55.33	57.19	59.13	61.15
山西	55.67	57.37	59.13	60.97	62.87	64.84
内蒙古	63.20	65.10	67.08	69.13	71.26	73.47
辽宁	68.27	69.46	70.67	71.91	73.18	74.48
吉林	54.28	54.44	54.60	54.76	54.93	55.09
黑龙江	58.71	59.31	59.91	60.52	61.14	61.76
上海	89.60	89.69	89.79	89.89	89.98	90.08
江苏	69.56	71.98	74.50	77.14	79.89	82.76
浙江	66.57	67.85	69.16	70.49	71.87	73.27
安徽	52.25	54.36	56.57	58.90	61.35	63.93
福建	64.87	66.77	68.73	70.76	72.87	75.06
江西	52.81	54.78	56.84	59.00	61.26	63.63
山东	55.83	57.11	58.43	59.78	61.18	62.61

续表

省份	2015	2016	2017	2018	2019	2020
河南	48.71	51.08	53.59	56.26	59.09	62.11
湖北	58.29	60.32	62.43	64.63	66.94	69.34
湖南	51.39	53.08	54.85	56.68	58.59	60.59
广东	69.92	70.87	71.83	72.81	73.81	74.82
广西	48.62	50.53	52.53	54.64	56.85	59.17
海南	54.76	55.84	56.93	58.06	59.21	60.40
重庆	62.76	64.93	67.20	69.56	72.03	74.61
四川	49.12	51.22	53.43	55.76	58.22	60.82
贵州	41.88	44.06	46.38	48.87	51.52	54.36
云南	43.75	45.66	47.67	49.80	52.04	54.42
西藏	24.21	24.58	24.96	25.34	25.74	26.13
陕西	56.17	58.64	61.24	63.99	66.90	69.97
甘肃	43.42	45.14	46.94	48.84	50.83	52.93
青海	51.62	53.26	54.98	56.76	58.62	60.55
宁夏	55.06	56.65	58.29	60.00	61.77	63.61
新疆	47.41	48.62	49.88	51.18	52.51	53.90

基于 L－Q 灰色预测理论模型的中国新型城镇化建设速度运算结果如表 3－36 所示，由表可得图 3－26，中国新型城镇化率将在 2015 年达到 56.78%，而预计到 2020 年，中国总人口将达到约 14.09 亿人，其中城镇人口大约 9.17 亿人口，城镇人口占总人口的比重也将达到 65.10%。中国城镇化速度在平稳中不断发展，将超过发展中国家平均 60% 的发展水平，但是距离发达国家 80% 左右的城镇化率仍有较大差距。

2014 年 3 月，中共中央、国务院印发《国家新型城镇化规划（2014—2020 年）》，《规划》对未来一段时期内的新型城镇化道路指明了具体的指导思想和发展目标，将成为下一阶段新型城镇化建设的政策支撑。在该《规划》中，明确要求截至 2020 年，中国常住人口城镇化率必须达到 60% 左右，而户籍人口城镇化率也要达到 45% 左右，按本文预测可知，中国新型城镇化将很有可能提前完成 60% 左右的预计目标，究其原因，

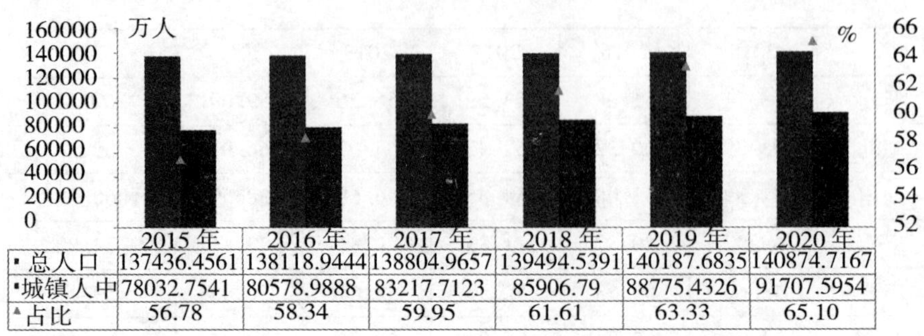

	2015 年	2016 年	2017 年	2018 年	2019 年	2020 年
▪总人口	137436.4561	138118.9444	138804.9657	139494.5391	140187.6835	140874.7167
▪城镇人中	78032.7541	80578.9888	83217.7123	85906.79	88775.4326	91707.5954
▲占比	56.78	58.34	59.95	61.61	63.33	65.10

图 3－26　2015—2020 年中国总人口及城镇人口的预测值

主要有以下几个方面：

首先，实际上城镇化以什么样的速度发展，是由其内在自身规律决定的，并不取决于政府的好恶。政府在城镇化进程中，既不能抑制其发展，造成城镇化滞后；也不能揠苗助长，进行“大跃进式”的强制推进。片面抑制和强制推进都是违背经济规律的。政府在城镇化进程中的作用主要是弥补市场缺陷和短板，在城市规划、基础设施建设、公共服务提供、城市治理等方面发挥“看得见的手”的引导和规范职责，保证城镇化协调有序推进和健康、可持续发展，提高城镇化的质量和效率（张占斌等，2013）①。自党的十八大以来，中国政府高度关注市场在资源配置中的决定性作用，政府的服务型功能逐渐增强，以国家发展战略和规划为导向，以货币政策和财政政策为手段调节宏观调控体系，此种观念的转变将有助于理顺政府和市场的正确关系，有助于转变经济发展方式。且新一届政府持续加大简政放权力度，更多地关注市场的资源配置作用。改革开放之前，中国城镇化建设的政府推动明显，形成了典型的自上而下的城镇化道路。但是，这种政府占主导的城镇化推进方式也带来了诸多的问题，由于以往“以 GDP 增长论英雄”的发展思路滋生了许多贪污腐败的行为，也不利于地区长远发展。新型城镇化的建设应该更多地走政府规划引导的道路，而市场在新型城镇化建设中起到主导作用，才能更好地发挥市场的运行机制，更加有助于新型城镇化建设进程。

① 张占斌、黄锟：《叠加期城镇化速度与质量协调发展研究》，《理论学习与探索》2013 年第 5 期。

其次，《国家新型城镇化规划（2014—2020年）》指出到2020年城镇化率要达到60%的发展目标，而本文预测值显示，截至2018年，中国新型城镇化率就将突破60%的目标，而到2020年将达到65%左右的水平。除排除模型计算本身不可避免出现的误差外，提前完成60%的发展目标主要得益于国家政策红利的全面释放。主要体现在，首先，2015年10月党的十八届五中全会公报中指出，继续坚持新计划生育的基本国策，全面实施一对夫妇可生育两个孩子政策，以完善人口发展战略。两个月之后的12月27日，全国人大常委会通过了《人口与计划生育法修正案》，决定自2016年1月1日起正式实施全面二孩政策。主要原因在于近年来中国总和生育率只有1.4，低于更替水平2.1，处于国际公认的1.3的“低生育陷阱”，据第六次全国人口普查数据显示，东北三省的总和生育率甚至逼近1.0。全面二孩政策的放开，将进一步释放部分生育人群的生育能力，也将在一定程度上带动城镇人口的数量增加；其次，党的十八大以来，中央政策高度关注城镇化建设，并多次在城镇化工作会议、中央经济工作会议中将城镇化作为拉动中国下一阶段生产力的重要途径。特别是2015年12月20日至21日，时隔37年的中央城市工作会议重新提升至更高层次。本次城市工作会议以当前城市工作的重点为议题，就今后一段时期内城市化的发展及治理等问题提出了长远规划及发展思路，并制定了具体的重点任务。这更加突出了新型城镇化建设的必要性及可行性，为下一阶段的城镇化建设提供了强有力的政策支撑，必然释放更多的改革红利，推进新型城镇化建设的步伐。第三，中国城镇化建设已经经过了60多年的发展历程，在不断曲折中，积累了许多发展的经验，也遭受了发展上的失误，在总结国外发达国家及发展中国家城镇化建设的基础上，有更多的实践经验及理论基础。同时，中国经济已经达到了世界第二大经济体的地位，国际货币基金组织数据显示，2014年世界GDP总量达到77.3万亿美元，美国以17.149万亿美元位居第一，而中国以10.38万亿美元排名第二位。雄厚的经济实力可以为新型城镇化建设提供经济来源。因此，有理由相信，中国很有可能将在2020年之前完成城镇化率达到60%的目标。

第三，从中国城镇化发展与美国城镇化发展的地域上看，都是由东部向西部推进的过程。由于受历史、自然、经济等原因影响，东中西部地区城镇化建设的规模及质量存在差异。《国家新型城镇化规划（2014—2020年）》数据显示，2014 年，中国东部地区常住人口城镇化率达到 62.2%，而中部、西部地区分别只有 48.5%、44.8%。而据本书预测可知，2014 年至 2020 年，中国各省份的新型城镇化率将呈现整体上升趋势，只是在增幅上有所差别。图 3－27 显示，中国各省份城镇化率除部分省份保持缓慢进行外，大部分省份的城镇化率提高很快。北京、上海两市是由于城镇化已经发展到了 70% 以上的后城镇化阶段，所以发展整体趋势趋于缓和，而西藏自治区由于受到历史及经济影响较重，且自然条件使得城镇化提升速度较慢。

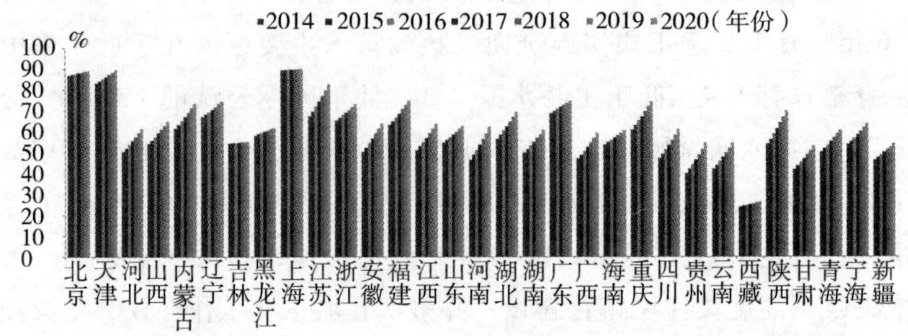

图 3－27　2014—2020 年中国各省份新型城镇化率预测

而图 3－28 中，经预测，至 2020 年，城镇化增速最快的省份是贵州省的 36.48%，而河南省以 33.63% 的发展速度位于第二位，发展增速最慢的是上海市，仅为 0.65%。之所以贵州省能够以高速度提升，主要在于其政策倾斜及基础设施建设的不断完善。政策上，坚持以人为本的城镇化为核心，以做大做强区域中心城市为重点，实现黔中城市群率先突破，促进大中小城市和小城镇协调发展，奋力走出一条有特色、集约型、多样化的贵州山地特色新型城镇化道路。而与此同时，贵州省实施“县县通高速”计划，高速公路路网迅速推进，有助于提升贵州省的经济发展。整体而言，东部地区城镇化建设速度及规模持续放缓，而中部地区城镇化建设速度将大幅度提升，而西部地区[①]城镇化建设速度也有了较大提高。

① 根据国家统计局分类标准，东部地区包括北京、天津、河北、辽宁、上海、江苏、浙江、福建、山东、广东、海南 11 个省（市）；中部地区包括山西、吉林、黑龙江、安徽、江西、河南、湖北、湖南 8 个省；西部地区包括内蒙古、广西、重庆、四川、贵州、云南、西藏、陕西、甘肃、青海、宁夏、新疆 12 个省（市、自治区）。

从2014—2020年城镇化率的增幅指标来看，东部地区增幅在20%以上的省份仅有江苏省和河北省，而中部地区则有安徽省、江西省、湖北省、湖南省以及突破30%增速的河南省，西部地区超过20%的省份共有8个，占据整个西部地区的66.7%，由此表明，伴随中国经济的持续发展及政策红利的释放，新型城镇化建设的速度将不断得到提升，中西部赶超东部地区发展的势头将比较明显，而东部地区各省份在新型城镇化建设过程中将面临后城镇化发展的特殊时期。因此，下一阶段的城镇化建设应该按地区、分省份推进，各省份应在国家新型城镇化建设总规划的纲领下，因地制宜地提出各自发展规划，有重点、分层次的开展城镇化建设。

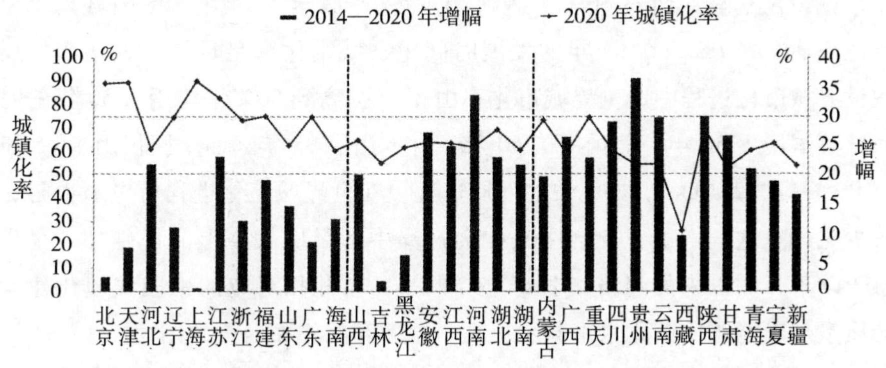

图3-28　2014—2020年中国各省份新型城镇化率预测增幅

总之，中国城镇化建设过程中将面临人口基数大、城乡二元结构明显等困难，城乡一元化发展缓慢，城镇化的任务在全世界范围内来看，也是较为艰难的。在新形势下，中国新型城镇化建设的步伐将进一步加快，然而城镇化的建设看重的不仅仅是规模及速度，重中之重的最核心的内容是城镇化建设的质量问题。如果城镇化建设的质量达不到满足人民群众日益增长的物质文化需求，达不到建设社会主义和谐社会及实现小康社会的奋斗目标，则城镇化的建设是失败的，也是不得民心的工程。因此，新型城镇化建设要讲求软硬件齐抓共管，规划管理科学合理，才能实现真正意义上的新型城镇化建设初衷。同时，城镇化建设的速度及规模也并不是呈直线趋势发展下去，按照诺瑟姆S型曲线规律，当城镇化达到70%以后，城镇化发展的速度将会减慢，进入城镇化建设的后期阶段，发展趋势将趋于平稳，该规律已在西方发达国家得到验证，中国未来城镇化建设水平达到70%之后，也会面临这种问题，北京、上海等大城市的城镇化率已经达到了70%以上的水平，也面临着发达国家后期城镇化阶段面临的诸多问题，因此，为防患于未然，在下一阶段的城镇化规划中，应充分考虑到城镇承载能力及可持续发展态势，科学合理地制订城市发展规划，为提高新型城镇化建设质量做足准备。

（三）中国新型城镇化质量研究

1. 新型城镇化质量评价研究价值

前文已经论及到中国城镇化建设的速度问题，国家统计局数据显示，1949 年，中国城镇化率为 10. 64%；1996 年，城镇化率为 30. 48%；而 2011 年，城镇化率首次超过 50%，达到 51. 27%；截至 2014 年，中国城镇化率已经高达 54. 77%，在 65 年的发展时间里，城镇化率足足增了四倍多。反观世界城市化进程中，世界城市化率由 30% 提高到 50% 平均用了 50 年的时间，英国用了 50 年，美国用了 40 年，日本用了 35 年，而中国仅用了 15 年（李学峰等，2013）[①]。如此快的发展速度，在世界城镇化进程历史上也是比较少见的。这既得益于社会主义社会在集中力量做大事上的优越性，也受惠于改革开放以来的经济增长奇迹。但是，与此相对应的中国城镇化建设的质量却未能与城镇化水平同步提高，二者存在不相匹配的困境。

城镇化质量问题的提出，是典型中国式发展道路及语境下的产物，更深层次的是对城镇化的本质探讨，也真实反映了从传统社会向现代文明社会的全面转型和变迁过程的衡量标准和要求[②]。纵观国际社会发展进程中，既无政府主导作用突出的城镇化战略，也无城镇化质量的评价体系（陈明等，2013）[③]。中国城镇化有别于其他国家城镇化，中国自古以来是以农业为主导的传统国家，在历经数千年的封建社会后，未经历资本主义时期，而直接进入社会主义社会。因此，在这个过程中，城乡二元经济结构十分突出，研究中国情境下的城镇化质量问题有助于清晰城镇化建设的整体形势，厘清城镇化进程中的困境，推进下一阶段的新型城镇化建设步伐。

① 李学锋、单菁菁：《“转型期的城市化：国际经验与中国前景”国际学术研讨会综述》，《经济学动态》2013 年第 11 期。

② 国家城调总队福建省城调队课题组：《建立中国城市化质量评价体系及应用研究》，《统计研究》2005 年第 7 期。

③ 陈明、张云峰：《城镇化发展质量的评价指标体系研究》，《中国名城》2013 年第 2 期。

城镇化建设的核心问题在于“人的城镇化”，那么，人的城镇化就是不仅看城镇化的规模，所提供的基础设施等硬约束，更多的是要使人们居住的舒适，使人们真正享受城镇化所带来的福利。也就是要真正提高城镇化建设的质量，据国家统计局数据显示，2011 年末，中国城镇化率首次突破 50%，2014 年达到 54.77%，但是就户籍人口城镇化率而言，2014 年的数值仅为 35.9%，相差近 20 个百分点，远远低于发达国家 80% 的平均水平；同时，中国城镇化质量不高、粗放扩张式的发展思路不利于城镇化健康发展。

党的十八大报告中明确指出，为实现 2020 年全面建成小康社会的宏伟目标，必须要使城镇化质量明显提高，保持经济持续健康发展。由此表明，新一届领导集体对城镇化建设的高度关注，中国的城镇化速度已经进入了 50% 的上升通道，未来几年内或者十几年内达到 70% 的发展目标难度不大，而最重要也是最关键的就在于城镇化建设的质量是否能够与之相匹配，是否能够满足人们日益增长的物质文化需求。因此，探讨新形势下中国城镇化质量问题，是有必要的，也是现实的需要。

2. 新型城镇化质量研究现状

有关城镇化质量的研究主要集中在评价指标体系和评价对象的选取上。在指标体系构建过程中，不同专家学者均根据各自理论选取更具代表性和时效性的指标对城镇化质量进行有效衡量，但是总体而言，均涉及经济、社会、环境、城乡等因素，只是在具体指标的选取上有所差别。而评价对象的选择上，也涵盖了全国、各省份及典型地级市的城镇化质量评价。至于最终使用的评价模型，也分为因子分析法、层次分析法、聚类分析法、熵值法、数据包络分析方法和动态判断标准等。

叶裕民（2001）是最早致力于城镇化质量的研究的，他认为城市现代化应该包括城市经济现代化、基础设施现代化和人的现代化三个方面，并构建了以人均 GDP、第三产业就业比重、人均铺装道路面积、人均住房使用面积等 12 个指标在内的城市现代化评价指标体系，对北京、天津、沈阳、上海、武汉、广州、重庆、成都和西安 9 个省会城市（直辖市）进行了评价①；2005 年，国家调查总队福建省城调队依据经济发展质量指

① 叶裕民：《中国城市化质量研究》，《中国软科学》2001 年第 7 期。

数、生活质量指数、社会发展质量指数、基础设施质量指数、生态环境质量指数和统筹城乡与地区发展指数 6 个二级指标，31 个次级指标，采用层次分析法对华东区 6 省的城镇化建设质量进行了衡量①；孔凡文（2006）从经济发展评价、社会发展评价、基础设施建设评价、生活方式评价、人居环境评价和城镇管理评价 6 个维度，60 个具体指标的评价体系，对 2003 年中国 35 个省会城市及计划单列市进行了评价②；朱洪祥（2007）认为人口就业、经济发展、城市建设、社会发展、居民生活和生态环境六个方面可以反映山东省城镇化建设质量，并选取 32 个次级指标对山东省 17 个地级市进行论证③；王家庭等（2009）引入了城市化率指标，并和经济指标、社会指标、环境指标共同评价城镇化建设质量，分 24 个次级指标对 2006 年 4 个直辖市和 26 个省会城市（不含拉萨）进行了城镇化质量评价④；白先春等（2005）采用系统论的观点，以人口质量指数、经济质量指数、生活质量指数、环境质量指数和城建质量指数 5 个二级指标，25 个次级指标，基于 LOWA 算子对江苏省的 27 个县级市进行了分析⑤；方创琳等（2011）借助象限图法，构建了经济城市化发展质量、社会城市化发展质量和空间城市化保障质量 3 个维度的 12 个指数，29 个次级指标的城市化质量动态判断指标体系，并对 1990 年至 2008 年的全国各省份进行了分析⑥；吕丹等（2014）在人口城镇化指数、经济发展指数、生态环境支持指数、城乡统筹指数研究基础上，增加了公共服务均等化的测度指标，并通过基础教育均等化、基本医疗卫生均等化、公共就业服务均等化、基本社会保障均等化、基本公共设施均等化等五个二级

---

① 国家城调总队福建省城调队课题组：《建立中国城市化质量评价体系及应用研究》，《统计研究》2005 年第 7 期。

② 孔凡文：《中国城镇化发展速度与质量问题研究》，中国农业科学院 2006 年博士后出站报告。

③ 朱洪祥：《山东省城镇化发展质量测度研究》，《城市发展研究》2007 年第 5 期。

④ 王家庭、唐袁：《我国城市化质量测度的实证研究》，《财经问题研究》2009 年第 12 期。

⑤ 白先春、凌亢、朱龙杰、王芳：《我国县级城市发展质量综合评价—以江苏省县级市为例》，《统计研究》2005 年第 7 期。

⑥ 方创琳、王德利：《中国城市化发展质量的综合测度与提升路径》，《地理研究》2011 年第 11 期。

指标进行表征[①]。

综上研究现状，城镇化质量的评价问题已经越来越受到学者的关注，各自关注的焦点也各异，选取的模型方法也存在区别，但是，基本都涉及了城镇化质量的核心问题，也都突出了各自计算的优势。然而，无论是科研机构，还是专家学者，在评价指标的选取及运用上均提出了各自的观点，伴随时间的推移及社会的发展，部分旧指标正逐渐被新指标所替代，新指标进入评价体系的效果，使得城镇化评价体系更加趋于完善，也能够更加全面把握城镇化建设进程中出现的弊端。伴随着中国城镇化进程的加快，旧有的城镇化质量评价体系是否还适应于现代的发展形势，是否还应有更新的指标被纳入进来？这些问题值得进一步的思考与讨论。

3. 新型城镇化质量评价体系改进必要性

回顾世界城市化发展历程，不难发现，发达国家在城市化进程中，由于过度排污和新型工业化大国的排污增加，导致全球变暖及环境进一步恶化，严重威胁人类生存环境（倪鹏飞，2013）[②]。部分发达国家已经意识到这一问题，并开始纷纷采取措施应对后期城镇化过程所带来的挑战。中国传统城镇化发展中也出现了发达国家和拉美国家城镇化过程中曾经出现过的诸如环境污染、土地污染、水污染及城市病问题，如果继续走传统城镇化的道路，中国未来将再次陷入拉美部分国家的城市化发展陷阱，也难以保证如此大规模的城镇人口享受的社会经济发展所带来的福利，必然违背“以人为核心”的城镇化建设初衷，这也就要求中国已经不能再走传统城镇化的道路。目前，中国已经进入中等收入国家行列，人民生活水平有了极大的提高，基础设施建设取得突出成绩，社会局势稳定，中国进行下一阶段新型城镇化建设的国内形势良好，能够为下一阶段城镇工作提供必要的支持。

当前，我国社会发展正面临着新的机遇与挑战，正处于城市型社会战略转型的关键时期，经济发展进入新常态，社会形势也出现了新拐点，如果不能及时调整城镇化发展思路，则极有可能出现发展问题。特别是处在

---

① 吕丹、叶萌、杨琼：《新型城镇化质量评价指标体系综述与重构》，《财经问题研究》2014 年第 9 期。

② 倪鹏飞：《新型城镇化的基本模式、具体路径与推进对策》，《江海学刊》2013 年第 1 期。

“十三五”规划的开局阶段，关注新型城镇化质量，提升人民生活福祉，对于推动全面建成小康社会和实现“两个一百年”的奋斗目标具有重要意义。本书认为应该在现有城镇化质量的评价体系基础上，结合最新的党的十八大，十八届三中、四中、五中全会及中央城市工作会议，中央经济工作会议和习近平总书记系列讲话精神，更新现有评价体系，新增更符合时代特性的新指标，而且在原有基础之上，更加关注以下四个问题：

第一，生态问题刻不容缓。新型城镇化必须是生态文明的城镇化。提升城镇化的品质和效益，转变生产和消费方式，循环、绿色和低碳是必然选择（潘家华，2013）[①]。2005 年，国家调查总队福建省城调队构建的城镇化质量评价体系中，就已经开始关注生态文明的问题，并将生态环境质量指标作为重要的一部分，对空气质量综合指数、城市绿化覆盖率和环境噪声达标率等指标进行有效度量。“十三五”规划中，更是史无前例地提及“绿色”的发展理念，把生态文明建设作为中国经济社会发展的要义。这足以表明，生态文明建设必将成为今后新型城镇化进程中必须高度关注的因素。由于前期城镇化过程中，不可避免地出现了诸多环境污染、生态破坏及城市病问题，因此，在今后城镇化建设中，必须要将该指标考虑在内，能够体现人的和谐共处的理念，能够真正做到与自然和谐相处。

第二，文化传承亟待关注。中国是一个拥有五千年文明历史的国家，历史不仅创造了厚实的物质基础，还留下了许多宝贵的精神财富。习近平总书记多次指出，要认真汲取中华优秀传统文化的思想精华和道德精髓，使中国优秀传统文化成为涵养社会主义核心价值观的重要源泉。其著名的“两山论”“中国梦”“三个自信”等思想均出自于中国古代文化的思想。著名医学家屠呦呦受中国古籍《肘后备急方》的启发，成功提取出了青蒿素，成为第一位获得诺贝尔科学家奖项的中国本土科学家，令世界为之瞩目。然而，由于在城镇化建设过程中，过分看重城镇化的发展速度，大建基础设施，一些优秀的文明被遗弃，造成了优秀文化的断层。

第三，智能社会影响生活。从世界范围看，城镇化进程与技术革命息息相关，第一次工业革命开创了机器代替手工劳动的时代，造就英国成为

① 潘家华：《新型城镇化道路的碳预算管理》，《经济研究》2013 年第 3 期。

第一个完成城镇化的国家。第二次工业革命使得人类进入了“电气时代”，以美国为首的发达国家逐步实现了城镇化过程。而伴随信息科技的发展，智能化生活理念开始逐渐进入人们的生活视野，并开始渗透入家居生活。“互联网+”和“大数据”的到来，移动通信也已经进入4G发展的大通道，智能产品也已经被大多数人接受，农民进城后的生活习惯也在慢慢发生变化，这些都将有助于推进地区城镇化水平。因此，未来的城镇化应该是以“智慧城市”为依托，以高新科技产品为纽带，方便人们以生活为宗旨的城镇化，人们将更多地受惠于高科技所带来的福利。

第四，食品安全关乎生命。城镇化的核心是“人”，而人的生活与发展，最根本的是要舒适地生存。因此，与人们生存紧密关联的“食”成为焦点话题。近年来，随着物质文化的极大丰富，道德开始出现滑坡，过期肉、镉大米、瘦肉精、地沟油、三聚氰胺奶粉、苏丹红鸭蛋骇人听闻的食品安全事件屡见报端，给人们的生活质量造成了破坏，生存质量也受到影响。新型城镇化讲求以人为核心，就是要将更多的精力放在与人生活最相关的利益上。这里不仅仅是改善人们的居住环境，更多的是生存质量及精神层次的同步发展，缺失每一部分，都难以真正提升城镇化质量，难以满足人们日益增长的物质及精神需求。

因此，考虑到上述四个城镇化进程中面临的突出问题，本书认为在下一阶段的中国新型城镇化质量评价过程中，应该酌情加入部分指标，使得现有评价体系更加丰富，也更具有时代发展特性，更能够体现新时期城镇化建设的使命。

4. 新型城镇化质量指标体系构建

著名管理学家彼得·格鲁克的目标管理中，指出为高效工作，使绩效考核更加科学化和规范化，提出了“SMART原则”，即“S”代表specific，要具体；“M”代表measurable，要可度量；“A”代表attainable，要可实现；“R”代表relevant，要相关；“T”代表time-bound，要有时限。该种指标体系构建的原则同样也可以应用到新型城镇化指标体系的构建过程中。

（1）指标体系构建原则

①要具体

就是指在新型城镇化指标体系构建中，要尽量涵盖城镇化建设的方方面面，即包含经济维度、社会维度、生态维度、人居维度和城乡维度，具体表征指标要能够反映新型城镇化质量的内涵。

②可度量

就是指所选取指标应该能够通过查阅相关资料，可获得，能够利用数据的形式表现出来，才能够运用定量化模型的方式进行量化分析。如果涉及到定性指标，则可根据专家打分法等方式展开。

③可实现

就是指所设定的城镇化质量的目标不能过高或过低，要紧贴现实。

④相关性

就是指所选取指标应该能够贴近生活，与人们的生活相关联。特别能反映新型城镇化与传统城镇化质量评价体系的不同，不能体现“新型”特征的指标应考虑删除，选取具有代表性的指标。

⑤时限性

就是指所选取指标应该具有时效性，不能使用过旧数据，否则评价出的结果将不可靠。

总之，新型城镇化评价指标体系要始终贯彻“以人为核心”的设计理念，客观、真实反映中国现阶段及在未来一定时间段内的新型城镇化建设水平。

（2）中国新型城镇化质量评价体系

对事物的评价一般会选择单一指标评价和多指标综合评价的方式。单一指标评价事物的结果不具有很强的说服力，也缺少全面性。因此，在事物评价过程中，多数采取多指标综合评价的方法。而且城镇化是一个复杂的人类社会变迁过程，涉及经济、社会、人口、资源、环境等各个方面，对城镇化质量进行测度和评价，理应采用多指标综合评价方法（王富喜等，2013）①。本书在综合不同学者对城镇化质量的评价指标基础上，将从经济子系统、社会子系统、生态子系统、人居子系统和城乡子系统五个方面对新型城镇化质量进行界定，同时每个一级指标下设 17 个二级指标进行解释，并配置了 49 个三级指标详细阐述各指标的含义，力求全面把握、分析中国新型城镇化建设的质量问题（见表3－39）。

① 王富喜、毛爱华、李赫龙、贾明璐：《基于熵值法的山东省城镇化质量测度及空间差异分析》，《地理科学》2013 年第 11 期。

表 3-39　中国新型城镇化质量评价体系

一级指标	二级指标	三级指标	解释指标	备注
经济子系统	经济规模	人均 GDP	人均 GDP	正
		人均全社会固定资产投资	全社会固定资产投资/总人口	正
		人均外商投资企业投资额	外商投资企业投资额/总人口	正
		人均地方财政收入	公共财政收入/总人口	正
	经济质量	经济密度	GDP/地区面积	正
		工业企业全员劳动生产率	第二产业产值/第二产业从业人员	正
	经济结构	第三产业总值占比	第三产业总产值/GDP 总量	正
	经济能耗	单位 GDP 电力消耗量	电力消费量/GDP	负
社会子系统	公共设施	城市人均拥有道路面积	城市人均拥有道路面积	正
		每万人拥有公共交通车辆数	城市每万人拥有公共交通车辆数	正
		城市用水普及率	城市用水普及率	正
		人均生活用电量	人均生活用电量	正
		城市燃气普及率	城市燃气普及率	正
	科教水平	万人拥有在校大学生数	每万人口在校大学生数	正
		专利授权数	国内发明专利授权量	正
		教育经费投入量	国家财政性教育经费/GDP	正
		R&D 科研经费投入量	R&D 科研经费/GDP	正
	医疗卫生	每万人拥有卫生技术人员数	卫生技术人员数/每万人	正
		每万人医疗机构床位数	医疗机构床位数/每万人	正
	邮电设施	人均邮电业务量	邮电业务量/地区总人口	正
		互联网普及率	互联网普及率	正
		移动电话用户量	3G 移动电话用户/总人口	正

续表

一级指标	二级指标	三级指标	解释指标	备注
	社会治安	万人交通事故件数	交通事故起数/每万人	负
		失业率	城镇登记失业率	负
生态子系统	城市绿化	公共绿地面积	城市公园绿地面积	正
		建成区绿化覆盖率	建成区绿化覆盖率	正
		环境污染治理投资额	环境污染治理投资总额占GDP比	正
		工业 SO_2 排放量	工业 SO_2 排放量	负
	环境卫生	生活垃圾无害化处理率	生活垃圾无害化处理率	正
		城市污水处理率	污水日处理能力	正
		工业固体废物综合利用率	工业固体废物综合利用率	正
人居子系统	物质维度	人均可支配收入	城镇居民家庭人均可支配收入	正
		人均居民储蓄存款余额	城镇储蓄存款余额/地区总人口	正
		人均社会销售品零售额	人均销售品零售额	正
	精神维度	人均公共图书藏书量	公共图书馆图书总藏数/总人口	正
		文教娱乐支出额	城镇居民家庭文教娱乐指数比重	正
		平均受教育年限	平均受教育年限	正
		历史风貌	博物馆个数	正
	生活质量	恩格尔系数	城镇居民家庭恩格尔系数	负
		平均预期寿命	人口平均预期寿命	正
		产品质量	产品质量优等品率	正
	居住保障	人口密度	人口密度	负
		城镇人均住房面积	城镇人均住房建筑面积	正
	社会保障	养老保险覆盖率	基本养老保险参保人数/总人数	正
		失业保险覆盖率	失业保险参保人数/总人数	正
		医疗保险覆盖率	基本医疗保险参保人数/总人数	正

续表

一级指标	二级指标	三级指标	解释指标	备注
城乡子系统	生活维度	城乡收入差距指数[①]	1—农村人均纯收入/城镇人均	负
		城乡恩格尔系数之比[②]	乡村恩格尔/城镇恩格尔系数	负
		城乡消费差距指数	1—农村人均消费/城镇人均消费	负

（3）必要指标说明

在新型城镇化质量评价体系中，本书新添加了几个能体现时代特征的新指标，有必要对其进行补充解释，对已有的城镇化质量的评价指标不再详解。

①环境污染治理投资额

城镇化的进程中，对环境造成了巨大的污染，空气、水、土地等资源均遭受不同程度的破坏，这种粗放式的城镇化发展模式已然不能适应未来的生活需求。特别是北京、上海等城市已经进入了后城镇化阶段，“城市病”问题凸显，也加大了环境治理的难度。交通、空气、医疗等各种问题接踵而至，给人们的生活造成了负面影响，如何在下一阶段的城镇化进程中加以改正值得思考。加入该指标，意在表明新型城镇化应摒弃原有粗放式的发展模式，更加关注人与自然、与环境的和谐共处，更多地关注生存环境。

②历史风貌

保护城市的特色风貌就是要留存城市精神，永葆城市发展的内涵魅

① 计算依据：叶裕民：《中国城市化质量研究》，《中国软科学》2001 年第 7 期，第 28 页。该文指出当城乡居民收入差距系数≥0.5 时，处于城乡二元结构状态；当该值处于［0.2，0.5）区间时，处于由二元结构向城乡一体化过渡的时期；当该值 <0.2 时，基本完成了城乡一体化的进程。

② 计算依据：叶裕民：《中国城市化质量研究》，《中国软科学》2001 年第 7 期，第 28 页。该文指出一般认为当恩格尔系数差异程度 <5 个百分点时，可以认为城乡居民在生活质量上基本趋于一致；当差异在 5—10 个百分点时，生活质量差异较大，属于由二元结构向城乡一体化的过渡时期；而当差异程度 >10 个百分点时，则认为城乡生活质量存在很大差异，城乡二元结构明显。

力。特色的城市发展是本地城市居民的骄傲，也是城市居民得以欣慰的精神源泉，既保留了历史风貌，又传承了前人智慧。特色的城市文化是历史的写照，是先人的遗产，更是后人的财富，城市的文明是推进我国精神文明建设的重要保证。保护一个地区的城市特色对于城市风土民情的传承，以及形成独立稳定的共性认识具有不可替代的作用。中国新型城镇化建设过程中，理应肩负起保护文化遗产，推广城市精神，展示民族魅力的责任。但是，在实际城镇化过程中，由于官员错误政绩观的引导，以及人口激增带来的生活压力和思想意识上的松懈，出现了破坏城市文化古迹的行为，导致了中国城市化过程中许多特色文化正在逐渐消失，非物质文化遗产难以流传，一边是千篇一律的城市化建设；一边是逐渐消退的城市文明，使得中华优秀文化有流失的风险。

③移动电话用户量

传统城镇化质量评价中，也有该指标的引入，但是以往城镇化质量的评价多是固定电话的使用量及普及率指标，伴随着通信技术的不断发展，手机成为人们生活中必不可少的工具之一。工业和信息化部数据显示，2014 年，中国手机整体产量达到 16.3 亿部，同比增长 6.8%，而 4G 手机出货量呈现爆发式增长趋势，全年出货量达到了 4.52 亿部。智能生活越来越走入了寻常百姓家。在 4G 未全面铺开的局面下，利用 3G 移动电话用户占总人口的比重指标更能体现人们智能生活的一个方面。因此，将原有旧指标进行更替，也是对城镇化质量的进一步认识，是一种进步。

5. 基于熵权扰动属性模型的新型城镇化质量研究

（1）熵权扰动属性理论模型

在本书第二章，已经很详细地介绍了熵权扰动属性理论的计算步骤，在此不再详细阐述。本书将对模型的具体应用进行表述。由于扰动属性可以对某一事物进行分段表征，更加清晰评价对象的属性特征，因此，基于熵权的扰动属性理论能够更清晰地表述 2001 年以来的中国城镇化发展阶段，能够解答进入 21 世纪以后，中国新型城镇化的分期问题，便于更进一步地了解城镇化的发展阶段。同时，借助该模型在 31 个省份的评价，能够更加明确东部、中部和西部地区在城镇化质量的表现，可以清晰各地区在城镇化质量中的整体位置。

（2）数据搜集及实证分析

通过表 3 - 38 所构建的中国新型城镇化质量评价指标体系，查阅相关统计年鉴及政府公报，得到各指标的年度数据，限于篇幅，所有数据不再列出。在进行模型运算时，首先需要明确的是在定量评价时，由于评价指标中的量纲不同，因此，一般需要对原始数据进行标准化处理。而针对指标的分类，可以划分为成本型指标（该指标越小越好）、效益型指标（该指标越大越好）和适中型指标三类，进行标准化处理也有多种方法。为确保标准化值全部落在区间［0，1］，并且各指标的权重能反映其在整个指标体系中的相对重要性，这里推荐以下方法：

第一，成本型指标的无量纲化处理

$$r_i = u_{di}(x_i) = \begin{cases} 1 & x_i \leqslant m_i \\ (M_i - x_i)/(M_i - m_i) & x_i \in d_i \\ 0 & x_i \geqslant M_i \end{cases} \tag{3-22}$$

第二，效益型指标的无量纲化处理

$$r_i = u_{di}(x_i) = \begin{cases} 1 & x_i \geqslant M_i \\ (x_i - m_i)/(M_i - m_i) & x_i \in d_i \\ 0 & x_i \leqslant m_i \end{cases} \tag{3-23}$$

第三，适中型指标的无量纲化处理

$$r_i = u_{di}(x_i) = \begin{cases} 2(x_i - m_i)/(M_i - m_i) & x_i \geqslant (m_i, M(d_i)) \\ 2(M_i - x_i)/(M_i - m_i) & x_i \in (M(d_i), M_i) \\ 0 & x_i \leqslant m_i \text{ 或 } x_i \geqslant M_i \end{cases} \tag{3-24}$$

其中，$M(d_i) = (M_i + m_i)/2$

①2001—2013 年中国新型城镇化质量评价实证过程

第一，数据搜集及标准化处理

根据搜集所有相关数据，但需要特别指出的是，在 2001—2013 年中国城镇化质量评价过程中，由于“人居子系统”中“平均预期寿命”指标未得到每一年度的具体数值，只是搜集到第五次人口普查结果，因此，在最终评价过程中，未考虑该因素。

第二，2001—2013 年中国新型城镇化质量等级划分表

根据第三章熵权扰动属性理论模型的计算步骤，需要对各指标进行等级划分，划分的依据是 2001—2013 年的数据，分为优秀、中等、较差三个层级，作为后续工作的基础，得到了各指标的等级划分表如表 3－40 所示（以经济子系统为例）：

表 3－40　　2001—2013 年中国新型城镇化质量等级划分表

经济	经济规模				经济质量		经济结构	经济能耗
	I_1	I_2	I_3	I_4	I_5	I_6	I_7	I_8
C1	30000—45000	20000—34000	2000—2600	6000—10000	400—600	8—12	45—50	0—0. 10
C2	15000—30000	10000—20000	1200—2000	3000—6000	200—400	6—8	40—45	0. 10—0. 13
C3	7000—15000	2500—10000	600—1200	1000—3000	100—200	2—6	35—40	0. 13—0. 15

限于篇幅，同理可得到城镇化质量评价中社会子系统、生态子系统、人居子系统和城乡子系统等级划分表的内容。

第三，2001—2013 年中国新型城镇化质量属性测度函数

第二章对熵权扰动属性理论模型的介绍，根据等级划分表，对应各指标数据，即可以得到 2001—2013 年中国新型城镇化质量的属性测度函数，如表 3－41 所示（以经济子系统为例）：

表 3－41　　2001—2013 年中国新型城镇化质量属性测度函数

指标	优秀测度函数	中等测度函数	较差测度函数
I1	$\mu_{x11}=\begin{cases}1 & 37500<t\\ \frac{t-22500}{15000} & 22500\leqslant t\leqslant 37500\\ 0 & t<22500\end{cases}$	$\mu_{x12}=\begin{cases}\frac{37500-t}{15000} & 22500\leqslant t\leqslant 37500\\ \frac{t-11000}{8000} & 11000\leqslant t\leqslant 19000\\ 0 & otherwise\end{cases}$	$\mu_{x13}=\begin{cases}1 & t<11000\\ \frac{19000-t}{8000} & 11000\leqslant t\leqslant 19000\\ 0 & 19000<t\end{cases}$
I2	$\mu_{x21}=\begin{cases}1 & 25000<t\\ \frac{t-15000}{10000} & 15000\leqslant t\leqslant 25000\\ 0 & t<15000\end{cases}$	$\mu_{x22}=\begin{cases}\frac{25000-t}{10000} & 15000\leqslant t\leqslant 25000\\ \frac{t-6250}{7500} & 6250\leqslant t\leqslant 13750\\ 0 & otherwise\end{cases}$	$\mu_{x23}=\begin{cases}1 & t<6250\\ \frac{13750-t}{7500} & 6250\leqslant t\leqslant 13750\\ 0 & 13750<t\end{cases}$

续表

指标	优秀测度函数	中等测度函数	较差测度函数
I3	$\mu_{x31}=\begin{cases}1 & 2300<t\\ \frac{t-1700}{600} & 1700\leqslant t\leqslant 2300\\ 0 & t<1700\end{cases}$	$\mu_{x32}=\begin{cases}\frac{2300-t}{600} & 1700\leqslant t\leqslant 2300\\ \frac{t-900}{600} & 900\leqslant t\leqslant 1500\\ 0 & otherwise\end{cases}$	$\mu_{x33}=\begin{cases}1 & t<900\\ \frac{1500-t}{600} & 900\leqslant t\leqslant 1500\\ 0 & 1500<t\end{cases}$
I4	$\mu_{x41}=\begin{cases}1 & 7500<t\\ \frac{t-4500}{3000} & 4500\leqslant t\leqslant 7500\\ 0 & t<4500\end{cases}$	$\mu_{x42}=\begin{cases}\frac{7500-t}{3000} & 4500\leqslant t\leqslant 7500\\ \frac{t-2000}{2000} & 2000\leqslant t\leqslant 4000\\ 0 & otherwise\end{cases}$	$\mu_{x43}=\begin{cases}1 & t<2000\\ \frac{4000-t}{2000} & 2000\leqslant t\leqslant 4000\\ 0 & 4000<t\end{cases}$
I5	$\mu_{x51}=\begin{cases}1 & 500<t\\ \frac{t-300}{200} & 300\leqslant t\leqslant 500\\ 0 & t<300\end{cases}$	$\mu_{x52}=\begin{cases}1 & 300\leqslant t\leqslant 500\\ \frac{t-150}{100} & 150\leqslant t\leqslant 250\\ 0 & otherwise\end{cases}$	$\mu_{x53}=\begin{cases}1 & t<150\\ \frac{250-t}{100} & 150\leqslant t\leqslant 250\\ 0 & 250<t\end{cases}$
I6	$\mu_{x61}=\begin{cases}1 & 9<t\\ \frac{t-7}{2} & 7\leqslant t\leqslant 9\\ 0 & t<7\end{cases}$	$\mu_{x62}=\begin{cases}\frac{9-t}{2} & 7\leqslant t\leqslant 9\\ \frac{t-5}{2} & 5\leqslant t\leqslant 7\\ 0 & otherwise\end{cases}$	$\mu_{x63}=\begin{cases}1 & t<5\\ \frac{7-t}{2} & 5\leqslant t\leqslant 7\\ 0 & 7<t\end{cases}$
I7	$\mu_{x71}=\begin{cases}1 & 47.5<t\\ \frac{t-42.5}{5} & 42.5\leqslant t\leqslant 47.5\\ 0 & t<42.5\end{cases}$	$\mu_{x72}=\begin{cases}\frac{47.5-t}{5} & 42.5\leqslant t\leqslant 47.5\\ \frac{t-37.5}{5} & 37.5\leqslant t\leqslant 42.5\\ 0 & otherwise\end{cases}$	$\mu_{x73}=\begin{cases}1 & t<37.5\\ \frac{42.5-t}{5} & 37.5\leqslant t\leqslant 42.5\\ 0 & 42.5<t\end{cases}$
I8	$\mu_{x81}=\begin{cases}1 & t<0.085\\ \frac{0.115-t}{0.03} & 0.085\leqslant t\leqslant 0.115\\ 0 & 0.115<t\end{cases}$	$\mu_{x82}=\begin{cases}\frac{t-0.085}{0.03} & 0.085\leqslant t\leqslant 0.115\\ \frac{0.145-t}{0.03} & 0.115\leqslant t\leqslant 0.145\\ 0 & otherwise\end{cases}$	$\mu_{x83}=\begin{cases}1 & 0.145<t\\ \frac{t-0.115}{0.03} & 0.115\leqslant t\leqslant 0.145\\ 0 & t<0.115\end{cases}$

限于篇幅，同理可得到城镇化质量评价中社会子系统、生态子系统、人居子系统和城乡子系统属性测度函数的内容。

第四，2001—2013 年中国新型城镇化质量属性测度

对照相应表，即可得到 2001—2013 年中国新型城镇化质量的各指标

属性测度，如表 3 -42 所示（以 2001 年所有子系统为例）：

表 3 -42　2001 年中国新型城镇化质量单指标属性测度

年份	各子系统	单指标属性测度
2001	经济子系统	(0，0，1)；(0，0，1)；(0，0，1)；(0，0，1)；(0，0，1)；(0，0，1)；(0，0.591，0.409)；(0，0.358，0.642)
	社会子系统	(0，0，1)；(0，0，1)；(0，0，1)；(0，0，1)；(0，0.021，0.979)；(0，0，1)；(0,0,1)；(0,0.290,0.710)；(0，0，1)； (0，0.564，0.436)；(0，0，1)；(0，0，1)；(0，0，1)；(0，0，1)；(0，0，1)；(0.300，0.700，0)
	生态子系统	(0，0，1)；(0，0，1)；(0，0，1)；(1，0，0)；(0，0.047，0.953)；(0，0，1)；(0，0.323，0.677)
	人居子系统	(0，0，1)；(0，0，1)；(0，0，1)；(0，0，1)；(0，0，1)；(0，0，1)；(0，0.153，0.847)； (0，0.400，0.600)；(0，0，1)；(0.900，0.100，0)；(0，0，1)；(0，0，1)；(0，0，1)；(0，0.071，0.929)
	城乡子系统	(1，0，0)；(0，0，1)；(0，1，0)

限于篇幅，同理可得到城镇化质量评价中剩余年份经济子系统、社会子系统、生态子系统、人居子系统和城乡子系统属性测度数值。

第五，2001—2013 年中国新型城镇化质量各指标权重设定

权重的设定应该考虑到主观与客观相结合的方式，主观赋权容易受到专家知识储备及倾向的影响，而客观赋权又难以平衡主观因素，因此，本书认为将主观赋权与客观赋权相结合，既能考虑主观因素，又不会忽略客观数据的可度量性。先由熵权值法确定中国新型城镇化质量的客观权重系数，然后由专家打分法得到各指标的主观权重系数，最终通过加权的形式将二者相融合，得到最终的城镇化质量指标权重。而综合主客观权重时，考虑到数据更加能够反映评价客体的真实特性，本书认为将客观权重的比重调为 0.7，而主观权重的比重调整为 0.3 较为合适。为了增强权重设定的对比性，本书同时给出了另外的计算方式，即各指标的权重由（客观权重 × 主观权重）/Σ（客观权重 × 主观权重）计算得到，用以对比分析。因此，最终的权重设定步骤如下：

Step 1. 熵权值确定客观权重：

（0. 023，0. 022，0. 021，0. 024，0. 023，0. 021，0. 020，0. 027，0. 015，0. 017，0. 014，0. 022，0. 014，0. 018，0. 027，0. 026，0. 018，0. 022，0. 025，0. 018，0. 025，0. 020，0. 021，0. 014，0. 019，0. 019，0. 015，0. 017，0. 026，0. 024，0. 019，0. 021，0. 022，0. 023，0. 023，0. 017，0. 019，0. 025，0. 017，0. 020，0. 017，0. 021，0. 030，0. 023，0. 026，0. 018，0. 023，0. 017）

Step 2. 专家打分法确定主观权重：

（0. 027，0. 024，0. 021，0. 021，0. 024，0. 025，0. 023，0. 023，0. 011，0. 013，0. 011，0. 013，0. 014，0. 015，0. 013，0. 015，0. 013，0. 015，0. 015，0. 012，0. 014，0. 013，0. 012，0. 012，0. 031，0. 028，0. 034，0. 032，0. 031，0. 03，0. 029，0. 02，0. 016，0. 018，0. 014，0. 013，0. 013，0. 016，0. 014，0. 017，0. 013，0. 014，0. 015，0. 015，0. 015，0. 058，0. 057，0. 058）

Step 3. 最终确定综合权重系数：

客观权重设定的熵权值和专家打分法加权（主观 0. 3，客观 0. 7 比重分配）得出：

（0. 024，0. 023，0. 021，0. 023，0. 023，0. 022，0. 021，0. 026，0. 014，0. 016，0. 013，0. 019，0. 014，0. 017，0. 023，0. 023，0. 017，0. 020，0. 022，0. 016，0. 022，0. 018，0. 019，0. 013，0. 023，0. 022，0. 021，0. 021，0. 027，0. 026，0. 022，0. 021，0. 020，0. 022，0. 020，0. 016，0. 017，0. 022，0. 016，0. 019，0. 016，0. 019，0. 026，0. 021，0. 022，0. 030，0. 033，0. 029）

权重由（客观权重 × 主观权重）/Σ（客观权重 × 主观权重）确定的权重得出：

（0. 030，0. 026，0. 021，0. 024，0. 027，0. 026，0. 022，0. 030，0. 008，0. 011，0. 008，0. 014，0. 010，0. 013，0. 017，0. 019，0. 011，0. 016，0. 018，0. 010，0. 017，0. 012，0. 012，0. 008，0. 029，0. 026，0. 025，0. 026，0. 038，0. 035，0. 027，0. 020，0. 017，0. 020，0. 016，0. 011，0. 012，0. 019，0. 011，0. 016，0. 011，0. 014，0. 022，0. 017，0. 018，0. 052，0. 064，0. 047）

第六，2001—2013 年中国新型城镇化质量综合属性测度

通过上述的分析，最终得到了城镇化质量的各指标属性测度及各指标对应的权重，综合二者即可得出 2001—2013 年中国新型城镇化质量的综合属性测度，如表 3－43 所示：

表 3－43　2001—2013 年中国新型城镇化质量综合属性测度

等级	优		中		差	
权重	第一种	第二种	第一种	第二种	第一种	第二种
2001	0. 070	0. 089	0. 100	0. 111	0. 831	0. 800
2002	0. 032	0. 033	0. 132	0. 148	0. 836	0. 819
2003	0. 014	0. 016	0. 217	0. 206	0. 769	0. 778
2004	0. 007	0. 006	0. 309	0. 281	0. 684	0. 714
2005	0. 006	0. 004	0. 414	0. 386	0. 579	0. 610
2006	0. 015	0. 010	0. 632	0. 626	0. 353	0. 364
2007	0. 028	0. 019	0. 760	0. 736	0. 212	0. 244
2008	0. 110	0. 105	0. 792	0. 780	0. 098	0. 116
2009	0. 262	0. 257	0. 683	0. 674	0. 055	0. 069
2010	0. 452	0. 439	0. 514	0. 523	0. 034	0. 038
2011	0. 606	0. 592	0. 360	0. 379	0. 034	0. 029
2012	0. 771	0. 760	0. 201	0. 220	0. 028	0. 020
2013	0. 876	0. 875	0. 102	0. 111	0. 021	0. 014

② 2013 年中国新型城镇化质量的各省份实证研究

第一，数据搜集及标准化处理

根据搜集所有相关数据，但需要特别指出的是，在 2013 年中国 31 省份城镇化质量评价中，由于“人居子系统”维度中“产品质量”指标在部分省份未统计，因此，计算过程忽略了此因素的影响。

第二，2013 年中国各省份新型城镇化质量等级划分表

根据第二章熵权扰动属性理论模型的计算步骤，需要对各指标进行等

级划分，划分的依据是2013年各省份的数据，分为优秀、中等、较差三个层级，作为后续工作的基础，得到了各指标的等级划分表如表3-44所示（以经济子系统为例）：

表3-44　　2013年中国各省份新型城镇化质量等级划分表

经济	经济规模				经济质量		经济结构	经济能耗
	I_1	I_2	I_3	I_4	I_5	I_6	I_7	I_8
C1	60000—100000	40000—64000	8000—20000	8000—20000	5000—35000	4—30	46—80	0—0. 05
C2	40000—60000	28000—40000	1000—8000	4000—8000	1000—5000	2—4	38—46	0. 05—0. 15
C3	20000—40000	20000—28000	0—1000	2000—4000	0—1000	0—2	30—38	0. 15—0. 5

限于篇幅，同理可得到城镇化质量评价其他子系统等级划分表的内容。

第三，2013年中国各省份新型城镇化质量属性测度函数

第二章对熵权扰动属性理论模型的介绍，根据表3-44所列出的等级划分表，对应各指标数据，即可以得到2013年中国各省份新型城镇化质量的属性测度函数，如表3-45所示（以经济子系统为例）：

表3-45　　2013年中国各省份新型城镇化质量属性测度函数

指标	优秀测度函数	中等测度函数	较差测度函数
I1	$\mu_{x11}=\begin{cases}1 & 70000<t\\ \frac{t-50000}{20000} & 50000\leqslant t\leqslant 70000\\ 0 & t<50000\end{cases}$	$\mu_{x12}=\begin{cases}\frac{70000-t}{20000} & 50000\leqslant t\leqslant 70000\\ \frac{t-30000}{20000} & 30000\leqslant t\leqslant 50000\\ 0 & otherwise\end{cases}$	$\mu_{x13}=\begin{cases}1 & t<30000\\ \frac{50000-t}{20000} & 30000\leqslant t\leqslant 50000\\ 0 & 50000<t\end{cases}$
I2	$\mu_{x21}=\begin{cases}1 & 46000<t\\ \frac{t-34000}{12000} & 34000\leqslant t\leqslant 46000\\ 0 & t<34000\end{cases}$	$\mu_{x22}=\begin{cases}\frac{46000-1}{12000} & 34000\leqslant t\leqslant 46000\\ \frac{t-24000}{8000} & 24000\leqslant t\leqslant 32000\\ 0 & otherwise\end{cases}$	$\mu_{x23}=\begin{cases}1 & t<24000\\ \frac{32000-t}{8000} & 24000\leqslant t\leqslant 32000\\ 0 & 32000<t\end{cases}$

续表

指标	优秀测度函数	中等测度函数	较差测度函数
I3	$\mu_{x31}=\begin{cases}1 & 11500<t\\ \frac{t-4500}{7000} & 4500\leqslant t\leqslant 11500\\ 0 & t<4500\end{cases}$	$\mu_{x32}=\begin{cases}\frac{11500-t}{7000} & 4500\leqslant t\leqslant 11500\\ \frac{t-500}{1000} & 500\leqslant t\leqslant 1500\\ 0 & otherwise\end{cases}$	$\mu_{x33}=\begin{cases}1 & t<500\\ \frac{1500-t}{1000} & 500\leqslant t\leqslant 1500\\ 0 & 1500<t\end{cases}$
I4	$\mu_{x41}=\begin{cases}1 & 10000<t\\ \frac{t-6000}{4000} & 6000\leqslant t\leqslant 10000\\ 0 & t<6000\end{cases}$	$\mu_{x42}=\begin{cases}\frac{10000-t}{4000} & 6000\leqslant t\leqslant 10000\\ \frac{t-3000}{2000} & 3000\leqslant t\leqslant 5000\\ 0 & otherwise\end{cases}$	$\mu_{x43}=\begin{cases}1 & t<3000\\ \frac{5000-t}{2000} & 3000\leqslant t\leqslant 5000\\ 0 & 5000<t\end{cases}$
I5	$\mu_{x51}=\begin{cases}1 & 7000<t\\ \frac{t-3000}{4000} & 3000\leqslant t\leqslant 7000\\ 0 & t<3000\end{cases}$	$\mu_{x52}=\begin{cases}\frac{7000-t}{4000} & 3000\leqslant t\leqslant 7000\\ \frac{t-500}{1000} & 500\leqslant t\leqslant 1500\\ 0 & otherwise\end{cases}$	$\mu_{x53}=\begin{cases}1 & t<500\\ \frac{1500-t}{1000} & 500\leqslant t\leqslant 1500\\ 0 & 1500<t\end{cases}$
I6	$\mu_{x61}=\begin{cases}1 & 5<t\\ \frac{t-3}{2} & 3\leqslant t\leqslant 5\\ 0 & t<3\end{cases}$	$\mu_{x62}=\begin{cases}\frac{5-t}{2} & 3\leqslant t\leqslant 5\\ \frac{t-1}{2} & 1\leqslant t\leqslant 3\\ 0 & otherwise\end{cases}$	$\mu_{x63}=\begin{cases}1 & t<1\\ \frac{3-t}{2} & 1\leqslant t\leqslant 3\\ 0 & 3<t\end{cases}$
I7	$\mu_{x71}=\begin{cases}1 & 50<t\\ \frac{t-42}{8} & 42\leqslant t\leqslant 50\\ 0 & t<42\end{cases}$	$\mu_{x72}=\begin{cases}\frac{50-t}{8} & 42\leqslant t\leqslant 50\\ \frac{t-34}{8} & 34\leqslant t\leqslant 42\\ 0 & otherwise\end{cases}$	$\mu_{x73}=\begin{cases}1 & t<34\\ \frac{42-t}{8} & 34\leqslant t\leqslant 42\\ 0 & 42<t\end{cases}$
I8	$\mu_{x81}=\begin{cases}1 & t<0.025\\ \frac{0.075-t}{0.05} & 0.025\leqslant t\leqslant 0.075\\ 0 & 0.075<t\end{cases}$	$\mu_{x82}=\begin{cases}\frac{t-0.025}{0.05} & 0.025\leqslant t\leqslant 0.075\\ \frac{0.2-t}{0.1} & 0.1\leqslant t\leqslant 0.2\\ 0 & otherwise\end{cases}$	$\mu_{x83}=\begin{cases}1 & 0.2<t\\ \frac{t-0.1}{0.1} & 0.1\leqslant t\leqslant 0.2\\ 0 & t<0.1\end{cases}$

限于篇幅，同理可得到城镇化质量评价中社会子系统、生态子系统、人居子系统和城乡子系统属性测度函数的内容。

第四，2013 年中国各省份新型城镇化质量属性测度

对照相应表，即可得到2013 年中国各省份新型城镇化质量的各指标属性测度，如表3－46 所示（以北京市所有子系统为例）：

表 3－46　2013 年北京新型城镇化质量单指标属性测度

省份	各子系统	单指标属性测度
北京	经济子系统	(1，0，0)；(0，0，1)；(0.554，0.446，0)；(1，0，0)；(1，0，0)；(1，0，0)；(1，0，0)；(0.5，0.5，0)
	社会子系统	(0，0，1)；(1，0，0)；(1，0，0，)；(1，0，0)；(1，0，0，)；(1，0，0)；(1，0，0)；(0.08，0.92，0)；(0，0.6，0.4)；(1，0，0)；(0.336，0.664，0)；(1，0，0)；(1，0，0)；(1，0，0)；(0.05，0.95，0)；(1，0，0)
	生态子系统	(0.822，0.178，0)；(1，0，0)；(0.22，0.78，0)；(1，0，0)；(1，0，0)；(0，0，1)；(0.831，0.169，0)
	人居子系统	(1，0，0)；(1，0，0)；(1，0，0)；(1，0，0)；(1，0，0)；(1，0，0)；(0，0.32，0.68)；(0.28，0.72，0)；(1，0，0)；(1，0，0)；(0.245，0.755，0)；(1，0，0)；(1，0，0)；(1，0，0)
	城乡子系统	(1，0，0)；(1，0，0)

限于篇幅，同理可得到其他30 个省（市）城镇化质量评价中经济子系统、社会子系统、生态子系统、人居子系统和城乡子系统属性测度数值。

第五，2013 年中国各省份新型城镇化质量各指标权重

权重的设定依据及公式如中国新型城镇化质量评价模式相同。因此，最终的权重设定步骤如下：

Step 1. 熵权值确定客观权重：

(0.030，0.026，0.022，0.030，0.019，0.016，0.019，0.016，0.014，0.017，0.025，0.032，0.010，0.018，0.035，0.021，0.028，0.019，0.021，0.029，0.031，0.020，0.021，0.017，0.018，0.009，0.020，0.019，0.017，0.023，0.014，0.029，0.021，0.026，0.016，

0.022，0.008，0.023，0.013，0.017，0.022，0.023，0.022，0.018，0.034，0.026，0.024）

Step 2. 专家打分法确定主观权重：

（0.027，0.024，0.021，0.021，0.024，0.025，0.023，0.023，0.011，0.013，0.011，0.013，0.014，0.015，0.013，0.015，0.013，0.015，0.015，0.012，0.014，0.013，0.012，0.012，0.031，0.028，0.034，0.032，0.031，0.03，0.029，0.02，0.016，0.018，0.014，0.013，0.013，0.016，0.014，0.017，0.013，0.014，0.015，0.015，0.015，0.087，0.086）

Step 3. 最终确定综合权重系数：

客观权重设定的熵权值和专家打分法加权（主观 0.3，客观 0.7 比重分配）得出：

（0.029，0.026，0.022，0.027，0.021，0.019，0.020，0.018，0.013，0.016，0.020，0.027，0.011，0.017，0.028，0.019，0.023，0.018，0.019，0.024，0.026，0.018，0.019，0.015，0.022，0.015，0.024，0.023，0.021，0.025，0.018，0.026，0.019，0.024，0.015，0.019，0.009，0.021，0.013，0.017，0.019，0.021，0.020，0.017，0.028，0.044，0.043）

权重由（客观权重 × 主观权重）/Σ（客观权重 × 主观权重）确定的权重得出：

（0.038，0.029，0.021，0.029，0.022，0.018，0.021，0.017，0.007，0.010，0.012，0.020，0.006，0.013，0.021，0.015，0.017，0.013，0.014，0.016，0.020，0.012，0.012，0.009，0.026，0.012，0.032，0.029，0.024，0.033，0.019，0.027，0.015，0.022，0.010，0.013，0.005，0.017，0.008，0.013，0.013，0.015，0.015，0.013，0.023，0.0106，0.097）

第六，2013 年中国各省份新型城镇化质量综合属性测度

通过上述的分析，最终得到了城镇化质量的各指标属性测度及各指标对应的权重，综合二者即可得出 2013 年中国各省份新型城镇化质量的综合属性测度，如表 3－47 所示：

表 3-47　　2013 年中国各省份新型城镇化质量综合属性测度

等级	优		中		差	
权重	第一种	第二种	第一种	第二种	第一种	第二种
北京	0.774	0.794	0.138	0.118	0.088	0.088
天津	0.588	0.631	0.251	0.223	0.161	0.147
河北	0.165	0.193	0.423	0.430	0.413	0.377
山西	0.146	0.174	0.480	0.460	0.374	0.366
内蒙古	0.138	0.144	0.498	0.520	0.364	0.336
辽宁	0.291	0.300	0.555	0.552	0.155	0.148
吉林	0.178	0.245	0.482	0.448	0.327	0.296
黑龙江	0.148	0.245	0.447	0.403	0.405	0.351
上海	0.662	0.701	0.237	0.206	0.101	0.093
江苏	0.558	0.596	0.371	0.338	0.072	0.066
浙江	0.588	0.615	0.297	0.273	0.116	0.112
安徽	0.150	0.145	0.422	0.467	0.428	0.388
福建	0.229	0.217	0.560	0.593	0.210	0.190
江西	0.128	0.155	0.377	0.415	0.495	0.429
山东	0.314	0.314	0.495	0.514	0.191	0.171
河南	0.095	0.101	0.373	0.411	0.532	0.487
湖北	0.134	0.136	0.557	0.585	0.309	0.280
湖南	0.053	0.067	0.517	0.541	0.430	0.391
广东	0.375	0.326	0.445	0.482	0.180	0.192
广西	0.088	0.076	0.323	0.326	0.589	0.598
海南	0.164	0.151	0.419	0.444	0.416	0.405
重庆	0.151	0.139	0.535	0.541	0.313	0.320
四川	0.096	0.079	0.419	0.476	0.485	0.445
贵州	0.055	0.041	0.253	0.258	0.692	0.700
云南	0.064	0.047	0.268	0.254	0.668	0.699
西藏	0.114	0.116	0.169	0.186	0.717	0.698

续表

等级	优		中		差	
陕西	0.128	0.109	0.485	0.454	0.387	0.437
甘肃	0.063	0.062	0.250	0.249	0.688	0.689
青海	0.135	0.149	0.297	0.326	0.569	0.525
宁夏	0.141	0.143	0.465	0.488	0.394	0.369
新疆	0.107	0.108	0.484	0.520	0.409	0.372

改革开放以来，中国城镇化建设速度有了明显提升，城镇化率由1978年的17.92%增加到2013年的53.73%，超过了世界平均水平，并且城镇化率年均提高1.02个百分点（徐绍史，2014）[①]；而建国初期（1949年）中国城镇化水平仅为10.64%，1949年至1978年近30年的时间，增长仅7.28个百分点，平均每年增长仅为0.25。而改革开放后的平均增长速度明显加快，也创造了人类历史上规模空前的城镇化进程，1978年至2013年增长35.81%；不可否认，快速的城镇化过程对中国经济贡献较大，中国也从以农业为主的落后国家，转变为以工业为主的现代化国家。但是，城镇化建设速度提升的同时，诸多城镇化问题也逐渐显现，环境污染严重（大气污染、水污染、噪声污染）、城市用地紧张、交通压力增大等问题，一定程度上造成了中国城镇化建设过程中的只重视数量、规模的发展，而忽视了城镇化建设质量，而新型城镇化建设的核心在于以人为本。因此，打造适宜人类生存、居住的城镇化道路是城镇化建设的终极目标，也就引出了新型城镇化质量的客观评价问题。通过以上实证研究，得到了2001—2013年中国新型城镇化质量和2013年中国各省份城镇化质量的研究，现在对其结果进行具体阐述如下：

首先，本书曾就中国城镇化的历史沿革进行了详细阐述，特别是对新中国成立后的城镇化建设进行了阶段分期，在分期中有一个问题未能解

① 徐绍史：《中国城镇化率已超过世界平均水平》，《人民日报》2014年3月17日。

决，即2000年之后的城镇化分期问题较少有人论及，因此，对21世纪以来的中国城镇化分段也就成为探索的一个知识点。为了更加清晰地看到2001—2013年中国新型城镇化质量的分段情况，鉴于中国城镇化质量偏低，因此。本书将不再阐述城镇化质量的水平高低问题，而是通过熵权扰动属性理论对2001年以来的中国新型城镇化进行阶段分析，力求通过实证研究得出21世纪以来的中国城镇化阶段问题。

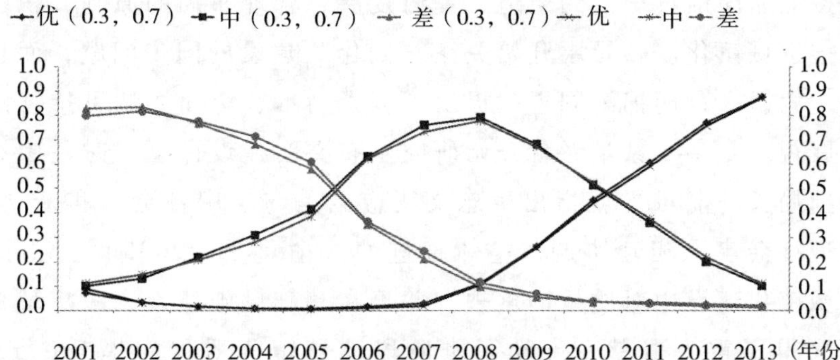

图3－29　2001—2013年中国新型城镇化质量

图3－29可以很清楚地看到，无论是哪种权重设定方式，其结果均呈现出高度的一致性，据此，可以将2001—2013年的中国城镇化进程按照城镇化的质量进行阶段分期。2001—2005年，中国城镇化质量为差，而2006—2010年，中国城镇化质量为中，2011年以来中国城镇化质量为优。需要强调的是，这里的城镇化质量高低并非传统意义上的质量划分，而是由熵权扰动属性模型的特性，对2001—2013年城镇化质量的评价。即所谓的优、中和差的概念是针对这段时期的界定。究其产生原因可能存在以下几种解释：首先，2000年10月，党的十五届五中全会《关于制定国民经济和社会发展第十个五年计划的建议》中指出，要积极稳妥地推进城镇化，走出一条符合我国国情、大中小城市和小城镇协调发展的城镇化道路。这是国家首次在最高官方文件中采用“城镇化”一词，由此拉开了21世纪中国城镇化建设的大幕，并且在十六大报告中五次提及“城镇化”概念，并倡导走“中国特色城镇化道路”，带来了城镇化发展的政策红利，同时，进入21世纪以来，中国经济向好发展，2000年中国与欧盟就中国加

入世纪贸易组织达成双边协议，并与次年正式加入世贸组织。政策上的倾斜及经济上的支撑，使得城镇化建设的速度加快，但是，在这个环节中也忽略了城镇化内涵的发展，各地均上大工程、大项目，追求城镇化的规模胜于质量。导致21世纪的前几年只见速度而质量未有明显提升；其次，2005年党的十六届五中全会通过了“十一五”规划的建议，其中指出要促进城镇化健康发展，提高城镇综合承载能力，按照循序渐进、节约土地、集约发展、合理布局的原则，积极稳妥地推进城镇化。领导层开始关注“四化”建设的同步问题，而且党的十六大以来，胡锦涛同志就提出了以人为本、全面协调可持续的科学发展观。众多专家学者就开始研究生态文明建设课题，时任中央编译局副局长的俞可平就指出生态文明应当是与小康社会、和谐社会、节约型社会建设相互协调，整体推进的（俞可平，2005）①。由此带动了城镇化建设中对质量的重视，并且在基础设施建设、医疗教育等方面取得了重大成就，推动了本阶段的城镇化质量的提升；最后，2011年，中国城镇化建设迎来了历史性的进展，城镇化率首次突破50%大关，进入城镇化发展的快速通道，与此同时，新一届领导集体对城镇化建设的高度重视，也为城镇化质量的提高奠定了坚实基础，虽然经历了2008年的美国金融危机，但是我国较快调整政策，有效应对并及时摆脱了影响，在城镇化建设的政策及实施上，更是达到了前所未有的关注程度。综上分析，基于熵权扰动属性理论模型可以很好解释2000年以来中国城镇化建设的分期问题，对准确把握现实问题起到了重要作用。

其次，图3-30，3-31，3-32分别表示2013年度中国31个省份新型城镇化质量按优、中、差进行的等级划分，基于熵权扰动属性模型可以更加清楚看到中国各省份的城镇化质量问题。颜色越重，表明越具有其属性。

例如图3-30中，颜色较重的地区为北京、天津、江苏、上海、浙江等地，则表明这几个省（市）的城镇化质量的综合评判为优，以此类推。因此，图3-30表示，2013年新型城镇化质量为优的省份多数集中在东

① 俞可平：《科学发展观与生态文明》，《马克思主义与现实》2005年第4期。

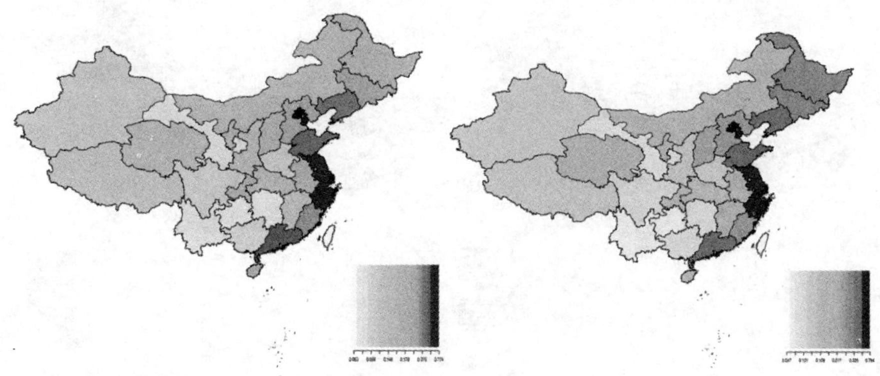

图 3－30　新型城镇化质量为优（左图权重采取第一种赋权形式，右图采取第二种赋权形式）

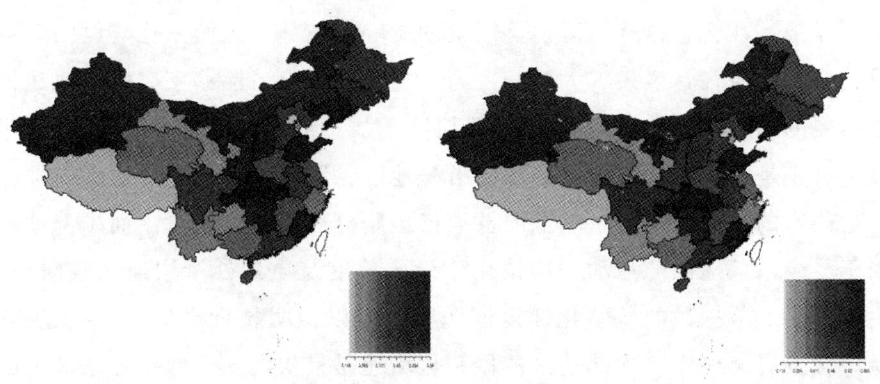

图 3－31　新型城镇化质量为中（左图权重采取第一种赋权形式，右图采取第二种赋权形式）

部地区，而图 3－31 显示，城镇化质量为中的省份多数集中于中部地区，图 3－32 则显示城镇化质量为差的地区多分布于西部地区①

这也就很好地解释了中国城镇化建设过程中，城镇化质量呈现由东至西阶梯型递减的趋势，城镇化建设的质量存在较为严重的地区差异，这在

① 根据国家统计局分类标准，东部地区包括北京、天津、河北、辽宁、上海、江苏、浙江、福建、山东、广东、海南 11 个省（市）；中部地区包括山西、吉林、黑龙江、安徽、江西、河南、湖北、湖南 8 个省；西部地区包括内蒙古、广西、重庆、四川、贵州、云南、西藏、陕西、甘肃、青海、宁夏、新疆 12 个省（市、自治区）。

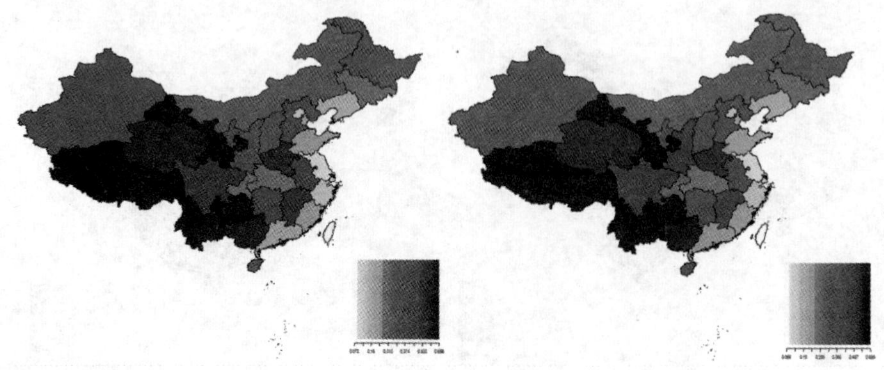

图 3－32 新型城镇化质量为差（左图权重采取第一种赋权形式，右图采取第二种赋权形式）

城乡二元经济结构的中国显得更加的突出，问题也更为严重。由于受到历史、经济、社会、自然、区位等因素的影响，东部地区城镇化建设的起步早，优势明显，且聚集了大量的人力、物力和财力，能够支撑城镇化建设所需要的动力来源，也就使得东部地区的城镇化建设水平、质量均较明显，特别是图 3－30 中显示的东部沿海地区，城镇化水平更是达到了部分发达国家的层次，如北京、上海甚至已经跻身后城镇化阶段。而中部地区由于受到东部地区的带动，城镇化建设的速度及质量处于快速增长阶段，由本章上一节探讨的城镇化速度问题时，可以很明显看出 2014 年以后的城镇化发展速度中，中部地区的城镇化增速是最快的，当然也是东部地区城镇化进程中最容易出现的各种问题的发展阶段，在下一阶段的城镇化建设过程中需要整体规划。西部地区是城镇化建设速度及质量相对滞后的地区，部分省份的部分偏远地区甚至还未开始城镇化进程，这既受制于西部地区的自然资源因素，也与其社会经济发展相对缓慢有关。在推进新型城镇化过程中，西部地区要尽可能地吸收东部、中部地区城镇化建设的经验，增强自身能力，吸引更多的农村人口转移至城镇，使之真正成为城镇的主人，真正提升西部地区城镇化的速度及内涵。

（四）中国新型城镇化与农业现代化协调研究

1. 新型城镇化与农业现代化协调的研究价值

城镇化本质上讲是农民由农村转移至城镇，并获得与城镇居民相等权利，享受平等待遇的过程，由农业户口转移为非农业户口，成为城镇居民。那么，问题的关键在于伴随着城镇化进程的推进，农民转移至城镇，必然导致农村劳动力的减少，如果依旧延续原有的粗放式农业发展方式，农业问题就会变得更加严峻，这就需要在新型城镇化推进中，同步推进农业现代化水平，提高农村劳动生产率，保障农业安全。中国现阶段农村劳动力仍然占据总人口的30%左右，而发达国家农村劳动力比重仅有5%，所以必须要调整产业结构，依靠农业现代化，加速农村地区社会结构转型，才能释放更多的消费潜力，解放更多的农村劳动力。同时，推动城镇化和农业现代化相互协调发展，加大强农惠农富农政策力度，增强农业综合生产能力，确保国家粮食安全和重要农产品有效供给（陈锡文，2013）[①]。

美国在第二次世界大战后，开始了农业现代化进程，借助于先进的生物工程为主的科技化和卫星定位遥感技术，提升了农业现代化水平，在政策上加大了对农业的扶持，推进了城乡一体化进程；西欧发达国家则通过利用先进的工业设备优化农业生产过程，注重科学技术的普及和推广，大大提高了农业劳动者的生产力和土地生产率，间接推动了城市规模的扩大，使得二者相互融合；澳大利亚政府则通过制定较为完善的法律法规和农业标准化体系，加大了农业管理体制改革，达到城乡统筹发展模式。而反观印度，尽管进行了1966年的“绿色革命”，使得印度农业有了明显起色，但是，20世纪80年代后，印度农业化水平发展成效不显著，也带来了城镇化过程中的农业萎缩、经济衰退等问题。纵观西方国家的城镇化和农业化进程，不难看出，只有实现了城镇化与农业化的有机结合，才能从根本上转移农村剩余劳动力，才能实现真正意义上的城镇化建设。

党的十八大报告中，明确指出要坚持走中国特色新型工业化、信息化、城镇化、农业现代化道路，推动城镇化与农业现代化相互协调，促进工业化、信息化、城镇化、农业现代化同步发展的思路。李克强总理在调研中，也多次强调新型城镇化的起点在于农业现代化，要让新型城镇化与农业现代化相辅相成，互促共进[②]。而著名农业问题专家陈锡文教授表示

---

① 陈锡文：《推动城镇化和农业现代化相互协调发展》，《中国党政干部论坛》2013年第6期。

② 人民网，2015年9月25日，http：//www.gov.cn/guowuyuan/2015-09/25/content_2939082.htm。

要同步推进工业化城镇化和农业现代化，处理好工农城乡关系，建设社会主义新农村，是关系改革开放和现代化建设全局的重大任务。由此表明，新型城镇化与农业现代化的协调问题已经成为政府及学界一直关心的焦点问题，新形势下研究二者之间的协调程度，对于下一阶段新型城镇化建设的思路起到启发作用，也为农业现代化进程提出了更为具体的建议。

2. 新型城镇化与农业现代化协调现状

“协调发展”是“协调”与“发展”的交集，也是系统或系统内各个要素之间在和谐一致的基础上由低级到高级，由简单到复杂，由无序到有序的总体演化过程（张浩等，2015）①。二者之间的协调程度不仅直接影响到新型城镇化和农业现代化的发展水平和程度，更重要的是将影响到其信息化和工业化之间的配合，如果“四化”中有一个短板，就会造成社会经济发展的不协调，就会出现问题。党的十八届三中全会通过的《中共中央关于全面深化改革若干重大问题的决定》也明确要求，必须健全体制机制，形成以工促农、以城带乡、工农互惠和城乡一体的新型工农城乡关系，让广大农民平等参与现代化进程、共同分享现代化成果。由此可见，新型城镇化将成为中国全面建设小康社会的重要载体和撬动内需的最大动力，而农业现代化水平的提高是实现农业可持续发展的重要路径，其成败将影响到与城镇化的协调发展，进而影响到城镇化的进程。

厘清城镇化和农业现代化之间的内在联系对加速实现农业现代化、有效推动新型城镇化持续健康发展具有重大意义（刘玉，2007）②。柯福艳（2011）通过建立城镇化与农业现代化互促共进的长效机制，试图解决中国城乡二元结构的制度性、障碍性因素③；马雪松等（2013）认为，城镇化与农业现代化相互协调的关键在于实现农民的市民化和农村土地的规模经营，并提出要将城市户籍制度改革和农村产权制度结合起来，户籍制度改革的核心是剥离附着在城市户籍上的福利，农村产权

① 张浩、李树超：《山东省新型城镇化与农业现代化协调发展研究》，《经济研究导刊》2015 年第 3 期。

② 刘玉：《农业现代化与城镇化协调发展研究》，《城市发展研究》2007 年第 6 期。

③ 柯福艳：《统筹城乡背景下城镇化与农业现代化互促共进长效机制研究》，《农村经济》2011 年第 5 期。

制度改革的核心则是确权颁证流转交易，唯有如此才能实现城镇化与农业现代化的相互协调、良性循环和共同发展[①]；赫修贵（2013）提出城镇化和农业现代化协同推进的实质是人，是资本和产业的积聚配置，是人口的城市化和人的现代化[②]；王春丽（2013）提出中国农业现代化水平虽有一定程度的提升，但却滞后于城镇化发展，并结合中国1980—2011年的年度数据，在建立VAR模型的基础之上，采用协整检验、脉冲响应、方差分解等方法对中国城镇化与农业现代化协调发展关系进行实证检验[③]；汪晓文等（2015）借助于模糊综合评价方法对中国2000—2011年城镇化和农业现代化协调发展进行了测量[④]。总体而言，新型城镇化和农业现代化的协调关系研究已日益受到各界关注，上述研究多从二者的协调关系和机制展开探讨，鲜有文献从定量化角度对二者之间的协调度进行有效度量。

3. 新型城镇化与农业现代化协调的指标体系构建

就新型城镇化与农业现代化的协调关系而言，国内学者已经构建了二者协调的评价体系。徐君构建的中原经济区“三化”协调发展的评价指标体系中，涉及新型工业化、新型城镇化和农业现代化三个维度，经济效益状况、科技与信息化水平、城市化人本化、经济发展、农业生产现代化等10个三级指标，并对河南省18个主要城市的“三化”协调发展指标进行了分析（徐君，2012）[⑤]；本文借助王博宇等（2013）[⑥] 和辛岭等（2010）[⑦] 文献中的指标体系作为新型城镇化和农业现代化的评价指标体

---

① 马雪松、邓虹、张晓霞、杨舸：《农业现代化与城镇化协调发展研究—以江西省为例》，《农业考古》2013年第6期。

② 赫修贵：《城镇化和农业现代化协同推进研究》，《理论探讨》2013年第6期。

③ 王春丽：《城镇化与农业现代化协调发展的机理与实证检验》，《江汉论坛》2013年第11期。

④ 汪晓文、杜欣：《中国城镇化与农业现代化协调发展的测度》，《统计与决策》2015年第8期。

⑤ 徐君：《中原经济区新型工业化、新型城镇化、农业现代化协调发展评价》，《技术经济》2012年第3期。

⑥ 王博宇、谢奉军、黄新建：《新型城镇化评价指标体系构建——以江西为例》，《江西社会科学》2013年第8期。

⑦ 辛岭、蒋和平：《我国农业现代化发展水平评价指标体系的构建和测算》，《农业现代化研究》2010年第6期。

系，作出了微调，在此基础上，构建了本文研究所用到的新型城镇化与农业现代化协调评价体系（见表3－48），力求通过熵权耦合关联分析方法对其进行定量化阐述，能够较客观把握中国新型城镇化和农业现代化之间的协调，为下一阶段新型城镇化建设提供必要参考。本文构建的新型城镇化与农业现代化的协调评价体系包含两大子系统，即新型城镇化和农业现代化子系统，每个子系统中均有相应指标进行解释。在新型城镇化子系统中，用经济动力、人口转移、基础设施、人居环境4个二级指标表征；而农业现代化子系统则采用投入水平、产出水平、社会发展水平和可持续水平4个二级指标阐述，另外该评价体系还涵盖了包括人均GDP、总人口增长率、城市生活垃圾处理率、三农支出投入、森林覆盖率等25个三级指标。

表3－48　新型城镇化和农业现代化协调评价体系

一级指标	二级指标	三级指标	指标解释
新型城镇化	经济动力	人均GDP	该指标由统计年鉴可得
		第三产业增加值占GDP比重	该指标＝第三产业增加值/GDP×100%
		城镇固定资产投资总额	该指标＝城镇固定资产投资额/固定资产投资额×100%
	人口转移	总人口增长率	该指标＝$(P_{t+1}-P_t)/P_t\times1000‰$
		城镇人口增长率	该指标＝$(P_{t+1}-P_t)/P_t\times1000‰$
		城镇人口占总人口比重	该指标＝城镇人口/总人口×100%
	基础设施	城市人均拥有道路面积	该指标由统计年鉴可得
		用水普及率	该指标由统计年鉴可得
		燃气普及率	该指标由统计年鉴可得
	人居环境	城市生活垃圾处理率	该指标由统计年鉴可得
		城市污水处理率	该指标由统计年鉴可得
		人均公园绿地面积	该指标由统计年鉴可得
		建成区绿化覆盖率	该指标由统计年鉴可得

续表

<table>
<tr><th>一级指标</th><th>二级指标</th><th>三级指标</th><th>指标解释</th></tr>
<tr><td rowspan="13">农业现代化</td><td rowspan="5">投入水平</td><td>人均农业资金投入</td><td>该指标 = 农业综合开发资金投入/农业总人口①</td></tr>
<tr><td>三农支出投入</td><td>该指标由统计年鉴可得</td></tr>
<tr><td>农业劳动力受教育水平</td><td>该指标由统计年鉴可得</td></tr>
<tr><td>农业机械总动力数</td><td>该指标由统计年鉴可得</td></tr>
<tr><td>有效灌溉率</td><td>该指标 = 农田有效灌溉面积/耕地面积 ×100%</td></tr>
<tr><td rowspan="4">产出水平</td><td>农业人均 GDP</td><td>该指标 = 第一产业总产值/农业总人口</td></tr>
<tr><td>第一产业劳动生产率</td><td>该指标 = 第一产业总产值/第一产业就业人员 ×100%</td></tr>
<tr><td>土地生产率</td><td>该指标 = 粮食产量/播种面积 ×100%</td></tr>
<tr><td>农民人均纯收入</td><td>该指标由统计年鉴可得</td></tr>
<tr><td rowspan="2">社会发展水平</td><td>农村恩格尔系数</td><td>该指标由统计年鉴可得</td></tr>
<tr><td>农业劳动力就业率</td><td>该指标 = 第一产业就业人员/农业总人口 ×100%</td></tr>
<tr><td>可持续水平</td><td>森林覆盖率</td><td>该指标由统计年鉴可得</td></tr>
</table>

4. 基于熵权耦合协调模型的新型城镇化与农业现代化协调研究

（1）熵权耦合协调模型

所谓“耦合”，最早起源于物理学概念，是指两个或两个以上的电路元件或电网络的输入与输出之间存在紧密配合与相互影响，并通过相互作用从一侧向另一侧传输能量的现象。而耦合度是对模块间关联程度的度量，用来描述系统或者要素之间作用影响程度。系统由无序走向有序机理的关键在于系统内部序参量之间的协同作用，它左右着系统相变的特征与规律，耦合度正是反映这种协同作用的度量（刘耀彬等，2005）②。而物理学概念移植入经济学分析，是现代经济学发展的一个趋势，物理学中的

① 鉴于统计口径原因，本书选用“乡村人口”指标替代“农业总人口”指标，下同。

② 刘耀彬、李仁东、宋学锋：《中国城市化与生态环境耦合度分析》，《自然资源学报》2005 年第 1 期。

“信息熵”理论已经成功应用到社会经济中的股票投资、保险定价等问题中，而“耦合理论”理应成为研究经济现象的一种工具。据其概念而言，耦合是指至少两个系统之间相互关联、相互影响的程度。而本书中研究新型城镇化与农业现代化两者之间的关联是适用的。将耦合度分析应用于新型城镇化与农业现代化两个系统，可以探求二者之间彼此影响的程度，其耦合度的大小也在一定程度上反映了新型城镇化与农业现代化之间相互协调的程度。耦合理论的基本步骤如下：

Step 1. 计算系统的耦合度 C ：对于一个多系统 $U = (u_1, u_2, \cdots, u_n)$ 的相互作用耦合度模型 C_n 为，

$$C_n = \{(u_1, u_2, \cdots, u_n)/\Pi(u_i + u_j)\}^{1/n} \quad (3-25)$$

其中，耦合度 $C_n \in [0, 1]$，n 的取值取决于该问题研究中所涉及的子系统个数，$u_i, u_j (i = 1,2,\cdots,n; j = 1,2,\cdots,n)$ 是子系统的综合评价函数。

Step 2. 计算系统的综合协调指数 T ，用以反映系统之间整体协同效应或贡献，

$$T = au_1 + bu_2 + \cdots + zu_n \quad (3-26)$$

其中，$a, b, \cdots, z$ 为待定系数。

Step 3. 计算系统间的耦合协调程度 D ，用以表示系统间的协调程度，

$$D = (C \times T)^{\gamma} \quad (3-27)$$

其中，γ 一般取值 0.5。而此时的协调程度也可以进行更为细致划分，如表 3－48 所示。

在本书中，涉及新型城镇化和农业现代化两个子系统，因此，本书用 $f(x), f(y)$ 分别代表两个子系统，同时，依据上述的模型计算步骤，得到以下一个关键系数 $n = 2$。

（2）2001—2013 年中国新型城镇化与农业现代化协调关系研究

①数据搜集及标准化处理

由表 3－48，查找相关统计年鉴，得到各指标具体数值。同时，由于量纲不同，需要对所有指标原始数据进行标准化处理，标准化处理的形式如下：

首先，成本型指标的无量纲化处理：

表 3-49　**耦合协调程度的划分标准**

协调区间	D	亚类
耦合协调类（可接受区间）	0.90—1.00	优质耦合协调类
	0.80—0.89	良好耦合协调类
	0.70—0.79	中级耦合协调类
	0.60—0.69	初级耦合协调类
过渡类（勉强接受区间）	0.50—0.59	勉强耦合协调类
	0.40—0.49	濒临失调衰退类
失调衰退类（不可接受区间）	0.30—0.39	轻度失调衰退类
	0.20—0.29	中度失调衰退类
	0.10—0.19	严重失调衰退类
	0.00—0.09	极度失调衰退类

$$r_i = u_{di}(x_i) = \begin{cases} 1 & x_i \leqslant m_i \\ (M_i - x_i)/(M_i - m_i) & x_i \in d_i \\ 0 & x_i \geqslant M_i \end{cases} \tag{3-28}$$

其次，效益型指标的无量纲化处理：

$$r_i = u_{di}(x_i) = \begin{cases} 1 & x_i \geqslant M_i \\ (x_i - m_i)/(M_i - m_i) & x_i \in d_i \\ 0 & x_i \leqslant m_i \end{cases} \tag{3-29}$$

再者，适中型指标的无量纲化处理：

$$r_i = u_{di}(x_i) = \begin{cases} 2(x_i - m_i)/(M_i - m_i) & x_i \geqslant (m_i, M(d_i)) \\ 2(M_i - x_i)/(M_i - m_i) & x_i \in (M(d_i), M_i) \\ 0 & x_i \leqslant m_i \text{ 或 } x_i \geqslant M_i \end{cases} \tag{3-30}$$

其中，$M(d_i) = (M_i + m_i)/2$

②计算各指标对应权重

同上一节中指出，对于权重的衡量，本书认为应由客观权重与主观权重相结合的形式计算得出。在本例中，假定各指标对应的客观权重为 $w_i(i = 1,2,\cdots,n)$（由熵权值确定），主观权重为 $r_i(i = 1,2,\cdots,n)$，则各指标

对应的综合权重为 $h_i = \frac{w_i \times r_i}{\sum_{i=1}^{n} w_i \times r_i}$，则按照此思路，可以得到以下权重：

首先，经过熵权确定各指标的客观权重分别为：

新型城镇化：

（0.087，0.076，0.090，0.104，0.080，0.070，0.059，0.054，0.055，0.097，0.086，0.067，0.073）

农业现代化：

（0.093，0.101，0.082，0.088，0.073，0.091，0.091，0.073，0.090，0.074，0.074，0.072）

其次，经过专家打分法确定各指标的主观权重分别为：

新型城镇化：

（0.1，0.09，0.08，0.07，0.08，0.07，0.07，0.06，0.06，0.08，0.08，0.08，0.088）

农业现代化：

（0.06，0.06，0.06，0.07，0.07，0.12，0.06，0.09，0.06，0.12，0.14，0.09）

第三，确定各指标的权重分别为：

新型城镇化：

（0.112，0.088，0.092，0.093，0.082，0.063，0.053，0.042，0.042，0.100，0.089，0.069，0.075）

农业现代化：

（0.068，0.074，0.060，0.076，0.062，0.133，0.066，0.080，0.066，0.108，0.127，0.079）

③计算新型城镇化和农业现代化综合发展水平

本例中，已经对所有数据进行了标准化处理，后得到了各指标对应的权重，则两个子系统的综合发展水平，可以表示为：

$$f(x) = \sum_{i=1}^{n} h_i x_i, f(y) = \sum_{j=1}^{n} h_j y_j$$

其中，$f(x)$，$f(y)$ 分别为新型城镇化和农业现代化系统综合发展水平，x_i 为新型城镇化系统各指标的标准化值；y_j 为农业现代化各指标的标准化值。

④计算新型城镇化与农业现代化的耦合协调度

耦合度C作为反映新型城镇化和农业现代化耦合程度的重要指标，它对判别新型城镇化和农业现代化耦合作用的强度以及作用的时序区间，预警二者的发展秩序等具有重要意义，然而，耦合度在有些情况下很难反映出新型城镇化和农业现代化的整体功效和协同效应，单纯依靠耦合度判别有可能产生误导，因为每年的新型城镇化和农业现代化发展都有交错、动态和不平衡的特性。因此，本书将度量新型城镇化和农业现代化水平高低的定量指标定为耦合协调度度，计算公式为：

$$D = (C \times T)^{1/2}$$

$$T = \alpha f(x) + \beta f(y)$$

其中 D 为耦合协调度，C 为耦合度，T 为新型城镇化与农业现代化的综合评价指数，反映两者的整体效益。并取 $\alpha = 0.6, \beta = 0.4$ 。而按照耦合协调度的大小可将新型城镇化和农业现代化的耦合协调状况划分为3大类10个亚类，然后再按照新型城镇化和农业现代化综合评价指数的对比关系将每个亚类划分为3种类型形成30种基本类型。

综上，经过实证分析得到表3－50：

表3－50　2001—2013年中国新型城镇化与农业现代化的协调程度

年份	$f(x)$	$f(y)$	C	T	D
2001	0.0204	0.0198	0.9999	0.0201	0.1419
2002	0.1472	0.0587	0.9030	0.1029	0.3049
2003	0.2576	0.1037	0.9046	0.1807	0.4043
2004	0.3605	0.1684	0.9317	0.2645	0.4964
2005	0.3930	0.2209	0.9599	0.3069	0.5428
2006	0.3945	0.3152	0.9937	0.3548	0.5938
2007	0.4657	0.4164	0.9984	0.4411	0.6636
2008	0.4913	0.4949	1.0000	0.4931	0.7022
2009	0.5922	0.5828	1.0000	0.5875	0.7665
2010	0.6679	0.6669	1.0000	0.6674	0.8169
2011	0.7273	0.7827	0.9993	0.7550	0.8686
2012	0.8022	0.8717	0.9991	0.8369	0.9145
2013	0.8356	1.0000	0.9960	0.9178	0.9561

（3）2013年中国各省份新型城镇化与农业现代化的协调分析

①数据搜集及标准化处理

同理，由表3-48查找相关统计年鉴，得到各指标具体数值。同时，由于量纲不同，需要对所有指标原始数据进行标准化处理，标准化处理的公式如上。

②计算各指标对应权重

同上一节中指出，对于权重的衡量，本书认为应由客观权重与主观权重相结合的形式计算得出。在本例中，假定各指标对应的客观权重为 $w_i(i = 1,2,\cdots,n)$（由熵权值确定）；主观权重为 $r_i(i = 1,2,\cdots,n)$，则各指标对应的综合权重为 $h_i = \frac{wi \times ri}{\sum_{i=1}^{n} w_i \times r_i}$，则按照此思路，可以得到以下权重：

首先，经过熵权确定各指标的客观权重分别为：

新型城镇化：

（0.124，0.079，0.088，0.037，0.133，0.066，0.057，0.101，0.040，0.061，0.096，0.078，0.038）

农业现代化：

（0.102，0.086，0.041，0.098，0.114，0.077，0.086，0.062，0.094，0.057，0.066，0.117）

其次，经过专家打分法确定各指标的主观权重分别为：

新型城镇化：

（0.1，0.09，0.08，0.07，0.08，0.07，0.07，0.06，0.06，0.08，0.08，0.08，0.08）

农业现代化：

（0.06，0.06，0.06，0.07，0.07，0.12，0.06，0.09，0.06，0.12，0.14，0.09）

因此，确定各指标的权重分别为：

新型城镇化：

（0.158，0.091，0.089，0.033，0.135，0.059，0051，0.077，0.031，0.062，0.098，0.079，0.039）

农业现代化：

(0.076, 0.064, 0.031, 0.085, 0.098, 0.114, 0.064, 0.069, 0.070, 0.084, 0.114, 0.131)

③计算新型城镇化和农业现代化综合发展水平

本例中，已经对所有数据进行了标准化处理，后得到了各指标对应的权重，则两个子系统的综合发展水平，可以表示为：

$$f(x) = \sum_{i=1}^{n} h_i x_i, f(y) = \sum_{j=1}^{n} h_j y_j$$

其中，$f(x)$，$g(y)$ 分别为新型城镇化和农业现代化系统综合发展水平，x_i 为新型城镇化系统各指标的标准化值；y_i 为农业现代化各指标的标准化值。

④计算新型城镇化与农业现代化的耦合协调度

上文已经提及耦合协调程度计算公式：

$$D = (C \times T)^{1/2}$$

$$T = \alpha f(x) + \beta f(y)$$

其中 D 为耦合协调度；C 为耦合度；T 为新型城镇化与农业现代化的综合评价指数，放映两者的整体效益。并取 $\alpha = 0.6, \beta = 0.4$。而按照耦合协调度的大小可将新型城镇化和农业现代化的耦合协调状况划分为 3 大类 10 个亚类，然后再按照新型城镇化和农业现代化综合评价指数的对比关系将每个亚类划分为 3 种类型形成 30 种基本类型。

综上，经过实证分析得到表 3－51：

表 3－51　2013 年中国各省份新型城镇化与农业现代化的协调程度

省份	$f(x)$	$f(y)$	C	T	D
北京	0.7343	0.4818	0.9782	0.6080	0.7712
天津	0.6608	0.4558	0.9830	0.5583	0.7408
河北	0.5257	0.5233	1.0000	0.5245	0.7242
山西	0.4575	0.3339	0.9877	0.3957	0.6252
内蒙古	0.5259	0.4467	0.9967	0.4863	0.6962
辽宁	0.4839	0.4787	1.0000	0.4813	0.6938
吉林	0.2831	0.4738	0.9678	0.3785	0.6052
黑龙江	0.3026	0.5078	0.9674	0.4052	0.6261
上海	0.6325	0.4117	0.9774	0.5221	0.7144

续表

省份	$f(x)$	$f(y)$	C	T	D
江苏	0.6802	0.5312	0.9924	0.6057	0.7753
浙江	0.5523	0.5261	0.9997	0.5392	0.7342
安徽	0.4832	0.4432	0.9991	0.4632	0.6803
福建	0.5559	0.5334	0.9998	0.5446	0.7379
江西	0.4747	0.4994	0.9997	0.4870	0.6978
山东	0.6470	0.5162	0.9937	0.5816	0.7602
河南	0.3624	0.4690	0.9917	0.4157	0.6421
湖北	0.4443	0.4874	0.9989	0.4659	0.6822
湖南	0.4356	0.5114	0.9968	0.4735	0.6870
广东	0.5300	0.4718	0.9983	0.5009	0.7072
广西	0.3956	0.3951	1.0000	0.3953	0.6288
海南	0.5217	0.4317	0.9955	0.4767	0.6889
重庆	0.5627	0.3522	0.9732	0.4574	0.6672
四川	0.3890	0.3960	1.0000	0.3925	0.6265
贵州	0.2944	0.2812	0.9997	0.2878	0.5364
云南	0.3878	0.3130	0.9943	0.3504	0.5903
西藏	0.2745	0.2781	1.0000	0.2763	0.5256
陕西	0.4610	0.3713	0.9942	0.4162	0.6432
甘肃	0.3245	0.2427	0.9895	0.2836	0.5298
青海	0.3882	0.2288	0.9661	0.3085	0.5459
宁夏	0.4963	0.2919	0.9658	0.3941	0.6169
新疆	0.3723	0.4186	0.9983	0.3955	0.6283

5. 结果分析

城镇化的良好运行能够有力带动工业化发展，形成工业反哺农业、城市支持农村的良好态势，而农业现代化的推进则可以支撑城镇化建设，二者之间的协调发展成为共同推动当前经济社会发展的重要部署。

作为解决“三农”问题的重要途径，新型城镇化和农业现代化二者之间相辅相成、相互促进。

首先，2001—2013 年中国新型城镇化与农业现代化之间的协调关系。需要补充的是图 3-33 中，$f(x)$ 代表新型城镇化发展水平，$f(y)$ 代表农业现代化发展水平，当 $f(x) < f(y)$ 时，表示新型城镇化发展水平落后于农业现代化水平；当 $f(x) > f(y)$ 时，表示新型城镇化发展水平快于农业现代化水平；而当 $f(x) = f(y)$ 时，表示新型城镇化发展水平与农业现代化水平相当。

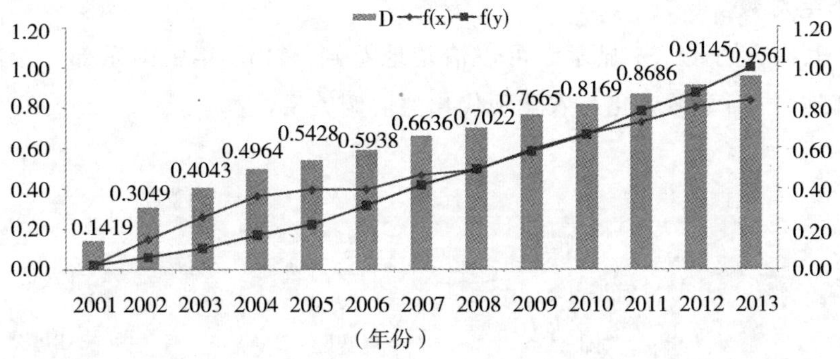

图 3-33 2001—2013 年中国新型城镇化与农业现代化的协调程度

图 3-33 显示，除 2008 年、2011 年、2012 年和 2013 年新型城镇化水平滞后于农业现代化水平以外，其余年份均表现出新型城镇化水平要快于农业现代化水平，这表明，在 21 世纪初期，中国城镇化建设速度较快，而农业发展水平相对滞后，农业生产率相对较低，特别是在 2004 年，二者发展水平之间的差距为 0.2，为该段区间内的最大值，表明二者在 2004 年发展最不协调。而近几年，伴随着科学技术的进展以及国家对“三农”问题的重视和新农村建设的逐步推进，农业现代化水平逐年提高，并且与新型城镇化建设呈现协调发展趋势。特别是 2007 年，党的十七大报告中，已经明确指出要统筹城乡发展，推进社会主义新农村建设。要加强农业基础地位，走中国特色农业现代化道路，建立以工促农、以城带乡长效机制，形成城乡经济社会发展一体化新格局。更是为农业现代化建设注入了动力，图 3-33 显示，至 2008

年起，农业现代化发展水平开始超过新型城镇化发展水平，且二者之间的差距越来越小，协调程度越来越好。

就 2001—2013 年中国新型城镇化与农业现代化建设的协调程度 D 来看，二者之间的协调程度从失调衰退类逐渐过渡到耦合协调类，从不可接受区间逐渐发展到可接受区间。对应耦合协调程度划分标准，可以看出，自 2007 年开始，新型城镇化和农业现代化的耦合协调度开始进入可接受区间，二者之间的协调程度也越来越好。诚然，本计算模型针对的是 2001—2013 年这个区间而言，所得到的结果也只是反映出 2001 年以来的二者协调程度，因此，此处的结果是相对的，并非绝对数。

其次，图 3－34 显示，可以清楚地看到，2013 年中国东部、中部和西部地区[①]新型城镇化与农业现代化的协调关系。

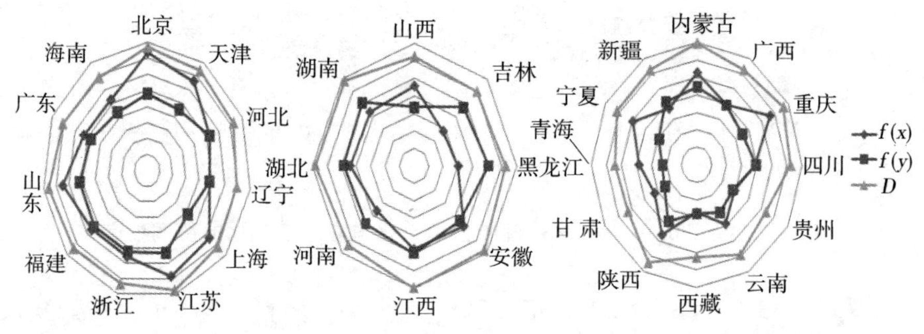

图 3－34　2013 年东部、中部、西部地区新型城镇化与农业现代化的协调关系

由图 3－34 不难看出，东部地区中，各省份的耦合协调度除辽宁省和海南省为初级耦合协调类外，其余省份均为中级耦合协调类，表明东部地区新型城镇化与农业现代化的协调性较好；同时，各省份新型城镇化发展水平要快于农业现代化水平，也真实反映出了东部地区城镇化发展情况，

① 根据国家统计局分类标准，东部地区包括北京、天津、河北、辽宁、上海、江苏、浙江、福建、山东、广东、海南 11 个省（市）；中部地区包括山西、吉林、黑龙江、安徽、江西、河南、湖北、湖南 8 个省；西部地区包括内蒙古、广西、重庆、四川、贵州、云南、西藏、陕西、甘肃、青海、宁夏、新疆 12 个省（市、自治区）。

之所以农业现代化水平较低，是由于东部地区产业结构以工业为主，农业所发挥的作用相对较弱。与此形成鲜明对比的是中部地区的新型城镇化和农业现代化发展协调度来看，除山西省和安徽省外，其余各省份农业现代化水平快于新型城镇化水平，其主要原因是从中部地区农业生产占三产业总值的比重为12.31%，比东部地区的6.36%高出近6个百分点[①]。而且由上一节计算得出的结果看，中部地区新型城镇化质量比东部地区较差。因此，造成了这种结果。

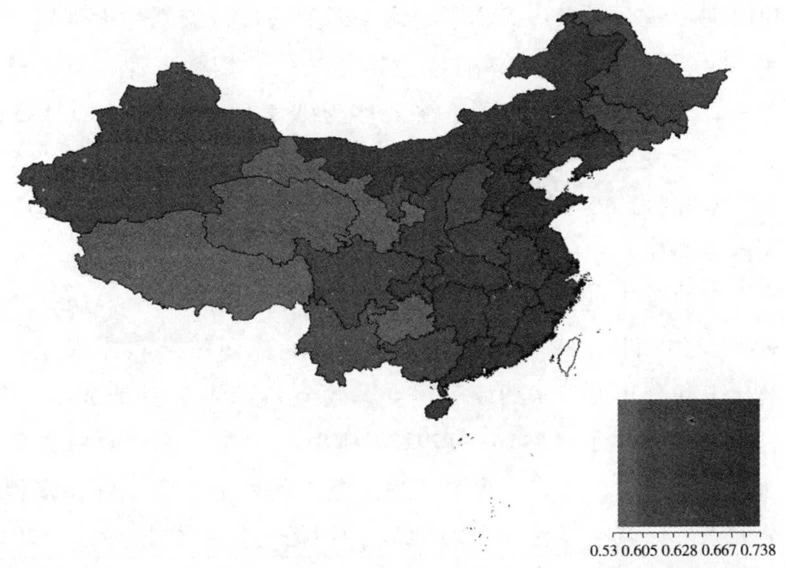

图3-35　2013年中国各省份新型城镇化与农业现代化的协调程度

综合而言，图3-35反映出了2013年度中国各省份新型城镇化与农业现代化的协调程度，图中颜色越深表示数值越高，也就是越接近于1（优质耦合协调类）。可以很明显看出，颜色呈现出由东至西逐渐变淡的趋势，这种阶梯状分布表明我国新型城镇化与农业现代化的协调是呈现地区差异的，东部地区要依次优于中部和西部地区，也为下一阶段新型城镇化与农业现代化的协调提供了依据，能够更清晰未来城镇化建设过程中如何协调与农业现代化的措施。

① 依据《中国统计年鉴2014》计算得到。

（五）中国新型城镇化进程中的绿色化研究

1. “绿色化”问题提出背景

①生态文明遭到破坏，人民生活质量受到极大冲击

由于先期经济社会的快速发展，积累了众多的诸如水体污染、大气污染、重金属污染、森林植被破坏、生物多样性遭到破坏等生态问题，使得经济发展付出了惨重的代价，人民生活质量不能够与生活水平的提高相匹配，严重影响了公众的居住幸福感。纵观人类历史，在工业化进程加快时期，各个国家均面临了生态文明的破坏，特别是大气污染。20世纪40年代初期，美国洛杉矶市发生了光化学烟雾事件，滞留市区不散，并一直持续到70年代，还被人称为“美国的烟雾城”；1952年，作为工业革命发祥地的英国遭遇到了人类历史上最为惨重的“雾都劫难”，市中心连续48小时能见度不到50米，该事件共造成了近1.2万人吸入污染物死亡，成为20世纪十大环境公害事件之一；1956年日本水俣湾由于遭受工业废水排放污染，导致了大面积的水俣病；之后的1961年，日本四日市哮喘病大发作，缘由在于1955年以来兴建的十余家石油化工联合企业带来的废气污染，截至1972年，共造成了6000余人染病，数十人死于哮喘病；1991年海湾战争中，萨达姆将100万加仑石油倾入波斯湾，造成了世界历史上最大的原油泄漏事件，多种海鸟和鱼类灭绝。仅就空气污染一项来说，环保部监测数据显示，2015年10月下旬开始，我国各大城市空气出现污染，多数城市甚至出现了严重污染，雾霾波及范围也逐渐扩大，由北方扩散至南方各省份，各地开起了“防霾战”。2015年12月，北京市更是史无前例的首次启动红色预警，部分事业单位、企业实行弹性工作制，中小学幼儿园停课，并同步实行机动车单双号限行制度。除此之外，水污染、土地污染等问题也层出不穷，中国已经面临着极为严峻的环境问题，并且已经严重影响到了人民的生活质量。

惨痛的教训表明，破坏生态文明对于地区经济发展具有重大的影响。如果不能很好地处理生态文明建设与经济发展的关系，就不能够实现真正的有前景的发展。改革开放以来，中国经济实现了大跨越，并已成为世界第二大经济体。经济越发展、社会越进步，越需要获得生态建设的支撑。二者合在一起，使追求生态文明成为中国发展转型的重要标志，成为对应

于新的发展理念的必然选择（李周，2013）[①]。当前中国经济要实现质的转变，就要从发展本身着手，摒弃原有发展思路，注重生态文明与经济发展的协调。

②经济发展进入“新常态”，中央政府高度关注经济发展质量建设

党的十八大以来，新一届领导集体高度关注生态文明建设，并将生态文明与政治、经济、文化、社会相融合，持续关注并认真对待生态建设问题。并且在十八大报告中，很明确地指出要绿色发展、循环发展和低碳发展的理念。中国经济高速增长的近30年，生态文明受到了极大的破坏，也付出了惨重的代价。“先污染，后治理”的发展思路已经严重阻碍了中国经济的健康发展，成为影响人们生活质量的重要因素。中国要实现“两个一百年”的奋斗目标，要真正实现中华民族伟大复兴的中国梦，就必须摒弃现有发展思路，高度关注生态文明建设问题。新时期的经济发展，既要保证经济质量的平稳过渡，又要提升与生态文明的协调发展。

其实早在1991年11月，时任福建省委副书记的习近平同志在长汀和田考察水土保持工作时，就已经开始关注生态文明建设，并多次批示、指导水土流失治理工作，使长汀县水土流失治理实现了重大突破；水土保持得到了本质改变，2005年8月15日，时任浙江省委书记的习近平同志在安吉天荒坪镇余村考察时，就当地关停污染较重的矿山，转变为发展生态旅游的案例，就已经提出了“绿水青山就是金山银山”的科学论断，并在此后的工作中进一步阐述了绿水青山和金山银山之间的三个发展阶段的问题[②]。2005年8月24日，他在浙江日报发表评论文章《绿水青山也是金山银山》，明确提出如果把“生态环境优势转化为生态农业、生态工业、生态旅游等生态经济的优势，那么绿水青山也变成了金山银山”。

2007年，十七大报告中，指出要将“生态文明”作为全面建设小康社会目标的新要求；2012年，党的十八大报告中，更是在官方最高报告中首次以单篇的形式论述“大力推进生态文明建设”，该文表述建设生态

---

① 李周：《建设美丽中国，实现永续发展》，《经济研究》2013年第2期。

② 三个阶段具体指：第一个阶段是用绿水青山去换金山银山，不考虑或者很少考虑环境的承载能力；第二个阶段是指既要金山银山，但是也要保住绿水青山；第三个阶段是绿水青山可以带来金山银山。

文明，是关系人民福祉、关乎民族未来的长远大计，必须要将生态文明建设放在突出地位，融入经济建设、政治建设、文化建设、社会建设各方面。同年末召开的中央经济工作会议指出，要积极稳妥地推进城镇化，把生态文明理念和原则全面融入城镇化全过程，走集约、智能、绿色、低碳的新型城镇化道路。

2013 年 9 月 7 日，习近平同志在哈萨克斯坦纳扎尔巴耶夫大学发表了题为《弘扬人民友谊，共创美好未来》的重要演讲，在回答学生提问时，他再次强调“我们既要绿水青山，也要金山银山。宁要绿水青山，不要金山银山，而且绿水青山就是金山银山”的论断。

2015 年 3 月 24 日，中央政治局工作会议召开，会议审议通过了《关于加快推进生态文明建设的意见》，并指出生态文明建设事关实现“两个一百年”奋斗目标，事关中华民族永续发展，是建设美丽中国的必然要求，对于满足人民群众对良好生态环境新期待、形成人与自然和谐发展现代化建设新格局，具有十分重要的意义。会议要求协同推进新型工业化、城镇化、信息化、农业现代化和绿色化，牢固树立“绿水青山就是金山银山”的理念。这是党中央第一次将该理念写入中央文件，并将“绿色化”问题定性为“政治任务”，将原有的“四化”变为“五化”，成为指导今后生态文明建设的重要思想。

由此表明，以习近平为总书记的中央领导集体已经意识到生态文明建设在整个人类发展史中的重要地位，并将其提升到前所未有的高度，也成为推动中国经济社会健康发展的重要保障。为积极应对经济发展新常态，只有将生态文明提高到更高的层次，才能够真正夯实经济发展的基础，保障经济运行平稳。

中共中央此时提出“生态文明”的发展理念，顺应了中国经济发展的规律，也指明了以“绿色化”开展未来工作的具体道路。“绿色化”发展必将成为今后很长一个时期内，学界和政府高度关心的话题。因此，对“绿色化”问题展开研究具有时效性，力求为政府部门开展工作提供具有借鉴价值的政策建议。

③“绿色发展”已经成为世界城市化发展的主流选择

西方发达国家在实现城市化发展的过程中，积累了许多的发展经验及失败教训，而绿色发展的理念在西方发达国家早已产生，第一个实现城市化的英国，在1898年，就由社会学家霍华德提出了“绿色田园城市”的发展构想，并且在20世纪30年代开始在伦敦的城市规划中得到运用；20世纪90年代，欧美国家掀起了“绿色发展运动”，极力倡导绿色城镇发展的思路，要求在交通、能源、制造等领域深化，之后这种发展思路也开始逐渐影响到了拉美、亚洲等发展中国家，使绿色城镇化发展成为世界城市化主流。2000年，美国蒂姆西·比特利教授提出了“绿色城镇化”发展理念，该理念总结归纳了欧洲城市化进程中的实践经验，此后，美国的城市化创造了“生态可持续与城市精明增长理念”和“土地利用的紧凑模式”。日本则通过实行建筑低碳化、加快生态工业园建设等措施，开创了集中型城镇化道路。作为世界上城镇化影响最大的中国城镇化进程，理应在发展中国家倡导并积极推行绿色发展理念，为世界城市化进程作出贡献。

综上分析，将新型城镇化建设与绿色生态发展相结合，走出一条集约、绿色、智能的“绿色城镇化”道路是城镇化发展的必然阶段，也是终极目标。将现有城镇化发展方式实现绿色转型，突破城镇化发展瓶颈和环境污染等困境。胡鞍钢曾指出，所谓绿色发展之路，就是强调经济发展与保护环境的统一与协调，即更加积极的、以人为本的可持续发展之路。城市绿色发展要求既要改善能源资源的利用方式，还应保护和恢复自然生态系统与生态过程，实现人与自然的和谐共处和共同演化，实现城市绿色经济和低碳经济发展。而城市转型的绿色发展，将有赖于生产过程中的资源生产率和消费过程中的服务效率的同步提高，有赖于城市发展的绿色战略、绿色规划、绿色创新、绿色生产、绿色消费、绿色管理等多项功能的实施和运行，实现经济增长与自然资本消耗相脱钩(陆小成，2013)[①]。

2. “绿色化”理论渊源

由以上分析，可以知道“绿色化”的思想与现行的生态经济理论、循环经济理论和低碳经济理论等是相通的，也是在其基础上不断完善和发展的。

生态经济理论产生于“生态学”基础上，德国生态学家恩斯特·海

① 陆小成：《城市转型与绿色发展》，中国经济出版社2013年版。

克尔（Ernest Haeckel）于1866年就已经提出了“生态学”的概念，它是由两个希腊词根“Oikos”（家、家用）与“logos”（研究、学）组成，是研究生物体与它们的环境（家）的关系的学问①。直到20世纪60年代后期，美国经济学家肯尼斯·鲍尔丁首次使用了“生态经济学”的概念，适应了当时解决日趋明显的生态与经济矛盾的需要②。该理论认为生态经济是建立在生态系统所能承受的能力范围内，通过运用生态经济学原理和系统工程方法用以改变生产和消费方式，进而挖掘一切可以利用的资源的潜力，以实现经济的增长与环境保护相统一。其本质就在于经济发展的前提是生态环境的可承载能力，以及如何实现二者之间的“双赢”问题，所要实现的是社会、经济和自然良性循环的复合型生态系统。而循环经济理论建立在减量化、再使用和再循环三原则上，基于自然生态系统的物质循环和能量流动原理重构企业生产机制，通过“资源—产品—再生资源”的生态产业链结构形成的新型经济模式，是在可持续发展的思想指导下，实现能源及其废弃物的综合利用，以尽可能小的资源消耗和环境成本，获得尽可能大的经济和社会效益。因此，循环经济的本质是生态经济。而低碳经济理论是建立在全球气候变化的现实之上的，依据地球碳循环和碳平衡原理，计算各种公共工程、企业生产活动、消费活动等的碳排放及碳预算收支，从源头上审视社会中的经济行为，从而有助于控制排放温室气体，达到生态平衡。早在2003年，英国政府发布《能源白皮书》(UK Government, 2003)，并在其报告中首次提出了“低碳经济”（Low Carbon Economy）概念，并引起关注，其发展的目标在于通过构建低碳能源系统，实现低碳产业发展，促进环境友好和资源节约。从此，各国学者开始关注低碳问题。而伴随着社会经济进步，城市发展面临转型问题，传统粗放式发展已经不再被各国启用，而更多的将关心与人类生存相关的生态环境平衡，如何在城镇化转型及城市发展中关注“低碳”生存、“低碳”生活成为当下的研究热点之一。

当前，中国社会经济形势出现新变化，而全球气候变化和国际减排压力也随之增加。国际每年召开的世界气候大会，均将生态保护、节能减排

① 参见乔清举《儒家生态思想通论》，北京大学出版社2013年版。

② 参见陆小成《城市转型与绿色发展》，中国经济出版社2013年版。

作为重点讨论议题，这也表明，关注生态问题，实现绿色发展，不仅是我国实现现代化进程的重要组成部分，更是全球各国关注的共同话题，需要共同面对。

中国古代就有“天人合一”“人地和谐”等观点，《道德经》中就有“人法地、地法天、天法道、道法自然”的感慨（陈鼓应，1984）①；《庄子·田子方》篇亦有“无为而才自然矣”的论断（陈鼓应，1984）②；直到1972年，中国作为理事国，参与了联合国教科文组织的“人与生物圈”研究计划，开始了现代关于生态文明及生态城市建设的探索。1988年开始在江西省宜春市首次试点建设生态城市的发展目标，成为国内第一次具体的实践。

2000年，国务院颁发《全国生态环境保护纲要》，将推进生态省、生态市、生态县和环境优美乡镇建设提升日程，并进行有效推广。

2006年，针对生态城市建设、验收、评价和考核等工作环节，国家环保部先后制定《全国生态县、生态市创建工作考核方案（试行）》和《国家生态县、生态市考核验收程序》，具体规定了建设标准及详细评分细则。

截至2011年，我国287个地级以上城市中，明确提出建设生态城市目标的有230个，提出低碳城市目标的有133个，提出低碳生态城市建设目标的城市达259个，占全部地级以上城市的90%以上（蔡书凯，2014）③。

由此表明，中国环境保护意识正在逐渐加强，而生态城市建设仅仅是绿色城镇化建设的前期基础，绿色发展应该建立在生态环境的承载力约束条件下，将环境保护与城市发展融为一体，推动共同发展的新模式。在今后城镇化及城市发展过程中，除保留原有生态文明之外，更应该注重“绿色发展”观念的全面渗透，使绿色发展扎根于城镇建设的每个环节(见图3－36)。

3.“绿色化”问题研究现状

《中国能源发展报告（2014）》显示，2013年中国能源消费总量

---

① 参见陈鼓应《老子今注今译》，北京商务出版社1984年版。

② 参见陈鼓应《老子今注今译》，北京商务出版社1984年版。

③ 参见蔡书凯《新型城镇化与生态环境》，广东经济出版社2014年版。

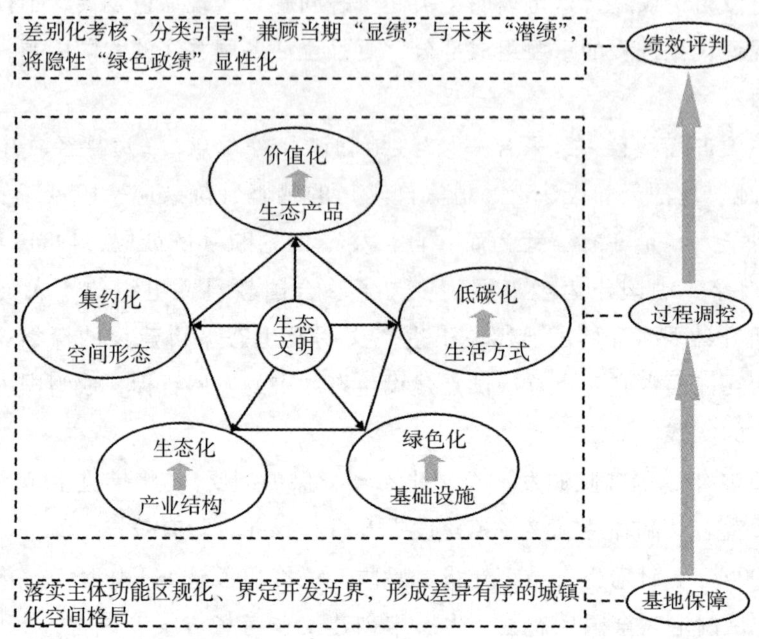

图 3－36　生态文明融入城镇化全过程的模式①

为 37.5 亿吨标准煤，同比增长 3.7%，中国能源消费占全世界的 22%，而从能源消费结构来看，煤炭、石油、天然气、非化石能源的比重分别为 66.1%、18.4%、5.7% 和 9.8%。中国能源消耗已经占据世界消费的首位，带来经济发展的粗放之外，也使得中国环境问题更加突出。为有效缓解城镇化加速推进对环境资源承载力的不协调，转变城镇化发展方式，集约低碳的经济发展模式亟须推广。而作为未来中国经济增长源动力的城镇化建设，理应着重关注绿色发展问题。

新型城镇化，必须是生态文明的城镇化。提升城镇化的品质和效益，转变生产和消费方式，循环、绿色和低碳是必然选择（潘家华，2013）②。而几十年的中国城镇化发展之路，表明以往中国城镇化道路是粗放的低端的产业聚集，尽管城镇化率有所提升，但是整体质量并不高，城镇化发展

① 郝华勇：《生态文明融入城镇化全过程模式建构》，《科技进步与对策》2014 年第 12 期。

② 潘家华：《新型城镇化道路的碳预算管理》，《经济研究》2013 年第 3 期。

过程中带来了诸多的环境问题，导致了省市生态环境恶化。由于保护不及时，城镇化进程中出现了大面积的地表硬化和建筑化，地下水循环系统和生物多样性遭到破坏，城市边缘土地沙漠化、城市热岛效应、酸雨频繁、噪声污染等问题更为突出，原有城镇化发展道路缺乏绿色发展的思维，也缺失绿色增长内涵。未来中国要实现持续健康发展，就必须考虑一个前置性条件，就是使经济与社会发展呈现出绿色的气质，其中的一个重大战略部署就是绿色城镇化（罗勇，2013）①。

国内学者也纷纷提出了有关绿色发展和绿色城镇化的概念，其中，魏后凯等（2011）认为绿色城镇化应该具有低消耗、低排放、高效有序的基本特征，是一种城镇集约开发与绿色发展相结合，城镇人口、经济与资源、环境相协调，资源节约、低碳排放、环境友好、经济高效的新型城镇化模式②。而沈清基等（2013）认为，所谓绿色城镇化，是指城镇发展与绿色发展紧密结合，城镇的社会和经济发展与其自身的资源供应能力和生态环境容量相协调，具有生态环境可持续性、人的发展文明性、城镇发展健康性等特征的城镇发展模式及路径③。从现有文献归纳，对于绿色化问题的研究尚未形成统一共识，但是基本都是以生态文明为基础，以低碳发展为目标，最终实现的是资源、环境与经济、社会之间的协调发展。因此，本书认为，中国新型城镇化建设进程中的“绿色化”问题，应该与我国现代化发展方向相一致，其最本质、最核心的依旧是以人为核心的城镇化，以改善民生为根本，以真正提高人民居住生活、福利感受、建设“美丽中国”为宗旨，以生态文明城市建设为依托，以促进经济、社会、环境、资源相统一为发展模式，力推集约低碳、和谐共处、循环可持续发展之路，形成公众广泛参与、城乡融合、产城一体的新型城镇化新局面。

---

① 罗勇：《美丽中国梦从绿色转型起步》，《中国经济时报》2013 年 8 月 1 日。

② 魏后凯、张燕：《全面推进中国城镇化绿色转型的思路与举措》，《经济纵横》2011 年第 9 期。

③ 沈清基、顾贤荣：《绿色城镇化发展若干重要问题思考》，《建设科技》2013 年第 5 期。

4. “绿色化”评价指标体系构建

虽然“绿色化”的提出时间不长，但国内学者均提出了各自的观点，并从不同角度、不同学科对“绿色化”问题进行了详细阐述。邱江（2013）指出绿色城镇化是指城镇发展与绿色发展紧密结合，城镇的社会和经济发展与其自身的资源供应能力和生态环境容量相协调，具有生态环境可持续性、人的发展文明性、城镇发展健康性等特征的城镇发展模式及路径。其特征主要涵盖资源节约、低碳减排、环境友好和经济高效[①]。沈清基（2013）指出绿色城镇化应特别强调安全和健康，强调“安全城镇化”和“健康城镇化”。罗勇（2014）认为建设生态城市应该确定为绿色城镇化发展的高级纲领和目标，并分经济绿色化、社会绿色化和生态绿色化三个方面阐述了绿色城镇化的发展思路[②]；蔡书凯（2014）认为生态城市是集社会、经济、自然协调发展的新型社会关系，指出环境良好的生态城市应该从资源节约、环境保护和生态状况三个维度衡量[③]；新型城镇化建设课题组（2014）认为“绿色城镇化”还是一个开放的概念，其主要内容应该包括四个方面，即资源节约、环境友好、生态宜居和文化传承[④]。与此同时，在实践层面上，2015 年 3 月 29 日召开的“绿色城镇化国际研讨会”中，首次公布了“中国绿色城镇化指标排名”，该排名覆盖了全国 289 个地级以上城市，6 月 28 日，云河研究院与国家发改委国际合作中心发布了“中国绿色城镇化指标”体系，分经济、社会和环境三个指标进行衡量，成为中国城镇化的一个参照。

前文已经论述到，“绿色化”是产生于生态经济理论、循环经济理论和低碳经济理论等理论基础之上，因此，在构建本文新型城镇化进程中的“绿色化”问题时，有必要借鉴有关生态城市、低碳城市等的评价指标体系，使最终的评价体系更加完善。

① 邱江：《我国绿色城镇化建设探讨》，《商》2013 年第 13 期。

② 罗勇：《城镇化的绿色路径与生态指向》，《辽宁大学学报（哲学社会科学版）》2014 年第 6 期。

③ 蔡书凯：《新型城镇化与生态环境》，广东经济出版社 2014 年版。

④ 新型城镇化建设课题组：《走绿色城镇化道路—新型城镇化建议之五》，《宏观经济管理》2014 年第 8 期。

表 3－52 近年来有关生态文明及低碳经济的指标体系

类别	年份	规划单位	表征指标
宜居城市	2007	中国城市科学研究会等单位承担的建设部软科学研究项目—《宜居城市科学评价指标体系研究》	宜居城市应从社会文明度、经济富裕度、环境优美度、资源承载度、生活便宜度、公共安全度和综合评价否定条件七个角度来衡量，并且从政治文明、人均 GDP、生态环境、人均可用淡水资源总量、城市交通等 28 个三级指标具体刻画
低碳城市	2011	住建部、发改委、财政部制定了《绿色低碳重点小城镇建设评价指标（试行）》	对绿色低碳重点小城镇进行了整体规划，在该评价体系中，共涉及社会经济发展水平、规划建设管理水平、建设用地集约性、资源环境保护与节能减排、基础设施与园林绿化、公共服务水平和历史文化保护与特色建设七个一级指标，公共财政能力、生活污水处理与排放、公共文体娱乐设施、历史文化遗产保护等 35 个二级指标构成
	2011	全国低碳经济媒体联盟决定推出《中国低碳城市评价体系》	该体系涵盖城市低碳发展规划指标、媒体传播指标、新能源与可再生能源、低碳产品应用率、城市和绿地覆盖率指标、低碳出行指标、城市低碳建筑指标、城市空气质量指标、城市直接减碳指标、公众满意度和支持率及一票否决指标十个方面
	2012	中国社会科学院城市发展与环境研究所、LCCC 中国低碳城市指标体系项目组《中国低碳城市评价指标体系》①	指标清单包括主要指标体系（5 个维度和 15 个指标，前者包括经济低碳、能源低碳、设施低碳、环境低碳和社会低碳）与支撑指标体系（四大领域和 52 个指标，前者包括城市管理、绿色经济、绿色建筑和低碳交通）
智慧城市	2012	住建部发布的《国家智慧城市（区、镇）试点指标体系》	从保障体系与基础设施、智慧建设与宜居、智慧管理与服务、智慧产业与经济四个一级指标，网络基础设施、公共平台与数据库、城市建设管理、城市功能提升等 11 个二级指标，智慧城市发展规划纲要及实施方案、城乡规划、园林绿化、智能交通等 57 个三级指标定义了智慧城市的试点

① 中国社会科学院城市发展与环境研究所：《重构中国低碳城市评价指标体系：方法学研究与应用指南》，社会科学文献出版社 2013 年版。

续表

类别	年份	规划单位	表征指标
生态城市	2011	北京林业大学生态文明研究中心 ECCI 课题组《中国生态文明建设评价》	包括森林覆盖率、建成区绿化覆盖率、自然保护区的有效保护、农用地面积、林地面积、地表水体质量、环境空气质量、水土流失面积、人均 GDP、年服务业产值占 GDP 比例和城镇化率、人均预期寿命、各地区教育经费投入、原煤生产量、年用水消耗量等 38 个指标
	2011	李海龙、于立：《中国生态城市评价指标体系构建研究》①	包含了资源节约、环境友好、经济持续、社会和谐和创新引领五个一级指标，水资源、空气质量、产业结构、绿色交通、生物多样性、数字城市等 28 个二级指标
	2013	秦伟山、张义丰、袁境：《生态文明城市评价指标体系与水平测度》②	从意识文化、经济运行、环境支撑、生态人居和制度保障五个一级指标，生态文明知识普及率、人均 GDP、农业灌溉水有效利用系数、碳排放强度削减率、二氧化硫排放量、前任拥有卫生技术人员数、新建绿色建筑比例等 35 个二级指标构建了生态文明城市评价体系

因此，综上所述，本书在结合 2014 年，由中共中央、国务院印发的《国家新型城镇化规划（2014—2020 年）》中第十八章“推动新型城市建设”的第一节“加快绿色城市建设”基础上，参考了相关生态城市评价指标体系、宜居城市评价指标体系、智慧城市评价指标体系、低碳城市评价指标体系等，认为新型城镇化进程中的“绿色化”评价指标体系应该包含生活绿色化、环境绿色化和发展绿色化三个维度，涉及宜居生活、智能生活、绿色消费、环境质量、生物多样性、社会和谐、集约经济和文化传承 8 个二级指标，以及相对应的人口密度、3G 手机使用量、二氧化硫排放量、单位 GDP 能耗等 19 个三级指标来共同反映绿色化的本质，如表3－53 所示：

① 李海龙、于立：《中国生态城市评价指标体系构建研究》，《城市发展研究》2011 年第 7 期。

② 秦伟山、张义丰、袁境：《生态文明城市评价指标体系与水平测度》，《资源科学》2013 年第 8 期。

表 3-53　**绿色化评价指标体系**

一级指标	二级指标	三级指标	解释指标
生活绿色化	宜居生活	生活舒适度	人口密度
		公园绿化	人均公园绿地面积
		绿色交通	城市每万人拥有公共交通车辆数
		居住环境清洁度	生活垃圾无害化处理率
	智能生活	绿色通信	3G 移动电话用户
		无线网络覆盖	互联网普及率
	绿色消费	绿色消费支出	人均文教娱乐支出
		绿色文化产业	文化制造业企业年收入
环境绿色化	环境质量	空气质量	工业 SO_2 排放量
		环境治理投资	环境污染治理投资总额占 GDP 比重
	生物多样性	自然保护区	自然保护区个数
		绿化程度	建成区绿化覆盖率
发展绿色化	社会和谐	城乡收入差距	城乡收入差距指数
		生活幸福感	生活质量指数
	集约经济	单位耗能	单位 GDP 电力消费量
		科技投入	R&D 科研经费占 GDP 比重
		产业结构	第三产业总产值占 GDP 比重
	文化传承	公民科学文化素质	地区教育发展水平
		历史文化遗产保护	历史文化遗产个数

在构建了新型城镇化中绿色化评价指标体系后，有必要对几个指标进行解释。

首先，新型城镇化的核心是以人为本，因此，绿色化进程要着重关注

“人”生活的绿色化。既要包含生活的绿色化，也要包括消费方式的绿色化。而所谓消费生活的绿色化，是指彻底改变以满足人的物质欲望为目的，以个人享乐为中心以高消费为主要特征的工业文明的生活方式（黎祖交，2015）①。要转变以往的消费方式，向绿色消费，高品质文化消费过渡，真正享受精神层面的提升。

其次，导致目前城镇化过程中的环境污染等问题的源头，在于传统城镇化进程中产业发展的不合理，以及在产业发展中对资源的过度索取和对环境的极大破坏。新型城镇化讲求的绿色产业结构，是指要淘汰落后和高污染的生产方式，重视能源结构的绿色优化（罗勇，2014）②。转变粗放式发展方式为集约经济发展，发展低碳产业，降低单位能耗，增强企业自主创新力度，增加产品科技含量。

第三，绿色化不仅仅要社会、经济和环境的绿色化，更重要的是要关注长远发展，关注“人文绿色化”。中国拥有优秀的传统文化，城镇化的建设不能以牺牲地区独有文化传统为代价，要务必做好历史文化遗产保存，提高当地居民科学文化素质，真正做到精神文明建设与物质文明建设的协同发展，不要只关注物质文明的发展，而忽略了将关系到长远利益的精神文明建设和文化传承。

5. 基于熵权软集合模型的绿色化评价研究

（1）熵权软集合模型

上文已对熵权软集合模型进行了具体阐述，本章将不再表述。

（2）2001—2013 年中国新型城镇化的绿色化研究

按照上述思路，则计算本例中的绿色化评价问题的具体步骤如下：

Step 1. 本书对 2001—2013 年中国新型城镇化的绿色化进程作出了分析，通过查找相关统计年鉴及统计报告，得到了所有年份的统计数据（数据略）。

Step 2. 基于数据选取的便利性，本书选择了一个软约简集合，并按照 Step 2 的赋值方式，给出了该软约简集合的综合权值表，如

① 黎祖交：《准确把握“绿色化”的科学涵义》，《绿色中国 a 版》2015 年第 7 期。

② 罗勇：《城镇化的绿色路径与生态指向》，《辽宁大学学报（哲学社会科学版）》2014 年第 6 期。

表3－54 所示。

表 3－54　2001—2013 年绿色化进程的软约简集合的综合权值表

年份	e1	e2	e3	e4	e5	e6	e7	e8	e9	e10	e11	e12	e13	e14	e15
2001	0	0	0	0	0	0	1	0	0	0	1	0	0	0	0
2002	0	0	0	0	0	0	1	0	0	0	1	0	0	0	0
2003	0	0	0	0	0	0	1	0	0	0	0	0	0	0	0
2004	0	0	0	0	0	0	1	0	0	0	0	0	0	0	0
2005	0	0	0	0	0	0	0	0	1	0	0	0	0	0	0
2006	0	0	0	0	0	0	0	0	1	0	0	0	0	0	0
2007	0	1	0	0	0	0	0	0	1	1	0	0	0	0	0
2008	1	1	1	1	1	0	0	1	1	1	0	1	1	0	0
2009	1	1	1	1	1	1	1	1	1	1	0	1	1	1	1
2010	1	1	1	1	1	1	1	1	1	1	0	1	1	1	1
2011	1	1	1	1	1	1	0	1	1	1	1	1	1	1	1
2012	1	1	1	1	1	1	0	1	1	1	1	1	1	1	1
2013	1	1	1	1	1	1	1	1	1	1	1	1	1	1	1

其中，e1 代表公园绿化；e2 代表绿色交通；e3 代表居住环境清洁度；e4 代表绿色通信；e5 代表无线网络覆盖；e6 代表绿色消费支出；e7 代表空气质量；e8 代表环境治理投资；e9 代表自然保护区；e10 代表绿化程度；e11 代表城乡收入差距；e12 代表单位耗能；e13 代表科技投入；e14 代表产业结构；e15 代表历史文化遗产保护。

Step 3. 根据上述权重的确定方式，经计算得到熵权值的权重为：

（0.0658，0.0656，0.0695，0.0669，0.0691，0.0656，0.0652，0.0645，0.0645，0.0665，0.0661，0.0688，0.0659，0.0670，0.0690），

专家打分法确定的主观权重为：

（0.062，0.06，0.063，0.068，0.066，0.065，0.077，0.076，0.070，0.073，0.061，0.068，0.063，0.061，0.067），

从而，最终的各指标权重为：

（0.0613，0.0591，0.0658，0.0683，0.0685，0.0640，0.0749，

0.0736，0.0678，0.0729，0.0606，0.0702，0.0624，0.0613，0.0694)。

Step 4. 最终得到了2001—2013年的绿色化进程，如表3-55所示。

表3-55 2001—2013年中国绿色化进程

年份	生活绿色化	环境绿色化	发展绿色化	绿色化进程
2001	0.0000	0.0748	0.0606	0.1354
2002	0.0000	0.0748	0.0606	0.1354
2003	0.0000	0.0748	0.0000	0.0748
2004	0.0000	0.0748	0.0000	0.0748
2005	0.0000	0.0678	0.0000	0.0678
2006	0.0000	0.0678	0.0000	0.0678
2007	0.0591	0.1407	0.0000	0.1998
2008	0.3230	0.2143	0.1326	0.6699
2009	0.3870	0.2891	0.2633	0.9394
2010	0.3870	0.2891	0.2633	0.9394
2011	0.3870	0.2143	0.3239	0.9252
2012	0.3870	0.2143	0.3239	0.9252
2013	0.3870	0.2891	0.3239	1.0000

(3) 2013年中国各省份新型城镇化的绿色化研究

首先，通过查找相关统计年鉴及统计报告，得到了2013年中国各省份的统计数据（数据略）。

其次，基于数据选取的便利性，本书选择了一个软约简集合，并按照Step 2的赋值方式，给出了该软约简集合的综合权值表，如表3-56所示。

表3-56 2013年绿色化进程的软约简集合的综合权值表

省份	*e*1	*e*2	*e*3	*e*4	*e*5	*e*6	*e*7	*e*8	*e*9	*e*10	*e*11	*e*12	*e*13	*e*14	*e*15
京	1	1	1	1	1	1	1	1	0	1	1	1	1	1	0
津	0	1	1	0	1	0	1	0	0	0	1	1	1	1	0
冀	1	1	0	1	1	0	0	0	0	1	1	0	1	0	0
晋	0	0	1	0	1	1	0	1	0	1	0	0	0	0	0

续表

省份	*e*1	*e*2	*e*3	*e*4	*e*5	*e*6	*e*7	*e*8	*e*9	*e*10	*e*11	*e*12	*e*13	*e*14	*e*15
蒙	1	0	1	0	1	0	0	1	1	0	0	0	0	0	0
辽	0	0	0	1	1	1	0	0	1	1	1	1	1	0	0
吉	0	0	0	0	1	0	1	0	0	0	1	1	0	0	0
黑	0	1	0	0	0	0	1	1	1	0	1	1	0	0	1
沪	0	0	1	0	1	1	1	0	4	1	1	1	1	1	0
苏	1	1	1	1	0	1	0	0	0	1	1	1	1	1	1
浙	1	1	1	1	1	0	1	0	0	1	1	1	1	1	1
皖	1	0	1	1	1	0	1	1	1	1	0	1	1	0	1
闽	1	1	1	1	0	0	1	0	1	1	0	1	1	0	0
赣	1	0	1	0	0	0	1	1	1	1	1	1	0	0	1
鲁	1	1	1	1	0	0	0	0	0	1	1	1	1	0	1
豫	0	0	1	1	0	1	0	0	0	0	1	1	0	0	1
鄂	0	0	0	1	0	0	1	0	0	1	1	1	1	0	1
湘	0	0	1	1	0	1	1	0	1	0	0	1	1	0	0
粤	1	1	0	1	0	1	0	0	1	1	0	1	1	1	1
黔	0	0	1	0	0	1	1	0	0	0	0	1	0	0	0
琼	1	0	1	0	0	0	1	0	0	1	0	1	0	1	0
渝	1	0	1	0	0	0	1	0	0	1	0	1	1	0	0
川	0	1	1	1	0	0	0	0	1	1	0	1	0	0	1
贵	0	0	1	0	0	1	0	0	1	0	0	0	0	1	0
滇	0	0	0	0	0	1	0	0	1	0	0	0	0	0	0
藏	0	0	0	0	0	1	1	1	0	0	0	1	0	1	0
陕	0	1	1	1	0	1	0	0	0	1	0	1	0	0	1
甘	0	0	0	0	0	0	1	1	0	0	0	0	0	0	1
青	0	1	0	0	1	0	1	0	0	0	0	0	0	0	0
宁	1	1	1	0	0	0	1	1	0	1	0	0	0	1	0
疆	0	1	0	0	1	0	0	1	0	0	1	0	0	0	0

其中，e1 代表公园绿化；e2 代表绿色交通；e3 代表居住环境清洁度；e4 代表绿色通信；e5 代表无线网络覆盖；e6 代表绿色消费支出；e7 代表空气质量；e8 代表环境治理投资；e9 代表自然保护区；e10 代表绿化程度；e11 代表城乡收入差距；e12 代表单位耗能；e13 代表科技投入；e14 代表产业结构；e15 代表历史文化遗产保护。

第三，根据上述权重的确定方式，经计算得到熵权值的权重为：

(0.0667， 0.0667， 0.0667， 0.0667， 0.0665， 0.0666， 0.06667，0.0667，0.0667，0.0668，0.0666，0.0667，0.0666，0.0667，0.0666)，

专家打分法确定的主观权重为：

(0.062， 0.06， 0.063， 0.068， 0.066， 0.065， 0.077， 0.076，0.070，0.073，0.061，0.068，0.063，0.061，0.067)，

从而，最终的各指标权重为：

(0.0620， 0.0610， 0.0630， 0.0680， 0.0658， 0.0649， 0.0770，0.0760，0.0700，0.0731，0.0609，0.0681，0.0629，0.0604，0.0669)。

第四，最终得到了 2013 年中国各省份的绿色化进程，如表 3－57 所示。

表 3－57 2013 年中国各省份绿色化进程

省份	生活绿色化	环境绿色化	发展绿色化	绿色化进程
北京	0.3847	0.2261	0.2523	0.8631
天津	0.1898	0.0770	0.2523	0.5191
河北	0.2568	0.0731	0.1238	0.4537
山西	0.1937	0.1491	0.0000	0.3428
内蒙古	0.1908	0.1460	0.0000	0.3368
辽宁	0.1987	0.1431	0.1919	0.5337
吉林	0.0658	0.0770	0.1290	0.2718
黑龙江	0.0610	0.2230	0.1959	0.4799
上海	0.1937	0.4301	0.2523	0.8761
江苏	0.3189	0.0731	0.3192	0.7112
浙江	0.3198	0.1501	0.3192	0.7891

续表

省份	生活绿色化	环境绿色化	发展绿色化	绿色化进程
安徽	0.2588	0.2961	0.1979	0.7528
福建	0.2540	0.2201	0.1310	0.6051
江西	0.1250	0.2961	0.1959	0.6170
山东	0.2540	0.0731	0.2588	0.5859
河南	0.1959	0.0000	0.1959	0.3918
湖北	0.0680	0.1501	0.2588	0.4769
湖南	0.1959	0.1470	0.1310	0.4739
广东	0.2559	0.1431	0.2583	0.6573
广西	0.1279	0.0770	0.0681	0.2730
海南	0.1250	0.1501	0.1285	0.4036
重庆	0.1250	0.1501	0.1310	0.4061
四川	0.1920	0.1431	0.1350	0.4701
贵州	0.1279	0.0700	0.0604	0.2583
云南	0.0649	0.0700	0.0000	0.1349
西藏	0.0649	0.1530	0.1285	0.3464
陕西	0.2569	0.0731	0.1350	0.4650
甘肃	0.0000	0.1530	0.0669	0.2199
青海	0.1268	0.0770	0.0000	0.2038
宁夏	0.1860	0.2261	0.0604	0.4725
新疆	0.1268	0.0760	0.0609	0.2637

6. 结果分析

新型城镇化建设的“绿色化”问题，是2015年3月在中央政治局会议上首次提出，并且将十八大提出的“四化”提升到了“五化”的高度，在未来一段时期内，必将成为新型城镇化关注的焦点问题。

首先，2001年以来，中国绿色化进程呈现逐年递增的良好态势，新型城镇化建设过程中，对于绿色化的关注程度及治理程度也取得了明显进展。而表现最为突出的是从2007年开始，中国绿色化进程开始有了明显的提升。主要原因在于，2007 年，党的十七大报告中，指出要将“生态文明”作为全面建设小康社会目标的新要求；同年，在全国也开展了宜居城市构建和“节能减排全民行动”等工作，而 5 月太湖无锡区域的蓝藻事件更是成为东部地区建设生态文明的标志性事件。为积极营造 2008 年北京奥运会，全国上下共同努力，为创建生态文明和绿色化进程作出了突出贡献。

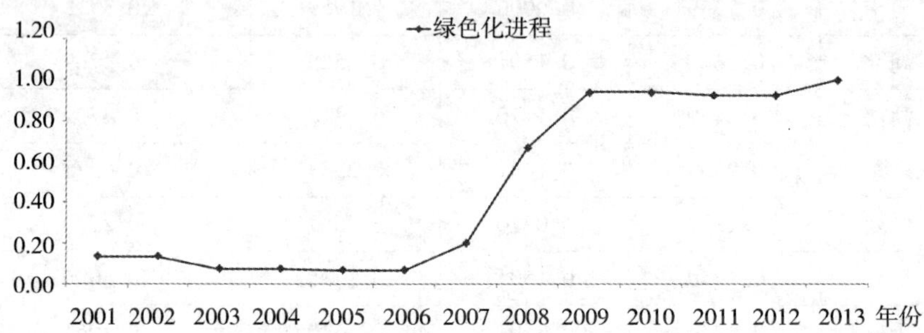

图 3－37　2001—2013 年中国绿色化进程

2008 年 1 月，国务院就开始部署全国污染源普查工作，在 3 月十一届全国人大一次会议上，温家宝总理就指出要重视节约资源和保护环境，更加重视改善民生和促进社会和谐，推进社会主义经济建设、政治建设、文化建设、社会建设，加快全面建设小康社会进程；6 月全国开始施行“限塑令”，中国告别免费使用塑料袋时代；7 月国务院常务会议又开始部署节油节电工作和开展全民节能行动，将生态文明保护和绿色发展提上了重要日程；同年度，中国也开始了省域生态文明建设评估工作，推动了节能减排等工作的开展。而 2008 年的三鹿奶粉事件、汶川地震、山西襄汾溃坝事件等也为生活的绿色发展和环境的绿色发展敲响了警钟。这也很好地解释了为什么自从 2007 年开始，中国新型城镇化建设中的绿色化进程出现了突飞猛进发展的重要原因。

就绿色化进程的三个具体维度而言，如图 3－38 所示，2001 年以来中国绿色化进程中生活绿色化的发展维度，在 2007 年之后，逐渐摆脱以往落后的局面，开始成为三个维度中发展最好的维度，这是由于北京奥运会对地区及全国经济的带动作用，全国尤其是北京提供了更多的绿色交通

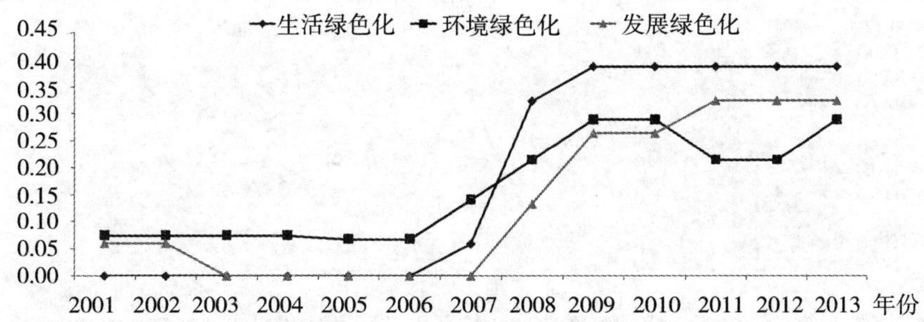

图 3－38　2001—2013 年中国绿色化进程各维度情况

方式、人们的消费方式也逐渐转变为文教娱乐方面，绿色发展的理念逐渐深入人心。而目前来看，近年来，环境绿色化的发展处于三者中的最低层次，也就是说下一阶段的新型城镇化建设要更加关注的焦点在于环境的绿色化，要更加关注城镇化建设对环境、资源的有效保护和合理开发利用，才能使得人们生活呼吸到新鲜的空气、喝上放心的水、吃上放心的食物以及居住在放心的生态系统中。

其次，2013 年中国各省份的绿色化进程分区域来看，东部地区的绿色化进程要优于中部地区，而中部地区要优于西部地区，大致反映出由东至西依次递减的发展趋势，这与新型城镇化速度、质量和与农业现代化的协调程度是一致的，整体而言，我国城镇化建设确实存在明显的地区差异。东部地区由于天津、河北两省市的环境污染较为严重，也严重影响到了其绿色化进程。绿色化进程的地区差异，从根本上反映出了新型城镇化建设的未来方向，要注重地区间发展的协调性。对于进程落后的省份加以改进，特别是对于西部地区各省份而言，一定要加强“绿色化”思维在城镇化建设中的运用，时刻关注城镇化发展过程中的绿色问题，才能逐步赶上中部地区的发展水平。而东部地区要继续保持绿色化发展的态势，中部地区可以借助地理优势，加强与东部地区的合作，共同推进地区绿色化发展水平。

就各省份的三个维度而言，图 3－40 依次清晰地表示出了 2013 年中国东部、中部和西部地区各省份的绿色化进程。东部地区来看，上海市的环境绿色化发展程度较好，这主要由于本书在指标选取上选取了工业 SO_2

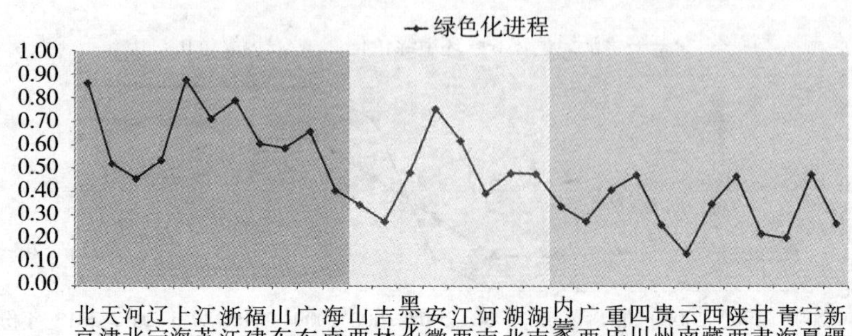

图 3-39　2013 年中国各省份绿色化进程

的排放量指标及建成区的绿地覆盖面积，上海市为我国金融中心，在该项指标上自然占据了优势。而北京市生活绿色化表现比较突出，作为全国的政治和文化中心，北京市始终走在全国的前列，绿色交通、绿色通信、绿色消费的理念已经被大多数北京市民所接受，而且文化创意产业也深得发展，这使得该维度的表现最好。而中部和西部地区在三个维度上的表现则逐渐降低，且发展上表现出均衡状态，没有特别突出的发展维度。

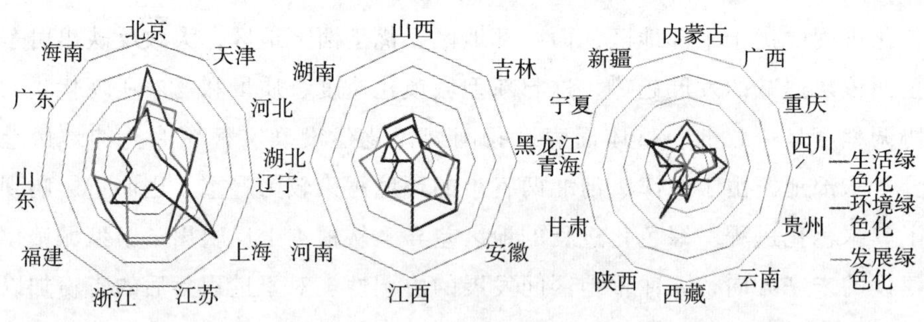

图 3-40　2013 年中国各省份绿色化进程各维度情况

七　中国新型城镇化建设愿景及实现路径

（一）中国新型城镇化的建设愿景

新型城镇化是党和国家在国际国内新形势下，就中国当前城市发展进程及未来发展规划作出的战略性部署，是现代化建设进程的重要组成部分，更是实现“两个一百年”奋斗目标和中华民族伟大复兴中国梦的重要基础。

加快推进新型城镇化建设，注重新型城镇化质量及绿色发展是下一阶段新型城镇化进程的任务之一，纵观世界城市化进程及中国城镇化建设历史，不难看出，新型城镇化建设是基于原有建设，力求在社会、经济、生活、生态等领域进行协调统一的发展之路，是对中国未来城市发展的重要判断。本书认为新型城镇化的建设愿景应从六个维度进行，即社会和谐安定、经济稳健增长、环境绿色发展、生活智能现代、文明代际传承和空间整体布局优化，只有六个维度相互协调，互促共进，才能够实现未来发展的新前景，才能真正使新型城镇化建设做到以人为本，提高民生福祉。

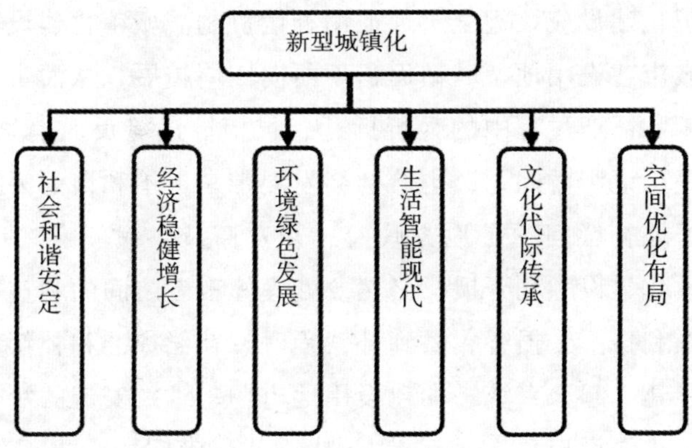

图 3－41　中国新型城镇化建设愿景

1. 社会和谐安定

新型城镇化建设的首要任务是保证社会和谐安定，保障城镇化进程的稳步推进。稳定压倒一切，是邓小平理论的一个基本观点。改革开放 30 多年来，中国社会、经济各领域取得显著成效的关键在于安定的社会环境，城镇化过程是实现人口从农村向城镇的转化，在这个过程中，会给部分人群带来利益上的损失，也会带来社会秩序的重新调整。

新型城镇化建设应该推进户籍制度改革。2014 年，中国城镇化率达到了 54.77%，而发改委预计 2014 年中国户籍人口城镇化率仅为 37.1%，中间有近 18 个百分点的差距，而解决这部分差距的关键在于户籍制度的改革。未来城镇化建设成败的关键也在于是否能将这部分人口转化为城镇居民。现阶段，我国户籍管理制度造成了城乡之间教育、住房、医疗等多方面的不平等，制约了我国经济的协调性。2003 年以来，我国城镇化进入高速发展期，并具有起步晚、波动大、复苏慢、推进快等鲜明特点①。而要加快城镇化建设，实现城镇化建设的预期效果，就必然要强化户籍制度改革。党的十八届三中全会明确指出：加快户籍制度改革，全面放开建制镇和小城市落户限制，有序放开中等城市落户限制，合理确定大城市落户条件，严格控制特大城市人口规模。而中央城镇化工作会议中，也明确提出要推进以人为核心的城镇化，把促进有能力在城镇稳定就业和生活的常住人口有序实现市民化作为首要任务。这都为加快推进户籍制度改革明确了具体路径，成为未来户籍制度改革的重中之重。

新型城镇化建设应该健全土地征用补偿机制。城镇化建设需要大量的工业用地和城市建设用地，城镇面积不断向四周扩展，从而带来了大量的农地征用问题。征地过程中的强行拆迁、抗拒拆迁等负面消息屡见报端，这就涉及农民土地利益问题，也给社会发展带来了不和谐的因素。新型城镇化建设的征地补偿问题是地方政府、开发商及农民三者之间的博弈结果，要使城镇化建设顺利开展，必然要处理好三者之间的利益协调，真正保护农民根本利益不受损害，做到补偿程序、补偿标准和补偿方式等环节的工作，逐步建立起城乡统一的建设用地市场，维护安定的社会秩序。

新型城镇化建设应该关注“空心村”及连带问题。由于城镇化进程中，大量的农村剩余劳动力流入城市，并长期居住在城镇，只有农忙时节或春节才会返乡，一年中的大部分时间是与家人相分离的，也就逐渐造成了农村的空心化问题，农村家庭基本以老人、妇女和儿童为主体，甚至已经从人口的空心化逐步向土地、技术、产业、服务等的整体空心化，给农村社会经济发展带来了严重的挑战。如果新型城镇化建设不能够处理好城镇化进程中的农村空心化问题，必然带来社会安定因素的隐患。通过尽快实现城乡一体化改革，增加农业财政帮扶力度，提高新时代农民的科学文化素质，才能有效避免空心化问题对城镇化建设和新农村建设所造成的弊端。

2. 经济稳健增长

新型城镇化建设的动力保障是经济稳健增长，为城镇化建设提供资金

① 《城乡一体化蓝皮书：中国城乡一体化发展报告（2011）》，社会科学文献出版社2011年版。

支撑。2013 年以来，中国经济开始面临着经济增速减缓的风险，2013 年和 2014 年《国民经济和社会发展统计公报》显示，两年国内生产总值分别增长 7.7% 和 7.4%，较 2011 年、2012 年的 9.2% 和 2010 年的 10.3% 均呈现下调趋势，中国经济“破十”“破八”也都成为事实，面对经济发展进入“新常态”，保持经济在合理区间稳健增长，才能真正保障社会发展与人民生活水平的提高。

新型城镇化建设应该走集约经济发展之路。新型城镇化建设应该抛弃以往粗放式发展方式，转为集约型发展，实现产业结构的优化升级。2014 年，中国第三产业对国内生产总值增长的贡献率分别为 4.8%、47.1% 和 48.1%①，数据显示，农业对国内生产总值的贡献率呈下降趋势，而第三产业在国内生产总值中的贡献逐年提升，中国产业结构不断得到优化，经济增长的新动力开始显现并发挥重要作用。新型城镇化建设要与工业、信息化和农业现代化协调发展，形成独具特色的产业结构体系，各省份及各地市在城镇化建设中，应该突出本地区的优势产业，借助有利资源，充分发挥市场在资源配置中的决定性作用，形成地区产业聚集优势，并具有较强辐射能力。同时，注重农村生产效率的提高，增强农业生产与竞争优势，以保证城镇化建设所需要的劳动力资源。而产业结构的优化升级，也必然带动本地区的经济发展，形成促进城镇化转型所需的资金支持。

新型城镇化建设应该推动供给侧改革。2015 年中央经济工作会议指出，要用新思路新举措深挖内需潜力，持续扩大消费需求，发挥有效投资对稳增长调结构的关键作用，深入推进新型城镇化。随后供给侧结构改革便开始在各领域得到有效试行，作为供给侧改革重要内容的新型城镇化，是解决中国现有经济问题的重要思路之一，新型城镇化建设一方面创造了新的需求；另一方面则为实现去产能和去库存提供了新的改革要求。新型城镇化吸纳了更多的人口转移至城市，推进了农民工市民化，对于化解城市过剩产能和房地产库存具有重要影响。而供给侧改革的核心问题在于提高全要素生产率，通过户籍制度改革和土地制度改革，实现了劳动人口的自由流动，提高户籍人口城镇化率，使得新型城镇化成为推动生产要素自由流动和产业结构优化升级的重要途径。同时，在实现城镇化转型时期，

---

① 数据来源：中华人民共和国统计局：《中国统计年鉴 2015》，中国统计出版社 2015 年版。

势必会带来诸如城市管理模式、城市发展理念和规划的各方面改革，也在一定程度上推进了供给侧改革的实施。

3. 环境绿色发展

新型城镇化建设的最终目标是实现人与自然的和谐共处，走“生态、低碳、宜居”之路。伴随生态文明建设写入“十三五”规划，对于生态文明及新型城镇化之间的关联研究势必成为今后一段时期内研究城镇化问题的重要方向之一。中国自古以来就有与生态和谐相处的发展理念，也在不断的发展中积累了许多成功的经验，诚然，也遭遇过失败的教训，面对新一轮的城镇化建设，必须要将环境绿色发展提到更高议程。新型城镇化建设要坚持走“绿色生态”发展的道路，在过去几十年的城镇化建设过程中，出现了许多的环境污染、交通拥挤、住房拥挤等问题，“PM2. 5”“雾霾”等词语更是成为挥之不去的记忆，对环境造成了极大的破坏，也有悖于可持续发展理念设计的初衷。由于生态环境在一定程度上具有不可逆性，一旦生态环境失衡，人类必然要花更大的代价和更多的精力进行弥补，未来城镇化必须要提高绿色保护意识，既不对周边环境造成破坏，也要积极做好有利于未来长远发展的规划，以保证城镇化建设的持续性，实现人与城市、人与自然和谐的发展思路。

新型城镇化建设应该坚持走“低碳环保”发展的道路，就目前中国城镇化率而言，虽已经进入了城镇化发展的高速时期，但是与西方发达国家城市化水平仍有很大的差距，未来二三十年内，中国新型城镇化建设必然要持续进行。然而我国的耕地、石油、天然气等自然资源是有限的，下一阶段的城镇化应该在“低碳”上做足文章，以往摊大饼似的城镇化发展思路必然会走到尽头，过度依赖物质资源的投入，必然使能源消耗过快。新型城镇化应该注重建设材料的低碳环保，避免大拆大建，实行绿色交通，大力推广新能源，加快可再生资源的开发和利用，倡导低碳生产、低碳生活和低碳消费等低碳模式。

新型城镇化建设应该坚持走“宜居生存”发展的道路，新型城镇化的核心问题在于以人为核心。有关城镇化建设的一切生产活动及规划都应以切实提高人民生活质量为依据，以便捷人民生活为依据，如果不能满足人民群众日益增长的物质文化需求，新型城镇化道路必然要走以往的粗放道路，也就不利于真正改善人民福祉。传统城镇化建设以地为中心，以地方官员的错误政绩观为理念，错失了许多城镇化发展的良机，也造成了城镇化建设的浪费。下一阶段的城镇化建设要高标准规划，提升城市品质，把“宜居”作为新型城镇化的重要目标之一，提升城镇化质量，改善生活水平，让人民呼吸到更为新鲜的空气，使人民住上更为绿色的楼房，令人民享受发展之福，享受改革之利。

4. 生活智能现代

新型城镇化建设的核心问题是提高以人为核心的城镇化，提高人民生活福祉水平。《国家新型城镇化规划（2014—2020 年）》指出，新型城市建设应该加快推进智慧城市、注重人文城市建设。中国工程院副院长邬贺铨认为智慧城市的建设是借助物联网、传感网、互联网，用智能技术使得城市关键基础设施、城市的服务更加有效。由此可见，智慧城市的建设始终以高新技术为依托，以提供人民生活便捷服务为宗旨。

新型城镇化应该时刻把握科学技术革命发展机遇。前文陈述已指出，城镇化所走过的发展道路无不与科技革命相关联，伴随新一轮的技术革命，中国应抢抓机遇，不能、也不应该在新一轮科技革命的浪潮中处于被动地位。《2014 年全国科技经费投入统计公报》数据显示，2014 年，全国共投入研究与试验发展（R&D）经费 13015.6 亿元，比 2013 年增长 9.9%，中国科研经费投入已经超过日本，成为全球第二大科技投入最多的国家，但是从人均科研经费投入指标来看，中国距离西方发达国家还相差甚远，亟须进一步解决。城镇化建设理应借助科研投入的产生效果，助推城镇化发展的高技术含量。

新型城镇化应该使智能生活成为生活主旋律。这里讲的智能生活，狭义上来看是人民借助智能网络、智能通信等智能化手段更加方便、快捷的生活；而广义上的智能生活还应该包括智能建筑、智能交通、智能电网和大数据分析等智能产业。如今社会，计算机已经承载了更多、更强大的分析处理数据的能力，数据挖掘及深入分析也逐渐成为业界备受关注的领域，加强新型城镇化建设过程的智能化内涵，体现智能生活带来的便利，是与传统城镇化最显著的区别。通过智能现代，可以方便生活，便于管理，利于统筹规划。

新型城镇化建设应该为“大众创业、万众创新”提供更宽广的平台。2014 年 9 月，李克强总理在夏季达沃斯论坛上，首次发出“大众创业、万众创新”的号召。至此，中国开始掀起了“草根创业”的新浪潮，形成了“人人创新”的新态势。新型城镇化建设可以为创新创业提供更多、更宽广的实践与创新平台，更多的劳动力可以借助于城镇化进程中出现的诸多问题，拓展思路，创新发展，形成新的产业链条或者把握新的创业契机，实现创新创业，在一定程度上增强新型城镇化建设的质量。

5. 文化代际传承

新型城镇化建设的灵魂问题是文明代际传承，使后代望得见山水，记得住乡愁。城市是人类文明进步的典型产物，是人类文明进程的记录者和文明产物的集合体，凝聚了人类每一时代的思想、技艺、劳动和创造的最高成就，聚集了人们所创造的精神智慧和劳动果实（陈宇飞，2008）[①]。习近平总书记多次在不同场合强调，要让城市融入大自然、让居民望得见山、看得见水、记得住乡愁，表达了城镇化建设的期许。

新型城镇化建设应该注重传统文化保护和传承。中国是一个拥有五千年文化积淀的古国，自然与人文、物质文化和非物质文化遗产众多，也留给了后代无尽的物质和精神财富，注重弘扬传统文化，推进经典文化代代相传是城镇化建设的内在要求。通过合理汲取传统文化，丰富城市内涵，才能提升城市品位，增强城市对内凝聚力和对外竞争力。然而，传统城镇化过程中过多重视物质层面建设，对城市文化的保护和传承重视不够，特别是市场经济及商品经济的冲击，传统文化经受了众多挑战，人民的文化认同感明显下降。尤其是部分地区在城镇化进程中，为吸引眼球，盲目推崇洋地名、洋建筑，与传统文化不相容，使得城镇特色不伦不类。下一阶段城镇化建设应该特别注重文化传承，不仅是对国学传统的传承，更多的是中华文化的内涵及精神的认同及发扬，使得传承链条生生不息。

新型城镇化建设应该独具特色，不搞千篇一律的重复建设。中国特色新型城镇化建设就应该独具中国魅力，体现民族或地区特色。鲁迅先生曾提出：“只有民族的，才是世界的。”中国拥有众多特色小镇，浙江乌镇、江西婺源、湖南凤凰古城、安徽万安古镇和云南丽江古城等，均独具地区特色，也吸引了越来越多的游客。法国巴黎、德国富森小镇、意大利马纳罗拉、荷兰桑斯安斯风车村、英国库姆堡古镇、突尼斯的蓝白小镇之所以

---

① 陈宇飞：《城市文化概论》，文化艺术出版社2008年版。

得到世界人民的认可，就在于其城市化进程中，没有破坏原有的文明，做到了文化的保护和传承。反观国内传统城镇化进程，由于受到商业化影响，在传统城镇化进程中，对历史街区、历史建筑造成了不可估量的破坏，城市原有的文化遗存已荡然消失，失去了历史文化的内涵，也就失去了城市发展的灵魂。下一阶段的新型城镇化建设要加强统一指导和规范，倡导文化传承，提高文化保护及传承意识，将城市发展与历史文化真正融入在一起，形成具有本地特色的城市文化传承，走出一条适合本地区民俗风情的特色城镇化之路。

6. 空间优化布局

新型城镇化建设的政策支撑是空间优化布局，实现分层级、有重点的顶层设计。《国家新型城镇化规划（2014—2020 年）》指出，要按照统筹规划、合理布局、分工协作、以大带小的原则，发展集聚效率高、辐射作用大、城镇体系优、功能互补强的城市群，形成“两横三纵”的城镇化战略布局。为下一阶段的城镇化建设提出了具体要求，对东部、中西部地区的城市群建设给予了明确表述。

新型城镇化建设应该在国家层面分地区、分层次、有重点地开展。中国城镇化进程与经济社会发展存在很强的相关性，东部沿海地区借助区位和资源优势，城镇化进程较快，而中西部地区相对缓慢，城镇化建设存在地区差异，发展水平有所不同，这就要求下一阶段的城镇化建设要分地区、分层次的开展，针对城镇化发展的不同阶段形成各自的发展道路，选择各自的发展路径。而以中小城镇发展为主的新型城镇化建设，也是未来城镇化发展的选择。全国要形成以几个城市群为主，中小城镇遍地开花的局面，形成发展合理的城市体系，发挥城市群的辐射带动作用，推进新型城镇化进程。

新型城镇化建设应该实现城乡统筹一体，消除城乡二元经济结构。城乡一体化，是发展中国家在推进工业化、城镇化过程中普遍面临的重大课题。是通过城乡之间生产要素的自由流动和城市对乡村的辐射带动，逐步缩小城乡经济水平的差距，进而使城市和乡村形成一个相互渗透、相互融合、高度依赖、共同繁荣的整体系统的过程（张晓山，2010）[1]。由于受

---

① 张晓山：《中国农村改革与发展概论》，中国社会科学出版社 2010 年版。

到历史影响，城乡二元经济结构一直以来对中国社会经济发展形成了较大阻碍，造成了发展上的失衡、社会不公平和不公正现象，城镇化建设使得农民上楼，但是相关配套服务却迟迟未跟进，导致了上楼农民生活习惯和生活方式极不适应，生活的幸福感降低，城乡差距较为明显。新型城镇化建设就是要打破这种二元经济结构，实现城乡一体化。注重城乡公共服务均等化、使城乡居民共享基本的养老保险和医疗保险，使城乡教育资源得到均衡化发展，并且共同享受同等的社会公共服务。

（二）中国新型城镇化的现存问题

1. 政府主导城镇化进程，忽视了市场在资源配置中的决定性作用

20 世纪 50 年代以来，中国的城镇化出现了两种截然不同的制度变迁模式：自上而下的城镇化和自下而上的城镇化（辜胜阻等，1998）①。由于我国是典型的二元经济结构国家，中国城镇化在发展过程中也面临着诸多困难，特别是新中国成立之初，内忧外患使得通过市场手段完成城镇化发展的思路几乎不现实。因此，很长一段时期内，中国城镇化道路走的是政府主导路线。改革开放之前，政府没有提出“城镇化”发展的口号，但是，通过一系列的城镇发展措施却在一定程度上推进了城镇化发展的进程。中国城镇化发展中速度较为缓慢，而 1979 年以后，城镇化发展的思路及发展速度开始有了明显提升。中华人民共和国成立初期的 1949 年，中国城镇化率仅为 10.64%，截至 1978 年，达到了 17.92%，增长了 7.28%，平均年增长 0.02 个百分点，而改革开放之后，截至 2014 年，中国城镇化率已经达到了 54.77%，较 1978 年提高了 2.06 倍，平均年增长幅度 0.06 个百分点。

传统城镇化发展的思路很大程度上取决于政府主导，导致了城市化进程的波动较大。尤其以改革开放以前尤为明显，时值计划经济体制和重工业化战略的选择使得中国城镇化进程一直处于由上而下的发展思路。新中国成立后，中央提出“工业化带动城市化”的发展目标，并且在“一五”时期，实现了城市人口的激增，由于中华人民共和国成立后需要恢复生产及面对国际形势的紧迫性，国家再次提出“重工业优先发展”的战略思

① 辜胜阻、李正友：《中国自下而上城镇化的制度分析》，《中国社会科学》1998 年第 2 期。

路，使得城镇化的速度要远落后于工业化的发展。城镇化进程自上而下还是自下而上的发展，其本质内涵是政府与市场相互较量的结果。美国城市化发展主要得益于科技进步和工业推动，其工业化发展遵循先消费品工业后重工业发展的理念，实现了产业结构的依次转换，同时，美国城市化发展过程中，也高度重视农业发展，成为其快速增长的重要动力之一。并且美国是联邦制国家，除联邦政府外，全国共有50个州，政治体制上的联邦制，使得美国地方政府拥有较多的自主权，也就实现了市场在推动城市化进程中的主导力量。

诚然，政府主导城镇化建设尤具客观性及现实性，也为中国城镇化发展带来了改变，但是不可否认，政府主导的城镇化使得城镇化的协同效应不高，造成了土地资源的浪费，也造成了城镇化农业难以实现产业化，反而形成资本虚拟化，地方债务负担加重，产生金融风险，更在一定程度上导致腐败和激化社会矛盾（陈欢，2014）①。

伴随市场经济逐步取代计划经济，社会发展取得了长足进步，中国经济也取得了令世界瞩目的成绩。党的十六大报告、十七大报告和十八大报告中均对城镇化建设做出了思路上的调整，并给予明确指示，而十八届三中全会通过的《中共中央关于全面深化改革若干重大问题的决定》中，更是首次提出经济体制改革是全面深化改革的重点，核心问题是处理好政府和市场的关系，使市场在资源配置中起决定性作用并要更好发挥政府作用。由此，给予了市场更多的发展空间，也成为下一阶段新型城镇化建设的有力支撑。

2. 城镇化与工业化发展不协调，新型城镇化的建设质量有待提升

新中国成立后，国家一直以经济建设为中心，高度重视重工业发展，工业化进程加快，且优先于城市化发展的思路使得中国城市化进程较为缓慢。加上中国独有的自然、经济、历史和民族的特点，使得中国城市化发展有异于其他国家，而表现出了具有中国特色的城市化发展特点。从总体上讲，中国城镇化水平是滞后的。这种滞后不仅仅表现为滞后于国内经济发展水平、滞后于工业化或非农化进程，也表现为滞后于国外同等发展水平国家或同等发展阶段的城市化水平。中国城镇化目前速度基本合适，不

① 陈欢：《政府过度主导城镇化的弊端与解决办法》，《城市建设》2014年第2期。

慢也不太快（简新华等，2010）①。

受中华人民共和国成立初期及计划经济时代国家发展重工业的发展战略影响，中国城镇化建设有别于西方发达国家，明显落后于工业化发展。城镇化滞后工业化，使得城市建设能力不足，具有国际性竞争力的国际化城市严重缺失，且限制了农业的现代化进程，特别是改革开放之后，进入城镇（市）打工的农民工没能及时转化为市民，又不肯放弃在农村的土地，从而导致农村土地规模经营难以实现，小规模、机械化程度低的现实使得农业现代化进程缓慢。同时，城镇化滞后也加剧了中国产业结构调整的难度，在发达国家，制造业内部技术结构的升级通常是通过大城市将传统的或较低技术的生产扩散给中小城镇，从而为高技术产业的发展腾出空间，并实现一轮又一轮产业结构的升级（李林，2008）②。而在中国，小城镇的发展主要靠农业支撑，也未纳入城市现代产业发展的轨道，加之中国历来是以农业为主的农业大国，加剧了产业结构调整的难度。中国经济进入 2013 年以来，经济增长由高速增长开始较向中高速增长，经济奇迹的时代已经不在，面对国际国内双重压力，调整产业结构，促进经济向集约型发展，成为中国未来经济发展的潜力所在，因此，要实现中国经济的增长并能够满足人们日益增长的需求，就必须要调整现有产业结构，农业走现代化道路，增加第二产业科技含量，实现向“中国制造 2025”跨越，同时，不断提高第三产业在国民经济中的比重，提高服务业发展水平及质量，重塑中国经济发展内涵。而要实现这种转换，进一步推进新型城镇化建设必然成为解决途径之一，不可忽视。

图 3 - 42 显示，改革开放以来，在中国传统城镇化发展阶段，城镇化率一直滞后于工业化率，而直到 2009 年，中国城镇化率才首次超过了工业化率。同时，图 3 - 43 表明，2014 年，中国城市化率和工业化率与世界其他国家相比，仍然存在较大差距。该图显示，发达国家的城市化率要远远超过其工业化率，而处于发展中国家阶段的印度、中国的城市化率高于工业化率幅度较小。纵观发达国家整个工业化中期，工业化与城镇化的

① 简新华、黄锟：《中国城镇化水平和速度的实证分析与前景预测》，《经济研究》2010 年第 3 期。

② 李林：《中国城市化质量差异与其影响因素研究》，中国农业出版社 2008 年版。

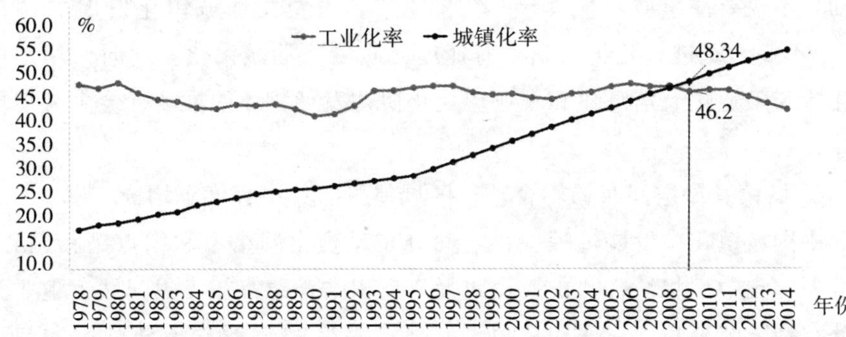

图 3-42　1978—2014 年中国工业化率和城镇化率

数据来源：《中国统计年鉴 2015》。

相关系数极高。1841—1931 年间英国为 0.985；1866—1946 年法国为 0.970；1870—1940 年瑞典为 0.967，整个发达国家为 0.997，工业化率与城镇化率曲线几乎是两条平行上升的曲线（肖金成等，2014）①。反观中国，目前仍然处于工业化的中期阶段，二者之间的关系不协调，也为城镇化的发展带来了影响。

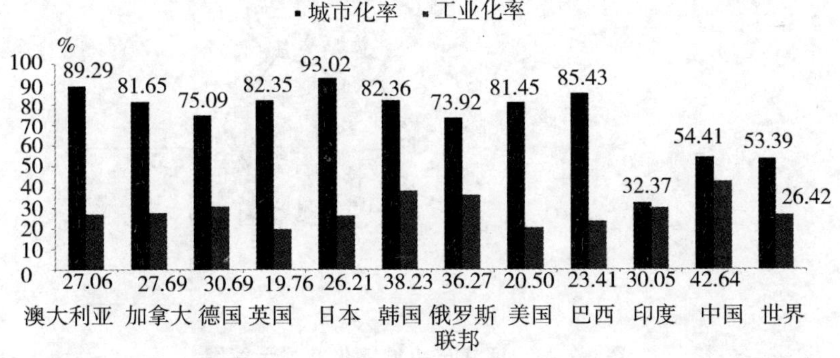

图 3-43　2014 年世界主要国家工业化率和城镇化率

数据来源：2014 年世界银行。

即使中国城镇化率不及发达国家水平，城镇化的质量也是极低的，城镇化是不彻底的，常被称为“半城镇化”。新型城镇化不能成为新的造城

① 肖金成、党国英：《城镇化战略》，学习出版社、海南出版社 2014 年版。

运动，不仅要注重城镇化发展的“广度”，更要关注城镇化发展的“深度”，不搞大跃进，防止出现“有速度无质量”的城镇化。同时，新型城镇化应与工业化、信息化和农业现代化协调发展，才能推动社会主义现代化建设。

3. 城镇发展空间布局不合理，区域差异与集中程度不均衡

中国城镇化在发展过程中，空间分布呈现出网络型和据点型相结合、分散型和集中型相结合、松散型和紧凑型相结合的特征。中国城镇主要集中分布在长江三角洲、珠江三角洲、环渤海等 23 个城市密集地区和都市区，并出现了许多城市群（简新华等，2010）①。而按照《国家新型城镇化规划（2014—2020 年）》战略部署，未来中国城镇化将逐步形成“两横三纵”的格局，以轴线上城市群和节点城市为依托、其他城镇化地区为重要组成部分。

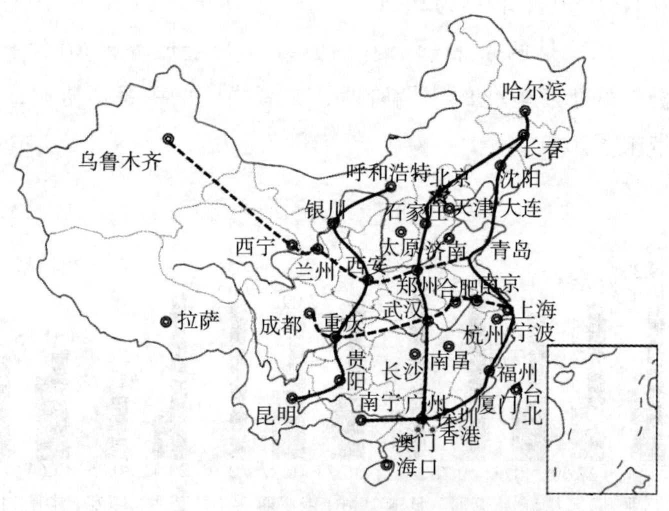

图 3－44　两横三纵城镇化格局示意图

图 3－44 中，可以看出中国未来城镇化发展的具体聚集区域。但是，西部地区，特别是西藏自治区的城镇化发展依然处于不利的发展层次，中国城镇化的空间布局仍然存在不合理之处，迫于先前城镇化发展的程度各异，中国只能在下一阶段的城镇化进程中逐步稳妥地推进城镇化道路，逐

① 简新华、何志扬、黄锟：《中国城镇化与特色城镇化道路》，山东人民出版社 2010 年版。

渐疏散东部和中部地区的部分城市职能，同时，关注西部地区城镇化发展。

李克强在国家博物馆参观人居科学研究展时，指着中国地图上的“胡焕庸线”说，我国94%的人口居住在东部43%的土地上，但中西部如东部一样也需要城镇化。然而，中国城镇化发展过程中，无论是城镇化规模、质量，还是与农业化协调程度、绿色化进程，均呈现出由东至西逐层递减的趋势，东中西部地区发展不平衡。这主要由于受到自然条件、资源禀赋、历史发展等原因的影响。

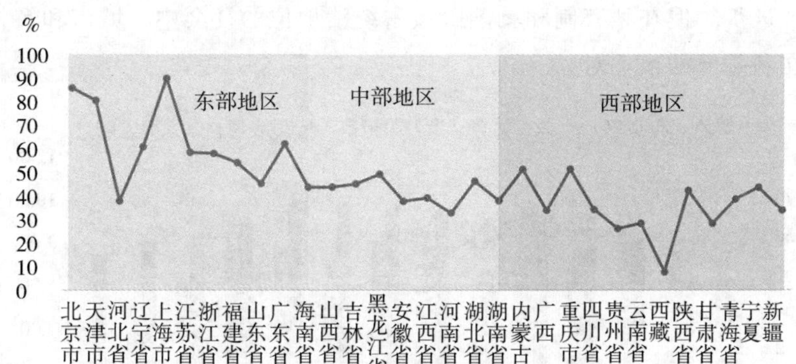

图3-45　2014年中国各省份城镇化率

数据来源：《中国统计年鉴》《中国统计摘要》《福建统计年鉴》《广东统计年鉴》《青海统计年鉴》《江西统计年鉴》《湖北统计年鉴》《陕西统计年鉴》。

同时，即便是在同一地区，城镇化的发展阶段与质量也不尽相同。以东部地区为例，北京、上海等经济发展地区城镇化已经达到发达国家的水平，并且已经开始进入逆城市化阶段，“城市病”问题突出，而河北省、山东省、辽宁省的城镇化率发展水平相对落后于北京和上海两地。从图3-45，可以清晰地看出，2014年，中国东中西部地区城镇化率的情况，明显呈现自东向西递减的趋势，而每个地区的城镇化发展也差异较大。

除此之外，中国城镇化发展也呈现出集群态势。2015年1月26日，世界银行数据显示，珠江三角洲已经超越日本东京，成为世界人口和面积最大的城市带。而截至2015年，中国也已经同时存在长三角城市群、珠三角城市群、京津冀城市群、长江中游城市群、成渝城市群、海峡两岸城市群、中原城市群、哈长城市群、辽中南城市群、关中城市群、山东半岛城市群等 11 个国家级城市群。而这 11 个城市群中，也多数分布在东部地区，中部地区次之，西部地区仅有成渝城市群和关中城市群两个，所辐射的省份也只有四川省、重庆市和陕西省三省（市），西部大部分省份仍然处于分散布局，整体城市空间分布存在地区分配不均衡状态，如此城镇化格局也将进一步拉大中国地区间的社会、经济发展差距。

4. 城乡二元经济结构依旧存在，城乡基本公共服务不平等

城市和乡村是任何社会形态下都存在的两种形态，二者之间的分工是商品经济发展和生产力推进的必然产物，而这种分工的产生也是社会经济的巨大进步。但在私有制和剥削阶级占统治地位的社会中，城市和乡村之间存在利益上的根本对立。

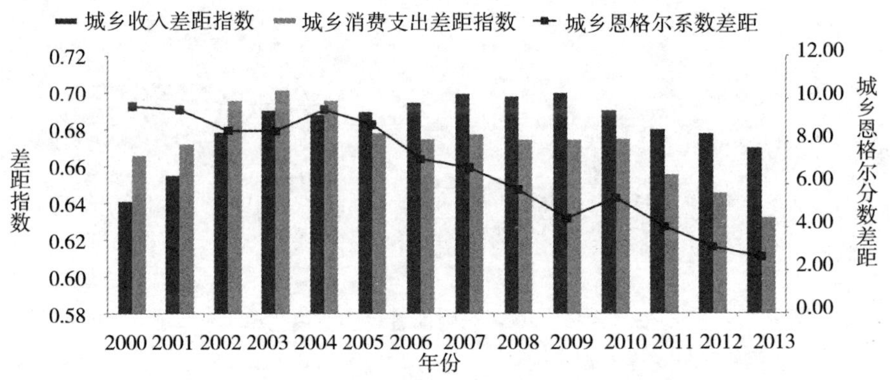

图 3－46　2000—2013 年城乡发展差异指数

数据来源：由历年《中国统计年鉴》计算得出。

新中国成立后，社会主义制度逐渐建立起来，城市和乡村之间的对立基本解除，但是二者之间的本质差距仍然没有消失。这主要因为在城市中，生产资料和流通资料的社会主义全民所有制经济占统治地位，现代化的工业、交通枢纽和商业、银行、公共事业、文化教育事业等集中于城市；而在乡村中，生产资料和流通资料的集体所有制占统治地位。城市和乡村之间的这种差距是社会主义国家生产力发展的不平衡决定的①。但是伴随社会生产力和生产资料公有化程度的提高，城乡之间的本质差距势必

① 中国大百科全书总编辑委员会.《中国大百科全书·经济学Ⅰ》，中国大百科全书出版社 2004 年版。

将减小，并最终达到完全消失。而图 3－46 显示，21 世纪以来，中国城乡收入差距、消费支出差距及恩格尔系数差距仍然存在，虽然从城乡恩格尔系数差距指标来看，二者之间的差距有明显变小的趋势，但不可否认，二者之间仍存在很大距离。这种差距不仅仅体现在生产方式和劳动生产率上的区别，更多的是城乡居民在生活习惯、消费理念和思维方式上的差距。从需求来看，2000 年中国实现了温饱型小康以来，城乡居民在“吃、穿、用”等方面的需求已得到比较充分的满足，差别并不特别明显，但在文化、医疗、居住、交通、通信、体育和娱乐等方面的需求依然差异较大（王国刚，2014）①。城乡二元结构容易带来社会的不公平与不合理，从而拉大城乡差距，加大城乡对立情绪。

同时，由于户籍制度的存在，使得城乡居民在享受基本公共服务上存在极大差距。国家发改委城市和小城镇中心主任李铁曾在 2011 年“两会”期间指出，中国和国外城市化之间的最大问题，在于不平等的公共服务。由于这种现象的存在，将直接影响到保障政策、住房政策、就业政策及其他消费政策。农村居民就医难、上学难、住房难等问题的严峻程度要比城市高很多。户籍制度的存在严重影响了农村劳动力的自由流动，也影响了中国城镇化质量的提升。因此，在中国现阶段，很容易出现土地城镇化快于人的城镇化，身份的城镇化快于灵魂的城镇化。即便是进城务工的农村劳动者，也不能享受城市最基本的医疗保障、教育资源及其他附着在户籍制上的福利。长期以来的这种差异如果不能很好得到解决，那么城乡发展之间的“剪刀差”将会越来越大，新型城镇化的质量将受到影响，而“三农”问题所面临的挑战也将更加突出。

此外，由于城乡二元结构的存在，也极有可能带来许多贫民窟和棚户区，为避免出现拉美国家“有城无市”的城镇化及发展过程中出现的“拉美陷阱”，新一届领导集体已经开始关注到此问题的严峻性，李克强总理多次强调要加强对棚户区的改造，将棚改工作放在民生工作的突出位置来抓。

5. 农村空心化现象严重，新农村建设亟须寻找发展新思路

伴随城镇化的逐层深入，大量的农村剩余劳动力开始转移到城市，并

① 王国刚：《关于城镇化发展中的几个理论问题》，《经济学动态》2014 年第 3 期。

且已在城市居住和生活，如果条件允许，部分转入城镇的农民劳动力已经转移为城镇人口。这部分人口已经部分或完全脱离了农业生产，开始了城市生活。因此，这就相应地造成了农村劳动力人口的减少。全国人大农业与农村委员会委员张晓山研究员在2015年两会期间，就曾指出，目前中国有58万多个行政村，270万多个自然村，而在几年前，这两个的数据分别是78万多和300万多。也就是说，在近几年的城镇化进程中，中国的自然村数目和行政村数目在减少，部分农村甚至已经出现了“空心化”现象。

大量的成年劳动人口流入城镇务工，相对的农村就必然出现大批的留守老人和留守儿童，农村家庭基本形成以老人、妇女和儿童为主体的格局，农村“3860”现象逐渐突出。据《中国老龄事业发展报告（2013）》数据显示，2012年中国约有5000万留守老人，而全国妇联调查数据则显示，农村留守儿童数量也已经超过了5800万，伴随时间的推移这两个数据将逐年递增，留守人群已经占到了全部总人口的接近8%。这不仅对农民儿童的成长不利，也使得农业生产率受到影响。同时，由于在家留守人员的科学素质不高，也极易受到传销或非法集资等人员的渗入，给当地群众的生命及财产带来不可估量的损失。

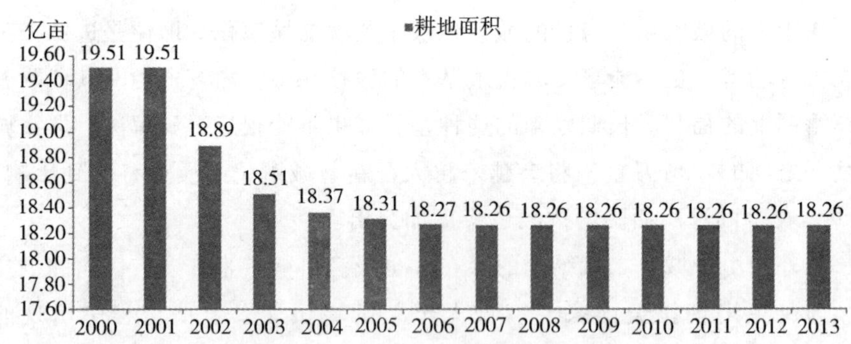

图3－47 2000—2013年中国耕地面积

数据来源：《中国统计年鉴》《中国国土资源统计年鉴》《中国农业统计资料》。

空心化带来的不仅仅是农村劳动力的减少和村落的减少，更重要的是由于农民进城转化为城镇户口，原有的宅基地造成了闲置；而一些富裕起来的农民则开始在原有宅基地建房，村庄的布局更加混乱，土地逐渐显现出“空心化”趋势。再加上农村耕地流转程度低，部分农村地区将耕地转为种植花木、树苗等获取高于农业收益的作物，保障农业生产能力的耕地面积也面临着减少的危险。中国耕地面积已经开始直逼“18 亿亩”的目标红线。如果未来城镇化建设不能将此问题加以整治，中国农业问题将面临巨大挑战。

此外，由于常年在外打工，外出农村劳动者已经开始接受城市的生活节奏和生活方式，且外部文化对农村的影响也越来越大，造成了其对于乡土文化的留恋也在降低，恋土情结、恋乡情结逐渐弱化，这是对中国存在几千年农业文明的极大冲击。早在 20 世纪 90 年代，中国农村地区就已经有近 70% 的劳动力转出，近 1/3 的良田抛荒现象（康继祥，1999）[①]。特别是以新一代“80 后”“90 后”为主的新生代农民工，他们渴望融入城市，常年游离于城市和农村之间，且接受新鲜事物的能力较强，已经开始接受城市文明，不习惯农村生活方式，而且农业生产能力也部分丧失，这对今后农业和农村问题带来了重大的挑战。因此，未来城镇化建设不仅要加强与农业现代化的融合，更重要的是要寻求新型城镇化、新农村建设和农业现代化之间的新思路、新路径。

6. 人与自然之间矛盾突出，生态环境及文化传承遭到破坏

城镇化建设过程中，一方面是大量的农村土地转化为城镇建设用地；另一方面，由于工业化的继续推进，所需要的自然资源越来越多，再加上人们对环境和生态的保护意识不强，缺乏科学合理的城市发展布局与长远规划。这就带来了土地资源和生态环境的一系列问题，长久以来，中国经济高速增长依赖于高投入、高消耗、高污染和低效率的粗放型增长路线，而且中国是一个人均资源占有量较低且生态环境脆弱的国家，能源消耗巨大，能源利用效率低下。一旦生态环境遭到破坏，将会给后代带来巨大损失。且“土地城镇化”明显快于“人口城镇化”，土地资源粗放低效，“摊大饼”似的扩张屡见不鲜，浪费了大量的耕地资源。

城镇化使得农村人口涌入城市，产生了大量的生活垃圾，而部分地区城镇化规划中对基础设施的建设跟不上城镇化速度，造成了城市污染，生态环境承载力超载。城镇人口的增长也在一定程度上带来了热岛效应、交通拥挤、住房困难等“城市病”问题，空气污染已经达到了历史上最严

① 康继祥：《农民恋土情结弱化现象分析》，《中国土地》1999 年第 8 期。

重的时期，人们关注空气质量的程度是任何一个时期都不可相比的。因此，城镇化对自然环境及资源的过度开采使用，使得对生态环境造成了极大的破坏，下一阶段的城镇化应该讲求绿色发展，将生态文明置于突出位置，努力建设美丽中国。中国自古以来就特别注重人与自然的和谐共处，也特别重视人地和谐，新型城镇化要将古人对于人地关系的理解更加深化，促进可持续发展战略的持续推进。

此外，城镇化过程也造成了对传统文化的破坏。传统城镇化建设使得部分官员在利益驱动和形式主义的思想下，大搞拆旧建新，许多古典建筑和历史人文景观都被高楼林立的住宅取代。许多常年居住在外的人返乡感叹家乡变化大的同时，也渐渐淡化了乡愁的记忆，对乡土气韵和桑梓情愫的理解也已越来越少。之所以现在社会流行“怀旧”情结，原因在于现代社会对传统文化已经造成了极大的冲击，这是整个城镇化过程中最致命，也是再也难以恢复的，一旦文化被击溃，乡愁记忆也将不复存在。中国虽然已于1982年开始设立历史文化名城制度，也相继推出了北京、承德、南京、苏州、杭州、景德镇、曲阜、开封、昆明、大理等城市为历史文化名城，但是随着城镇化的深入，出现了只见“名城”，不见“历史文化”的尴尬局面。反观法国巴黎，在推动城镇化的进程中，罗浮宫、凡尔赛宫、巴黎圣母院、凯旋门、埃菲尔铁塔等建筑已经成为巴黎的象征，成为法国历史文化和古老文明的见证。中国下一阶段的城镇化建设必须要关注城镇化转型中对历史文化，特别是对乡土文化及乡愁的保护，让远离故土的游子记得住乡愁，增强对家乡故土的归属感，否则，城镇化的建设只是建高楼，而非传承文化。

（三）实现中国新型城镇化的路径选择

1. 协调政府与市场之间的资源配置关系，双向推动城镇化建设

正确厘清政府与市场的边界，明确政府与市场在资源配置中的作用，对于新型城镇化建设具有重要作用。党的十八届三中全会指出，要让市场在资源配置中发挥决定性作用，也就是说要在各个领域加强市场的主导性作用，作为扩大内需最大潜力的新型城镇化建设理应正确处理好政府与市场的关系。纵观世界范围内的城镇化进程，在处理政府与市场之间的关系时，主要分为三类，一类是以欧美为代表的“市场主导、政府补位”策略；第二类是日韩城镇化模式，“政府主导、市场调节”；第三类是拉美

城镇化走的“政府错位、市场失灵”的道路（胡拥军,，2014）[①]。从这三类国家如今城镇化发展阶段和质量来看，以市场为主导的欧美国家城镇化发展速度和质量要明显高于拉美国家，因此，加强市场的主导地位，使市场在城镇化的资源配置中发挥决定作用，是世界城镇化发展的规律，也是成功经验。

（1）转变政府职能，政府在城镇化建设中扮演服务角色

加大政府职能转变，逐步向服务型政府转变，尤其本届政府执政以来，加大了政府职能转变力度，简政放权深度和广度高于以前，反腐败斗争一直呈现高压态势，这足以表明政府以人为核心的发展理念正在逐渐深入。作为服务型政府，在新型城镇化建设中，应该首先建立并完善公共服务均等化体制机制，保障农民工市民化的合法权益。推进户籍制度改革，加强城市基本公共服务的标准化建设，完善社会保障制度，主要覆盖医疗卫生、教育、住房、公共事业、社会保障、就业服务等各方面，使城乡居民享有均等的基本公共服务。

其次，要引导城市群合理分布和产业空间集聚。政府要加大城镇化的整体布局规划，合理规划城镇空间发展格局和主体功能区分布，做好东部、中部和西部地区之间城镇化的协调，避免出现过度差距。在已经形成的城市群中，积极推动产业之间的融合，形成对外竞争力，对还未形成的城市群，科学规划，积极引导，从而最终形成城市集群、产业集聚的局面。

第三，加大城市治理力度。由于城市发展面临更多的挑战，城市治理过程也变得更加多样化，政府要加大基层社区治理建设。完善现有的城市治理模式和治理方法，逐步推行网格化管理，借助“互联网＋”时代和大数据战略的实施，实现对社区治理的精准化。

（2）充分发挥市场在城镇化建设中的决定性作用

新型城镇化是市民的城镇化，是以人为核心的城镇化，不应该，也不能成为政府部分官员输送利益和升迁的渠道，将新型城镇化建设交还市场，是解决城镇化问题的关键所在。

---

① 胡拥军：《新型城镇化条件下政府与市场关系再解构：观照国际经验》，《改革》2014 年第 2 期。

政府主导的城镇化发展在计划经济时期迅速提升了城镇化速度，增加了就业机会，提高了高级竞争力，取得了显著成效。但伴随改革开放的推行，市场经济逐渐成为我国目前及未来很长一段时间内的主导经济，原有依靠政府主导的城镇化发展，必然不适应市场经济的要求。由于城镇化是人口、土地和资本等资源要素在城乡间的优化配置过程，因此，作为最有效的资源配置手段，市场理应成为新型城镇化建设的主导力量。通过城镇化建设，带动各种资源要素的自由流动，实现资源优化。转变传统城镇化以政府为主导的理念，遵循了市场经济运行的基本规律，依赖于市场机制的完善，才能够实现社会经济的稳步发展。

发挥市场的资源配置作用，让政府担当“守夜人”角色，使政府“有形之手”和市场“无形之手”相配合，共同推进新型城镇化建设。市场应借助简政放权机遇，进一步完善社会主义市场经济体制，为“以人为核心的城镇化”提供重要保障和根本动力。以市场的力量引导资源要素流动和集聚，通过市场竞争提升城镇经济社会资源的配置效率，推进新型城镇化的可持续发展（茶洪旺，2014）①。其中比较突出的有城镇基础设施和公共服务设施的建设，就必然涉及要引入更多资金投入，完全依靠政府提供，对于经济欠发达地区不现实，这就需要发挥市场的资源配置作用，引入社会资本，拓宽资金融资渠道。以山东省宁阳县为例，由于每年财政紧张，政府投入到基础设施上的资金有限，为最大限度改善民生，为百姓提供公共服务，2014 年以来，县政府积极推广公私合作模式（即 Public—Private—Partnership，简称“PPP 模式”）。据泰安市财政局数据显示，截至 2015 年 6 月，全县已经涉及住建水利等多个领域的项目 14 个，总投资额达到 97.62 亿元，运用 PPP 模式效果明显，对当地经济发展和民生改善具有重大推动作用，也为下一阶段城镇化建设，特别是欠发达地区的城镇化建设提供了很好的借鉴。

2. 探索城镇化引领五化间协调关联机制，走中国特色发展之路

党的十八大强调，要坚持走中国特色新型工业化、信息化、城镇化、农业现代化道路，推动信息化和工业化深度融合、工业化和城镇化良性互动、城镇化和农业现代化相互协调，促进工业化、信息化、城镇化、农业

① 茶洪旺：《摆正政府在新型城镇化发展中的位置》，《探索与争鸣》2014 年第 2 期。

现代化同步发展。2015 年 3 月中央政治局会议又提出了“绿色化”发展思路，因此，在下一阶段新型城镇化建设过程中，应该着重关注“五化”之间的协调发展，以新型城镇化为引领，带动其他“四化”的协调共进。

（1）推进新型城镇化与农业现代化的相互协调

新型城镇化与农业现代化的耦合研究的实证结果表明二者之间的协调性有待于进一步的提高。我国新型城镇化与农业现代化的总体协调程度较低，其中，较低的农业现代化水平是制约二者协调发展的重要影响因素（李群等，2015）①。因此，要实现二者的协调，就应该从提高农业现代化的短板入手。农业现代化就是要转变传统农业发展方式，由粗放式发展向集约型过渡，利用现代化的农业机械、先进的农业管理理念及专业的科学技术，进一步改善农业科技水平，增加农业产量，提高农民收入。

加快农业现代化建设，首先，要增加农业科技投入，既包括资金投入，又包含技术投入，积极促进农业生产技术科学化，将新科技、新发明根植于农业发展中，真正发挥效能；其次，努力开展农业职业教育，培养更多的新型职业农民，着力提高农民科学文化水平，从根本上改变农业劳动生产效率低的问题，力求适应农业现代化的建设需要。第三，积极搭建新型城镇化与农业现代化的建设平台，发挥城乡两个市场在资源配置中的协调作用，增强城乡市场的互通性与渗透性；积极推进产业结构调整，促进产业优化升级，将产业链条延展至农业领域，带动与农业相关的制造业和服务业发展。

（2）促进新型城镇化与工业化的良性互动

新型城镇化建设可以消化工业化的部分产能，而工业化则成为新型城镇化建设的助推器，实现二者的良性互动，是推动相互发展的有效方式。

为推动二者互动，首先，应加大对工业的技术革新力度，推动产业技术升级。目前，全国范围内掀起了“大众创业、万众创新”的热潮，传统工业发展应借助这次机会，加快工业技术创新，振兴传统工业，走科技含量高、经济效益好、资源消耗低、环境污染少的新型工业化道路。在发展成熟的城市群中，强化产业集聚，壮大支柱产业，做大做强企业规模，

---

① 李群、崔春生、王宾、张灵蕤：《基于 Vague 集的新型城镇化与农业现代化协调关系实证分析》，《城市环境与研究》2015 年第 2 期。

提高工业发展的质量。其次，推动产业结构优化升级，大力推动第三产业和战略性新兴产业发展。发达国家城镇化建设表明，工业化领先于城镇化建设，才能够为城镇化建设提供更充足的动力，我国于 2009 年已经首次实现城镇化率超过工业化率的目标，下一阶段，要推动产业结构的优化，提升非农产业在 GDP 中的比重，解决农村剩余劳动力向城镇转移的目标，使城镇更大限度的接纳农村劳动力。第三，推动产城融合步伐，增强工业化和城镇化的互动。新型城镇化建设要在规划之初，就将重点产业园区纳入总体规划，以产促城，以城促产，达到生产园区与城镇化的同步发展，通过合理引导，实现产业集聚。

（3）实现新型城镇化与信息化的协调发展

信息已经成为现代社会最为重要的生产要素，能够从大量信息中提取有价值的数据，对于推动新型城镇化建设具有重大意义。信息化的引入可以有效转变生产方式，促进城镇化的合理布局，提高城市公共服务能力。如今，“物联网”“互联网 +”等数字技术已融入日常生活，微信支付、支付宝购物也渐渐被多数人使用，成为提高城镇化质量的重要抓手。

为提高二者之间的协调发展，首先，应该推进公共服务体系信息化建设，建立起服务人民生活的医疗卫生、文化教育、公共服务、就业、社会保障等信息的数据库，通过终端平台提供使用，提高基本公共服务水平。目前推行的智慧型城市建设就是信息化与新型城镇化建设相协调发展的典型代表，实现了二者之间的完美契合。其次，重视人才培养，打造一批信息化团队。信息化是对数据的处理，而每天面对数以亿万的海量数据，如何提取核心数据显得尤为关键，因此，打造一批高水平的信息化团队，通过云计算分布式处理、分布式数据库、云存储技术和大数据等信息技术，对信息进行处理，方便人民生活，提高新型城镇化质量。

（4）引入“绿色化”发展理念

由于资源环境的约束具有刚性，新型城镇化的建设必须要与环境、生态相协调，否则又倒退至传统城镇化发展老路。在新型城镇化建设过程中，要尊重自然、顺应自然发展规律，构建与资源环境承载能力相匹配的城镇化空间布局。

首先，应该将“绿色化”理念加以强化，由于绿色化的提法较新，且对于绿色化的研究也尚处于初期阶段，如何准确界定和把握绿色化与城镇化之间的关系，学术界还未有统一定论，但是将绿色化理念融入新型城镇化建设已经成为公认的思路。因此，应该在未来城镇化规划及发展过程中，时刻谨记“绿色化”发展这根弦，加强政府引导，强调公众参与。其次，新型城镇化建设过程中，应该注重城镇发展与资源、环境的和谐相处，推行绿色生产、绿色消费、绿色建筑、绿色交通等“绿色概念”，推进新能源、新材料的应用，促使城市发展向低污染、低能耗发展。严守耕地红线，注重生态平衡，保护水资源、空气资源和土地资源不再受破坏，同时避免城市发展过程中的“城市病”问题。

3. 区别对待地区城镇化发展不均衡状态，分层级有重点地推进

中国城镇化建设存在明显的地区差异，即东部地区城镇化要优于中部地区，而中部地区要优于西部地区，全国来看呈现很明显的自东向西减弱的阶梯分布，这足以表明，中国城镇化建设在地区分布上存在严重的差异，下一阶段的新型城镇化要不断缩小地区发展不均衡的状态，有重点地推进地区城镇化进程。

（1）提升东部地区城镇化质量

东部地区社会经济发展优越，城镇化起步早，发展迅速，部分地区甚至出现“饱和城镇化”阶段，因此，东部地区的新型城镇化更加关注的是“留城问题”，关注焦点在于城镇化质量的提升。东部地区城镇化体系较为完善，也已经初步形成了较具规模的世界级城市群，但是，能源和资源的消耗大，环境污染严重。下一阶段的新型城镇化建设，首先，应该实现东部地区城镇化的绿色发展，实现人与自然、环境、资源间的和谐共处，统筹规划，集中治理“城市病”问题。其次，疏散部分城市职能。如北京、上海等地集中分布了全国最好的教育、医疗、金融等资源，引来全国各地人才汇聚，带来了许多的“城市病”问题，也倒逼催生了“逆城市化”现象，新型城镇化建设应该尽量疏散东部地区的非城市核心职能，如北京地区主要承担政治和文化中心，经济职能可以相对疏散至其他省份，这样就可以解决部分的城市化发展难题。第三，深化城乡体制改革，完善新型城镇化社会保障机制。虽然东部地区城镇化规模速度已经达到或逼近发达国家平均水平，但是城镇化的质量却亟须提高，东部地区要借鉴发达国家的城市化经验，做好城乡一体、社会公共服务均等化等机制建设，为中西部地区提供发展经验。

（2）协调中部地区城镇化发展

中部地区处于过渡地带，城镇化进程和质量也位居中间位置，处于城镇化发展的“加速城镇化”阶段，因此，中部地区新型城镇化应更加关注城镇化发展的协调问题。首先，应该承接东部地区的产业转移，提高城市的产业支撑和就业吸纳能力。承接东部地区的部分疏散职能，为城镇化建设提供必要的资金支持；其次，着力打造具有与东部城市群相当的城市集群，发挥集聚效应。中部地区目前拥有武汉城市圈、中原城市群、长株潭城市群、皖江城市带、环鄱阳湖城市群和太原城市群六大城市群，以武汉城市圈为例，正在打造“大武汉都会圈”，基础设施、公共服务等均已展开，推动了湖北省整体城镇化进程；第三，加强中部地区城镇化建设与农业现代化、工业化、信息化和绿色化的相互协调，由于中部地区城镇化关系到未来中国城镇化建设的总体进程，如果不注重与其他“四化”之间的融合，就很难形成凝聚力，也很难带动整个中部地区的社会经济发展。

（3）加速西部地区城镇化规模

西部地区自古以来受到多重因素影响，城镇化建设起步晚，质量低，处于城镇化发展的“起步城镇化”阶段，因此，西部地区的新型城镇化应更加关注“进城问题”，关注焦点在于城镇化速度的提高。李克强总理也多次强调要让西部进城务工人员尽早就近就业，这为西部地区城镇化建设指明了方向。西部地区最重要的是要实现城镇化的速度问题，只有先将农民转移至城镇，才能谈新型城镇化问题。目前，在西部偏远地区，还存留在小农经济和农耕文明，这已经脱离了市场经济发展的要求，需要尽早地实现西部地区的“就近就地城镇化”，让西部地区人民享受到城镇化带来的益处。同时，这也为西部地区城镇化建设提供了有利时机，在城镇化建设前期，各部门应该做好长远规划，借鉴中部和东部地区的先进做法，吸取其失败的教训，结合当地特色，制定适宜本地区发展的新型城镇化路径。争取实现城镇化速度的同时，城镇化质量能够得到同步提升。此外，大力发展生态产业，西部地区拥有全国最丰富的生态资源，可以依托先进技术，加大资源开发和利用，形成特色产业，将生态建设融入城镇化之中，推行清洁生产，实现循环发展。

4. 优化调整新型城镇化发展的规划布局，实现就近就地城镇化城镇化的发展规模可以大致分为大城市、中小城市和小城镇三种形式，这三种形式是中国城镇化过程中三个重要阶段，存在于世界任何一个国家。实现新型城镇化建设，就必须有重点、有区别地对待三种城市的发展，才能够真正实现精准城镇化发展目标。

（1）增强中心城市辐射带动作用

这里的中心城市，主要是指现在已经基本形成的城市群中的几个核心城市，也就是特大城市和大城市的城镇化问题。2014 年国务院印发《关于调整城市规模划分标准的通知》，对原有城市规模标准进行了调整，规定城区常住人口在500 万以上 1000 万以下的城市为特大城市，截至 2015 年，中国已有武汉、成都、南京、东莞、西安、沈阳、苏州、杭州、哈尔滨、香港、佛山、汕头 12 个城市，再加上北京、上海、天津、重庆、广州和深圳六座超大城市，中国城市规模正在不断扩大，其生产总值、人口规模和建设水平相对较高，也基本处于中国几大城市群的核心位置，发挥着重要作用。新型城镇化建设在该部分城市规划时，主要面临的就是“城市病”和“逆城市化”问题。针对此类问题，要坚持“科学评估、市场主导、政府调控、综合配套、多元共治、多措并举”的方针（潘家华等，2014）①，借鉴国外相关成功经验，治理城市病问题，实现再城市化。与此同时，要加强中心城市对就近地区的辐射力度，疏散相关经济功能，实现集约发展，扩大中心城市对周边地区的影响，以带动周边地区人民的就近城镇化目标。

（2）推进以中小城市为主的城镇化

中小城市在我国城镇体系中具有重要地位，占国土面积的绝大部分，也是新型城镇化的主战场②。积极推动中小城市的城镇化，是新型城镇化建设的重要地带，也是中国下一阶段城镇化建设成败的关键，因此，对中小城市城镇化建设首先要加强整体规划和优化布局，严格设定审批标准和审批程序，对上报城镇化建设方案严格把关，避免出现特大城市已经出现的城市病等问题；其次，注重优化中小城市产业结构，建设中小城市特色

① 潘家华、魏后凯：《城市蓝皮书：中国城市发展报告 No. 7 聚焦特大城市治理》，社会科学文献出版社 2014 年版。

② 中国城市经济学会中小城市经济发展委员会：《中小城市绿皮书：中国中小城市发展报告（2014）中国中小城市生态文明发展之路》，社会科学文献出版社 2014 年版。

产业，打造中小城市的品牌和影响力，承接特大城市相关转移职能，同时吸引小城镇农民进城，培植壮大中小城市整体经济实力；第三，特别关注中小城市的公共服务设施建设，对涉及百姓生活的医疗卫生、文化教育、劳动就业等问题合理配置，增强城市吸引力。

（3）有重点地发展小城镇

对于社会发展与经济实力相对较弱的小城镇而言，最重要的要加强与城市发展的统筹规划与功能配套，逐步发展成为卫星城。小城镇一般与农业生产相联系较为紧密，因此，小城镇的发展思路是实现“就地城镇化”，由于农村空心化现象愈加严重，造成了大量的房屋闲置及人口分布的过于分散，不利于社会治理，因此，对于符合条件的村庄可以进行有效合并，在中心地区实现就地城镇化。就地城镇化可以发挥当地的资源和区位优势，通过市场运作，也可以实现社会经济的快速发展。与此同时，要注重中心城镇的基础设施和公共服务先行到位，完善城镇的综合职能，才会发挥对农村居民的吸引作用；由于加大了对关乎百姓切身利益的公共服务达到规划标准，也就更加能够帮助农民实现就地城镇化。此外，要做大做强区域经济和民营经济，增强就业接纳能力，保障转入农民的收入来源。

5. 加快破解城乡二元经济结构发展难题，加快城乡一体化进程

二元经济是发展中国家现代化的工业和传统农业并存的经济结构，我国二元经济结构一直以来成为阻碍社会经济发展的瓶颈，城乡二元经济也在一定程度上成为城镇化发展的难题之一，新型城镇化建设必须加快破解二元经济结构问题，实现城乡统筹发展。

（1）建立城乡统一的土地市场，完善征地补偿安置工作

城镇化进程最显著的特征是城市面积的扩大，因此，这就带来了征地补偿问题。我国在城乡二元体制下，法律赋予了政府较大的土地征收权利，而农民被征收土地没有市场价格，使得农民的征地补偿问题值得各界关注。我国现行的征地补偿方式一般分为两种，一是现金补偿方式；二是社会保障补偿方式。下一阶段城镇化建设必须坚持两者综合运用，既保障被征地农民的生活所需，也要考虑被征地群体的长期保障。通过构建科学合理的统一征地补偿标准，建立国家级、省市各级土地补偿监督机构，最大限度地保障被征地农民的合法权益，以避免出现抗拒拆迁、抗拒征地等

行为。

同时，建立健全土地流转市场。要终结城乡二元化结构，必须要改变城乡土地制度的二元化架构。按照十八届三中全会指出的，要推进城乡要素平等交换、保障农民公平分享土地增值收益等的要求，可以把地权资本化作为制度创新的路径选择（王卫国，，2015）①。由于土地流转可以实现使用价值和价值的转移，可以尽快建立土地交易服务市场，实现土地有效流转。作为中国经济社会制度中的一项基本制度，农村土地制度改革备受关注，全国各地涌现出一批典型做法，如：成都市的“拆院并院”、天津市的“宅基地换房”、浙江省嘉兴市的“两分两换”等，均根据各地实际情况采取具体措施，各具特色，重庆市则以“地票交易”成为最具亮点的制度，走在全国前列。“地票交易”制度是为农村土地使用权流转、统筹城乡发展及调控房地产价格等问题提出的创举，探索将“先征后补”改为“先补后占”，为盘活农村闲置土地、坚守耕地红线、提高土地利用效率发挥了推动作用，“地票交易”制度可以将农村闲置土地通过复垦形式形成城镇的建设用地指标，然后进入土地交易中心拍卖，实现土地的成功流转，达到土地集约化，此举是建立城乡统一建设用地市场的新尝试和探索。

（2）建立城乡统一的社会保障体系

要实现城乡统筹发展，消除城乡差距，就必须构建城乡统一的社会保障体系，使城乡居民共同享受到改革给社会经济带来的福利。在推进户籍制度改革的同时，完善城乡基础设施、公共服务设施的均等化，投入更多的资金用于改善农村落后的公共服务设施中，将农村基础设施建设纳入公共财政范围，实现城乡共建共享，使得进城务工人员在医疗、卫生、就业、教育等方面的合法权益受到保护。通过建立城乡统一的劳动就业制度、社会保障制度、义务教育制度等，推进城乡一体化进程，打破城乡二元结构。逐步实现城乡居民基本权益平等化、城乡公共服务均等化、城乡居民收入均衡化、城乡要素配置合理化，以及城乡产业发展融合化。同时，稳步提升农村居民的最低生活保障和新农村合作医疗补助标准，减轻农民负担。对于经济发达省份，可以先行试点居民基本养老保险、基本医

① 王卫国：《城乡一体化与农地流转制度改革》，《国家行政学院学报》2015 年第 3 期。

疗保险制度并轨制，减轻群众医疗费用。

(3) 推进城乡产业一体化

为推进城乡要素市场的合理流动，以及公共资源在配置上的均衡，城乡一体化必须要关注城乡产业布局的一体化，实现农业现代化与新型城镇化的协调发展，在城乡产业间实现优势互补，提升农业对城乡发展的支撑作用，也促进工业产业对农村的动力和资金支持。这就需要在产业规划、产业政策、产业信息等方面实现城乡共享，通过建立城乡产业一体化协调机制，促进生产要素在城乡产业间的相互流通，达到发展的同步化，为城乡一体化提供根本动力。同时，大力推进地区特色产业和优势产业发展，加快形成互融互补的现代产业格局。

6. 重点解决进城农民工城市归属感问题，彻底改革户籍二元制度

城镇化的本质是实现人口由农村向城镇的转移，1958 年，《中华人民共和国户口登记条例》标志着二元户籍制度的正式建立，规定农民由农村迁移至城市，必须持大城市劳动部门的录用证明、学校录取或者城市登记机关的准予迁入证明。也就是说，由于我国实行严格的城乡二元户籍制度，使得城市居民可以转为农村居民，而农村居民则不能随意转为城镇居民。国家统计局发布的《2014 年全国农民工监测调查报告》显示，2014 年我国农民工总量已经达到了 27395 万人，占全年总人口的 20%，庞大的农民工群体成为中国社会的特有现象，他们没有城镇户口，不能享受城镇所有的基础公共服务，每时每刻都要顶着“农民工”的帽子奔波于城市与农村之间，生活条件艰苦，生活幸福感指数不高。农民在进城之初，仍然是“打工仔”，是农民工，属于低收入阶层，因此在这个意义上讲，城市化进程又是“穷人进城”的过程（樊纲等，2009）[①]。常年的在城市生活，却换不来对城市归属感的认同，又由于脱离了农村生产，对故土的乡愁情结也逐渐淡化，农民工阶层成为中国最具特色的群体。按常住人口统计，2014 年的城镇化率为 54.77%，而按户籍人口统计则仅为 35.9%，二者相差 18.87 个百分点，中国“半城市化”的状态依旧存在。因此，要实现城镇化的转型，真正提高城镇化的规模和质量，关键问题在于农民工阶层。

---

① 樊纲、武良成：《城市化：一系列公共政策的集合》，中国经济出版社 2009 年版。

（1）推行居住证制度取代二元户籍制度

户籍制度的存在导致了城乡居民在就业、医疗、居住、教育、发展等方面存在不公平，政府应改二元户籍制度为居住证制度，彻底废除二元户籍制度，并努力实现基本公共服务的常住人口全覆盖。建立居住证制度是人口管理制度的一大创新（陈锡文，2015）①，以人口居住证制度取代二元户籍制度，赋予所有居民享受同等的权利和义务，彻底消除附着在原有户籍制度上的隐性福利和歧视，实现农民工的彻底市民化，恢复户籍制度的本位职能，合理引导人口要素流动。目前，北京、上海、深圳等城市已经开始部分试点居住证制度，政府要在下一阶段进一步简化居住证的行政审批制度，丰富居住证功能，扩大居住证人员所享受的基本公共服务范围，在保证城市整体规划和人口承载能力的前提下，适时推进居住证制度的试点省份，科学合理地界定认定标准，使符合条件的居民享受同等权利，优先享受居住证带来的便利，积极稳妥、分步骤有层级地推进。改革公安部颁布的以具有合法固定住所为基本条件的户口转入制度，允许符合具有可靠职业和稳定收入的外来人口在经常居住地落户，引导流动人口融入当地社会（肖金成等，2014）②。使进城人口能够在劳动就业、子女入学、医疗卫生、社会保险、居住等方面享受同等待遇，增强该部分群体的城市归属感和认同感，使其真正融入城市，享受城市发展带来的便利，而不是迫使其只是为了付出劳动而换取报酬，实现农民工的市民化。

（2）建立信用政府，引导农民工进城意愿

虽然居住证制度已经开始试点，但是实施仍有很大阻力，这就要求新型城镇化建设的同时，建立诚信政府。诚实守信历来是中华民族的传统美德，但是在计划经济时代，受到“文化大革命”的影响，中国的社会信用体系遭到严重摧残；伴随改革开放的到来，市场经济冲击了原有的社会经济体系，由于我国社会主义市场经济体制和法制建设的滞后，社会信用成为亟须解决的问题。而现代政府改革的根本目标，在于建设高效率的、为社会全方位服务的法治政府，造就一个法治社会、信用社会、最大限度

---

① 陈锡文：《推进以人为核心的新型城镇化》，《人民日报》2015 年 12 月 7 日。

② 肖金成、党国英：《城镇化战略》，学习出版社、海南出版社 2014 年版。

地调动亿万人民的创造性和积极性（朱铁臻，2002）[①]。只有建立诚信政府，才能给予农民工阶层以合法身份的认同，才能使得农民工阶层有信心、有理由留在城市，为城市发展贡献自身价值。

在微观层面，进城农民工之所以没有城市归属感，还在于其根深蒂固的小农意识依旧存在，他们不愿意放弃农村的土地，认为“土地是最后的稻草”；从心理学角度来讲，原因在于其“心理契约”未得到满足，该理论认为“个人将有所奉献与组织欲望有所获取之间，以及组织将针对个人期望收获而有所提供的一种配合”。这也就很容易解释为什么进城务工农民不愿意永久在城市生活，除去本质上没有合法身份的认同外，最主要的在于转为城镇居民后的福利是否优于农村福利的考量，如果未达到其心理预期，则会抗拒进入城市群体。

（3）健全法律法规，加强法制管理

党的十八届四中全会首次专题讨论了依法治国问题，新型城镇化建设要借此机遇，加快法治进程。早在 1954 年，第一部《中华人民共和国宪法》第三章规定“中华人民共和国公民有居住和迁徙的自由”，然而在后来的几次修订中，却将其内容删除，这不符合人口流动的基本要求，也损害了人民群众的正当利益。经济学者冯兰瑞曾提议将此条款加以修订，恢复公民的居住和迁徙自由。同时，中国对户籍制度未颁布单独法律，只是在 1958 年，开始实施《中华人民共和国户口登记条例》，或在其他法律条文内有所体现。因此，适时建立符合中国国情的户籍法，释放更多的制度红利，才能保障公民的权利不受侵害。

7. 转变粗放经济增长方式为集约型发展，树立绿色低碳循环理念

粗放型城镇化发展模式以注重城镇化的建设规模和速度为主，在特定时期带动了我国经济的发展，但是伴随我国经济发展进入“新常态”，经济下行压力较大、结构性矛盾突出的情形下，粗放型城镇化只会带来资源浪费、公共资源配置失衡和中小城镇发展滞后等缺点，要实现城镇化转型，必须要转变经济增长方式，实现绿色发展。

（1）转变经济增长方式为集约型发展

目前，我国城镇化已经进入快速发展阶段，但是，人均资源占有量有

① 朱铁臻：《城市现代化研究》，红旗出版社 2002 年版。

限、资源有效贡献率较低和城镇公共设施利用率不高等现实状况，不利于现代化建设和国民经济的长期可持续发展（戴均良等，2007）①，新型城镇化要转变以往重数量轻质量、重速度轻发展的思路。

在新型城镇化阶段，实现经济增长方式的集约型发展，首先，注重城镇化发展的内涵增长。找准发展突破口，进一步优化产业结构，发挥节能环保产业的新优势，开发利用新能源，选择新能源、新型建材、环保产品、新能源汽车等领域进行重点培育，加快产业结构转型升级。

其次，重视城镇化建设质量，转变传统城镇化过分重视发展速度的弊端。上文已经提出中国城镇化质量可从经济子系统、社会子系统、生态子系统、人居子系统和城乡子系统五个方面界定，就是要将最新的发展理念融入城镇化建设的问题中，实现集约高质量的新型城镇化；同时，进行绿色税制改革。通过财税体制改革，扩大并规范转移支付的规模，适度扭转目前地方政府"以地生财"的行为，抑制地方政府对高能耗行业的投资冲动，逐步引入环境税，建立单一专门税种、多税目、多环节征收的环境税制度②。

第三，转变新型城镇化建设过程中城市治理结构，提高城市治理能力。国家发改委城市和小城镇改革发展中心主任李铁曾表示，欧洲城镇在文化历史的传承、规划体系的完备、管理和经营城市的理念等方面，有很多值得学习的经验。中国需要告别以短期行为促进城镇发展的时代，通过改革来促进城镇治理和规划的完善，实现城镇发展方式的转型。借鉴欧洲城市发展经验，中国需从加强公共服务入手，改革城市治理结构，更多引进市场化机制来促进中国城镇发展。

（2）探索低碳城市化道路

可持续发展是我国20世纪80年代提出的发展战略，目的就是为了在我国环境资源有限的条件下，实现社会经济的长远发展，然而传统城镇化过程和经济发展的粗放，造成了资源的浪费、环境的污染，我国生态环境面临较大压力。而低碳是建立在清洁能源开发与利用基础之上，以低能

---

① 戴均良、燕翀：《中国城镇化必须走集约型发展之路》，《城市发展研究》2007年第6期。

② 国务院发展研究中心课题组：《中国新型城镇化道路、模式和政策》，中国发展出版社2014年版。

耗、低排放为主要特征的经济发展模式，其本质也在于可持续发展。新型城镇化应该走低碳城市化道路，建设低碳城镇，科学合理地规划城市，建设低碳建筑和低碳交通（宋德勇等，2011）[①]。“低碳”是未来很长一段时期内国际国内社会共同关注的话题，实现城镇化建设的低碳化，就是要倡导在生产方式、生活方式、消费方式上的低碳化，在关系到人民群众“衣食住行”等各方面的低碳化，开发创新环保材料，转变以往的以物质消费为主的消费方式，提倡文教娱乐消费的绿色化，提升国民科学文化素质。在公共服务设施方面，加大环保力度，争取新能源代替传统能源，推行绿色交通，绿色建筑，建设宜居生态城市，真正发挥以人为本的城镇化发展核心理念。2013 年 12 月，中央经济工作会议就已经提出了发展“集约、智能、绿色、低碳”新型城镇化的“八字方针”，也表明下一阶段的城镇化必须要走低碳绿色之路，否则人民生活质量将受到影响，城镇化质量将遇到发展瓶颈。

8. 倡导新型城镇化生态文明和文化传承，注重城市发展可持续性

世界城市化进程表明，城镇化推进与生态环境保护之间存在着冲突，传统粗放式城镇化发展模式，对土地资源、空气环境、水资源、生物多样性等造成了破坏，不利于城镇化的质量提升，也不利于可持续发展。新型城镇化建设应该将生态文明融入其中，在推动城镇化的规模不断扩大，质量不断提升的同时，注重城市文化的内在传承，实现可持续发展。

（1）将生态文明理念融入新型城镇化建设

首先，各级各部门要将生态文明的发展理念理解透彻，规划布局要长远，实现二者相互协调，不断完善。要尊重自然和保护自然，对自然资源承载能力有清晰判断，尊重自然发展的客观规律，不违背自然规律，做到对资源和环境的合理开发，有效使用。同时，推进顶层设计，在各地区城镇化规划时，注重主体功能定位发展，构建科学合理的城市布局，促进产城互动、生态宜居。要对公众开展广泛的生态文明教育，倡导绿色消费、低碳生活；其次，城镇化的过程不仅是农民向城镇的集聚，还是产业的集聚。产业集聚可以为地区经济发展发挥规模效应，产业结构是否合理，也

---

① 宋德勇、徐安：《中国城镇碳排放的区域差异和影响因素》，《中国人口·资源与环境》2011 年第 11 期。

关系到生态文明规划的难易程度。在充分尊重生态文明的基础上，进一步优化产业结构，淘汰落后产能和污染严重的企业，使其转型升级。发展绿色产业，建设资源节约、环境友好的生态产业城市，以此推进新型工业化和新型城镇化的良性互动，探索生态文明与新型城镇化建设的协调之路。第三，发展生态文化产业，各省份应该借助“大众创业、万众创新”的热潮，积极营造“双创”氛围，在新型城镇化建设的同时，鼓励公众开办相关生态文明建设的产品或服务，并且加以传承，形成地区独特的生态文化品牌，发挥地区资源环境禀赋效益最大化，实现城镇化建设和生态文明建设的同步发展。

（2）注重新型城镇化建设过程中的文化传承

文化是一个城市的灵魂，是一个城市发展的内在精神，缺失了文化保护，将城镇变为千篇一律的模式，必然失去城市的特色和韵味，城市发展也不会有长久的生命力。每一个国家、每一个地区、每一座城市都有其发展的历史轨迹，也有其内在的文化传承，一旦破坏了这种文化，也就失去了城市魅力。传统城镇化进程中，由于部分官员急功近利，大搞特搞政绩工程，搞拆旧建新的造城运动，各地文化遗产、民风民俗受到了一定程度的破坏，原有的文化基础及文化内涵被越来越多的楼盘所掩盖，传承了几千年的优秀文化面临断代的风险。《国家新型城镇化规划（2014—2020年)》明确指出，要加强历史文化名城名镇、历史文化街区、民族风情小镇文化资源挖掘和文化生态的整体保护，传承和弘扬优秀传统文化，推动地方特色文化发展，保存城市文化记忆。因此，下一阶段的城镇化建设，首先，要转变部分政府官员的城镇规划思路，不能一味追求西方特色，一味“摊大饼”似发展，抛弃传统文化，而是要努力保护传统遗迹的同时，根据地区特色，发展与传统文化相匹配的城镇规划风格，配合当地习俗，传承并发扬文化，保证乡土特色和民俗文化不流失。其次，各地文物保护和文化教育部门，要加强对历史文化名镇、街区和风情小镇文化的整体保护，修缮文化遗产，申报非物质文化遗产，组织专家团队打造本地特色文化，营造“一城一文化，一镇一风情”氛围，积极打造富有地方特色的城镇化，增强对外吸引力和竞争力。各地教育部门可以根据地区特色，开发地区传统文化选修课程，从小抓起，塑造对本地区文化的尊崇，认可优秀传统文化并不断发扬光大。第三，提倡家风家训，培养家族意识及家族观念，积极传播正能量，使中国传统文化得以发扬光大，不至于因为城镇化的推进，造成对原有文化的冲击。只有实现了家庭的文化继承及发扬，才有可能推动一个城镇、一个地区的文化传承，进而推动整个国家的文化保护。

9. 着力提升新生代农民的科学文化素质，打造升级版新农村建设

新型城镇化建设和新农村建设是我国社会主义现代化建设长期而艰巨的两个辩证统一的历史任务，二者相互协调，共同促进，才能保证“三农”问题的有效解决和城市化进程的不断加快。城镇化进程使得一批农村剩余劳动力转移至城镇，留守在家的老人、妇女和儿童的生产能力相对较弱，且文化素质不高，粗放式的农业生产导致了农业生产效率低下，不利于农业现代化的转型升级。而且针对部分农村盛行的“读书无用论”“重男轻女”等落后思想，要通过积极引导，实现思想上的升级。

（1）提升新生代农民科学文化素质

公民科学素质是决定一个国家科学技术发展水平的重要支撑，更是国家未来兴旺与发达的关键因素，努力提高公民科学素质是一项需要长期坚持并持续推进的基础性工程。2006 年，国务院印发《公民科学素质行动计划纲要（2006—2010—2020 年）》，在《纲要》中，提出了要面向未成年人、农民、城镇劳动人口、领导干部和公务员四类重点人群展开科学素质行动。

2013 年，由中国社会科学院和科技部中国科学技术交流中心发起，联合北京市、上海市、天津市、重庆市、湖南省和四川省六省（市）科技行政部门开展了公民科学素质测评工作。2015 年，在中国社会科学院李群研究员推动下，《中国公民科学素质基准》正式颁布，成为指导今后公民科学素质建设的重要文件，并在北京市、广州市、黑龙江省、湖南省、陕西省和重庆市开展了第二次的公民科学素质测评。

由图 3－48 和图 3－49，可以很明显地看出来，在各省（市）的公民科学素质调查中，农民及非农业户口的人群公民科学素质最低，成为制约中国公民科学素质提升的主要群体。因此，加大对农民科学素质的提升，不仅仅是提升农业生产率，更是推动新农村建设的必然要求。这就需要各级政府在新型城镇化建设中，加大对农民的科学素质普及工作，在现有工作基础上，继续加大对农民科普的资金扶持力度，实现精准扶贫的同时，

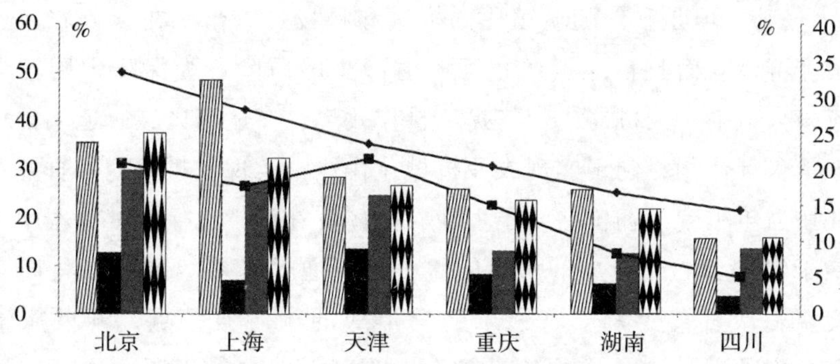

图 3－48　2013 年中国公民科学素质测评结果

数据来源：李群、许佳军：《公民科学素质蓝皮书：中国公民科学素质报告（2014）》，社科文献出版社 2014 年版。

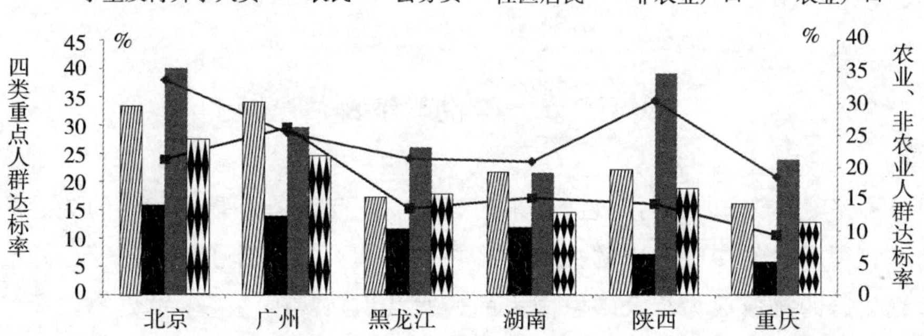

图 3－49　2015 年中国公民科学素质测评结果

数据来源：李群、陈雄、马宗文：《公民科学素质蓝皮书：中国公民科学素质报告（2015—2016）》，社科文献出版社 2016 年版。

注重文化内在的提升。通过开展多种形式的科普活动，提升农民爱科学和学科学的良好氛围，借助“互联网＋”的推广，增强农村互联网覆盖力度，提升农民科学文化素质。

（2）实现农业机械化作业，转变传统乡村治理模式

新农村建设不仅仅是村容村貌的升级，更重要的是农业现代化的广泛推广。20 世纪 80 年代初，家庭联产承包责任制在全国开始推行，适应了

当时生产力发展的要求，农民种粮积极性得到了极大提高，也带动了农业的快速发展，2015 年，中国粮食生产已经实现了“十二连增”，年产量达到 6. 21 亿吨。但是，伴随城镇化的推进和科技的进步，在家务农人员仅剩下留守群体，而且耕地资源也面临着减少的风险，为保障中国粮食供应，应该大力推广大机器生产，提高耕作效率。在适当区域、适当群体试点个人承包责任制，利于实现农业机械化作业，实现农村耕地的合并和集中，并按当年粮食市场价格给予失地农民经济补偿，以保障其基本生活。

鉴于农村空心化造成的房屋闲置，可以通过复垦等形式，将原有土地进行复耕或者转变为“农家乐”等形式的旅游服务点，开展旅游农业和创意农业等。在传统农业基础上，深度开发农村资源。这就需要由上文提及的农民科学文化素质做保障，鼓励有文化、懂技术的新型农民回乡开展创新创业，推动农业和农村的良好发展。对于日益萧条的自然村落，鼓励进行村庄合并，对被合并村庄再利用，并积极开发基层社会治理新模式，不断调整传统村庄治理方式，赋予留守群体更多的自主权和支配权。

第五节　碳税政策评估

温室气体二氧化碳排放所带来的气候变暖问题一直是全球共同关心的问题，因为气候变暖带来的灾难将影响到全人类的生活和生存问题，减少二氧化碳的排放成为绝大多数国家的普遍共识。我国已经是世界第二大经济体，同时也是一个负责任的大国，并承诺：到 2020 年中国单位国内生产总值二氧化碳排放比 2005 年下降 40%—45%，到 2030 年下降到 2005 年的 60%—65%。减少二氧化碳排放除了通过技术进步带来的节能减排之外，从经济制度和经济政策上可以考虑征收碳税，但是由于各个国家各个省市的经济发展和社会条件有所不同，因此需要在共同模型的基础上分地区进行经济数据的模拟和测算。北京市作为我国的首都，已经率先提出在 2020 年左右二氧化碳排放量达到峰值，致力于提高清洁能源比重，严格控制能源消耗、碳排放总量和能源强度。当前是北京经济进入新常态后产业结构转型升级的关键阶段，绿色低碳发展将成为北京经济增长的重要内核，推动北京能源消费总量和温室气体、环境污染物排放总量的有效控制，同时也涉及北京市经济增长、产业转型和社会发展的合理空间。对碳税征收政策的测算和评估，可以为北京市的社会发展、居民福利和实现碳排放目标提供重要的经济数据参考。

一　引言

马克思再生产理论认为重视比例关系，注意协调发展，国民经济就会获得持续、稳定发展。因此必须重视社会生产两大部类比例的计算和分析，探索按比例高速发展国民经济的规律，为制定和检查国民经济计划提供依据。当代投入产出理论的完善进一步完善和发展了马克思两大部类平衡理论，使其进一步精确到各个行业、各个部门。以此作为理论起点，本书对马克思的两大部类平衡和比例关系进行了研究，并以2012年北京投入产出表进行了实证分析。本书首次创新性的应用马克思两大部类比例关系原理分析了各个产业部门对国民经济和扩大再生产的影响，并研究了能源消耗部门与碳税征收的问题。

本节结构安排如下：第一部分为引言，介绍征收碳税的重要性、马克思的两大部类原理和国内外应用CGE模型研究碳税的情况；第二部分为与本书相关的文献综述；第三部分在马克思两大部类理论的基础上根据公式对北京市2012年的实际经济数据进行实证分析和研究，得到部门的数据结果；第四部分利用部门数据结果和CGE模型模拟碳税征收对北京市宏观经济的影响，探讨碳税征收的标准及其对社会福利的影响，提出一些碳税政策的建议；第五部分是结论，对本书进行总结，给出研究的基本结论和政策建议。

二　文献综述

国内外学者都对碳税的征收及结果进行了探讨和研究。既有基于可计算的一般均衡（CGE模型）研究模拟碳税征收对宏观经济变量甚至各个部门的影响，也有学者从计量经济学以及面板数据的角度研究碳税税收的征收和对宏观经济指标的预测影响。

国内学者的基于CGE模型的碳税的研究：于振东（2006）基于CGE模型，研究了中国征收二氧化碳税后对二氧化碳减排和中国经济的发展，定量估计成本和利益，为碳减排谈判提供建议和参考[①]。李晶（2014）从产业结构的角度研究了产业结构对二氧化碳的排放问题的影响[②]。吕作奎（2008）运用CGE模型，并扩充了CGE模型，通过加入了气候保护支出模型，研究了增汇型气候保护政策及征收碳税对中国经济的影响进行了模拟分析，得出了汇率的下降使得居民收入、政府收入的下降等结论[③]。徐枫等（2015）在CGE模型框架下，研究了在节能减排背景下，通过基准情景模拟和节能减排情景模拟分析并得出了广东理想的能源结构[④]。沈月琴等（2015）基于CGE模型的分析，通过构建以林业为核算对象的可计算一般均衡模型，利用2010年中国投入产出表，模拟了在不同碳价格下，考察了碳税补贴和碳税对林业的影响[⑤]。贺菊煌等（2002）运用1997年中国投入产出表，建造了一个中国环境的CGE模型，在基于把国民经济划分为9个部门的基础上，用其静态方法分析了碳税对我国国民经济各个方面的影响，并创造性地把生产税区分为产值税、增值税和碳税三部分[⑥]。刘伟等（2014）首先运用价差法估算了煤炭补贴规模和数率，并基于CGE的模型模拟了取消碳税补贴产生的二氧化碳的减排效应，得出了取消补贴后，国民生产总值下降1.78%的结论[⑦]。高志远（2014）基于CGE模型研究了中国能源价格变化对宏观变量的影响[⑧]。许士春（2016）等基于CGE模型的碳税政策对北京市的碳税进行了政策评估，并提出了

---

① 于振东：《基于CGE模型的碳税征收对二氧化碳减排影响的研究》，东北大学硕士学位论文，2006年。

② 李晶：《产业政策对产业结构变迁、二氧化碳排放的影响》，山东大学博士学位论文，2014年。

③ 吕作奎：《基于CGE的中国宏观经济模拟系统开发及其应用》，华东师范大学博士论文，2008年。

④ 徐枫等：《节能减排背景下广东能源结构优化及对策研究》，《科技管理研究》2015年第15期。

⑤ 沈月琴等：《碳汇补贴和碳税政策对林业经济的影响研究——基于CGE的分析》，《自然资源学报》2015年4期。

⑥ 贺菊煌：《碳税与二氧化碳减排的CGE模型》，《数量经济技术经济研究》2002年第10期。

⑦ 刘伟、李虹：《中国煤炭补贴改革与二氧化碳减排效应研究》，《经济研究》2014年第8期。

⑧ 高志远：《基于CGE模型的能源价格波动对国民经济影响研究》，中国矿业大学博士论文，2014年。

当征收40元/吨时，可达到中国关于2020年减少到2005年碳排放强度的40%—45%的水平[①]。刘宇等（2015）在基于城镇化和工业化高速发展中带来碳税的增长，通过动态CGE模拟，得出了碳税减排8.15%情形下，减免消费税达到了8.49%，且发现碳税不但没有推高CPI，相反达到了抑制通胀和改变内需结构的结论[②]。章铭（2013）通过建立资源CGE模型，采用科布道格拉斯生产函数描述消费者行为，求得了资源税税率区间，即当资源税设定在20%时，即GDP损失在1%或以内时，属于可接受的损失范围，并提出了政策的建议[③]。况丹（2014）基于2007中国投入产出表编制的SAM标的基础上运用CGE模型研究中国的碳税和碳交易，并构造了碳交易—碳税CGE模型，指出当减排目标为10%时，其综合损失相对最小的结论，并为政策提供指导和建议[④]。

国外学者基于CGE模型的碳税研究：Bastien（2009）经济增长的新古典理论，对能源和环境政策的影响进行了研究，作者指出经济增长的模型的长期特性是独立于能源和环境政策的[⑤]。然而，这些政策影响资本累积和生产增长率决定中期趋势，对于政策的评估是重要的。作者使用了IGEM（跨期均衡模型）对气候政策保护局的立法进行了评估。Peter B等学者（2000）应用动态一般均衡理论模型（DCGE）进行预测和政策的评估[⑥]。

中国学者对马克思的两大部类理论和比例关系进行研究，并结合了社

① 许士春：《基于CGE模型的碳税政策对碳排放及居民福利的影响分析》，《工业技术经济》2016年第5期。

② 刘宇、肖宏伟：《多种税收返还模式下碳税对中国的经济影响——基于动态CGE模型》，《财经研究》2015年第1期。

③ 章铭：《基于资源CGE模型的资源税最优税率设计》，中国地质大学硕士学位论文，2013年。

④ 况丹：《碳交易、碳税、政策选择对中国经济和碳减排的影响》，重庆大学硕士学位论文，2014年。

⑤ Bastien Birod, etc. The Evolution of the IPCC's Emissions Scenarios. *Environmental Science and Policy*, 2009, 12, pp. 103 – 118.

⑥ Peter B. R. Parmenter and M. T. Rimmer, "Forecasting and Policy Analysis with a Dynamic CGE Model of Australia", in G. W. Harrison and S. E. Hougaard Jensen (eds.), Using Dynamic Computable General Equilibrium Models for Policy Analysis, North Holland Publishing Company, 2000 (forthcoming).

会主义的情况进行研究和探讨。李淑敏（2012）指出两大部类的积累率是至关重要的，因此在其文章中找出了最优的累积率[①]。张忠任（2004）通过不同时期的马克思再生产问题对其公式进行模式化并求解了两大部类的最优比例问题[②]。

三 基于马克思两大部类比例关系的部门分析

运用 CGE 模型研究碳税征收对北京市社会经济的影响，需要编制社会核算矩阵（Social Account Matrix，即 SAM 表），而 SAM 表中主要的基本数据来源于投入产出表（即 IO 表）。在编制北京市 SAM 表的过程中，本书使用了最新的北京市 2012 年 42 部门投入产出表，这也是目前为止北京市统计局发布的最新的投入产出表。同时，本文在编制社会核算矩阵的微观表中，融入了马克思关于两大部类的思想，并且用两大部类的理论对投入产出表的具体数据进行实证分析和研究，得出关于两大部类、简单再生产和扩大再生产的部门数据，并分析得出与碳排放和碳税征收紧密相关的部门。两大部类理论为当前产业结构和优化升级提供了科学研究范式，马克思说过“在这两个部门中，每一部类有用所有的不同生产部门，总合起来都形成一个单一的大的生产部门：一个是生产资料的生产部门；另一个是生产消费资料的部门”。马克思运用图示分析法将两大部类的协调发展进行了量化界定，蕴含着供需均衡思想。以两大部类的“三大交换”为支点，研究在简单再生产和扩大再生产条件下两大部类以及部类内部的数量交换。以此为基础，一方面我们可以采用投入产出表来检验显示三次产业间的比例是否符合部类协调发展的要求；另一方面通过基于马克思两大部类的分类方法对 SAM 表进行分类，从更加宏观的角度进行分类研究。两大部类以物质生产和生活资料生产为基础进行划分，很多部门既生产生产资料，也生产生活消费资料。因此需要根据各个部门在两大部类中的比重和在碳排放中的影响地位确定最终部门类别的划分，本书以北京市 2012 年投入产出表的数据为基础，计算了各个部门的第一部类和第二部

① 李淑敏：《积累率在马克思实现论中的地位和作用》，《政治经济评论》2012 年第 3 期。

② 张忠任：《马克思两大部类在生产公式的模型化与两大部类的最优比例问题》，《政治经济学评论》2004 年第 2 期。

类的物质消耗、价值、和剩余价值，并分析了各个部门的扩大再生产和能源使用消耗的关系，最终确定将北京市 2012 年投入产出表的 42 个部门合并为 6 类部门，并以此作为可计算一般均衡（CGE）模型的 SAM 表的制作基础，进行宏观经济运行模拟分析和计算。

北京市的 SAM 表与全国 SAM 表没有本质上的差异，都是依据复式账户的要求编制的，采用（n×n）矩阵形式反映地区经济各账户的收支情况。北京市 SAM 表和全国 SAM 表的区别在于表中的政府账户要划分为中央政府和地方政府，而且对外经济联系方面除国外账户外，还需要增加“省外”账户。SAM 表的数据主要来自《2012 年北京投入产出表》，行账户数据表示账户的收入，列账户数据表示账户的支出，而且行账户的总和与对应列账户的总和必须相等平衡，以反映社会经济中的均衡关系（如总投入等于总产出、总供给等于总需求）。从马克思对社会生产的两大部类划分来看，社会生产分为两大部类：第一部类（Ⅰ）是由生产生产资料的部门所构成，其产品进入生产领域；第二部类（Ⅱ）是由生产消费资料的部门所构成，其产品进入生活消费领域。两大部类产品在生产与分配使用之间保持一定的比例，不仅是指两大部类产品在实物形态上要顺利实现交易，而且在价值形态上也要得到补偿。实际上，在北京市的投入产出表中，最终产品中的消费部分的和就是第二部类产品的总量，而全部中间产品加投资的和就是第一部类产品的总量。由于需要加入进出口、省内外流入流出才能得到价值数据的平衡，因此必须把进出口和省内外流入流出的数据按照一定的比例分配到第一部类和第二部类中。

为了研究北京市征收碳税后对各个产业部门的影响，需要把 SAM 表的活动账户和商品账户按照《2012 年北京投入产出表》的 42 类产业部门进行细化，把活动和商品两个账户分别扩展为 42×42 的微观矩阵。但是，仅仅这两个账户就多出了 2×42×42 个数据，而 SAM 表中还有其他账户，这些数据远远超出了 CGE 模型软件求解软件免费版本的限制。因此，为了减少数据的计算量并从宏观产业的角度考察产业受影响的情况，本书对 42 个部门进行了合并，合并的指导思想是马克思关于两大部类的基本思想和扩大再生产理论阐述。马克思在研究社会再生产的时候，用社会总产品概念反映社会生产的总成果。社会总产品根据其最终用途，区分为用于生产性消费的生产资料和用于生活消费的消费资料。相应地，马克思把社会生产划分为两大部类：第一部类（Ⅰ）是由生产生产资料的部门所构成，其产品进入生产领域；第二部类（Ⅱ）是由生产消费资料的部门所构成，其产品进入生活消费领域。前者指从事物质资料生产并创造物质产品的部门，包括农业、工业、建筑业、运输邮电业、商业等；后者指不从事物质资料生产而只提供非物质性服务的部门，包括科学、文化、教育、卫生、金融、保险、咨询等部门。社会核算矩阵 SAM 表正好反映了企业相互之间的交换关系，通过投入产出表能更好地体现现实生活，模拟经济运行和政策评估。基于马克思的理论，但不囿于马克思，用发展着的马克思思想和理论与最新研究成果相结合去预测和分析宏观经济，体现了马克思主义在中国的发展和创新。由于 42 个部门的划分是以行业和国民经济核算为基准的，因此无法按照两大部类的划分思想直接合并，而且很多部门既生产生产资料又生产消费资料，不能简单直接地划为第一部类或者第二部类。为此，需要计算各个部门的第一部类和第二部类的具体的物质消耗、劳动报酬和社会纯收入，并计算各个部门中第一部类和第二部类所占的比例，以及它们对扩大再生产的影响。最后，综合考虑与碳排放和碳税征收紧密相关的能源部门，现代经济学理论中对三大产业部门的划分标准，可以把 42 个部门进一步合成为六类部门（行业），然后使用六大部门的数据进行 CGE 模型的北京市宏观经济模拟和模型求解，研究碳税征收后所带来的宏观经济影响和量化评估。

在实际的投入产出表中，最终产品中的消费部分的总和就是第二部类产品的总量，全部中间产品加投资的和就是第一部类产品的总量。也就是说，投入产出表中每一部门的产品可以区分为两大部类：第一部类为 $\sum_{i=1}^{n} x_{ij} + z_i + d_j(i = 1, \cdots, n)$，其中，$x_{ij}$ 为中间产品消耗；z_i 为生产资本形成（生产性资本积累）；d_j 为固定资产折旧；第二部类为 w_i 即消费；δ_j 为非生产性资本积累。再具体地说，整个社会经济两大部类总量的计算公式如下：$w_1 = \sum_{i=1}^{n} \sum_{j=1}^{n} x_{ij} + \sum_{i=1}^{n} z_i + d_j; w_2 = \sum_{i=1}^{n} w_i + \delta_j$ 假设 M1、M2 分别代表第一部类、第二部类为社会创造的价值总额。由于 M 不是全部被用来消费，而是一部分被积累起来，并被用于增加生产资料和雇用更多的劳动力。因此，进出口和省内外流入流出加总后，会有关税等其他的社会收入，会增加社会积累的价值。根据北京投入产出表（2012）的具体数据，要对进出口和省内外流入流出的价值量即行拆分，且由于《2012 年北京市投入产出表》中没有生产性累积和非生产性累积，因此，按照 60% 和 40% 的原则拆分，一部分用于提供第二部类的消费；另一部分归入物质消耗中，即生产资料的消费中。

计算各部门的部门中间消耗系数（a_{cj}）、折旧系数（$a_{dj,}$）劳动报酬系数（a_{vj}）和社会纯收入系数（a_{mj}）：$a_{cj} = \sum_{i=1}^{n} a_{ij}, a_{dj} = \frac{d_j}{X_j}, a_{vj} = \frac{v_j}{X_j}, a_{mj} = \frac{m_j}{X_j}$，其中，$a_{ij}$ 为直接消耗系数；$a_{dj,}$ 为第 j 个部门的折旧系数；v_j 为劳动报酬；m_j 为税利与资本盈余的和；x_j 为总投入，j = 1，2，…，n。

根据前述中间消耗系数（a_{cj}）、折旧系数（a_{dj}）、劳动报酬系数（a_{vj}）和社会纯收入系数（a_{mj}）的计算公式，以及北京市 2012 年投入产出表，可以计算得到 42 个部门的各个系数具体数值，如表 3－58 所示。

表 3－58　各种系数表

部门	劳动报酬消耗系数 a_{cj}	折旧系数 a_{dj}	劳动报酬系数 a_{vj}	社会纯收入系数 a_{mj}
农林牧渔产品和服务	0.62	0.06	0.26	0.12
煤炭采选产品	0.94	0.00	0.02	0.02
石油和天然气开采产品	0.24	0.23	0.09	0.74
金属矿采选产品	0.85	0.02	0.11	0.00
非金属矿和其他矿采选产品	0.53	0.11	0.30	0.11
食品和烟草	0.82	0.02	0.08	0.03
纺织品	0.90	0.01	0.05	0.03
纺织服装鞋帽皮革羽绒及其制品	0.74	0.02	0.13	0.09
木材加工品和家具	0.83	0.02	0.10	0.04
造纸印刷和文教体育用品	0.76	0.04	0.11	0.10

续表

部门	劳动报酬消耗系数 a_{cj}	折旧系数 a_{dj}	劳动报酬系数 a_{vj}	社会纯收入系数 a_{mj}
石油、炼焦产品和核燃料加工品	0.84	0.01	0.01	0.04
化学产品	0.68	0.02	0.10	0.16
非金属矿物制品	0.81	0.02	0.08	0.06
金属冶炼和压延加工品	0.92	0.02	0.03	0.02
金属制品	0.84	0.02	0.07	0.06
通用设备	0.81	0.02	0.11	0.05
专用设备	0.83	0.02	0.14	0.00
交通运输设备	0.81	0.02	0.05	0.09
电气机械和器材	0.85	0.02	0.08	0.05
通信设备、计算机和其他电子设备	0.89	0.03	0.05	0.04
仪器仪表	0.79	0.01	0.11	0.07
其他制造产品	0.80	0.04	0.16	0.02
废品废料	0.33	0.01	0.02	0.65
金属制品、机械和设备修理服务	0.63	0.04	0.27	0.05
电力、热力的生产和供应	0.86	0.07	0.03	0.09
燃气生产和供应	0.87	0.03	0.06	0.07
水的生产和供应	0.69	0.23	0.20	0.21
建筑	0.82	0.02	0.10	0.03
批发和零售	0.44	0.03	0.22	0.15
交通运输、仓储和邮政	0.74	0.09	0.15	0.09
住宿和餐饮	0.69	0.04	0.21	0.05
信息传输、软件和信息技术服务	0.49	0.06	0.27	0.18
金融	0.36	0.02	0.18	0.40
房地产	0.41	0.18	0.17	0.30

续表

部门	劳动报酬消耗系数 a_{cj}	折旧系数 a_{dj}	劳动报酬系数 a_{vj}	社会纯收入系数 a_{mj}
租赁和商务服务	0.45	0.07	0.44	0.06
科学研究和技术服务	0.65	0.03	0.23	0.08
水利、环境和公共设施管理	0.67	0.04	0.24	0.07
居民服务、修理和其他服务	0.57	0.02	0.35	0.03
教育	0.40	0.06	0.51	0.08
卫生和社会工作	0.67	0.03	0.30	0.03
文化、体育和娱乐	0.63	0.04	0.25	0.06
公共管理、社会保障和社会组织	0.62	0.04	0.34	0.04

利用北京市2012年的投入产出表，能够比较精确地计算出整个社会两大部类的总量。第一部类产品（生产资料）总量包括：（1）用于劳动对象的产品及全部中间产品（$\sum_{i=1}^{n}\sum_{j=1}^{n}X_{ij}$）；（2）用于固定资本折旧的产品（$\sum_{i=1}^{n}G_i$）；（3）用于生产性积累的产品（$\sum_{i=1}^{n}K_i^{(1)}$），其中K（1）为最终产品中用于生产的生产性积累。所以北京市2012年第一部类产品（生产资料）的总量 $=\sum_{i=1}^{n}\sum_{j=1}^{n}X_{ij}+\sum_{i=1}^{n}G_i+\sum_{i=1}^{n}K_i^{(1)}=33370.3+7032.8+226.1=40629.2$。

第二部类产品（消费资料）总量包括：（1）$\sum_{i=1}^{n}K_i^{(2)}$，其中K（2）为最终产品中的非生产性积累；（2）用于消费生产产品：$\sum_{i=1}^{n}W_i$。计算出两大部类的总量后，就可以分析社会生产中两大部类产品的比例。从表3－58可知，社会总产品52511.5亿元中，第一部类产品为40715.8亿元，占77.54%；第二部类产品为11795.7亿元，占22.51%。在国民收入15588.7亿元中，第一部类为11937.5亿元，占76.58%；第二部类产品为3651.2亿元，占23.42%。

社会总产品的价值是由第一部类和第二部类的 $C+V+M$ 决定的，C 是指消耗的物质资料；V是指劳动者的报酬；M是指社会的纯收入。对第一部类和第二部类各自的 C、V、M 按照下面的公式进行分别计算。第二部类产品（消费资料）的价值构成包括，中间消耗：$C_2 = \sum_{j=1}^{n} a_{cj} * w_j$；劳动报酬：$V_2 = \sum_{j=1}^{n} a_{vj} * w_j$；社会纯收入：$M_2 = \sum_{j=1}^{n} a_{mj} * w_j$；即 $W_2 = C_2 + V_2 + M_2$，其中，W_2 为第二部类价值总量。第一部类产品的价值构成包括，中间消耗：$C_1 = \sum_{j=1}^{n} \sum_{i=1}^{n} x_{ij} - C_2$；劳动报酬：$V_1 = \sum_{j=1}^{n} v_j - V_2$；社会纯收入：$M_1 = \sum_{j=1}^{n} m_j - M_2$，即：$W_1 = C_1 + V_1 + M_1$。最后，计算得到表3－59所列的数据。

表3－59　两大部类产品情况分析表　单位：亿元，%

	总产值	物质消耗（C）		劳动报酬（V）		社会纯收入（M）		国民收入（$V+M$）	
		绝对值	占比	绝对值	占比	绝对值	占比	绝对值	占比
合计	52511.5	36922.8	70.31	9023.1	17.18	6565.6	12.5	15588.7	29.69
第一部类	40715.8	29259.4	71.45	6170.6	15.46	5215.1	13.10	11937.5	28.56
占比	77.54	80.87		71.62		83.40		76.58	
第二部类	11795.7	7063.6	65.90	2560.9	23.89	1090.3	10.17	3651.2	34.06
占比	22.51	19.13		28.38		16.60		23.42	

注：作者自行计算，基本数据来源于2012年北京市投入产出表、北京市统计年鉴。

根据表3－57的部门系数数据和下面第一部类、第二部类的物质消耗、劳动报酬、社会纯收入计算公式，可以计算得到42个部门的第一部类的 Ci、Vi、Mi，第二部类的 Cii、Vii、Mii，以及它们各自的总产值。

首先，计算第二部类的价值构成。第二部类物质消耗：$C_{II} = \sum_{J=1}^{n} a_{cj} * (K_j^{(2)} + W_i) + \sum_{a_{dj}}^{n} (K_j^{(2)} + W_j) = \sum_{j=1}^{n} [(a_{cj} + a_{dj}) * (K_j^{(2)} + W_j)]$

第二部类劳动报酬 V_{II} ：$= \sum_{j-1}^{n} a_{vj} * (K_j^{(2)} + W_j)$

第二部类社会纯收入：$M_{II} = \sum_{j-1}^{n} a_{mj} * (K_j^{(2)} + W_j)$

其次，计算第一部类的价值构成。第一部类物质消耗：$C_I = \sum_{j-1}^{n} \sum_{i=1}^{n} X_{ij} + d_j - C_{II}$ ；第一部类劳动报酬：$V_I = \sum_{j=1}^{n} V_i - V_{II}$ ；第一部类社会纯收入：$M_I = \sum_{j=1}^{n} M_i - M_{II}$ 。

计算各个部门的生产资料与消费资料各自的价值构成时，第 j 部门第二部类产品的物质消耗计算公式如下：

$$C_{II,j} = \sum_{J=1}^{n} a_{cj} * (K_j^{(2)} + W_i) + \sum_{a_{dj}} (K_j^{(2)} + W_j) = \sum_{j=1}^{n} [(a_{cj} + a_{dj}) * (K_j^{(2)} + W_j)]$$

$$C_{II,1} = \sum_{J=1}^{42} a_{c1} * (K_1^{(2)} + W_1) + \sum_{a_{dj}} (K_1^{(2)} + W_1) = \sum_{j=1}^{42} [(a_{c1} + a_{d1}) * (K_1^{(2)} + W_1)]$$

最后，计算得到 42 个部门的第一部类和第二部类的物质消耗、劳动报酬、社会纯收入价值如表 3－60 所示。

表 3－60　两大部类产品价值构成表　单位：亿元

部门	社会总产值	第一部类				第二部类			
		Ci	Vi	Mi	TOTAL	Cii	Vii	Mii	TOTAL
1	395.7	66.0	172.1	14.9	253.0	97.6	36.8	8.3	142.7
2	971.9	16.9	895.0	35.3	947.2	23.5	0.4	0.8	24.7
3	4.8	0.4	1.6	1.9	3.9	0.6	0.1	0.3	0.9
4	203.9	21.4	174.3	5.6	201.3	2.4	0.1	0.0	2.6
5	274.1	81.4	173.7	16.4	271.6	2.1	0.4	0.1	2.5
6	1025.1	37.5	389.2	35.6	462.3	474.6	45.2	43.0	562.8
7	53.6	2.2	37.7	1.6	41.5	11.0	0.6	0.4	12.1

续表

部门	社会总产值	第一部类				第二部类			
		Ci	*Vi*	*Mi*	TOTAL	*Cii*	*Vii*	*Mii*	TOTAL
8	247.9	7.3	40.7	6.4	54.4	145.5	25.6	22.3	193.5
9	123.4	10.2	86.4	5.8	102.5	17.8	2.0	1.1	20.9
10	361.9	34.7	257.6	29.6	321.8	32.8	3.9	3.3	40.1
11	823.4	9.7	573.0	90.6	673.3	128.7	2.1	19.3	150.1
12	1489.0	141.0	938.4	270.0	1349.4	99.1	13.9	26.6	139.6
13	580.0	48.5	471.7	47.4	567.6	11.1	0.7	0.7	12.4
14	339.1	10.6	293.8	9.3	313.8	24.6	0.4	0.3	25.3
15	427.2	30.2	349.8	28.7	408.6	16.1	1.3	1.2	18.6
16	697.2	72.6	565.8	40.3	678.7	15.6	1.8	1.0	18.5
17	613.8	81.2	504.9	12.4	598.4	13.0	2.0	0.3	15.4
18	3218.3	135.7	2255.8	343.3	2734.8	400.1	23.6	59.8	483.5
19	836.2	59.0	661.3	46.3	766.6	60.3	5.2	4.1	69.6
20	2474.0	126.7	2142.3	66.6	2335.5	127.7	7.1	3.7	138.5
21	271.3	30.5	212.1	23.5	266.0	4.3	0.5	0.4	5.3
22	73.3	9.6	51.2	0.7	61.5	9.8	1.8	0.1	11.8
23	23.2	0.5	7.8	14.9	23.2	0.0	0.0	0.0	0.0
24	50.0	13.3	33.5	3.2	50.0	0.0	0.0	0.0	0.0
25	3469.5	103.6	3132.8	122.3	3358.7	103.3	3.4	4.0	110.8
26	233.7	11.4	175.0	7.5	193.9	36.1	2.3	1.5	39.8
27	57.2	8.7	40.3	-5.3	43.7	12.5	2.7	-1.7	13.5
28	4157.3	406.8	3381.8	268.9	4057.4	83.2	10.0	6.6	99.9
29	3949.0	734.1	1568.7	1080.3	3383.0	264.4	122.0	179.6	566.0
30	3181.6	427.9	2418.6	52.0	2898.5	236.5	41.5	5.0	283.1
31	1192.6	163.3	551.3	47.5	762.1	311.4	92.3	26.8	430.5
32	3167.0	770.7	1553.6	486.9	2811.3	196.6	97.5	61.6	355.7
33	4003.2	494.3	1083.6	1245.1	2823.1	453.0	206.6	520.5	1180.1
34	2094.2	290.0	1025.4	436.9	1752.3	200.1	56.6	85.3	341.9
35	2415.7	942.1	1121.4	93.4	2156.9	134.5	113.0	11.2	258.8

续表

部门	社会总产值	第一部类				第二部类			
		Ci	*Vi*	*Mi*	TOTAL	*Cii*	*Vii*	*Mii*	TOTAL
36	3616.2	446.0	1296.1	168.2	1910.2	1157.5	398.3	150.2	1706.0
37	302.8	10.0	29.6	2.4	42.0	183.9	61.9	15.0	260.8
38	291.5	71.3	122.7	12.6	206.6	50.4	29.3	5.2	84.9
39	1150.7	95.4	88.1	4.4	188.0	451.3	488.8	22.6	962.7
40	1082.6	5.4	12.5	0.1	18.0	738.5	319.7	6.4	1064.6
41	1088.8	124.6	333.4	41.6	499.6	393.2	146.9	49.0	589.2
42	1479.6	17.9	34.7	0.2	52.8	938.5	484.0	4.3	1426.8
Σ	52511.6	6170.6	29259.4	5215.1	40645.2	7663.3	2852.5	1350.5	11866.3

注：在表 3－60 的计算中，本书加入了进出口数据的积累分配。由于马克思两大部类理论没有进出口贸易的分析，在分析 2012 年北京市投入产出表的数据时发现：如果不加入进出口和省内外的流入流出数据，北京市的消费将无法得到补偿，例如劳动报酬减去部门消费等数据将是负数。因此，笔者认为必须加入省内外流入流出和进出口数据，才能补偿各部门的消费。补偿的方法是将北京市的出口和省外流出相加，减去北京市的进口省外流入，然后按照中间投入和消费的数值比例分别补偿到 42 个部门中，再计算得到表 3－60。

根据表 3－60 的数据，可以统计出各个部门按第一部类的中间消耗、劳动报酬、社会纯收入的总值排名情况，也可以统计出各个部门按第二部类的中间消耗、劳动报酬、社会纯收入的总值排名情况。

表 3－61　第二部类位列前 5 位的部门　单位：亿元

部门	第二部类			
资本构成	中间消耗	劳动报酬	社会纯收入	绝对值
教育	451.3	488.8	22.6	962.7
卫生和社会工作	738.5	319.7	6.4	1064.6
金融	453.0	206.6	520.5	1180.1
公共管理、社会保障和社会组织	938.5	484.0	4.3	1426.8
科学研究和技术服务	1157.5	398.3	150.2	1706.0

表 3-62　**第二部类位列后 5 位的部门**　单位：亿元

部门	第二部类			
资本构成	中间消耗	劳动报酬	社会纯收入	绝对值
废品废料	0.0	0.0	0.0	0.0
金属制品、机械和设备修理服务	0.0	0.0	0.0	0.0
石油和天然气开采产品	0.6	0.1	0.3	0.9
非金属矿和其他矿采选产品	2.1	0.4	0.1	2.5
金属矿采选产品	2.4	0.1	0.0	2.6

表 3-63　**第一部类位列前 5 位的部门**　单位：亿元

部门	第一部类			
资本构成	中间消耗	劳动报酬	社会纯收入	绝对值
建筑	406.8	3381.8	268.9	4057.4
批发和零售	734.1	1568.7	1080.3	3383.0
电力、热力的生产和供应	103.6	3132.8	122.3	3358.7
交通运输、仓储和邮政	427.9	2418.6	52.0	2898.5
金融	494.3	1083.6	1245.1	2823.1

表 3-64　**第一部类位列后 5 位的部门**　单位：亿元

部门	第一部类			
资本构成	中间消耗	劳动报酬	社会纯收入	绝对值
水利、环境和公共设施管理	10.0	29.6	2.4	42.0
纺织品	2.2	37.7	1.6	41.5
废品废料	0.5	7.8	14.9	23.2
卫生和社会工作	5.4	12.5	0.1	18.0
石油和天然气开采产品	0.4	1.6	1.9	3.9

从表3－60到表3－63可以得知，北京市国民经济42部门中第二部类总量占前5位的分别是教育、卫生和社会工作、金融、公共管理、社会保障和社会组织、科学研究和技术服务、。第二部类总量后5位部门分别是废品废料、金属制品、机械和创储和邮政、修理服务、石油和天然气开采产品、非金属矿和其他矿采选产品、金属矿采选产品；第一部类总量前5位的分别是建筑、批发和零售、电力热力的生产和供应、交通运输设备和金融，第一部类后5位的分别是废品废料、水利环境和公共设施管理、纺织品、石油和天然气开采产品、卫生和社会工作。从数据排名可以看出，第一部类多为资源、能源密集型、制造业等，第二部类多为劳动密集型产业、服务业。

因此，根据马克思两大部类比例关系统计得到的部门数据和排名，综合考虑二氧化碳排放紧密相关的能源部门以及现代经济学对三大产业的划分，最终把北京市2012年投入产出表中的42个部门合并为六个部门：石油天然气、煤炭、表3－64为“电力”、农业、制造业、服务业，具体计算数值结果见表3－65。

表3－65　两大部类产品部门构成情况分析后6部门分类情况表

	农业		石油天然气		煤炭		电力		制造业		服务业		合计
	绝对值	占比%	绝对值	占比%	绝对值	占比%	绝对值	占比%	绝对值	占比%	绝对值	占比%	
合计	2208	0.04	1061.9	0.020	972	0.019	3470	0.07	15654.7	0.2981	29146	0.56	52511.5
第一部类	1236	0.03	871.1	0.021	947	0.023	3358.7	0.08	14611.3	0.3595	19621	0.48	40645.2
第二部类	972.1	0.08	190.8	0.02	24.7	0.002	111	0.009	1043	0.09	9525	0.80	11866.3
在第一部类中：													
物质消耗	983.8	0.03	749.6	0.03	895	0.031	3132.8	0.11	12176.91	0.416171	11321.3	0.386928	29259.42
劳动报酬	157.9	0.03	21.5	0.003	16.9	0.003	103.6	0.017	1255.15	0.2034	4615.7	0.75	6170.6
社会纯收入	93.9	0.02	99.95	0.019	35.3	0.007	122.3	0.023	1179.22	0.2261	3684.4	0.71	5215.13
在第二部类中：													
物质消耗	779.3	0.10	165	0.021585	23.5	0.003	103.3	0.014	869.6	0.114	5722.1	0.75	7663.323

续表

	农业		石油天然气		煤炭		电力		制造业		服务业		合计
	绝对值	占比%	绝对值	占比%	绝对值	占比%	绝对值	占比%	绝对值	占比%	绝对值	占比%	
劳动报酬	114.2	0.04	4.4	0.002	0.37	0.00013	3.42	0.0012	68.84	0.0241	2661.3	0.93	2852.5
社会纯收入	78.5	0.06	21.0	0.02	0.77	0.001	4.04	0.003	105	0.078	1141.1	0.85	1351
第一部类占比%	0.56		0.82		0.98		0.97		0.93		0.67		0.77
第二部类占比%	0.44		0.18		0.03		0.03		0.07		0.33		0.23

从表3－64可以看出，第一部类中农业的比例占到3%，第二部类农业的比例占到8%，石油和天然气在第一、第二部类的比例相当都是2.1%；煤炭在第一部类的比率远高于在第二部类的比例，为2.3%，而在第二部类的比例仅为0.2%。电力在第一部类的比例要远高于第二部类的比例，分别为8%和0.9%；制造业在第一部类的比例为36%，在第二部类的比例仅为9%；服务业在第一部类和第二部类的比例为48%和80%，在第二部类的比例远高于在第一部类的比例。总体来看，在第一部类中的物质消耗要远高于第二部类的物质消耗，说明在2012年北京耗能的产业制造业比例还很高，对于环境的污染起到很大作用；社会纯收入第一部类的比例显然高于第二部类的社会纯收入，劳动报酬余额是第一部类高于第二部类。这说明两大部类的发展还不是很协调，积累高于消费。北京在能源方面电力、热力消耗较大，说明用电较多，煤在第一部类用得多，说明对企业征税势在必行，迫使企业改用清洁能源或者进行产业升级，以保护北京的生态环境。为了更好地对碳税政策的进行评估，本书在下面将应用可计算得一般均衡模型对北京能源行业和使用能源行业较多的服务行业的碳税政策进行探讨。

四 可计算一般均衡模型的碳税征收模拟

碳税是一种排污税，是对直接向环境中排放的污染物征收的税种，属于环境税的一种。在生产经营和消费过程中，因消耗化石能源而直接向大

气中排放的 CO_2 为征税对象，以向大气中排放 CO_2 的单位和个人为纳税人，以 CO_2 排放量为计税依据，旨在减少 CO_2 的排放。由于人类活动向空气排放的二氧化碳 90% 来自于对煤、石油、天然气等化石能源的消耗，故碳税的征收和计算一般都以各行业消耗的化石能源为基础进行计算。为了体现行业或产业的二氧化碳排放情况，本文基于马克思的两大部类理论和比例关系，将北京市投入产出表中的 42 个部门聚合为 6 个行业部门，其中有三个是能源部门，聚合依据来源于基于马克思两大部类理论和比例关系统计出来的部门数据，以及现代经济学对三大产业的划分。产业或部门的二氧化碳排放总量包括两部分，分别是部门自身产生的二氧化碳排放和能源使用所产生的二氧化碳排放。碳强度定义为北京市总的二氧化碳排放量与北京市总体 GDP 的比值。

为了计算各部门的二氧化碳排放量，本书根据《北京统计年鉴——2013》中各行业在 2012 年的能源消耗构成与用量，将碳排放的主要能源消耗来源归结为：煤炭、焦炭、汽油、煤油、柴油、燃料油、液化石油气和天然气，然后查询 IPCC 2006 相应消耗能源的二氧化碳排放系数表，并把单位为升（L）和立方米 M^3 的消耗能源单位一律转换为千克（kg）单位，利用下面的公式计算出各行业的二氧化碳排放量（万吨）

$$CO_2 = COAL * C_1 + BURNEDCOAL * C_2 + GASOLINE * C_3 + JETFUEL * C_4 + DISEL * C_5 + FUEL * C_6 + LPG * C_7 + GAS * C_8 \quad (3-31)$$

其中，COAL、BURNEDCOAL、GASOLINE、JETFUEL、DISEL、FUEL、LPG、GAS 分别表示煤炭、焦炭、汽油、煤油、柴油、燃料油、液化石油气和天然气的行业消耗量，单位为万吨（天然气为亿立方米，即 100000000 = 108M^3），C_1、C_2、C_3、C_4、C_5、C_6、C_7、C_8 分别为各种消耗能源的转换后的碳排放系数（单位为 kg CO_2/kg），见表 3-66。

表 3-66　　IPCC 2006 二氧化碳排放系数表

消耗能源	建议碳排放系数及单位	转换后系数及单位	转换方法
煤炭	2.213kgCO_2/kg	2.213kgCO_2/kg	无需转换
焦炭	3.14kgCO_2/kg	2.213kgCO_2/kg	无需转换
汽油	2.26kgCO_2/L	3.117kgCO_2/kg	1L = 0.725kg
煤油	2.56kgCO_2/L	3.2kgCO_2/kg	1L = 0.8kg

续表

消耗能源	建议碳排放系数及单位	转换后系数及单位	转换方法
柴油	2.73kgCO_2/L	3.25kgCO_2/kg	1L = 0.84kg
燃料油	2.76kgCO_2/L	3.067kgCO_2/kg	1L = 0.9kg
液化石油气	1.75kgCO_2/L	3.5kgCO_2/kg	1L = 0.5kg
天然气	2.09kgCO_2/M^3	2.09kgCO_2/M^3	无需转换

因为北京统计年鉴中的统计数据单位为万吨（天然气为立方米 M^3），所以根据前述公式 3－31 计算出来的 CO_2 排放量为万吨（天然气对应的排放量单位为 kgCO_2，可以转换为万吨，1 万吨 = 104 × 1000kg = 107kg，即天然气计算出来的数值应除以 107 可得到以万吨计算的二氧化碳排放量），见表 3－67。

表 3－67　2012 年 6 行业二氧化碳排放量

能源类型/行业	CO_2（万吨）
石油天然气	759.19
煤炭	16.48
电力热力	4155.31
农业	725.68
制造业	3253.43
服务业	12124.61

在基于马克思两大部类分类的考察基础上，进一步把北京 42 个行业分成了上述六个行业或者部门，并计算出了上面各个行业的碳排放量。从表 3－66 可以看出，作为一次能源生产行业自身的二氧化碳排放量并不占太大比重，而是作为一次能源（石油、煤炭）的使用部门的二氧化碳排放量占比很大，如服务业和电力热力行业，作为消耗能源较少的农业二氧化碳排放量占比也较小。因此，政府在实行碳税征收的时候，应当考虑行

业差别，对二氧化碳排放量较多的电力热力行业、服务业中使用一次能源较多的部门行业进行政策倾斜，征收较多的碳税。

征收碳税的主要目的在于鼓励企业提高能源的利用率或提高清洁能源的使用比率，从而降低二氧化碳的排放量，达到节能减排的效果。从2011年以前北京市二氧化碳排放量的历史数据来看，2005年以来二氧化碳的排放量一直在上升（按万吨标准煤估算），但是在碳强度（即二氧化碳排放量除以GDP，单位为吨/万元）方面，从2005年到2014年无论是按万吨标准煤计算还是按照能源消耗类型计算，碳强度都呈现出了下降的趋势（见表3-68）。

表3-68　北京市的碳排放强度

按照二氧化碳万吨排放计算			
2005碳排放强度	2012年碳排放强度	2013年碳排放强度	2014年碳排放强度
3.32	1.18	1.01	0.95
按照标准煤计算			
2005碳排放强度	2012年碳排放强度	2013年碳排放强度	2014年碳排放强度
0.80	0.40	0.34	0.32

从表3-68可见，自2005年以来北京市的碳排放强度在逐渐下降，而且二氧化碳排放量在2013年和2014年也出现了下降。这表明党中央、国务院和地方政府近几年来对应对气候变化、减少二氧化碳和节能减排的工作十分重视，我国已经承诺要在2030年中国的碳排放量达到峰值。北京市作为中国的首都也应该在二氧化碳减排和能源使用优化上作出表率，北京市政府已经承诺要在2020年左右实现二氧化碳的排放量达到峰值。为达到这一目的和承诺，必须在能源消耗结构优化上下功夫：(1)在企业内部实现能源结构优化，提高低碳能源的使用比例；(2)在产业或行业内部实现结构不断优化，关停或转移高耗能企业，减少制造业内部的耗能；(3)在产业结构或行业结构方面实现能源优化，提高低碳排放行业和产业

（如电子、新能源等行业）的比例。

为了评估碳税征收对北京市社会经济的影响，本书采用可计算一般均衡模型（简称为 CGE 模型）对碳税征收给北京市宏观经济、社会福利等带来的冲击影响进行了模拟。整个模型分为生产模块、贸易模块、居民模块、企业模块、政府模块、碳税模块、宏观闭合模块和价格模块。其中，生产模块为五层嵌套的 CES（不变替代弹性）生产函数，行业部门按照不明确中总结聚合的六大行业部门进行计算，碳税则按照二氧化碳排放量把按量税转化为从价税进行征收。CGE 模型是根据著名经济学家瓦尔拉斯的一般均衡理论建立起来的反映所有市场活动的经济模型，它用一组方程来描述经济系统中的供给、需求以及市场关系，其着眼于经济系统内的所有市场、所有价格，以及各种商品和要素的供求关系，要求所有市场都达到供求平衡。CGE 模型可以模拟开放经济体的经济运行数据，而且可以模拟税收政策给经济体带来的冲击效应，给出具体的数值计算结果。为了考察征收碳税后对北京市宏观经济指标的影响，本书以未征收碳税前的 2012 年北京市 SAM 表数据作为基期数据，根据统计数据计算得出各分类部门的二氧化碳排放量，然后把从量征收的碳税（如 100 元/吨）转换为按部门产出征收的从价碳税税率。这样通过改变碳税税率的模拟数值，就可以用 GAMS 软件模拟得到碳税征收后相关宏观经济指标的变化数值，从而得到征收不同的碳税后对北京市宏观经济指标所产生的相应冲击及变化结果。本书以开放经济的 CGE 模型为基础（张欣 2000①），建立了北京市的宏观经济运行模型，通过 2012 年北京市投入产出表、北京市统计年鉴 2013、2013 年中国财政年鉴、2012 年北京市公共财政预算收支决算总表等统计数据编制了北京市 2012 年的社会核算矩阵 SAM 表（其中活动和商品账户的部门不明确所述的六大行业部门统计数据），然后利用 SAM 表的统计数据进行参数估计和校调，最后用 GAMS 程序软件模拟运行后得到表 3－68 的数据结果。

---

① 张欣：《可计算的一般均衡理论》，科学出版社 2000 年版。

表 3－69　　2012 年北京市征收碳税后宏观指标的变化情况　　单位：亿元、万吨

	基期（2012）	100 元/吨	250 元/吨	300 元/吨	400 元/吨	500 元/吨
碳税	0	6.972	17.325	20.783	27.673	34.552
名义 GDP	18481	－0.1728	－1.2480	－1.2759	－2.0101	－2.2395
实际 GDP	17879.4	－0.4417	－1.0481	－1.1497	－1.3041	－1.3814
二氧化碳排放	27520.72	27089.66	26665.54	26636.81	26601.99	26437.17
政府收入	5719.4	1.2190	0.7926	0.4437	0.3715	0.2321
政府储蓄	37.8	182.5000	114.5344	73.7831	64.5291	30.4841
政府支出	5681.6	0.0129	0.0309	0.0359	0.0442	0.0553
企业收入	3315.8	－0.3276	－3.3520	－0.5649	－0.6275	－0.7753
企业储蓄	2246	－0.3740	－0.7665	－0.6447	－0.7162	－0.8848
居民收入（城市）	9443.1	－0.2760	－0.4140	－0.4623	－0.5521	－0.6584
居民收入（农村）	679.7	－0.2965	－0.4490	－0.5013	－0.5939	－0.7069
居民储蓄（城市）	3388.1	－0.2760	－0.4140	－0.4623	－0.5520	－0.6584
居民储蓄（农村）	239.5	－0.2965	－0.4489	－0.5010	－0.5942	－0.7069
总资本	7409.6	－0.1401	－0.3498	－0.4211	－0.5652	－0.7056
资本总供应量（QKSAGG）	5925.3	－0.3277	－0.5649	－0.6275	－0.6716	－0.7753
就业（QLSAGG）	9023.1	－0.3047	－0.4560	－0.5092	－0.6093	－0.7271
QH（城市）	5790	－0.1315	－0.1360	0.1518	0.2450	－0.3097
QH（农村）	413.3	0.1166	－0.1565	－0.1737	0.2059	－0.3583

表 3－69 给出了本书利用 CGE 模型模拟的 2012 年北京市经济运行，并且在征收不同标准的碳税后所产生的宏观经济影响的数据，通过 CGE 模型计算出来的碳排收取碳税后的各种宏观经济指标的冲击后的情形。从表 3－69 可以看出，征收碳税导致了北京市名义 GDP 和实际 GDP 的下降，而且碳税征收的标准越高 GDP 下降的幅度越大。当碳税标准提高到

每吨250元时GDP下降幅度已经超过了1%，对整体宏观经济将产生重要影响，因此碳税的征收标准不宜超过每吨250元。征收碳税后，政府收入随之提高，而随着碳税征收标准的提高政府收入增加的幅度则趋于收窄。政府支出随着碳税的征收以及标准的提高，也出现了增长，但其增长幅度却是随着碳税征收标准的提高而增大。对企业而言，企业收入和企业储蓄因为碳税征收而变少，而且降低的幅度是碳税征收标准的提高而增大。对居民而言，居民收入和居民储蓄都随着碳税的征收而减少，而且随着碳税征收标准的提高其减少的幅度也增大。农村居民收入和储蓄的减少比城市居民所受的影响要大，因为碳税征收具有累退性，农村居民收入比城市居民要少，其在能源消费方面的需求刚性更大，所以受到的影响也比城市居民要大。城市居民的收入较高，对能源消费的敏感性比农村居民要低，因此其收入和储蓄受到碳税的影响也比农村居民要低。在资本总供应量和资本总需求方面，资本供应与需求都随着碳税征收而减少，而且减少的幅度随着碳税征收标准的提高而增大。由于企业投资是根据资本回报率来评估是否追加投资的，因而碳税的增加提高了企业的成本，减少了企业利润，因此企业的投资也在不断下降。从就业市场看，碳税征收导致能源价格上升，企业由于原材料价格上升导致成本上升，从而会使企业从劳动力市场减少成本，减少劳动力的需求，导致就业市场的需求和供应量随之减少。从城市和农村的消费量来看，也有随碳税征收和征收标准提高而减少的趋势，因为碳税征收导致城市居民和农村居民的收入下降，其可支配收入也随之下降，因而在消费方面的支出和消费量都相应减少。总体而言，基于上述数据的呈现和分析，我们得知由于在生产环节征收碳税，提高了企业的成本，同时由于劳动力工资具有刚性，商品市场不完全竞争，企业将成本转嫁给消费者，所以居民收入、储蓄和消费均有所减少，名义GDP和实际GDP都有所减少。但随着碳税的增高，只要GDP损失在1%范围内，我们是可以接受的。因此本书认为，碳税征收的标准在250元/吨以内都是可以接受的。

对各部门按不同的碳税税率征收碳税后会影响政府收入、生产部门的产品产量和价格。政府通过碳税政策实施不同的碳税税率后，对社会经济的相关方面都会产生影响。假设政府征收碳税的标准从100元/吨提高到200元/吨或者更高如500元/吨，那么碳税从价税率必然上升，企业所支付的碳税成本也会上升，企业成本上升一般会导致最终消费品价格的增加，从而导致居民家庭支出增加，居民家庭的可支配收入减少，并且导致无论是城镇还是农村的居民福利会下降。因此，碳税的增加会导致居民家庭的可支配收入减少，会导致居民家庭的储蓄下降以及居民家庭消费量的下降。从政府方面看，碳税征收给政府带来了收入，在政府消费相对固定的情形下政府的可支配收入增加，从而政府储蓄或者政府用于给居民或企业的转移支付会增加。根据税收的中立原则，政府可以把碳税征收得到的收入补贴给居民（例如提高居民的社会保障），从而缓解碳税征收后物价上升给居民带来的福利下降的影响，也可以降低居民交纳的个人所得税税率或者起征标准，减少个人所得税的扭曲。根据研究，当碳排放强度的下降率大于 GDP 的增长率时才能实现 CO_2 的绝对减排，而从表 3－68 来看北京市从 2012 年到 2014 年的碳强度下降率小于 GDP 增长率，因此北京市要实现 2020 年二氧化碳的绝对排放量达到峰值并下降还需要做很多相关的节能减排、产业结构优化等工作，并对碳税征收等减少二氧化碳排放量的经济手段进行研究。

五 结论

本节基于马克思两大部类理论和比例关系原理，依据北京市 2012 年投入产出表的数据进行了实证分析和量化计算，通过统计数据得出第一部类大多是资源密集型、能源密集型和制造业；第二部类大多是劳动密集型、服务密集型的行业。同时，本文根据研究碳税的需要，在部门统计数据的基础上综合考虑与二氧化碳排放紧密相关的能源电力部门、现代经济学关于三个产业的划分等因素，把北京市投入产出表的 42 个部门聚合为六大部门，为后续的北京市宏观经济分析和模拟，为碳税征收的计算提供了部门数据基础。

本书基于六大部门编制了北京市 2012 年的社会核算矩阵，采用 CGE 的一般均衡的思想，把模型分为生产模块、价格模块、贸易模块、居民模块、企业模块、政府模块、宏观闭合模块以及碳税模块，模拟了北京市 2012 年的宏观经济运行情况。在生产函数采用 5 层嵌套的情形下，通过假定按照不同标准征收碳税的情况下，观察各个宏观经济主体的运行情况。在假设征收的碳税税率为 100 元/吨到 500 元/每吨的政策冲击下，对各个经济主体的实际情况进行了估算，得出了当征收碳税税率为250元/每吨时，GDP的下降变化超过了1%。因此，更高的碳税是不可接受的，北京市碳税征收的标准应该确定在250元/吨以下。同时，由于各个行业部门的碳排放量占比相差很大，在制定碳税征收政策的时候要区别对待二氧化碳排放量较多的电力热力行业和二氧化碳排放量较少的农业等，必要时进行政策补贴以避免碳税征收带来的居民社会福利下降，实现税收的中立性原则。

参考文献

主要专著：

《城乡一体化蓝皮书：中国城乡一体化发展报告（2011）》，社会科学文献出版社 2011 年版。

《辞海》，上海译书出版社 1999 年版。

《马克思恩格斯全集》（第 3、4、25、46 卷），人民出版社 1979 年版，第 24、25、371、480 页。

《中国百科大辞典》，中国大百科全书出版社 2004 年版。

《主要资本主义国家经济统计集》，知识出版社 1962 年版，第 7、14、18 页。

蔡书凯：《新型城镇化与生态环境》，广东经济出版社 2014 年版，第 47 页。

陈甬军、宣超：《新时期中国特色城市化理论研究》，中国人民大学出版社 2013 年版，第 8 页。

陈宇飞：《城市文化概论》，文化艺术出版社 2008 年版，第 1 页。

樊纲、武良成：《城市化：一系列公共政策的集合》，中国经济出版社 2009 年版，第 2、21—22 页。

国务院发展研究中心课题组：《中国城镇化：前景、战略与政策》，中国发展出版社 2010 年版，第 38 页。

新琓：《新型城镇化——理论发展与前景透析》，国家行政学院出版社 2013 年版，第 2 页。

简新华、何志扬、黄锟：《中国城镇化与特色城镇化道路》，山东人民出版社 2010 年版，第 247 页。

李林：《中国城市化质量差异与其影响因素研究》，中国农业出版社

2008 年版，第 58 页。

连玉明:《中国城市综合竞争力报告》，中国时代经济出版社 2009 年版，第 3 页。

陆小成：《城市转型与绿色发展》，中国经济出版社 2013 年版，第 19、33 页。

潘家华、魏后凯：《城市蓝皮书：中国城市发展报告 No. 7 聚焦特大城市治理》，社会科学文献出版社 2014 年版，第 20 页。

王安麟：《复杂系统的分析与建模》，上海交通大学出版社 2004 年版，第 98 页。

吴殿廷、杨春志、钱宏胜：《中国新型城镇化战略及其推进策略》，东南大学出版社 2014 年版，第 32、49 页。

向春玲:《城市化进程中的理论与实证研究》，湖南人民出版社 2008 年版，第 19—21 页。

肖金成、党国英：《城镇化战略》，学习出版社、海南出版社 2014 年版，第 142、200 页。

叶裕民：《中国城市化之路》，商务印书馆 2001 年版，第 10 页。

赵晓雷：《城市经济与城市群》，上海人民出版社 2009 年版，第 25、27—30 页。

张晓山：《中国农村改革与发展概论》，中国社会科学出版社 2010 年版，第 195 页。

朱铁臻:《城市现代化研究》，红旗出版社 2002 年版，第 217—220 页。

中国城市经济学会中小城市经济发展委员会：《中国中小城市发展报告（2013)》，社会科学文献出版社 2013 年版，第 1 页。

中国城市经济学会中小城市经济发展委员会：《中小城市绿皮书：中国中小城市发展报告（2014）——中国中小城市生态文明发展之路》，社会科学文献出版社 2014 年版。

中国大百科全书总编辑委员会：《中国大百科全书·经济学Ⅰ》，中国大百科全书出版社 2004 年版，第 73—74 页。

中国社会科学院城市发展与环境研究所：《重构中国低碳城市评价指标体系：方法学研究与应用指南》，社会科学文献出版社 2013 年版，第 5 页。

主要中文文献：

白先春、凌亢、朱龙杰、王芳：《我国县级城市发展质量综合评价——以江苏省县级市为例》，《统计研究》2005 年第 7 期，第 51—54 页。

鲍新中：《基于粒子群的 K 均值算法和粗糙集理论的财务预警》，《系统管理学报》2012 年第 4 期，第 461—469 页。

陈承明:《论新型城镇化和新农村建设的辩证关系》，《社会科学》2014 年第 3 期，第 48—51 页。

陈伟杰、肖智：《基于模糊软集合的供应商风险评估模型》，《软科学》2013 年第 12 期，第 135—139 页。

陈锡文：《推动城镇化和农业现代化相互协调发展》，《中国党政干部论坛》2013 年第 6 期，第 28 页。

陈锡文：《推进以人为核心的新型城镇化》，《人民日报》2015 年 12 月 7 日第 007 版，第 1—3 页。

陈雨露：《中国新型城镇化建设中的金融支持》，《经济研究》2013 年第 2 期，第 10—12 页。

陈志航、程乾生：《属性识别方法及其在期货价格预测中的应用》，《系统工程理论与实践》1999 年第 6 期，第 90—93 页。

程蕾：《温州非公有制工业企业融资效率模糊评价》，《中国工业经济》2002 年第 11 期，第 84—90 页。

程乾生：《属性数学——属性测度和属性统计》，《数学的实践与认识》1998 年第 28 卷第 2 期，第 97—107 页。

程乾生：《属性集和属性综合评价系统》，《系统工程理论与实践》1997 年第 9 期，第 1—8 页。

程乾生：《层次分析法 AHP 和属性层次模型 AHM》，《系统工程理论与实践》1997 年第 11 期，第 25—28 页。

程乾生：《属性均值聚类》，《系统工程理论与实践》，1998 年第 9 期，第 124—126 页。

程乾生、武连文、王守章：《基于属性聚类网络和径向基函数的融合预测》，《科学通报》2000 年第 45 卷第 11 期，第 1211—1216 页。

邓聚龙:《灰色系统综述》,《世界科学》1983 年第 7 期,第 1—5 页。

邓聚龙:《灰色控制系统》,《华中工学院学报》1982 年第 3 期,第 9—18 页。

戴均良、燕翀:《中国城镇化必须走集约型发展之路》,《城市发展研究》2007 年第 6 期,第 32—36 页。

党耀国、刘思峰、翟振武、唐学文:《灰色综合聚类评估模型的研究》,《统计与决策》2004 年第 10 期,第 4—5 页。

党耀国、刘思峰、刘斌、米传民:《灰色斜率关联度的改进》,《中国工程科学》2004 年第 3 期,第 41—44 页。

段利忠、刘思峰:《灰色聚类分析法评价城市创新能力》,《北京工业大学学报》2003 年第 4 期,第 50—512 页。

方创琳、刘晓丽、蔺雪芹:《中国城市化发展阶段的修正及规律性分析》,《干旱区地理》2008 年第 7 期,第 512—523 页。

方创琳、王德利:《中国城市化发展质量的综合测度与提升路径》,《地理研究》2011 年第 11 期,第 1931—1946 页。

房勇、汪寿阳:《基于模糊决策的投资组合优化》,《系统科学与数学》2009 年第 11 期,第 1517—1526 页。

方志耕、刘思峰、施红星、徐正栋:《破解"蜈蚣博弈"悖论:"灰数规整"顺推归纳法研究》,《中国管理科学》2008 年第 1 期,第 180—186 页。

冯利军、李书全:《基于 SVM 的建设项目风险识别方法研究》,《管理工程学报》2005 年增刊,第 11—14 页。

郭显光:《改进的熵值法及其在经济效益评价中的应用》,《系统工程理论与实践》1998 年第 12 期,第 98—102 页。

辜胜阻、李正友:《中国自下而上城镇化的制度分析》,《中国社会科学》1998 年第 2 期,第 60—70 页。

辜胜阻、刘江日、李洪斌:《中国城镇化的转型方向和配套改革》,《中国人口科学》2013 年第 3 期,第 2—9 页。

国家城调总队福建省城调队课题组:《建立中国城市化质量评价体系及应用研究》,《统计研究》2005 年第 7 期,第 15—19 页。

国土资源部:《拉美现象下的土地问题》,《中国土地》2007 年第 6

期，第 57—61 页。

郝华勇：《生态文明融入城镇化全过程模式建构》，《科技进步与对策》2014 年第 31 卷第 12 期，第 42—45 页。

赫修贵：《城镇化和农业现代化协同推进研究》，《理论探讨》2013 年第 6 期，第 96—99 页。

黄淳、李彬：《不确定性经济学研究综述》，《经济学动态》2004 年第 1 期，第 63—68 页。

黄国顺、刘云生：《关于 Vague 集的模糊熵》，《计算机工程与应用》2005 年第 33 期，第 48—50 页。

惠晓峰、胡运权、胡伟：《基于遗传算法的 BP 神经网络在汇率预测中的应用研究》,《数量经济技术经济研究》2002 年第 2 期，第 80—83 页。

简新华、黄锟：《中国城镇化水平和速度的实证分析与前景预测》，《经济研究》2010 年第 3 期，第 28—38 页。

康继祥：《农民恋土情结弱化现象分析》，《中国土地》1999 年第 8 期，第 23—24 页。

柯福艳：《统筹城乡背景下城镇化与农业现代化互促共进长效机制研究》,《农村经济》2011 年第 5 期，第 36—39 页。

李洪兴、苗志宏、王加银：《非线性系统的变论域稳定自适应模糊控制》,《中国科学 E 辑》2002 年第 2 期，第 211—223 页。

李海龙、于立：《中国生态城市评价指标体系构建研究》，《城市发展研究》2011 年第 18 卷第 7 期，第 81—86 页。

李浩、王婷琳：《新中国城镇化发展的历史分期问题研究》，《城市规划学刊》2012 年第 6 期，第 4—13 页。

李华：《证券投资组合的风险度量与熵优化模型研究》，大连理工大学博士学位论文，2003 年。

李华：《熵——证券投资组合风险的一种新的度量方法》，《数学的实践与认识》2003 年第 33 卷第 6 期，第 16—20 页。

李辉：《韩国工业化过程中人口城市化进程的研究》，《东北亚论坛》2005 年第 14 卷第 3 期，第 54—58 页。

李俭、孙才新、陈伟根、周湶、杜林：《灰色聚类与模糊聚类集成诊断变压器内部故障的方法研究》，《中国电机工程学报》2003 年第 2 期，第 112—115 页。

李清:《基于遗传算法的上市公司财务危机预测模型研究》,《数理统计与管理》2008 年第 27 卷第 5 期,第 928—937 页。

李群:《不确定性数学方法研究及其在经济管理中的应用》,大连理工大学博士学位论文,2002 年。

李群:《我国宏观经济效益综合指标体系评价的属性理论模型》,《数量经济技术经济研究》2002 年第 6 期,第 56—59 页。

李群、宁利:《属性区间识别理论模型研究及其应用》,《数学的实践与认识》2002 年第 32 卷第 1 期,第 50—54 页。

李群、王宾:《中国科普人才发展调查与预测》,《中国科技论坛》2015 年第 7 期,第 148—153 页。

李群、崔春生、王宾、张灵蕤:《基于 Vague 集的新型城镇化与农业现代化协调关系实证分析》,《城市环境与研究》2015 年第 2 期,第 61—73 页。

李希灿、解明东、许德生、段建筑:《模糊聚类与模糊识别理论模型研究》,《模糊系统与数学》2002 年第 2 期,第 58—64 页。

李兴斯:《解非线性规划的凝聚函数法》,《中国科学》1991 年第 12 期,第 1283—1288 页。

李学锋、单菁菁:《“转型期的城市化:国际经验与中国前景”国际学术研讨会综述》,《经济学动态》2013 年第 11 期,第 151—154 页。

李忠伟:《支持向量机学习算法研究》,哈尔滨工程大学博士学位论文,2006 年,第 11 页。

李周:《建设美丽中国,实现永续发展》,《经济研究》2013 年第 2 期,第 17—19 页。

黎祖交:《准确把握“绿色化”的科学涵义》,《绿色中国 a 版》2015 年第 7 期,第 40—43 页。

刘华文:《多目标模糊决策的 Vague 集方法》,《系统工程理论与实践》2004 年第 5 期,第 103—109 页。

刘广利、张爱丽、邓乃扬:《不确定性支持向量分类预警算法》,《中国管理科学》2003 年第 4 期,第 58—61 页。

刘思峰、李炳军、杨岭、朱永达:《区域主导产业评价指标与数学模型》,《中国管理科学》1998 年第 2 期，第 8—13 页。

刘思峰、邓聚龙：《GM（1，1）模型的适用范围》，《系统工程理论与实践》2000 年第 5 期，第 121—124 页。

刘耀彬、李仁东、宋学锋：《中国城市化与生态环境耦合度分析》，《自然资源学报》2005 年第 1 期，第 105—112 页。

刘玉：《农业现代化与城镇化协调发展研究》，《城市发展研究》2007 年第 6 期，第 37—40 页。

罗党、刘思峰、党耀国：《灰色模型 GM（1，1）优化》，《中国工程科学》2003 年第 8 期，第 50—53 页。

罗勇：《城镇化的绿色路径与生态指向》，《辽宁大学学报（哲学社会科学版)》，2014 年第 42 卷第 6 期，第 84—89 页。

吕丹、叶萌、杨琼：《新型城镇化质量评价指标体系综述与重构》，《财经问题研究》2014 年第 9 期，第 72—78 页。

吕锋：《灰色系统关联度之分辨系数的研究》，《系统工程理论与实践》1997 年第 6 期，第 49—54 页。

马雪松、邓虹、张晓霞、杨舸：《农业现代化与城镇化协调发展研究——以江西省为例》，《农业考古》2013 年第 6 期，第 316—320 页。

米传民、刘思峰：《江苏省科技投入与经济增长的灰色关联研究》，《科学学与科学技术管理》2004 年第 1 期，第 34—36 页。

倪鹏飞：《新型城镇化的基本模式、具体路径与推进对策》，《江海学刊》2013 年第 1 期，第 87—94 页。

倪鹏飞、杨继瑞、李超、董杨：《中国城市化的结构效应与发展转型——“大国城市化前沿国际问题学术论文”综述》，《经济研究》2014 年第 7 期，第 189—192 页。

潘家华：《新型城镇化道路的碳预算管理》，《经济研究》2013 年第 3 期，第 12—14 页。

彭春华、程乾生：《基于属性理论的综合预报系统及其应用》，《系统工程理论与实践》1999 年第 5 期，第 83—88 页。

彭国甫：《地方政府公共事业管理绩效模糊综合评价模型及实证分析》，《数量经济技术经济研究》2005 年第 11 期，第 129—136 页。

秦伟山、张义丰、袁境：《生态文明城市评价指标体系与水平测度》，

《资源科学》2013 年第 35 卷第 8 期，第 1677—1683 页。

任佩瑜、张莉、宋勇：《基于复杂性科学的管理熵、管理耗散结构理论及其在企业组织与决策中的作用》，《管理世界》2001 年第 6 期，第 142—147 页。

沈清基、顾贤荣：《绿色城镇化发展若干重要问题思考》，《建设科技》2013 年第 5 期，第 50—53 页。

宋德勇、徐安：《中国城镇碳排放的区域差异和影响因素》，《中国人口·资源与环境》2011 年第 11 期，第 8—14 页。

孙立成、李群：《属性理论模型在人才资本质量综合指标评价中的运用》，《数学的实践与认识》2006 年第 36 卷第 9 期，第 62—68 页。

孙群郎：《20 世纪 70 年代美国的"逆城市化"现象及其实质》，《世界历史》2005 年第 1 期，第 19—27 页。

孙晓东、焦玥、胡劲松：《基于灰色关联度和理想解法的决策方法研究》，《中国管理科学》2005 年第 4 期，第 63—68 页。

谭学瑞、邓聚龙：《灰色关联分析：多因素统计分析新方法》，《统计研究》1995 年第 3 期，第 43—48 页。

田雪原：《城镇化还是城市化》，《人口学刊》2013 年第 35 卷第 6 期，第 5—10 页。

魏后凯、张燕：《全面推进中国城镇化绿色转型的思路与举措》，《经济纵横》2011 年第 9 期，第 15—19 页。

魏后凯：《多角度聚焦"走新型城镇化道路"》，《社会科学报》，2013 年 6 月 20 日第 001 版。

王博宇、谢奉军、黄新建：《新型城镇化评价指标体系构建——以江西为例》，《江西社会科学》2013 年第 8 期，第 72—76 页。

王春丽：《城镇化与农业现代化协调发展的机理与实证检验》，《江汉论坛》2013 年第 11 期，第 60—64 页。

王丹、李楠、李英汉：《新型城镇化与新农村建设》，《中国环境科学学会学术年会论文集（2014）》2014 年，第 727—731 页。

王富喜、毛爱华、李赫龙、贾明璐：《基于熵值法的山东省城镇化质量测度及空间差异分析》，《地理科学》2013 年第 11 期，第 1323—1329 页。

王国刚:《关于城镇化发展中的几个理论问题》,《经济学动态》2014年第3期,第60—64页。

汪浩瀚、徐文明:《现代不确定性经济理论的比较研究:凯恩斯与奈特》,《经济评论》2005年第1期,第90—93页。

王家庭、唐袁:《我国城市化质量测度的实证研究》,《财经问题研究》2009年第12期,第127—132页。

王卫国:《城乡一体化与农地流转制度改革》,《国家行政学院学报》2015年第3期,第25—30页。

王文仙:《20世纪墨西哥城市化与社会稳定探析》,《史学集刊》2014年第4期,第56—65页。

汪小勤:《二元经济结构理论发展述评》,《经济学动态》1998年第1期,第73—78页。

汪晓文、杜欣:《中国城镇化与农业现代化协调发展的测度》,《统计与决策》2015年第8期,第121—124页。

文先明、熊鹰:《基于属性理论的城市生态系统健康评价》,《系统工程》2008年第26卷第11期,第42—46页。

吴国平、武小琦:《巴西城市化进程及其启示》,《拉丁美洲研究》2014年第36卷第2期,第9—16页。

武力:《1978—2000年中国城市化进程研究》,《中国经济史研究》2002年第3期,第73—82页。

肖智:《基于软信息的软决策新方法研究》,重庆大学博士学位论文,2003年。

肖智、李潆兵、钟波、杨秀苔:《基于软集合的企业竞争力综合评价方法研究》,《统计研究》2003年第10期,第52—54页。

辛岭、蒋和平:《我国农业现代化发展水平评价指标体系的构建和测算》,《农业现代化研究》2010年第31卷第6期,第646—650页。

新型城镇化建设课题组:《走绿色城镇化道路——新型城镇化建议之五》,《宏观经济管理》2014年第8期,第41页。

熊志斌:《ARIMA融合神经网络的人民币汇率预测模型研究》,《数量经济技术经济研究》2011年第6期,第64—76页。

谢乃明、刘思峰:《离散GM(1,1)模型与灰色预测模型建模机理》,

《系统工程理论与实践》2005 年第 1 期，第 93—99 页。

徐国祥、杨振建：《PCA—GA—SVM 模型的构建及应用研究—沪深 300 指数预测精度实证分析》，《数量经济技术经济研究》2011 年第 2 期，第 135—147 页。

徐君：《中原经济区新型工业化、新型城镇化、农业现代化协调发展评价》，《技术经济》2012 年第 31 卷第 3 期，第 72—75 页。

徐绍史：《中国城镇化率已超过世界平均水平》，《人民日报》2014 年 3 月 17 日。

徐维祥、张全寿：《一种基于灰色理论和模糊数学的综合集成算法》，《系统工程理论与实践》2001 年底 4 期，第 114—119 页。

杨青、钟守楠、丁圣超：《投资项目评价选择模型的遗传算法》，《运筹与管理》2006 年第 15 卷第 1 期，第 9—12 页。

叶裕民：《中国城市化质量研究》,《中国软科学》2001 年第 7 期，第 27—31 页。

易晓文：《基于 BP 神经网络的民营企业技术创新能力的模糊综合评价》，《数量经济技术经济研究》2003 年第 8 期，第 105—108 页。

尤天慧、李铭洋、樊治平、曹兵兵：《基于软集理论的考虑评价指标集有差异的政府采购评标方法》,《系统工程》2012 年第 12 期，第 105—109 页。

俞可平：《科学发展观与生态文明》，《马克思主义与现实》2005 年第 4 期，第 4—5 页。

于世飞、齐丙娟、谭红艳：《支持向量机理论与算法研究综述》，《电子科技大学学报》2011 年第 40 卷第 1 期，第 2—10 页。

岳峰、苏兆品、陆阳、张国富：《基于偏好和模糊软集合的软件质量综合评价方法》,《系统工程与电子技术》2013 年第 7 期，第 1460—1466 页。

张宝宇：《巴西城市化问题刍议》，《拉丁美洲研究》1999 年第 2 期，第 49—54 页。

张浩、李树超、李琳、李亚俊：《山东省新型城镇化与农业现代化协调发展研究》，《经济研究导刊》2015 年第 3 期，第 73—75 页。

张坚、陶树人:《基于遗传算法的 R&D 项目实物期权评价模型》，《科学学与科学技术管理》2003 年第 4 期，第 16—18 页。

张岐山、郭喜江、邓聚龙：《灰关联熵分析方法》，《系统工程理论与实践》1996 年第 8 期，第 7—11 页。

张丽坤、王海宽：《企业组织变革阻力评价的模糊综合评判模型》，《数量经济技术经济研究》2004 年第 2 期，第 94—99 页。

张兴会、杜升之、陈增强、袁著祉、莫荣：《主成分分析法在神经网络经济预测中的应用》，《数量经济技术经济研究》2002 年第 4 期，第 122—125 页。

张维东、张凯、董青、孙维华：《利用决策树进行数据挖掘中的信息熵计算》，《计算机工程》2001 年第 3 期，第 71—72 页。

张文修、仇国芳：《粗糙集属性约简的一般理论》，《中国科学 E 辑信息科学》2005 年第 12 期，第 1304—1313 页。

张占斌：《新型城镇化的战略意义和改革难题》，《国家行政学院学报》2013 年第 1 期，第 48—54 页。

张占斌、黄锟：《叠加期城镇化速度与质量协调发展研究》，《理论学习与探索》2013 年第 5 期，第 2—8 页。

钟波、肖智：《一种基于粗糙集理论的组合预测方法》，《统计研究》2002 年第 11 期，第 37—39 页。

周根贵、曹振宇：《遗传算法在逆向物流网络选址问题中的应用研究》，《中国管理科学》2005 年第 13 卷第 1 期，第 42—47 页。

周辉仁、郑丕谔、张扬、秦万峰：《基于熵权法的群决策模糊综合评价》，《统计与决策》2008 年第 8 期，第 34—36 页。

朱洪祥：《山东省城镇化发展质量测度研究》，《城市发展研究》2007 年第 5 期，第 37—43 页。

主要英文文献：

A. R. Roy, P. K. Maji, "A fuzzy soft set theoretic approach to decision making problems", *Journal of Computational and Applied Mathematics*, Vol. 203, 2007, pp. 412 – 418.

Batur C. Ling Zhou, Chien – Chung Chan, "Support vector machines for fault detection", *Proceedings of the* 41*st IEEE Conference on Decision and Con-*

trol, Vol. 2, 2002, pp. 1355 – 1356.

Brown M, Lewis H G, Guan S R. , "Linear spectral mixture models and support vector machines for remote sensing", *IEEE Transactions on Geoscience and Remote Sensing*, Vol. 5, 1999, pp. 1346 – 1360.

Chen S, Hanzo L, "Block – adaptive kernel – based CDMA multiuser detection", *IEEE International Conference on Communications*, Vol. 2, 2002, pp. 682 – 686.

Degang Chen, E. C. C. Tsang. Daniel S. Yeung, Xizao Wang, "The parameterization reduction of soft set and its application", *Computers and Mathematics with Application*, Vol. 49, 2005, pp. 757 – 763.

D. Molodtsov, "Soft Set Theory – First Results", *Computers and Mathematics with Application*, 37, 1999, pp. 19 – 31.

Drezet P M L, Harrison R F, "Support vector machines for system identification", *International Conference on Control*, Vol. 1, 1998, pp. 688 – 692.

Haizhou Ai, Luhong Liang, Guangyou Xu, "Face detection based on template matching and support vector machines", *Proceedings of* 2001 *International Conference on Image Processing*, Vol. 1, 2001, pp. 1006 – 1009.

Hu Jun, Huang Houkuan, "An algorithm for text categorization with SVM", *2002 IEEE region 10 Conference on Computers, Communications, Control and Power Engineering*, Vol. . 1, 2002, pp. 47 – 50.

Jayadcva R, Khemchandani S C, "Twin support vector machines for pattern classification", *Computer Technology and Development*, Vol. 2, 2010, pp. 905 – 910.

K. Atanassov, "Operators over interval valued intuitionist fuzzy sets", *Fuzzy sets and Systems*, 64, 1994, pp. 159 – 174.

Knox PL, Linda McCarthy, "Urbanization: An introduction to urban geography". *Upper Saddle River*, 1994.

Kwokleung Chan, Te – Won Lee, "Comparison of machine learning and traditional classifiers in Glaucoma diagnosis", *IEEE Transactions on Biomedical engineering*, Vol. 2, 2002, pp. 963 – 974.

L. A. Zadeh, "Fuzzy Sets", *Information and Control*, Vol. 8, 1965, pp. 338 – 353.

M. B. Gorzalzany, "A method of inference in approximate reasoning based on interval – valued fuzzy sets", *Fuzzy Sets and Systems*, 2, 1987, pp. 11 – 17.

Pawlak Z, "Rough Sets", *International Journal of Information and Computer Science*, 11, 1982, pp. 341 – 356.

Pinaki Majumdar, S. K. Samanta, "Generalised fuzzy soft sets", *Computers and Mathematics with Applications*, 59, 2010, pp. 1425 – 1432.

P. K. Maji, A. R. Roy, R. Biswas, "An application of soft set in a decision making problem", *Computers and Mathematics with Application*, Vol. 44, 2002, pp. 1077 – 1083.

Ravenstein E. G, "The laws of migration", *Journal of the royal statistical society*, 52, 1889, pp. 241 – 301.

GuidoDorigo, Waldo Tobler, "Push – pull migration laws", *Annals of the association of American geographers*, Vol. 73, 1983, pp. 1 – 17.

Slowinski R, "Intelligent Decision Support – Handbook of Applications and Advances of the Rough Sets Theory", *Boston: Kluwer Academic Publishers*, 1992.

Lin Chun – fu, Wang Sheng – de, "Fuzzy support vector machines", *IEEE Transactions on Neural Networks*, Vol. 2, 2002, pp. 464 – 471.

Maji P K, Biswas R, Roy A R, "Fuzzy soft sets", *Journal of Fuzzy Mathematics*, Vol. 3, 2001, pp. 589 – 602.

Maji P K, Biswas R, Roy A R, "Soft set theory", *Computer & Mathematics with Applications*, Vol. 45, 2003, pp. 555 – 562.

Vapnik, "The nature of statistical learning theory", *Springer – Verlag*, New York, 1995.

Vapnik V., Golowich S., Smola A., "Support vector method for function approximation, regression estimation, and signal processing", *In advances in Neural Information Processing System*, Cambridge, MA, MIT Press, 1997, pp. 281 – 287.

Wei Xu, Jian Ma, Shouyang Wang, Gang Hao, "Vague soft sets and their properties", *Computers and Mathematics with Applications*, 59, 2010, pp. 787 – 794.

Zhi Xiao, Ke Gong, Yan Zou, "A combined forecasting approach based on fuzzy soft sets", *Journal of Computational and Applied Mathematics*, Vol. 228, 2009, pp. 326 – 333.